EMILIE FONTANE

DICHTERFRAUEN SIND IMMER SO

aufbau

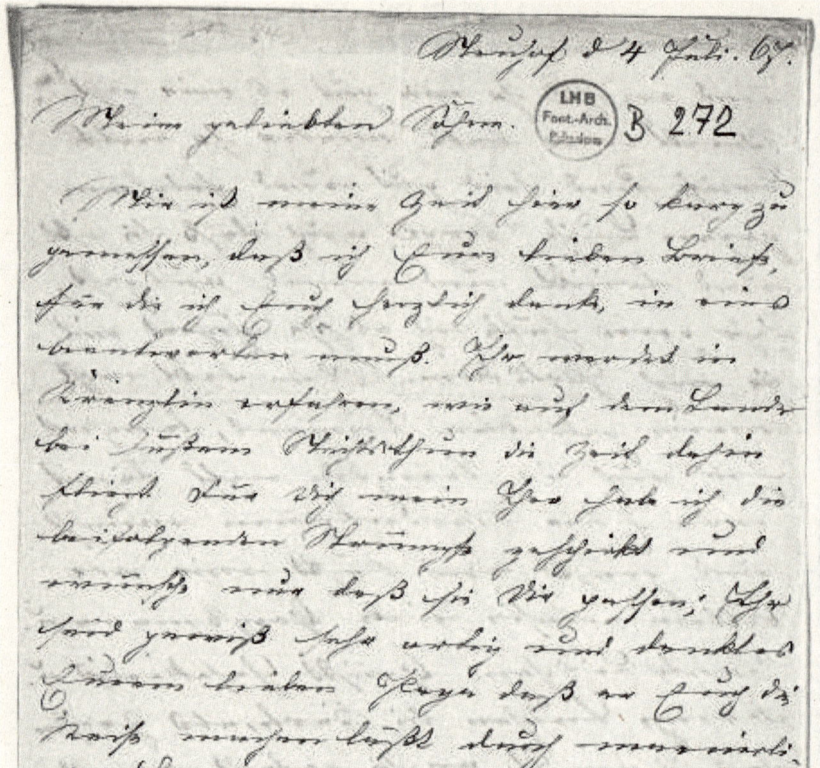

Emilie Fontane: »Meine geliebten Söhne«, Brief vom 4. Juli 1867

EMILIE FONTANE

DICHTERFRAUEN SIND IMMER SO

EINE AUTOBIOGRAPHIE
IN BRIEFEN

Herausgegeben von Gotthard Erler
in Zusammenarbeit mit Christine Hehle

aufbau

Diese Ausgabe entstand in Kooperation mit dem
Theodor-Fontane-Archiv an der Universität Potsdam.

Mit 16 Abbildungen und einem Frontispiz
(zu den Rechten vgl. S. 375)

Für Franziska,
die in unserem Leseprogramm
»Liebling und Sorgenkind«
stets eine hinreißende Mete war

FSC
www.fsc.org
MIX
Papier | Fördert gute Waldnutzung
FSC® C083411

ISBN 978-3-351-04240-0

Aufbau ist eine Marke der Aufbau Verlage GmbH & Co. KG

1. Auflage 2024

www.aufbau-verlage.de
10969 Berlin, Prinzenstraße 85

Einbandgestaltung U1berlin, Patrizia Di Stefano
Satz LVD GmbH, Berlin
Druck und Binden CPI books GmbH, Leck, Germany

Printed in Germany

INHALT

KAPITEL 1

»Das Mächen mit de Eierkiepe«

Die vermeintliche Ziegenhirtin aus den Abruzzen hat sich sehr verhübscht (1839–1844)

Auf dem Hintergrund kleinstädtischer Lebensweisen und biedermeierlicher Moralvorstellungen nimmt sich die Herkunft der späteren Emilie Fontane reichlich verworren aus. Der Großvater Jean Pierre Barthélemy Rouanet (Jahrgang 1747) ist ein katholischer Rebell aus Toulouse, den es zur Zeit Friedrichs des Großen ins protestantische Brandenburg verschlägt, wo er es als Stadtkämmerer in Beeskow zu Reputation und Vermögen bringt. Seine 34-jährige Tochter Thérèse, die Witwe des Pfarrers Johann Heinrich Müller (dem sie fünf Kinder geboren hat), lässt sich auf eine leidenschaftliche Affäre mit dem in Beeskow stationierten Militärchirurgen Georg Bosse ein (er ist 27 Jahre alt, wird 1824 ins Rheinland versetzt und erfährt nie von seiner Beeskower Hinterlassenschaft), und die Familie hält es für angebracht, die Folgen der Liaison anderswo austragen zu lassen. So kommt Emilie Rouanet am 14. November 1824 in Dresden, »heimlich, zu keines Menschen Freude« (an Bertha Kummer, 21. November 1865), auf die Welt, wie sie später einmal formulieren wird.

Die auf ihr Ansehen bedachte Familie hält das Mädchen weiter unter Verschluss und gibt es in die Obhut des Apotheker-

Onkels Jean August Alexander Rouanet in Wermsdorf (in der Nähe von Schloss Hubertusburg bei Chemnitz). Die leibliche Mutter bestimmt ihren ehemaligen Schulfreund, den Diakon Johann Ferdinand Wilhelmi, zum Vormund für das Kind, und dieser freundliche Mensch sorgt dafür, dass die Kleine aus der vorübergehenden Unterbringung in Wermsdorf erlöst wird, wo sie unter der Abneigung der Apothekersfrau zunehmend zu leiden hat. Wilhelmi lässt 1827 in der »Vossischen Zeitung« in Berlin eine Annonce abdrucken, in der nach einem kinderlosen Ehepaar gefragt wird, das, »unter Zusichrung einer namhaften Summe«, daran interessiert sei, »ein dreijähriges, gesundes, wohlgebildetes Kind (Mädchen) an Kindesstatt anzunehmen« (zit. nach Emilies »Jugendnovelle«). Die »namhafte Summe« löst zahlreiche Zuschriften aus, und Wilhelmi entscheidet sich für Karl Wilhelm Kummer, den das Berliner Adressbuch von 1838 als »Verfertiger geographischer Reliefs und akademischen Künstler« ausweist. Nachdem sich die dreijährige Emilie mit großem Geschrei von ihren Stiefgeschwistern getrennt hat und durch ihr Gezeter unterwegs den guten Wilhelmi in Verdacht bringt, das Kind entführt zu haben, liefert er es in der Burgstraße 18, an der Spree, gegenüber dem Schloss, ab, und die kleine Emilie muss sich daran gewöhnen, dass der 42-jährige Kummer nun ihr Papa und dessen Frau ihre Mama ist.

(Stiefvater Kummer, den Fontane als »Tausendkünstler« mit etwas zwielichtigen Beziehungen zur Berliner Theaterszene darstellt, ist als Erfinder und Techniker, als Künstler und Ingenieur eine bedeutende Gestalt seiner Zeit. Er stellt in seiner Werkstatt eine besondere Art von Pappmaché her, mit der er die Gebirgsreliefs seiner berühmten Landkarten und Globen modelliert. Aber er ist auch der damals viel bewunderte Schöpfer des Kronleuchters, der 1844 im von Langhans wiederaufgebauten Opernhaus Unter den Linden installiert wird: 330 Gasflammen erhellen, auf drei Ebenen kunstvoll von Figuren umrahmt, den Zuschauerraum. Klaus-Peter Möller hat darüber berichtet

[Klaus-Peter Möller, Ein Kronleuchter aus Pappmaschee; in: Mitteilungen des Vereins für die Geschichte Berlins, Oktober 2023]. In Emilies Briefen aus dieser Zeit ist mehrfach davon die Rede und von den Schwierigkeiten Kummers, das für das Kunstwerk mit Recht geforderte Honorar von der Baukommission einzutreiben.)

Kein Wunder, dass nach so viel frühkindlichen Eindrücken und ständigem Wechsel der Bezugspersonen Emilie später energisch nach geordneten und stabilen Verhältnissen strebt und bei Störungen leicht in Panik zu geraten pflegt – zumal ihr Leben als Kummers Adoptivtochter sie weiterhin mit Ungereimtheiten und fatalen Begegnungen konfrontiert.

Sie besucht zwar eine ordentliche Schule, wird aber nach dem Tod von Frau Kummer von dessen nächster Frau, einer betuchten, aber poltrig-ungehobelten ältlichen Witwe, herumkommandiert und als »angenommenen Panker« (illegitimes Kind) beschimpft. Als sich Kummer von ihr trennt, übernehmen »Haushälterinnen« die Aufsicht, die aber mehr mit Freund und Liebhaber beschäftigt sind als mit der Erziehung. Diese Erlebnisse wirken verheerend auf das aufgeweckte und sensible Mädchen, und Emilie verwildert, ist naseweis und maliziös und wehrt sich auf diese Weise gegen ihr Umfeld. Ihre Attacken gegen andere Kinder auf dem Spielplatz sind gefürchtet. Und auf den 15-jährigen Swinemünder Apothekersohn Theodor Fontane, der seit 1833 im Nachbarhaus bei seinem Onkel August lebt, macht sie den Eindruck eines schmuddeligen »Ciocciarenkindes aus den Abruzzen« (»Von Zwanzig bis Dreißig«, S. 352).

Aber da ist, zum Glück, auch Tante Pine, August Fontanes Frau Philippine, eine ehemalige Schauspielerin, die sich der verwahrlosten Emilie annimmt, deren offensichtliche Passion für Theater und Theaterspiel geschickt fördert und den jungen Theodor mit einbezieht. Hier liegen die Wurzeln für die lebenslange Beziehung der Fontanes zur Bühne: Emilies Leidenschaft als Theater- und vor allem Opernbesucherin und Theodors Karriere als Theaterkritiker bei der »Vossischen Zeitung«.

Nebenher hat Emilie aber auch ein weiteres Kapitel Kummer'scher Weiberwirtschaft zu überstehen: Er stellt Madame Sohm, die Mutter von Philippine Fontane, als Wirtschafterin an, und diese setzt alles daran, Frau Rat Kummer zu werden. Sie versucht, Emilie als Komplizin zu gewinnen, die aber wirft ihr bei passender Gelegenheit einen Filzschuh an den Kopf, und Kummer beendet das Arbeitsverhältnis mit Frau Sohm.

Doch Emilie stehen neue Verwirrungen bevor: Sie soll am 23. September 1839 konfirmiert werden, und Kummer muss sich entschließen, seiner vernachlässigten, aber geliebten Pflegetochter die Wahrheit zu sagen und das böse Wort vom »angenommenen Panker« zu erklären. Wenig später, Ende November 1839, heiratet Kummer in Dresden die aus Herrnhut stammende Bertha Kinne. Zum Polterabend präsentiert sich Emilie als Berliner Dienstmädchen mit einem Rollengedicht, das Fontane für sie geschrieben hat. In der damals 32-jährigen Bertha begegnet Emilie zum ersten Mal einem Menschen, dem sie sich in kindlichem Liebebedürfnis hingebungsvoll anvertrauen kann. Diesem herzlichen Verhältnis verdanken wir die bekenntnisreiche Folge von Briefen, die mit dem fast devoten Schreiben vom 5. Oktober 1839 an die Braut des Adoptivvaters beginnt, mit dem Brief an die Stiefmutter vom 28. Dezember 1839 weitergeht und erst 1866 endet. Emilies Briefe sind berührende Zeugnisse für eine tiefe menschliche Bindung an eine Adoptivmutter, die dem Kind und der jungen Frau die leibliche Mutter verständnisvoll zu ersetzen vermochte.

1844 begleitet die 19-jährige Emilie Kummer eine zickige alte Staatsrätin nach Bad Kissingen – Reise, Kur und Kurbetrieb mit klugem Witz beschreibend. Als sie nach Berlin zurückkehrt, ist aus dem »Mächen mit de Eierkiepe«, wie die Straßenjungen sie einst nach ihrem sonderbaren Strohhut zu nennen pflegten, eine attraktive junge Frau mit schwarzem Haar geworden. Sie habe sich »sehr verhübscht« (»Von Zwanzig bis Dreißig«, S. 358), stellt der alte Spielfreund Fontane fest, der inzwischen in Leipzig und Dresden seine Apothekerausbildung fortgesetzt hat und am 1. April 1844 in Berlin seinen Dienst als Einjährig-Freiwilliger im »Kaiser-Franz-Garde-Grenadierregiment Nr. 2« beginnt. Beide nehmen den »alten herzlichen Ton« (»Von Zwanzig bis Dreißig«, S. 358) gleich wieder auf.

An Bertha Kinne

Berlin, d 5ten Oct. 39.

Nicht ohne Ängstlichkeit ergreife ich die Feder um an Sie diese Zeilen zu richten, da ich das Unvermögen meine Gedanken schriftlich auszudrücken an mir kenne; jedoch hoffe ich, werden Sie gütig Nachsicht haben, indem es ja nicht auf die Form, sondern auf das Herz ankömmt, welches zu Ihnen spricht.

Mit Freude sehe ich der Zeit entgegen, wo meinem guten Vater in Ihrem Besitz, ein Glück zu Theil werden wird, welches er lange, gewiß schmerzlich entbehrt, u. wo Ihre Güte meiner sich mütterlich annehmen will, die ich der Nachsicht u. Leitung so sehr bedürftig bin. Ich erbitte mir deshalb vorher, gewiß von Grund meines Herzens, Ihre Verzeihung, für alles womit ich Sie künftig vielleicht belästigen u. betrüben könnte. Auch versichere ich Ihnen, daß es stets mein aufrichtigstes Bestreben sein wird, Ihre Liebe mir zu erwerben, u. die meines guten Vaters immer mehr u. mehr zu erhalten suchen.

Das viele Gute u. Liebe, welches mir Vater u. meine gute Marie, von Ihnen mittheilen, machte einer anfänglichen Ängstlichkeit, eine freudige Ungeduld Sie kennen u. lieben zu lernen, Platz.

In der Hoffnung, daß Sie diesen Zeilen einer gütigen Nachsicht widmen, verbleibe ich mit der Bitte, meine Empfehlungen an Ihre werthe Familie zu machen

Ihre
Sie ehrende

Emilie Kummer.

An Bertha Kummer

Dresden d. 28ten Dez. 39.

Geliebte Mutter!

Wie soll ich Dir, meine gute, gute Mutter meine große Freude beim Empfange Deines lieben Briefes schildern. Die wahre, mütterliche Liebe, die sich wiederum darin ausspricht, rührte mich bis zu Thränen. Ja, ich will Deine Wünsche, die mein Wohl betreffen, erfüllen, ich will den lieben Gott recht bitten, daß er mir Kraft dazu giebt, damit ich zu Eurer Freude lebe. Für Eure *vielen freundlichen* Gaben, habt recht recht herzlichen Dank, leider trafen sie mich krank an, ich hatte eine so starke Halsentzündung, daß der Arzt fürchtete, ich würde das Nervenfieber bekommen, jetzt geht es aber *ganz gut.*

Zu dem neuen Jahre wünsche ich Euch Gottes Segen, möge er Euch unter seinen Schutz u. Schirm nehmen, u. Euch vor Krankheit u. Unglück bewahren, dann ist mein größter Wunsch erfüllt.

Bitte grüße den guten Vater recht herzlich, u. danke ihn in meinem Namen recht sehr, auch die gute Marie, bitte grüße u. danke. Gern hätte ich noch mehr geschrieben, allein die Zeit drängt sehr.

Alle, Alle grüßen recht herzlich, die gute Tante Auguste hat mich recht reichlich beschenkt.

Lebet recht wohl, bitte gebt mir im Gedanken eine Hand u. einen Kuß.

Deine Dich aufrichtig liebende

Tochter Emilie.

Für die 2 Thaler, mit denen mich Eure Liebe bedacht hat, werde ich mir ein Kleid kaufen, indem ich den Thaler den ich durch die Güte des Onkel Kummers zu W. erhalten habe, hinzulege. Von Jeden bin ich hier zu W. bedacht worden, jedoch von der Tante Auguste am Meisten.

bitte schön inliegendes Briefgen Marien zu geben?

An Bertha und Karl Wilhelm Kummer

Kißingen d 14 Juni. [1844]

Meine theuren vielgeliebten Eltern!

Wenn jemand eine Reise thut, so kann er was erzählen, u. ich könnte schon jetzt so viel erzählen, daß ein Buch voll würde, von meiner alten Dame, bei der ich mich sehr unglücklich fühle; sie ist ein altes geiziges eitles geld u. adelstolzes Weib, läßt an keinem Menschen einen guten Faden u. hat mich auf der Reise hierher bald verhungern laßen, kaum Mittagbrod u. dann nur Kaffee und Thee, sie glaubt vielleicht die Hungerkur thue mir nöthig, außerdem bin ich ihr Kammermädchen, Bediente, Hausknecht, Gesellschafterin, alles in Allem, u. wenn sie mir erst gesagt hat, ihre Koffer zu schleppen, so sagt sie nachher, warum bemühen sie sich denn, wenn ich es nämlich schon gethan habe. Doch ich will im Verlauf der Reise bleiben. Ach! meine theuren lieben Eltern diese Reise wird eine bittre Lehre für mein ganzes Leben sein, u. niemals werde ich glauben, daß es wo anders hübscher als bei Euch, u. Dich meine Herzensmutter werde ich nie mehr mit einem Blick betrüben, daß habe ich mir unter Thränen gelobt, ach! Ihr seid so gut, wäre ich doch bei Euch, könnte Dir meinem Väterchen Morgens die Pfeife stopfen anstatt meiner Dame falsche Zöpfe anbinden; die Frau Staatsräthin ist so liederlich mit ihren sehr schönen Sachen, daß M. noch ein Muster von Ordnung dagegen ist, in die Koffer waren die schönsten Atlaßkleider mit Schuhen u. Kragen in einem Knaul hineingestopft, daher sieht sie auch in dem besten Staat wie vom Trödel gelaufen aus; bin ich mit ihr allein, so behandelt sie mit [!] gut u. bittet, doch mit anderen da diene ich ihr.

Als ich am Montag früh nach dem Brihschen Hôtel kam, hatte sie schon auf mich gewartet, ihre Sachen wurden in meine Droschke gepackt u. fort ging es, sie sprach kein Wort. Im Dampfwagen, wir fuhren zweiter Klaße, waren ihre 2 Rußinnen, sehr nette Damen u. eine Dame u. Hr. Rendant Lorenz mit Frau aus Berlin. Als wir eben abfahren wollten, kam mein Droschkenkutscher u. verlangte die Bezahlung u. Vater hatte doch schon, ich sagte ihm, dann sollte er es sich holen. Es war mir sehr unangenehm, alle Leute sahen mich an, u. ich wäre vor mein Leben gern schon da zu Euch zurück gekehrt. Unterweges erfuhren wir das die Berliner auch nach Kißingen reißen, aber nur bis Halle, weil es über Leipzig um wäre, so beschloß denn die Gnädige auch nur bis Halle zu fahren. Hier angekommen hatten wir große Mühe unser Gepäck zu bekommen, weil sie bis Leipzig eingetragen, u. halbtodt vom vielen Rennen u. Hunger setzte ich mich mit in den Personenwagen der uns nach Weißenfels über Merseburg bringen sollte, in einem Dorfe dazwischen, Mittag hatten wir nichts bekommen, tranken wir ungefähr um 5 Uhr Kaffee, u. Abends in W. Abendbrod. Um 9 ½ Uhr angekommen, nahmen wir uns mit den Berlinern einen Hauderer fuhren die Nacht durch (wo eine Art Wolkenbruch uns überraschte[)] nach Naumburg [*Danach gestrichen:* wo wor Mittag nehmen] über Ekardsberg nach Weimar [*Danach gestrichen:* wo wir die Nacht blieben. Den anderen Morgen 4 Uhr mit einem anderen Hauderer Ekards]. Erfurt, wo wir sehr schlecht zu Mittag aßen, nach Gotha blieben da zur Nacht, u. reisten den andern Morgen 4 Uhr über Reinhardsbrunn, einer herrlichen Besitzung des Herzogs von Coburg-Gotha nach Dambach, Schmalkalden, wo wir in dem Zimmer indem der Schmalkaldische Bund geschlossen wurde, zu Mittag speisten. In Meiningen übernachteten wir abermals, u. reisten gestern früh 3 Uhr ab, u. kamen hier, Nachmittag 2½ Uhr an, waren also 3½ Tag unterwegs. In einem sehr schönen Hause haben wir ein recht hübsches Zimmer, unsere Reisegefährten, welche es sehr hübsch mit mir machten, u. mich sehr bedauerten wohnen nicht weit von uns, u. haben mir gesagt, wenn ich es eimal nicht aushalten [kann], so soll ich zu ihnen kommen; nun ich sehe diese Reise für eine Prüfung an u. werde alles ertragen, vielleicht wird mir dann der schönste Lohn wenn ich mit meinem Väterchen nach Salzbrunnen reisen kann. Kißingen ist sehr vornehm gebaut, fast lauter neue elegante Häuser, liegt auch sehr hübsch von Bergen umgeben, an der Saale, hat aber einen kalten unbehaglichen Eindruck auf mich gemacht; theurer ist es hier wie in jedem andern Bad, u. meine Dame klagt über jeden Kreutzer den sie ausgeben muß, was für mich sehr peinlich zu hören ist. Salzbrunn ist *sehr billig* in allem dagegen. Gestern Abend kam Prinz Albrecht hier an. Morgen wird Fr. St. anfangen Brunnen zu trinken, u. ich muß sie nüchtern dahin begleiten, im Verlaufe des Vormittags nimmt sie ein Bad, ob ich dahin mitgehen muß, weiß ich noch nicht. Nun bis jetzt kann ich leider nichts Angenehmes schreiben, vielleicht kommt das Dicke Ende noch, ich wende mich lieber zu früh Ihr lieben Theuren, bei denen meine Gedanken u. mein Herz in jeder Minute mit heißer Liebe weilt, die Angst um Vaters Gesundheit hat mich auch sehr beunruhigt, u. ich habe den lieben Gott immer um Regen seinetwegen gebeten, er war so eng ehe ich abreiste. Wenn ich an Adelbertchen denke, sein liebes freundliches Gesicht mir vorstelle u. dann in das grämliche meiner Herrin sehe, so kann ich mich der Thränen nicht erwähren u. frage mich, wie war es möglich Euch zu verlaßen, u. nun namentlich jetzt wo Tante, die liebe, liebe Seele bei uns verweilt. Meine Mutter, mein Vater ach! ich liebe Euch alle unaussprechlich!

Wenn ich hier keine Paßkarte brauche, so werde ich auch nicht nach Leipzig um das Paket schreiben, es würde sehr viel Porto kosten u. Fr. St. es vielleicht ungern bezahlen, brauche ich sie hingegen, so ist es ihre Sache und ich laße sie her schicken. Heute Abend kommt der Kaiser hier an. Unter den vielen ausgezeichneten Eigenschaften meiner Dame zeignet sich auch die aus, daß sie erschrecklich viel lügt u. sie wiederspricht sich oft in einer Minute. Mit meinen Sachen werde ich sehr sparen, u. womöglich sehr wenig Gutes anziehen, denn auf eine Entschädigung kann ich bei diesem Harzax nicht rechnen. An den Kronleuchter denke ich Tag u. Nacht u. wünsche ihm den besten schnellsten Fortgang. Könnte ich mich doch als tausend Thaler

Schein in diesen Brief packen u. dann Vater damit überraschen. Wenn der gute l. Papa noch in Berlin ist, so bitte grüßt ihn recht herzlich, ich ließe ihn bitten, mich nicht zu sehr auszulachen. Emchen werde ich selbst noch ein paar Zeilen schreiben; – wie es mit meiner Rückreise die ich heute lieber wie morgen antreten möchte, werden wird, weiß ich noch nicht, ich hoffe u. bitte Euch recht sehr mir bald zu schreiben, u. dann werde ich wohl mehr wißen zu antworten. Bitte sagt aber Grubels u. anderen nichts von dieser mißglückten Vergnügungsreise, damit ich nicht noch obendrein verhöhnt u. verspottet werde.

Mein liebes Mütterchen hat mich denn Adelbert vermißt u. wohl eimal nach mir gefragt? grüße u. küße ihn recht ab den herrlichen Jungen u. ich ließe ihn bitten mich nicht zu vergeßen; an seinem Geburtstag werde ich immer an ihn denken u. für sein ferneres Wohlergehen beten. Wenn Fontane zurück kommt, bitte grüßt ihn recht herzlich, überhaupt jeden der nach mir fragt. Wenn nur Emchen recht gesund u. munter würde, vielleicht kommt Ludolpfine sich eimal nach ihrem Gesundheitszustande persönlich erkundigen, daß würde gewiß zu ihrer Beßerung beitragen. Ich hoffe mit Gott über Vaters Gesundheitszustand tröstliche Nachricht bekommen zu können, bis dahin werde ich immer in Angst sein, mein guter bester Vater ich küße Dich recht herzlich. Kißingen rechnet man 60 M. von Berlin so weit bin ich von Euch ihr Theuren. Für Heute muß ich schließen, der Bolzen wartet ich werde jetzt den Staat aufplätten.

Lebet recht wohl, recht gesund, heiter u. glücklich, dies ist mein größter Wunsch u. die Erfüllung deßen mein innigstes Gebet. Adelbertchen, Emchen, Alle grüße ich auch Mine u. bin mit treuer Liebe Eure Euch ewig

dankbare

Emilie.

Adreße:

Ludwigstr. N 75.

Bei dem Dr. Maaß.

KAPITEL 2

»... es ist auch gar zu bitter immer vergebens zu hoffen«

Verliebt, verlobt – und schließlich doch noch verheiratet (1845 – 1850)

Theodor Fontane bringt seine Freundin natürlich zum Zug, als sie im September 1845 nach Liegnitz (Legnica) in Schlesien reist, um dort ihre leibliche Mutter und deren neue Familie zu besuchen. Thérèse Müller hat inzwischen den königlich-preußischen Oberförster Karl Gottlob Triepcke (Jahrgang 1777) geheiratet, der sich sogleich als liebevoller »Großvater« bewährt und das familieninterne Versteckspiel mitmacht; die unehelich geborene Emilie gilt als seine »Cousine«. Wie ehrpusslig-verlogen man in dieser Zeit mit menschlichen Beziehungen umgeht, zeigt Emilies Brief an Bertha Kummer vom 15. November 1845: Fontane schickt ihr zum Geburtstag ein Kistchen »mit einem wunderschönen Rosenstock u. herrlichen Gedichten von Lenau« und setzt sie damit vor dem Liegnitzer Familienkreis in größte Verlegenheit. Höchst diplomatisch differenziert sie ihr Verhältnis zu Fontane in »brüderlich« und »freundschaftlich« und verbirgt ihre wahren Gefühle.

Genau drei Wochen nach diesem Eiertanz vor der schlesischen Verwandtschaft – Emilie ist längst wieder in Berlin – holt sie ihn am 8. Dezember 1845 nach seinem Dienstschluss an der Schacht'schen Apotheke ab, und sie schlendern, »plauderhaft und etwas übermütig« (»Von Zwanzig bis Dreißig«, S. 350), die Friedrichstraße hinunter, überqueren den Fluss, biegen am Oranienburger Tor rechts in die Oranienburger Straße ein und erreichen nach wenigen Schritten Haus Nr. 33, wo jetzt die Kummers wohnen. Da haben sie den entscheidenden Schritt dieses Abends bereits hinter sich: An der Weidendammer Brücke, die die Dorotheenstadt mit der Spandauer Vorstadt verbindet – damals eine romantische Stelle mit dem Blick auf die gemächlich dahinfließende Spree –, hat Fontane den »glücklichsten Gedanken« (ebd.) seines Lebens in die Tat umgesetzt und sich mit Fräulein Kummer verlobt. Wahrscheinlich waren beide von dieser neuen Stufe ihrer Beziehung überrascht, denn bevor sie die Brücke betraten, hatten sie noch Sie zueinander gesagt. In der autobiographischen Schilderung des Vorgangs hebt er ausdrücklich hervor, dass er noch einmal ihre Hand ergreift und mit einer ihm »sonst fremden Herzlichkeit« beteuert: »Wir sind nun aber *wirklich* verlobt.« (Ebd.) Fontane hat den Bund mit Emilie natürlich auch poetisch zertifiziert und das hübsche Gedicht »Zur Verlobung« 1851 in seine erste Gedichtsammlung aufgenommen, wo es in allen Auflagen einen vorderen Platz einnimmt.

Aber die Prosa des realen Lebens überschattet die Poesie der jungen Liebe, und der Verlobten stehen fünf lange Jahre des leidvollen Wartens und des ständigen Enttäuschtwerdens bevor. Fontane avanciert zwar mit Balladen und Gedichten zum Star in der literarischen Vereinigung »Tunnel über der Spree« und qualifiziert sich zielstrebig zum »Apotheker erster Klasse«, aber zum Erwerb einer eigenen Apotheke, die die wirtschaftliche Grundlage für eine Familiengründung bieten würde, fehlt das Geld, und so ist an Heirat nicht zu denken.

Doch das weiß die glücklich Verliebte noch nicht, als sie sich im April 1846 erwartungsfreudig bei Fontanes Eltern in Letschin vorstellt. Fontanes Vater führt die Apotheke in diesem kleinen Ort im Oderbruch, den der Sohn in »Klein-Sibirien«

lokalisiert, nur mit einem »Rippenbrecher von Postwagen« (an Wilhelm Wolfsohn, 10. November 1847) erreichbar. Emilie wird sehr herzlich aufgenommen. Fontanes Mutter, die den Vornamen mit ihrer künftigen Schwiegertochter teilt und mit »scharfem Verständnis für alles Praktische des Lebens« (»Von Zwanzig bis Dreißig«, S. 359) ausgestattet ist, versichert ihrem Sohn: »Du hast Glück gehabt, sie hat genau *die* Eigenschaften, die für dich passen.« (Ebd.) Auch den Jahreswechsel 1846/47 verbringt Emilie Rouanet-Kummer in Letschin, genießt den Oderbruch-Winter und schreibt das Bertha Kummer gewidmete Gedicht »Für Mutter«. Mit beeindruckender Souveränität geht die junge Frau mit der emotional schwierigen Stellung zwischen ihrer Adoptivfamilie und den künftigen Schwiegereltern um – ihre Urteile stets behutsam abwägend, um niemanden zu verletzen.

Da sie die Zeitgeschichte stets aufmerksam verfolgt, irritieren sie bereits 1847 die »Berliner Unruhen«, und 1848 berichtet sie von ihrer »entsetzlichen Angst« um den fernen Geliebten während der revolutionären »Schreckenstage«. Überdies ist es »gar zu bitter, immer vergeblich zu hoffen« (an Bertha Kummer, 29. Mai 1848). Sie fährt nach Schwedt zur Familie ihres Halbbruders, ist in Letschin, Liegnitz und Ludwigslust und hat überall »das Gefühl, daß ich eigentlich nirgend so recht hingehöre« (ebd.).

Lebens-, ja Überlebenshilfe sind Theodors Briefe und seine Liebe. Aber sie quält sich zugleich mit einer »abscheulichen Eifersucht« und schreibt am 14. April 1850 einen großartigen Bekenntnisbrief an den gemeinsamen Freund Wilhelm Wolfsohn, dem sie sich rückhaltlos offenbart: »[...] jahrelang die Hände müßig in den Schoß legend, komme ich mir doch gar zu oft wie ein unnützes Möbel vor, das hemmend ihm im Wege steht und doch fühle ich zu meinem Glück auch wieder, daß ich zu ihm gehöre wie ein Glied zum andren.« Mit gleicher Klarheit reflektiert sie über ihre Liebe zu Fontane und ihre Eifersucht:

»[…] ich kann es kaum ertragen, wenn Theo lobend und anerkennend von einer jungen Dame spricht oder wenn er recht glücklich in einer Gesellschaft gewesen ist – ohne mich.« Emilie nennt ausdrücklich Sophie Melgunow, die offenbar aparte Frau des Schriftstellers Nikolai Melgunow, der, wie Wolfsohn, ein hervorragender Kenner der russischen Literatur ist. Dass Fontane auch mit der kapriziösen Schriftstellerin Fanny Lewald gut bekannt ist, erwähnt sie nicht, aber sie dürfte es gewusst haben. Ob sie auch etwas über die beiden vorehelichen Kinder ihres Verlobten erfahren hat – Fontane bekennt sich in einem Brief an seinen Freund Bernhard von Lepel vom 1. März 1849 dazu –, wissen wir nicht; es ist denkbar, denn sie hat, nach der glaubwürdigen Aussage ihres Sohnes Friedrich, den gesamten, sehr umfangreichen Briefwechsel aus der Verlobungszeit verbrannt. Dass Emilie in ihren Gefühlen zu ihrem Theo je schwankend gewesen ist, scheint unwahrscheinlich, obwohl auch er 1847 in einem Brief an Wolfsohn bekennt, »den Höllensoff brennender, verzweifelnder Eifersucht gekostet« oder – wie er hinzufügt – seine »Seele monatelang damit getränkt« (an Wilhelm Wolfsohn, 10. November 1847) zu haben.

Ihre insgesamt verzweifelte Lage legt Emilie am 22. Juni 1850 auch ihrer Adoptivmutter Bertha Kummer dar und teilt ihren Entschluss mit, ihre Situation endlich zu verändern und sich eine Stelle als Haushälterin oder Hauslehrerin zu suchen. Zur gleichen Zeit greift auch Fontane zu einem vermeintlich rettenden Streichholz: Im Norden kämpfen die Herzogtümer Schleswig und Holstein um ihre Unabhängigkeit von Dänemark und haben gerade in der Schlacht bei Idstedt eine schlimme Niederlage hinnehmen müssen; er will als Feldapotheker und Berichterstatter dabei sein.

Aber in diesen Wochen hat die Familie Fontane in spe auch einmal Glück: Fontane, in Altona auf seinen Einsatz wartend, erhält ein amtliches Schreiben seines Freundes Wilhelm von Merckel, den er aus dem »Tunnel über der Spree« kennt. Merckel leitet seit kurzem das »Literarische Cabinet«, eine die Presse steuernde und kontrollierende Abteilung des preußischen Innenministeriums, und Fontane erhält dort eine Anstellung als Lektor. Das Gehalt beträgt nicht mehr als 40 Taler im Monat, aber es reicht zur Familiengründung, und bei Emilie, die sich gerade in Letschin aufhält, treffen die sensationellen Zeilen ein: »Schleswig-Holstein aufgegeben. Wenn Dir's paßt, im Oktober Hochzeit.« (»Von Zwanzig bis Dreißig«, S. 434.)

Bertha Kummer erfährt natürlich als Erste am 5. August 1850 die langersehnte Nachricht. Als Hochzeitstag wählen sie den 16. Oktober, und Fontane hat dabei mit patriotisch-ironischem Augenzwinkern an den Tag der Völkerschlacht bei Leipzig gedacht. Um denkbarem Gerede über Emilies verwandtschaftliche Beziehungen vorzubeugen, legt Fontane in einem Brief an Bernhard von Lepel vom 14. Oktober die Sprachregelung fest. Lepel werde drei Geschwister kennenlernen. »Ich muß Dich nun bitten, genannte drei immer nur als *Cousins* und *Cousinen* meiner Braut zu betrachten, da sie *vor der Welt* als solche gelten [...] Ich rate Dir, der *Vereinfachung* halber immer ganz kurz von *›der Braut‹* zu sprechen und Dich auf Cousinen- und Geschwisterschaft gar nicht einzulassen.« Mit solchen Regeln sucht Fontane die »romanhafte Lebensgeschichte« (an Bernhard von Lepel, 14. Oktober 1850) der Emilie Rouanet-Kummer zu tarnen. Die Trauung findet in der französisch-reformierten Kirche in der Klosterstraße statt. Die Zeremonie verzögert sich, da Fontanes Vater eine halbe Stunde zu spät erscheint. Prediger August Fournier, mit den Eigenheiten der Familie Fontane vertraut, sagt zu Emilie: »Es ist vielleicht von Vorbedeutung – *Sie sollen warten lernen*« (»Von Zwanzig bis Dreißig«, S. 438) – als ob sie das nicht schon fünf Jahre trainiert hätte! Gefeiert wird in einem Lokal in der Bellevuestraße, wo der »literarisch etwas angekränkelte« (ebd.) Oberkellner Wilhelm Spreetz alles vorzüglich arrangiert hat. Die Türen des Gartensaals stehen weit auf, und draußen ist wunderschönes Herbstwetter.

Liegnitz d 15. Nov. 45.

Meine lieben Eltern!

Schon längst sehnte ich mich nach Nachricht von Euch und endlich wurde sie vor einigen Tagen erfüllt, leider aber um mich recht sehr bis ins Innerste meines Herzens zu betrüben; was habt Ihr Theuren gelitten u. wie werdet Ihr angegriffenn sein, u. Du meine arme liebe Mutter nun ohne Mädchen! ich kanns Euch garnicht beschreiben, wie unglücklich es mich macht Euch so bekümmert zu wißen u. es kommt mir immer wie ein Unrecht vor, daß ich Freuden genieße während Ihr Euch kümmert u. härmt; mein Wunsch war es bereits an meines lieben Vaters Geburtstag zurückzukehren, doch da um diese Zeit erst die Taufe stattfindet, so werdet Ihr es mir wohl verzeihen, wenn anstatt meiner Person mein Herz Euch treu bis zum Tode ergeben im Geiste an dem Tage bei Euch weilt u. seit [!] versichert das ich auch in der Ferne tief Eure Leid u. Sorgen mitempfinde. – Fels hatte zur Aushebung wegreisen müßen, sonst wäre die Taufe früher gewesen, meine Schwester u. der Kleine sind Gott sei Dank wohl u. munter. [...] Nun denkt Euch von Theodor war ein Kistchen angekommen mit einem wunderschönen Rosenstock u. herrlichen Gedichten von Lenau; es setzte mich aber in sehr große Verlegenheit u. habe ich hier garnicht sagen dürfen, daß es von ihm kam, da sie sehr darüber geredet haben würden u. ist es auch sehr Unrecht von ihm, da er sich doch denken kann, daß es sehr auffallen würde, wenn es hieße ich bekäme von einem jungen Mann Geschenke geschickt, in Berlin ist es ganz etwas anderes, wo jeder unser freundschaftliches Verhältniß kennt ohne etwas Auffallendes daran zu finden; ich habe sagen müßen die Geschenke wären von meinen Freundinnen; daß er über meinen Brief geklagt hat, thut mir recht sehr leid, aber Unrecht habe ich ihm nicht gethan, daß nähere darüber werde ich Euch mündlich auseinandersetzen. Ich habe ihn sehr lieb, u. seine Freundschaft ersetzt mir die Stelle eines Bruders, aber um dieser Freundschaft willen müßte er sich auch in Acht nehmen, nichts zu thun was mir in den Augen der Welt schaden könnte, darin meine liebe gute Eltern gebet Ihr mir gewiß Recht; es betrübt mich daß ich mich über seine Aufmerksamkeit nicht freuen kann, aber Ihr werdet es gewiß auch nicht billigen u. darum bitte ich Euch sagt es ihm doch wenn die Rede darauf kommt so schonend wie möglich, denn es wäre mir schmerzlich ihn unserer großen Freundschaft willen, noch zu kränken! in einigen Tagen werde ich an ihn schreiben, bis dahin sagt ihm, wenn er Euch besuchen sollte, meinen herzinnigen Dank, schreiben kann ich heute noch nicht an ihn; auch Röschen u. Pinchen schrieben mir einige herzliche Zeilen, wie leid thut es mir das sie ihre schöne Wohnung verlaßen müßen, von Grubels habe ich keine Nachricht u. hoffe ich noch daß sie bald etwas von sich werden hören laßen. Du schreibst mir nicht meine liebe gute Mutter wie Vater es nun mit dem Geschäft halten wird? Neulich stand in der Breslauer Zeitung was Euch meine Lieben gewiß interreßiren wird: »Mit Erstaunen hört man daß der seiner Zeit so prach[t]voll geschilderte Kronleuchter im Opernhause zu Berlin, deßen Verfertiger der Hr. Commißionsrath Kummer ist, u. 4000 Thaler kosten soll, noch nicht bezahlt ist.« Es ist doch eine schreiende Ungerechtigkeit u. verliere ich alle Hoffnung auf einen glücklichen Ausgang. […]

Nun lebet wohl ach! könnte ich doch sagen glücklich u. zufrieden, aber ich weiß nur zu gut, daß Ihr es jetzt nicht seien könnt. Grüßt Alles herzlich und freundlich von mir, was meiner gedenkt, auch die gute Anne; meinen Adelbert einen tüchtigen u. Euch meinen lieben einzigen Eltern die wärmste aufrichtigste Versicherung meiner Liebe.

Im Geist umarmt Euch

Eure Euch treu ergebene

Emilie.

An Theodor Fontane

[Berlin, 8. Dezember 1845]

Lieber Freund.

Ich war eben zur Gratulation bei Ihrem Onkel und erfuhr zu meinem Bedauern, daß Sie durch Ihren Dienst verhindert sind, die heutige Geburtstagsfeier mitzumachen. Ich meinerseits werde da sein, bin aber in einiger Verlegenheit wegen des Nachhausekommens. Ich denke, Ihr Bruder soll mich um 10 bis an Ihre Apotheke begleiten, von wo aus Sie wohl den Rest des Weges übernehmen.

Ihre Emilie Kummer.

An Bertha und Karl Wilhelm Kummer

Liebe gute Eltern.

Wahrscheinlich gelangen erst Sontag früh diese Zeilen in Eure Hände u. von Herzen wünsche ich daß sie Euch Alle beim besten Wohlsein antreffen mögen. Die letztverlebten acht Tage kann ich zu den glücklichsten meines Lebens rechnen u. wenn es möglich ist daß ich meinen Theodor noch mehr lieben könnte als es bis jetzt geschah, so ist es in diesem längeren Beisammensein geschehen, wenigstens hat sie sich immer mehr befestigt. Theodors Mutter ist eine so ausgezeichnete Frau, wie ich wohl selten Gelegenheit gehabt habe kennen zu lernen u. wird es mir die höchste Freude sein mir in etwas ihre Liebe zu erwerben. Jenny, ist ein gutes, liebenswürdiges Wesen wie Ihr sie ja kennt, natürlich kommen auch Wolken hervor wie am schönsten Himmel, doch kommen sie nie stürmisch zum Ausbruch, sondern zertheilen sich wieder zur schönsten Klarheit. Wenn Theodor fort ist, werden wir u. namentlich ich recht fleißig sein, bisjetzt ist nicht viel geworden, unser Leben und Treiben hier wird er Euch wohl getreulich schildern, vielleicht namentlich meinen guten Appetit, der sich hier bekundet hat, Euch mittheilen.

Hoffentlich sind die Kinder wohl, grüßt u. küßt mir meinen lieben guten Adelbert recht herzlich, gedenkt er denn meiner?

Im Anfang nächster Woche hoffe ich einige Zeilen durch meinen Theodor von Euch zu erhalten, denn ich sehne mich sehr etwas von Euch zu erfahren. Heute haben wir uns Alle wiegen laßen, ich wiege 118 ℔, Jenny meint bei ihrer vortrefflichen Mast würde ich wohl noch etliche ℔ vor meiner Abreise zunehmen.

Jenny so wie Theodors Eltern senden Euch die herzlichsten Grüße; an Grubels meine besten Grüße u. Euch meinen geliebten Eltern die innigste Umarmung u. viele, viele Küße.

Mit treuer inniger Liebe

Eure dankbare

Emilie.

[Letschin] d. 24. 4. 46.

Entschuldigt die große Eile, aber die Post geht jede Minute fort.

An Bertha und Karl Wilhelm Kummer

Meine lieben Eltern.

Heut Abend verläßt uns Max, sonst hätte ich schon heut früh einen Brief für Euch abgeschickt, so erhaltet Ihr ihn zum neuen Jahr. Daß ich jetzt viel, sehr viel jetzt Eurer meiner Geliebten denke, ist wohl natürlich aber auch viele, viele Wünsche für Euch u. Eure Zukunft gesellen sich dazu; daß Alles Unangenehme und Betrübende mit dem guten Schluß des Prozesses auch mit dem Schluß des alten Jahres vorbei sei, kann ich bei der Einsicht der Unmöglichkeit nicht wünschen, wohl aber daß Euch meinen Lieben recht bald klar werde, was das richtige ist zu thun, auf daß Ihr beide bald Alles beseitigt u. dann auch vergeßen könnt. Möge der liebe Gott vor Allem mein Väterchen Deine Gesundheit kräftigen, u. Dir meiner einzig guten Mutter Deinen Muth u. Glauben unbenommen laßen, dann sind mit den besten Wünschen für unseren lieben Jungen Adelbert, meine Hoffnungen für Euch erfüllt. Heut früh hatte ich eine recht große Freude, Max brachte mir einen Brief mit roth Couvert, ich wußte gleich daß er von meinem lieben, lieben Herrmann. Er schreibt so, wie er immer gegen mich ist, liebevoll u. herzlich, ganz ein wahrer Bruder, wie macht mich seine Liebe so glücklich, wie will ich sie aber auch für das ganze Leben bewahren. Grüßt ihn bei seiner Zurückkunft recht herzinnig von mir und sagt ihm daß Mila jetzt recht wohl u. munter. Nach Tisch gehen wir immer spatzieren u. genieße ich dabei noch das besondere Vergnügen schlidern zu können. Gestern, an meines Theo's Geburtstag waren wir sehr heiter u. vergnügt, mein Schatz hatte große Freude über seine Geschenke, recht viel haben wir Eurer gedacht. Wie geht es denn Euch? meine liebe gute Mutter u. Du mein Vaterchen schreibt doch recht bald eimal an Eure Mila, freundlich u. liebevoll wie immer, daß macht mir ja doch immer eine große Freude. Wenn Ihr Fontanes seht, so bitte grüßt namentlich Röschen, Pinchen u. August haben zu sehr auf meinen Theodor geschimpft, als daß ich ihrer sehr liebevoll gedenken könnte, Max wird Euch wohl das Nähere erzählen. Meine Lieben hier grüßen Euch u. auch mein Brüderlein Herrmann aufs herzlichste nebst den innigsten Glückwünschen zum neuen Jahr. Ich aber umarme Euch Alle mit der größten Herzlichkeit, natürlich auch klein lieb Adelbert u. bitte Euch stets lieb zu behalten Eure Euch ergebene

Emilie.
d. 31. 12. 46

Für Mutter

Was wir säen erndten wir
Allezeit hienieden;
Und dem Guten wird schon hier
Frucht u. Lohn beschieden;
Sieht er Vieles sich versagt,
Wird ihm Viel genommen, –
Hoffen darf er unverzagt,
Seine Zeit wird kommen.

Spärlich haben Freud u. Glück
Dich gesucht im Leben,
Zogen schnell die Hand zurück,
Die sie kaum gegeben;
Doch sie werden Dir auf's Neu
Und auf lang erscheinen,
Lachen sollst Du sonder Scheu,
Und nicht unter Weinen.

Daß Dein Herz für Fried u. Freud'
Bald die rechte Stätte, –
Und, was meine Liebe beut,
Nur ein Glied der Kette,
Sieh, das will vom Himmel ich
Heute heiß erflehen
Und wenn nicht um mich, um Dich
Läßt er's wohl geschehen.

[Danach von der Hand Theodor Fontanes:]
Diese Zeilen dürfen nicht fort ohne Anhängsel von mir, so will es Emilie, und weil ich längst keinen Willen mehr habe (nach Pinchen) natürlich auch ich. An dieser Artigkeit gegen Sie werden Sie mich erkennen! Uebrigens bedarf es außer des eignen

Antriebes, wirklich noch eines brautrechtlichen Imperativ's, um mich zum Schreiben zu bringen; eines Theils weil ich Emilien so herzhaft gedrückt habe, daß mir die Hand zittert, andrerseits weil ich es nach vorstehenden Versen Ihrer talentvollen Tochter für gefährlich halte, mit einem prosaischen wenn auch gutgemeinten Glückwunsch hinterdrein zu humpeln. Ein Mensch, der den Himmel alle Tage um eine gute Dosis Philisterthum beschwört, kann seine natürliche Anlage für dasselbe nicht besser als durch die Neujahrsgratulation bekunden: »der Himmel erfülle alle Ihre Wünsche!« Ich rechne mit Bestimmtheit darauf, daß Sie an dies Greifen nach einer abgegriffenen Redensart, alle möglichen schönen Hoffnungen für meine Zukunft knüpfen. Uebrigens ist es mit solchen Gemeinplätzen nicht immer so schlimm; ich weiß es, daß man zu Zeiten in die verbrauchteste Ueberschrift seine ganze Liebe hineinlegen will, so bitte ich auch den Gebrauch obiger Redensart zu deuten: – Emilie guckt mir auf die Finger; ich habe nicht die Courage es ihr zu verbieten, wenn sie diese meine unmaßgebliche Meinung *liest*, sieht sie vielleicht weg; aber wenn auch, viel Segen kann Ihnen daraus nicht mehr erwachsen; wir sind am Ende, gehaben Sie sich wohl Ihr

Theodor.

Viel Grüße an Ihren Ehegespons nebst Sprößling; auch an Herrmann bei seiner Rückkehr.

An Bertha Kummer

[Liegnitz] d 28. 3. 48.

Meine liebe, beste Mutter,

Deinen letzten Brief, für den ich Dir recht zärtlich danke, habe ich mit großer Freude gelesen, es war die erste Nachricht von Dir, die ich ohne Thränen lesen konnte; der liebe Gott hilft doch immer, freilich nur Deinetwegen, sonst würde wohl Alles noch Anders stehen. Du kannst wohl denken mein Mütterchen, welche entsetzliche Angst ich während der Schreckenstage ausgestanden habe, ich entsinne mich nicht in meinen Leben schon eimal solch eine Pein ausgestanden zu haben. Denke nur daß ich von meinem Theo sowohl wie von Herrmann denken mußte: sie können ebenso gut todt wie lebend sein. Ach liebes Herz ich habe auch kniend dem lieben Gott gedankt. Daß Ihr in Eurer Straße so ganz bewahrt geblieben seid, ist doch auch sehr erfreulich, was sagte denn Adelchen zu dem Allen? grüße u. küße den lieben Jungen, er ist gewiß recht fleißig, er kann ja jetzt Minister werden, wenn er viel lernt, damit spornen wir jetzt Herrmann an. Das [!] Vater sich jetzt in jeder Beziehung wohler fühlt, ist mir recht lieb, nun schläfst Du wohl auch beßer? Du mußt mir mein Mütterchen durchaus ausführlicher schreiben, Deine Briefe genügen mir immer garnicht, ich möchte noch viel, viel mehr von Dir wißen, wie steht es denn mit Deiner Reise? Mutter grüßt Dich recht schön u. läßt recht herzlich für die Proben danken, aber bei jetzigen schlechten Zeiten, will Großvater eine solche Ausgabe nicht machen. Die beiden sind unwohl, Mutter recht sehr, Großpapa hat sich aber nur etwas verfreßen, er will sich noch güthlich thun, ehe die Rußen kommen. Hast Du denn auch solche Angst für den Krieg? Noch ist mir nicht bange, jetzt denke ich immer an Herrmann u. denke wie dem diese Unruhen nützen können, ich wollte mich doch sehr, sehr freuen, wenn der gute Mensch am Ziele wäre, ehe er es erwartete. Mit rechter Sehnsucht erwarten wir Nachricht von ihm, gewiß hat er jetzt wenig Zeit, sonst würde er doch schreiben. Ist er u. seid Ihr denn auch auf Seiten des Militairs? hier, Mutter, Großvater Alle, bedauern die armen Soldaten, ich schweige dazu, wenn doch Herrmann seine Meinung her schreiben wollte, denn wahrhaftig hier urtheilt Alles ins Blaue, man sehnt sich ordentlich nach einem vernünftigen Urtheil. – Du kannst wohl denken mit welcher Freude ich den nahen April begrüße, er wird mir doch meinen Theo bringen, ach, ich sehne mich ganz gewaltig nach dem guten Jungen, er soll schon froh u. heiter bei mir sein, läge nur nicht die Trennung im Hintergrund; es ist recht traurig daß man sich so absehnen muß. [...]

Lebewohl, liebes, gutes Herz ich will noch an unser Thildchen schreiben. Grüße Vater, Adelchen u. Herrmann, auch meinem Theo sage noch einen ganz aparten Gruß. Die Meinigen grüßen Dich Alle u. ich bin wie immer

Deine Emilie.

An Bertha Kummer

Ludwigslust d 29. 5. 48.

Meine geliebte Mutter,

Schon lange habe ich Dir ein Briefchen zugedacht, aber leider hat mich diesmal ein Unwohlsein davon abgehalten; seit gestern vor 8 Tage wo es anfing, bin ich noch bisjetzt nicht ganz wohl, einige Tage habe ich sogar liegen müßen. Ich medicinire noch u. der Artz [!] meint, ich hätte recht tüchtig die Grippe gehabt; dazu bin ich so schrecklich verstimmt, fühle mich so unglücklich, daß ich mal wieder wünsche es wäre Alles vorbei. Wohl weiß ich wie sündlich es ist, eine solche Äußerung zu machen u. daß gerade ich, namentlich nach der Meinung anderer nicht zu solchen Klagen berechtigt bin, aber glaube nur meine theure Mutter es ist auch gar zu bitter immer vergebens zu hoffen. Das Gefühl, daß ich eigentlich nirgends so recht hingehöre quält mich dann auch u. mit heißer Sehnsucht wünsche ich mir einen eignen, kleinen Herd. Fast finde ich es Unrecht mein liebes Herz daß ich gerade Dir etwas vorklage, aber Dir sage ich auch am liebsten, wie mir zu Muthe ist; kennst Du doch von allen Müttern u. allen lieben Verwandten die alte Mila am besten u. weißt Du doch auch, daß ich, sobald ein schwacher Hoffnungsschimmer sich mir zeigt, wieder frohen Muthes werde. Wäre ich nur erst wieder wohl; Kopf u. Halsschmerzen quälen mich immer fort u. ausgehen kann ich auch noch nicht. Ich lebe wie eine Nonne, schlafe sehr schlecht, u. wünsche doch oft bei der Länge des Tages sehnlichst den Abend herbei. Ich kann Dir mein Mütterchen so eigentlich nichts von meinem jetzigen Leben erzählen ich lebe eigentlich in der Vergangenheit u. blicke trübe in die Zukunft. Glaubst Du wohl daß ich rechte Sehnsucht nach Schwedt habe? ach in einer solchen Familie zu leben, da wünscht man sich wohl selten aus der Gegenwart heraus. […] Mutter schreibt sehr bekümmert über die jetzige Zeit; doch haben sie gute Nachrichten von Fels u. erwarten ihn mit nächstem zurück. Auch in Schleswig scheint es ja klarer zu werden, jedoch schrieb Below gestern, die Friedensunterhandlungen könnten sich sehr in die Länge ziehen u. es leicht möglich sein, daß er bis zum Herbst dort stehen müßte.

Arbeiten habe ich noch nicht können, zuerst werde ich meine Taschentücher fertig machen. Denn leider fehlt mir das Geld um die feine Leinewand zu Theodors Hemden kaufen zu können. Ich bin wieder einmal ganz arm, die Reisen haben mir viel Geld gekostet u. ein Hut den ich mir habe kaufen müßen, hat den Rest meines Vermögens geschluckt, dieser Geldmangel ist mir auch unerträglich, kaum habe ich noch soviel um das Porto zu bezahlen u. an meine Mutter zu schreiben, dagegen sträubt sich Alles in mir. Hätte ich nur die 3 ℃. vom Schneider, aber jetzt wird er den Mantel gewiß nicht verkaufen. Du siehst mein Herz es ist eine klägliche Geschichte mit mir.

Gewiß hast Du Theo's Mutterchen schon gesehen, grüße sie

recht innig, nächstens werde ich ihr schreiben, war denn der Putz zu ihrer Zufriedenheit?

Grüße Vater u. Adelchen recht herzlich, auch Theo, wenn Du ihn siehst, seine Theilnahme hat mir recht wohl gethan. Klara grüßt Euch Alle u. ich bin wie immer

Deine dich innig liebende

Emilie.

An Bertha Kummer

Schwedt d 8. 4. 49.

Meine liebe Herzensmutter.

[…] Über die Meinigen liebes Herz kann ich Dir recht wenig, eigentlich gar nichts mittheilen; von meiner Mutter erwarte ich täglich einen Brief nebst Gehalt, von Klara weiß ich zu meinem innigen Bedauern leider seit Weihnachten nichts u. schließe nur aus einer Äußerung von meiner Mama, daß Below wieder fort ist. Der wiederbegonnene Krieg, der nach der gestrigen Zeitung einen so günstigen Anfang für uns genommen hat, intereßirt mich lebhaft u. hoffe ich von beiden Seiten ein energischeres Auftreten, wird wieder ein so langes hin u. herziehen wie im vorigen Jahre, so wird die Theilnahme schwach, lieber einen gefährlichen Kranken, als ein langes kränkeln. – Du schreibst mir gar nichts über Dein Befinden, soll ich das beste hoffen? ich denke immer, Dein Emchen wird des Seebads wieder bedürfen u. Du wirst dann ihre Begleiterin; das blockirte Swinemünde ist ja jetzt um so interreßanter, u. ich würde über Alles glücklich sein, könnte ich diesen Sommer mit meinem Theo dort hin. Sehen, in meinem Leben muß ich Swinemünde, Max u. Jenny haben durch ihre Erzählungen davon, mich schon so vertraut damit gemacht, den Ort, wo mein Theo Räuberhauptmann gespielt hat, muß ich kennen lernen, aber mit ihm, nur mit ihm will ich hin, die See anschauen u. glücklich sein.

Ach, ich komme Dir wohl verdreht vor, mein Mütterchen daß ich so in Extase gerathe, aber der Gedanke an ein solches Glück, läßt in meiner Phantasie tausend Bilder entstehen, alle schön, schön durch ihn.

Thilde u. Herrmann, nach meinem Urtheil passen zusammen. Er, die Leidenschaft, sie, die Ruhe, einer wird so hoffentlich den anderen ergänzen. Wenn ich das liebe Mädchen so sanft, so ohne jegliche Aufregung sehe, dann könnte ich sie darum beneiden u. doch wiederum auch nicht, meinem Theo würde eine solche blos innerliche Innigkeit nicht genügen. Herrmanns Spruch: jedes Thierchen sein Manierchen, ist recht passend.

Doch mein Herz ich muß zum Schluß eilen; ein liebes Gesicht nach dem anderen kukt herein um mich zum Frühstück zu bewegen. Thildechen will noch selbst ihre und der Ihrigen Grüße hinzufügen. Grüße Papa, von dem ich hoffe, daß er wohl u. munter ist, vielmals. Unserem Adelchen viele herzliche Küße, nebst der Versicherung: daß je länger ich bliebe, die Tüte immer größer würde. Geh fleißig spatzieren mein Mütterchen u. schreibe bald eimal wieder. Meinem Theo meine besten Grüße. Ermahne ihn froh zu sein u. seinen »Stuart« nicht zu vergeßen.

Lebewohl, nimm vor allen die freundlichen Grüße u. sei herzlich geküßt von

Deiner Mila.

Beifolgend das Kragenmuster, so gut ich es konnte habe ich es abgezeichnet.

An Wilhelm Wolfsohn

Letschin d 14. 4. 50.

Lieber Wolfsohn,

Diese Zeilen sollten schon vor einem Vierteljahr in Ihren Händen sein u. mögen Sie mich für recht undankbar halten; aber mich beherrscht oft Unlust u. Unvermögen zum Schreiben, daß mir kaum ein Brief an meinen Theo gelingt. Sie sehen lieber Freund, ich bin aufrichtig. Ich danke Ihrer Güte viel; Ihr sinniges Geschenk hat mich erfreut u. gerade dies Schauspiel ist eins meiner Lieblinge u. gewährt es mir Genuß es selbst zu besitzen, da ich mich von Zeit zu Zeit daran ergötze; solch Kunstwerk mit einem Male zu lesen u. zu faßen, fehlt mir die geistige Kraft, aber nach u. nach bekomme ich ein klares Bild u. genieße die einzelnen Schönheiten mit Bedacht. Theodors Portrait u. den Druck seiner »Rosamunde« habe ich mit Freudenthränen empfangen u. innig Ihnen gedankt, der Sie diesen ersten Schritt in die Öffentlichkeit geleitet haben. Die Tage in Dresden waren Theo sehr angenehm u. haben wir gemeinschaftlich in der Weihnachtszeit in der Erinnerung sie durchlebt u. Ihrer mit inniger Freundschaft gedacht.

Seit Ostern bin ich in Letschin; Theo war auch einige Tage hier. Leider geht es ihm nicht gut in Berlin, all seine Pläne u. Hoffnungen scheitern u. doch schreitet er muthig vorwärts u. trägt ergebener sein Schicksal wie ich. Ich lieber Wolfsohn, würde williger u. leichter in das Unvermeidliche mich fügen, wenn ich irgend für das Wohl meines über Alles Geliebten etwas leisten könnte, aber so, jahrelang die Hände müßig in den Schoß legend, komme ich mir doch gar zu oft wie ein unnützes Möbel vor, das hemmend ihm im Wege steht u. doch fühle ich zu meinem Glück auch wieder, daß ich zu ihm gehöre wie ein Glied zum andren.

Oft wünsche ich mir den Winter Ihrer Anwesenheit in Berlin zurück, wie anders würde ich ihn jetzt benutzen; ich konnte mich damals Ihnen nicht offen zeigen, eimal, glaubte ich Sie hätten durch Pinchens Einflüsterungen ein Vorurtheil gegen mich u. ich kannte Sie zu wenig, um daß ich ernstlich gestrebt hätte es zu vertilgen, dann fühlte ich mich in unseren häuslichen Verhältnißen so gedrückt u. unglücklich, daß mich die Prosa des Lebens schlaff machte. Jetzt lieber Wolfsohn, würde ich mich Ihnen rückhaltlos zeigen, mit meinen Fehlern, denn Sie hätten doch ein Auge für das Gute, u. ich den regen Willen Ihrer Meinung Folge zu leisten. Die Eifersucht, die mich durch Fr. v. M. erfüllte, haben Sie getadelt u. da sie leider jetzt gerechtfertigt ist, so gäbe ich dennoch viel darum, Sie hätten noch in der Bewundrung für diese Frau ein Recht. Es gereicht mir nicht zur Ehre, daß ich den Instinkt hatte, sie wäre nicht das, was sie, Euch beiden, schien. Diese Eifersucht oder vielmehr ein unbegrenzter Egoismus ist der Fehler in meiner Liebe, was heilt mich davon? ich kann es kaum ertragen, wenn Theo lobend u. anerkennend von einer jungen Dame spricht, oder wenn er recht glücklich in einer Gesellschaft gewesen ist – ohne mich; sehen Sie, wie kleinlich ich bin. Glück, Seligkeit, Alles will ich soll er durch mich allein genießen u. dabei fühle ich doch wie ich garnicht das Wesen dazu bin u. das macht mich oft unglücklich. Nicht wahr, es wird Kampf kosten, diesen Fehler auszurotten, der wucherndes Unkraut in meiner Liebe ist, aber hoffen Sie mit mir, daß ich mich davon reinige.

Grüßen Sie Ihre Braut; ich möchte sie lebensgern kennen lernen, sie ist das einzige Wesen, von dem Theo mit wahrer Hochachtung spricht, wie gern wollte ich sie lieben.

Jenny grüßt sie; Fontane's in Amerika sind bisjetzt glücklich u. fordern uns zum nachfolgen auf, ich fürchte nicht, daß es noch dahin kommt.

Leben Sie recht wohl lieber Freund u. wollen Sie mich wieder eimal erfreuen, so benutzen Sie eine Mußestunde u. schreiben

Ihrer

Emilie Kummer.

An Bertha Kummer

Letschin d 22. 6. 50.

Meine Herzens-süße Mutter,

Seit Jahren habe ich nicht mit so inniger Freude die Feder ergriffen um Dir zu schreiben, wie heute, meine beste, meine liebste Mutter. Wie himmlisch wohl mag Dir jetzt sein, da Du endlich Deine gute Mama wieder hast, möge der liebe Gott Euch diese Freude doch recht ungestört genießen lassen. Wie schön mag Dir in der herrlichen Natur zu Muthe sein, wie neu u. reizend Dir Berg u. Thal erscheinen, nachdem Du so lange das alte, staubige Berlin genossen hast. Ich denke Deiner unendlich viel u. oft suchen Jenny's u. meine Gedanken Dich in Kösen auf, u. freuen sich Deiner Du gutes Herz, möge doch Bad wie Brunnen auch für Dein körperliches Wohlsein recht von Nutzen sein, ich wünsche so von ganzen Herzen, Du könntest *gesund* heim kehren. Deiner lieben, ausgezeichneten Mama, die ich innig verehre u. liebe, sage meine schönsten Grüße, ich würde mich freuen, wenn sie ein klein wenig gütig meiner gedächte.

Von mir, liebes Herz mag ich Dir nicht viel sagen. Ich harre jetzt in Geduld u. nehme jede neue, geknickte Hoffnung mit Ergebung auf. Der Wille Gottes macht uns dehmüthig, ich hätte nie geglaubt, so ruhig u. sanft werden zu können. Ich kann's auch noch ertragen; nur wenn ich sehe wie meines Theo's schönes Leben vergeht ohne Freude, ohne Hoffnung, dann wird mir recht weh um's Herz. Könnte ich Dich mein Mütterchen doch eimal wiedersehen, ich denke es nach Deiner Rückkehr möglich machen zu können auf einige Tage nach Berlin zu kommen. Von Michaelis an, wo Jenny wahrscheinlich heirathen wird u. die Eltern dann sich einschränken müssen, wird auch mein Leben ein Anderes werden. Zu Euch kann ich nicht u. herumziehen, u. mal von dem u. dann des anderen Verwandten Gnade ein Weilchen leben, *will* ich nicht mehr. Gott sei Dank kann ich Manches leisten u. werde suchen eine Stellung zu erhalten, wo ich die Hausfrau in der Wirthschaft unterstütze u. kleine Kinder werde ich wohl auch unterrichten können. Auf Gehalt sehe ich garnicht, das brauche ich garnicht, meine 30 𝒯 sind genug um meine Garderobe zu erhalten. Guten Willen habe ich, Gott wird mir auch die nöthige Kraft verleihen. Vielleicht könnte ich durch Deines Mütterchens ausgebreitete Bekanntschaft eine solche Stellung erlangen u. es würde mir recht lieb sein, wenn Du darüber mit ihr Rücksprache nähmst. Erst, meine Herzens-Mama, machte mich diese Idee recht trostlos, daß ich nun nach fünfjährigem Hoffen u. Harren anstatt mich zu verheirathen, an ein Unterkommen bei fremden Leuten denken muß, aber jetzt bin ich gefaßt u. sehe keinen anderen Ausweg. Wüßte ich nur erst, wohin? glaube übrigens nicht, meine Mutter, daß ich sehr unglücklich bin, ich weiß, Glück u. Unglück wechselt in jedes Menschen Leben ab u. ich weiß auch durch Dich mein Herz, daß man noch unendlich vielmehr tragen kann u. muß, als was mir bisjetzt auferlegt ist. Schreibe mir nur eimal, Deine Briefe erquiken immer mein Herz, in jeder Zeile fühle ich Deine Liebe.

Neulich war ich eimal auf 8 Tage in Schwedt. Die arme Mama hat auch ihr schweres Leiden mit ihrem Manne, der ein eingebildeter Kranker ist. Mathilde so gut sie ist, ist doch sehr häßlich u. langweilig u. ich fühle mich immer wieder mehr zu Laura hingezogen. Diese heirathet im October, ist sehr glücklich u. macht eine sehr gute Parthie. Sie hat mich sehr freundlich gebeten zu ihr zu kommen, aber ich will nicht mehr von einem Ort zum andern ziehen.

Jenny grüßt Dich auf's innigste, so wie auch mein Mutterchen. Ich hoffe Jenny soll glücklich werden. Grüße mir auch Deine Emma auf's herzlichste. Deine Mittheilung über den Tod Emil's hat mich sehr ergriffen. Lebewohl meine einzig süße Mutter, sei auf's zärtlichste geküßt von

Deiner Dich innigst liebenden

Mila.

An Bertha Kummer

Letschin. d 5. 8. 50.

Liebe Herzensmutter,

Ich werde Dir wohl nur confuses Zeug schreiben, aber ich muß Dir für Deinen lieben, lieben Brief danken u. gleich wieder auf die Bettelei kommen. Grüße u. küße meinen guten Vater u. sage ihm er müßte sich nun auch ein bischen Unruhe meinetwegen gefallen lassen, er ist mich dann ja auf immer los. Ach Mutter, ich werde nun meinen Theo bekommen, mich nie von ihm trennen müssen, glaube mir ich erkenne mein Glück in seiner ganzen Größe; so innig ich Gott danke, so innig bitte ich ihn auch, mir Alles zu verleihen, um den glücklich zu machen, den ich so unaussprechlich liebe. Theo, ist besser wie ich, Mutter, er ist namentlich besser geworden. Stehe Du mir treues Herz auch künftig bei, bleibe unpartheisch u. tadle mich schonungslos, wenn ich ihm Unrecht thue.

Theo will bald heirathen, ich freue mich natürlich darüber, u. stimme mit ihm überein. Jetzt kommt die Bettelei. Vor Mitte dieses Monats kann ich nicht nach Berlin kommen; Du versprachst mir früher schon Deine Hülfe u. ich nehme sie mit den innigsten Bitten jetzt in Anspruch, nur das eine muß ich bei *Dir* bitten, *strenge Dich nicht an.*

Habe also die große Güte u. laß *Alles* von Günthers holen u. nähe mir zuerst das Band an die Überzüge. Vielleicht wenn Dein Mädchen Zeit hat, kann sie etwas Namen aus dem Tischzeug trennen, zuerst die kleinen Gedecke; werden die großen nicht fertig, so kann ich sie nach meiner Hochzeit sticken. *Lieb* wäre es mir, Du könntest eine gute Schneiderin ausfindig machen u. dieselbe zu Ende August für mich bestellen, ich muß mir mein seiden Kleid zu Jenny's Hochzeit machen lassen.

Für alle Güte, Liebe, Arbeit u. Umstände kann ich Dir nur aus vollem Herzen danken, ich spreche Deine Hülfe aber ohne Rückhalt an, weil ich weiß es macht Dir Freude, Deiner Tochter zu helfen. Gelder hoffe ich Ende dieses Monats zu bekommen.

Deinen Lieben meine schönsten Grüße, danke ihnen für ihre Theilnahme für mich ich weiß, sie werden sich mit uns freuen.

Entschuldige die Eil, ich habe 7 Briefe zu schreiben u. bin noch sehr aufgeregt. Siehst Du meinen alten Jungen, so sage ihm, er wäre ein guter Kerl. Günthers grüße einstweilen. In spätestens 14 Tagen bin ich bei Dir meine süße Mutter; ich hoffe die letzten Wochen im elterlichen Hause, sollen mir u. Euch frühern Trübsal vergessen machen; nochmals Gruß u. Kuß an Papa u. Adelchen Dir die innigste Umarmung Deiner Dich liebenden Tochter

Emilie.

KAPITEL 3

»... daß London unsere zweite Heimath werden soll«

Eine Brief-Ehe zwischen britischer Metropole und preußischer Residenz (1850–1858)

Fontane sagt, er habe viele Hochzeiten mitgemacht, aber keine hübschere als seine eigene. Das war am 16. Oktober 1850. Im Jahr darauf, am 14. August 1851, kommt der erste Sohn George zur Welt, und als Fontane im April 1852 nach London reist, lässt er seine Frau unglücklich und erneut schwanger zurück. Emilie lebt mit dem Baby in einer bescheidenen Wohnung in der Luisenstraße 35, drei Treppen hoch, die zu beträchtlichen Teilen an Fontanes Bruder Max und seinen ehemaligen Apothekerkollegen Friedrich Witte vermietet ist. Von April bis Ende Juni hält sich Emilie in Liegnitz bei den Triepckes auf, lernt ihre spätere Dauerfreundin Johanna Mattersdorf (später Treutler) kennen und steht in reger Korrespondenz mit ihrem geliebten Theodor, der sie mit seinen ständig wechselnden Überlegungen für die gemeinsame Zukunft in ein Wechselbad der Gefühle stürzt. Er bekennt selbst: »Es ist ein wahres Spielen mit unseren besten Empfindungen, oder wenigstens mit den Deinigen« (an Emilie, 23. August 1852). Am 2. September 1852 wird der zweite Sohn Rudolph geboren, der am 15. September stirbt. Am 25. September tritt Fontane die Rückreise nach Berlin an.

Im folgenden Jahr 1853 – Emilie sorgt sich wegen einer

schweren Lungenerkrankung ihres Mannes – wird im Oktober der dritte Sohn, Peter Paul, geboren, den die Eltern schon im April 1854 wieder verlieren. Und 1855, Ende Mai, begraben die Fontanes in Luckenwalde ihren vierten Sohn, Ulrich.

Die dichte Folge der Schwangerschaften und die Trauer um die verstorbenen Kinder belasten Emilie nachhaltig. Dazu kommt noch, dass Fontane im September 1855 in ministeriellem Auftrag erneut nach England geht, um eine »Deutsch-Englische Correspondenz« zu begründen und herauszugeben: einen Nachrichtendienst, der in Konkurrenz zu der von dem deutschen Emigranten Max Schlesinger geleiteten »Englischen Correspondenz« deutschen und britischen Zeitungen die offizielle Linie erläutern soll, nämlich Preußens Neutralität im Krimkrieg, den Russland seit 1853 gegen das Osmanische Reich sowie gegen Großbritannien und Frankreich um die Vorherrschaft im Nahen Osten führt. Der Auftrag ist für den Lektor des Literarischen Cabinets ehrenvoll und mit einem knappen, doch sicheren Einkommen verbunden, bedeutet aber für Emilie eine erneute unbefristete Trennung von ihrem Mann. Wieder schlüpft sie, jetzt mit dem dreijährigen George, hier und dort unter: zunächst in Neuhof bei Liegnitz bei ihrer Freundin Johanna, die inzwischen mit dem wohlhabenden Gutsbesitzer Treutler verheiratet ist und auch in den kommenden Jahrzehnten Emilie und ihren Kindern unbeschwerte, erholsame Ferienzeiten ermöglichen wird. Den heiteren Tagen in Neuhof folgen anstrengende Wochen bei der Schwiegermutter, die nach der Trennung von ihrem Mann mit ihrer Tochter Elise in Neuruppin lebt und sich bei aller Herzensgüte als schwieriger Charakter erweist.

Im November 1855 steht fest, dass Emilie im Januar 1856 mit George und ihrer Schwägerin Elise nach London reisen wird. Es ist eine Art Test, ob die Familie künftig in der britischen Hauptstadt wird leben können. Doch er misslingt gründlich: Emilie kommt mit dem Zentrum des englischen Kolonialreichs, mit der schieren Größe der Stadt, den hohen Preisen, mit Nebel und Kohlenstaub nicht zurecht. Obendrein beendet der Friede von Paris am 30. März den Krimkrieg und damit auch Fontanes »Deutsch-Englische Correspondenz«. Er wird nun zwar Presseagent der preußischen Gesandtschaft in London, aber über den zeitlichen Rahmen für die neue Mission schweigt sich die Berliner Behörde aus.

Wenn man den brieflichen Äußerungen trauen darf, einigt sich das Ehepaar Fontane auf die Rückkehr Emilies nach Berlin, um Theodor (der von Anfang an vor dem gemeinsamen Leben in London gewarnt hatte!) mehr Zeit für intensive Studien und publizistische Arbeiten zu verschaffen. Außerdem kündigt sich eine neue Schwangerschaft an. Im Mai ist Emilie zurück in Deutschland und muss vorerst wieder bei der Verwandtschaft unterschlüpfen, wo sie höchst unglücklich ist. In dieser desolaten Lage fährt sie für einen Tag nach Berlin, um im Ministerium mit Fontanes Vorgesetztem Ludwig Metzel zu sprechen. Sie erledigt diese Mission mit ebenso viel Mut wie Geschick, bekommt aber keine verbindliche Aussage über Fontanes berufliche Zukunft und damit die weiteren Aussichten für die Familie.

In diesen Monaten führt das Ehepaar Fontane einen intensiven brieflichen Dialog über die Schwangerschaft, der die höchst unterschiedlichen Ausdrucksstile der beiden dokumentiert: die behutsame, dezente Art, wie Emilie, zum fünften Mal schwanger, über die Veränderungen in ihrem Körper schreibt (»ich fühle jetzt schon bedeutend Leben«, 3. Juli 1856), und die rechthaberische Weise, in der Fontane sich als Hobby-Gynäkologe mit drastischen Kommentaren und absurden Ratschlägen dazu äußert. Am 23. Juli doziert er – ungetrübt von jedem Sachwissen – über die sogenannten »Mutterbänder, die wie zwei Strippen das Kind in der Schwebe halten. Starke Strippen können viel tragen, schwache wenig. Daher sind Deine Kinder so klein und kümmerlich, weil die Natur in ihrer Weisheit an diese Bänder nicht mehr hängt, als sie einigermaßen tragen können.« Bereits am 5. Juli hatte er erklärt: »Ich wünsche recht *sehr*, daß Du ein gesundes Kind zur Welt bringst, das Geschlecht ist vorläufig gleichgültig und alles wird dankbar acceptirt. Nur keine allzu elenden Würmerchen; es ist eine Art Ehrensache; also nimm Dich zusammen und thu das Deine. Man schreibt mir sonst auf den Grabstein: seine Balladen waren strammer als seine Kinder.«

Ein Lichtblick für Emilie ist, dass ihr die Freundin Henriette von Merckel im Sommer eine hübsche Wohnung in der Bellevuestraße in Berlin vermittelt. Sie verfügt nun zum ersten Mal wieder über eigene Räume und jubelt entsprechend im Brief an ihre Adoptivmutter (27. Juli 1856). Im September besucht Fontane seine hochschwangere Frau im neuen Domizil. Über Süddeutschland und Paris reist er im Oktober wieder nach England zurück, denkt in Paris sogar an den Hochzeitstag und veranlasst mit der bloßen Erwähnung dieses Ereignisses ein bemerkenswertes Bekenntnis seiner Frau: »Deine Herzlichkeit erquickt mich und ich fange immer mehr an mit dem Maaß und der Art Deiner Liebe zufrieden zu sein.« (23. Oktober 1856.) Wie stark ihre Zuneigung ist und wie intensiv sie seine Interessen zu den ihren zu machen versucht, ist in ihrem Brief vom 19. Oktober nachzulesen: »Es thut mir leid, daß Dich Paris so garnicht befriedigt; dieses Dein Unbefriedigtsein hat das einzig Gute, daß London Dir wieder um so mehr gefallen wird, was ich jetzt von Herzen wünsche, weil es ja doch wohl unsere zweite Heimath werden soll.«

Drei Wochen nach Fontanes Abreise, am 3. November 1856, bringt Emilie in Berlin ihr fünftes Kind Theodor Heinrich zur Welt – eine schwierige Geburt mit akuter Lebensgefahr für Mutter und Kind. Doch dieses Baby, der »kleine Engländer« genannt, überlebt und wird später dafür sorgen, dass die Familie Fontane bis heute weiterlebt. Der Glückwunsch des Vaters zur Geburt fällt jedoch ähnlich aus wie sein Mansplaining in Sachen Schwangerschaft; am 5. November schreibt er: »Also doch wieder ein Junge! Es scheint, daß wir auf Mädchen Verzicht leisten müssen und wir wollen uns auch weiter keine Mühe drum geben […] Wenn Du nur mehr Regelmäßigkeit in die Sache brächtest! Erst mit dem Kopf zuerst, dann mit den Beinen, nun gar mit dem Allerwerthesten; wohin soll das schließlich noch führen?!«

Doch das neue Jahr bringt endlich Klarheit über die Zukunft und am 8. Mai 1857 schickt Fontane seiner Frau die denkwürdigen Verse:

Der Brief spricht:
Bin ich auch nur klein,
Melden kann ich doch:
London soll es sein
Drei, vier Jahre noch.

Also stürzt sie sich in das nächste Abenteuer, nimmt Englischunterricht und beginnt mit der Vorbereitung des Umzugs. Die Logistik werden sie besprochen haben, als Fontane Anfang des Jahres 1857 in Berlin war, aber Organisation und Abwicklung, Auflösung des Berliner Haushalts, Verschiffung des Umzugsgutes und die Reise mit zwei kleinen Kindern hat sie allein zu bewerkstelligen – wobei sie die Zweifel am Gelingen dieser Familienzusammenführung nie ganz verlassen.

Am 28. Juli 1857 aber meldet sie, nach glücklich überstandener Seekrankheit, ihrer Adoptivmutter ihre Ankunft in London, und am 10. August 1857 beziehen die Fontanes mit den Söhnen George (knapp 6) und Theodor junior (9 Monate) ein Häuschen im Londoner Norden. Dieses ist bis heute ein authentischer Fontane-Erinnerungsort, den die Organisation »English Heritage« mit der Vergabe der »Blue plaque« als solchen ausgewiesen hat: »Theodor Fontane. 1819–1898. German Writer and Novelist lived here 1857–1859« steht auf der »Blauen Tafel«. Entsprechend der Satzung für solche Ehrungen ist das Haus tatsächlich so erhalten, wie es die Fontanes bewohnt haben – und das hat Seltenheitswert unter Fontanes Wohnungen.

Es ist das erste und zugleich das letzte Mal, dass die Fontanes in einem (wenn auch nur gemieteten) Einfamilienhaus leben. Nach den schmerzlichen Trennungen, dem »Herumvagabondieren«, das Emilie durchzustehen hatte, und dem nervigen Chambre-garnie-Dasein, das Theodor beschieden war, ist dieses Haus in der St. Augustine Road 52 eine erfreuliche Erfahrung mit ungewohnter Lebensqualität, und die ausführlichen Beschreibungen, die Theodor an die Merckels und Emilie an Bertha Kummer schicken, sind von einem gewissen Stolz diktiert – man scheint endlich einen Lebensmittelpunkt gefunden zu haben. Fontane bringt es, wie üblich, sogar gereimt auf den Punkt:

Über Land und über Meer,
Immer hin und immer her,
Glück und Unglück up and down,
Endlich Ruh in Camden Town.

Obwohl sie ja das Zusammenleben kaum gewohnt sind und Fontane vorsorglich immer wieder auf mögliches Konfliktpotential hingewiesen hat, scheinen sie tatsächlich friedlich-freundliche Tage miteinander zu verbringen. In generöser Überheblichkeit schreibt Fontane am 18. September 1857 an seine Mutter: »Mit herzlicher Freude geb' ich Emiliens Benehmen gegen mich das beste Zeugniß; direkt quält sie mich so gut wie gar nicht und unsre Ehe hat sich nach der Seite hin sehr glücklich gestaltet.« Rückschauend, in einem Brief an seine Frau vom 25. Januar 1859, spricht er sogar ausdrücklich von »gutem Einvernehmen« und »glücklichem Verhältniß der letzten anderthalb Jahre«. Wie eine Illustration zu dieser Aussage wirkt das erotische Genrebild, das er am 14. Dezember 1857 an die Mutter schickt: »Emilie unterhält mich jetzt dann und wann von meiner frühren Leidenschaft, von meinem arabischen Feuer und der erhabenen Gluth meiner Gefühle. Mir ist dann immer als erzähle sie von irgend einem Schah oder Sultan, der auf der Ottomane ruhend reizende Töchter von Circassien den Selam tanzen läßt und wenn Achme und Zuleika fertig sind ›frische Pferde‹ bestellt. So hat man die Märchen aus ›Tausend und einer Nacht‹ durchlebt, ohne es recht zu wissen und hat eigentlich keine Ahnung davon, daß man auch mal ein Kerl bei der Spritze war. Es ist auch recht gut; eigentlich werd' ich immer verlegen, wenn ich von meiner glorreichen Vergangenheit in der Liebe höre. Die Hauptsache ist, daß ich mich bei mehr Ruhe wirklich um ein erkleckliches wohler fühle und Selterwasser weit über Champagner stelle.«

So detailversessen und thematisch weitschweifend darf man sich die Unterhaltungen des Ehepaares vorstellen – unentbehrlich für beide, so dass das Wort »Geplaudert« selbst im Tagebuch Standard ist; sie haben dabei trainiert, was auf ihre alten Tage zum abendlichen Ritus werden soll: das »Papeln«, das leidenschaftliche Durchsprechen von Gott und der Welt bei Tee oder Punsch, Plaudern im Wohnzimmer und Korrespondieren in Zeiten der Trennung – Lebenselemente beider Fontanes. Dem anspruchsvollen Dichter Fontane sitzt dabei eine unbefangen-natürliche, sprach- und sprechgewandte Partnerin gegenüber. Er nennt sie »hin und her huschig«, »abhängig vom Moment und von jedem neuen Einfall« (an die Mutter, 18. September 1857), vor allem aber findet er sie witzig und (insgeheim wohl auch) lebensklug. Wir können uns von ihrer souveränen Darstellungsweise gut überzeugen, da sie im Spätherbst 1858 in der relativen oder vermeintlichen Stille im »hübschen Haus« in der St. Augustine Road (25. Oktober 1858 an Merckel) den Anfang einer Autobiographie zu Papier gebracht hat. Fontane schickt den Text am 2. Januar 1859 an Frau von Merckel; Emilie hat leider nicht weitergeschrieben. Auch ihre talentierte Lyrikproduktion hat sie später nicht fortgesetzt, dafür zunehmend vorzüglichere Briefe geschrieben.

Nach Stoff müssen die Fontanes in London nicht suchen, er drängt sich auf. Im Februar 1858 heiratet der preußische Kronprinz Friedrich Wilhelm (der spätere Kaiser Friedrich III.) Victoria, Tochter der Königin von Großbritannien und Irland. Fontane ist Hofberichterstatter über das europäische dynastische Ereignis und schreibt über die Zeremonien in London; Emilie, mit einem nie verhohlenen Faible für alles Monarchische, ist hoch interessiert.

Im Sommer 1858 kommt Fontanes Freund Bernhard von Lepel zu Besuch, und die beiden reisen nach Schottland – ein Jugendtraum Fontanes. Informationen in Hülle und Fülle liefert all die Monate hindurch auch der rege Briefwechsel mit Henriette und Wilhelm von Merckel, den hilfreichen Freunden in Berlin. Darin kommt so ziemlich alles zur Sprache: das alltäglich Banale, das Geistige und das Politische. Das Spektrum reicht von den sauren Gurken, die es in London nicht gibt und die die findige Henriette (Mitglied der preußischen Elite!) mit der Gesandtschaftspost kostengünstig schmuggelt, über die in zwei Hälften zerschnittenen und in getrennten Briefen versandten Fünf-Pfund-Noten, über literaturpolitische Überlegungen und Konzepte bis zu Debatten über das britische Kolonialregime, das gerade einen großen Volksaufstand in Indien (die *Sepoy Mutiny*) mit militärischer Gewalt niederschlägt. Als Henriette von Merckel in ihrem Brief vom 4. September 1857 am liebsten die staubbedeckt aus dem Manöver zurückkehrenden preußischen Truppen nach Delhi schicken möchte, »um die Teufel dort zu bändigen«, belehrt Fontane sie in seiner Antwort vom 20. September energisch und grundsätzlich: »Indien, wie Sie bemerken, ist wirklich ein interessantes Kapitel; aber ich kann mich durchaus nicht bis zur Entrüstung erheben und bin sehr froh, daß unsre Regimenter nur Staub zu schlucken anstatt Hindublut zu trinken haben. […] Man hat ein Volk, das, in ähnlicher Weise wie die Italiener, Anspruch auf unsre Sympathien, auf Bewundrung ihrer hohen Geistesgaben hat, oft mit

Brutalität, immer aber mit stupider Selbstüberschätzung niedergetreten, und ich freue mich stets, wenn in Fällen solcher oder ähnlicher Unbill der Rückschlag kommt und wenn die getretne Schlange siegreich nach jener Stelle zischt, wo die überlegne, aber rohe Kraft verwundbar geblieben ist.«

Im Herbst 1858 dann kündigt sich in Berlin eine fundamentale Änderung der politischen Verhältnisse an: Ministerpräsident Manteuffel tritt zurück, König Friedrich Wilhelm IV. ist unheilbar erkrankt, Prinz Wilhelm (der spätere Kaiser Wilhelm I.) übernimmt die Stellvertretung. Eine »Neue Ära« wird verkündet, und all diese Vorgänge werden den Presseagenten Fontane mit betreffen, der ohnehin trotz des glücklichen Familienlebens in den Friedensmonaten von 1857/58 nie völlig glücklich ist. Der Briefwechsel mit den Merckels war zwar eine stabile Brücke nach Berlin, kann aber den lebendigen Austausch mit den Freunden nicht ersetzen; Fontane hat als Korrespondent für Berliner Blätter reichlich zu tun, aber, so klagt er, der Poet verkümmert. Die England-Euphorie seiner frühen Aufenthalte ist verflogen, und der »Tanz ums Goldene Kalb« in der Metropole London irritiert ihn; er fühlt sich mehr und mehr als Pflanze in fremdem Boden. So kündigt er am 2. Dezember 1858 seinen Vertrag, der noch zwei Jahre gilt. Die schönen Tage von Camden Town sind zu Ende, Preußen hat ihn wieder. »Die Eindrücke, die ich bis jetzt empfangen habe«, schreibt er in seinem ersten Brief nach der Rückkehr an Emilie, »sind im Ganzen gut; über manches allzu-preußische hab ich Humor genug gehabt, zu lachen z. B. über 2 Schildwachen in Magdeburg die faktisch mit halbgefälltem Bajonet auf mich eindrangen und mit einem laut in die Nacht hinein geschrieenen: ›hier wird nicht geschifft‹ den friedlichen Lauf der Dinge bei mir rauh militärisch unterbrachen. ›Grausamer!‹ antwortete ich und beendete das einmal angefangene Werk in den dunklen Kasematten-gängen der Festung.« (17. Januar 1859.)

An Theodor Fontane

[Berlin] d 10. 4. 52.

Geliebter Mann.

Mir ist heut so entsetzlich bange, daß ich, obgleich ich nicht eimal weiß wo meine Gedanken Dich suchen sollen, doch einige Worte an Dich richten muß. Seit gestern weiß ich durch die Jung mein Schicksal u. da ich Dir Nichts vor lamentiren will, so will ich Dir nicht beschreiben, wie mir seit dem zu Muthe ist. Aber ich bin trostlos! Mutter F. war Gott sei Dank bei mir u. hörte die Entdeckung mit an u. konnte mich in eine Droschke packen, wo ich denn im Fieber zu Hause kam. Ach zu Hause, ich habe nicht mehr zu Hause, denn Du mein Leben fehlst ja. Doch still, vernünftig, ich habe gelobt ruhig u. ergeben Alles zu ertragen, vielleicht endet dann die Prüfungszeit. Ich wollte Dir erst nichts schreiben, aber das hätte ich doch nicht über's Herz gebracht. Ich verspreche Dir, in meiner übergroßen Liebe zu Dir, daß ich *Alles* hier ohne Dich durch machen will u. daß Du meinetwegen nicht zurückkommen sollst, wenn Du irgendwie ein bischen Glück zu erfassen meinst, aber mein süßes Herz, gieb auch mir nun das Recht, mich ohne sündhaft zu sein, unglücklich zu nennen. Ich habe noch nicht Glauben u. Ergebung genug, um still zu dulden. Doch nun »Gute Nacht« ich lamentire doch. Unser Junge schläft süß, ach, könnte ich es auch. [...]

d 14ten. Heut ist George acht Monat; traurig, müde u. matt stand ich auf u. schaute so trübselig in den Tag hinein, als vermöchte er garnichts Angenehmes mir zu bringen. Mutter konnte nicht kommen, die hat gestern u. heut Dienst in Bethanien. Vormittag brachte mir der Briefträger einen Brief aus Liegnitz, von Mutter u. Großvater, worin ich von Beiden auf's dringenste u. herzlichste eingeladen werde, so bald wie nur irgend möglich mit George u. Minen hinzukommen u. bis Ende Juni dort zu bleiben; da ich weiß, daß eine Reise mit Deinen Wünschen für mich zusammentrifft, so denke ich, wenn ich halbwege mein u.

des Jungen Garderobe in Stand gesetzt habe, abzureisen, wahrscheinlich noch Ende dieses Monats u. zwar werde ich die Nacht benutzen, dann sehe ich Nichts u. bilde mir ein, ich fahre zu Dir! übrigens freue ich mich doch so zu der Reise, wie ich nicht geglaubt habe, daß ich mich *jetzt* freuen könnte, nur unsere arme Mutter so allein zu lassen, thut mir sehr leid. Heut Mittag, ich wollte eben diniren, kam Dein Brief, er erfreute mich ungemein u. erfrischte ordentlich mit seinem Inhalt mein etwas träges Wesen; wie wohl thut mir Deine wiedergewonnene, geistige Elasticität, ach, mein Herzensmann, ich will *Alles, Alles* ohne Murren tragen, sehe ich doch jetzt schon, welche Erndte Dein Geist sammelt u. wie reich Du zurückkehren *mußt*! So recht aus tiefster Seele gönne ich Dir diese gewiß nachhaltige Belebung Deines Geistes; wenn ich doch wüßte ob Deine Liebe zu mir, Dir auch ein wahres Lebensbedürfniß ist, nicht nur aus Egoismus hege ich diesen Wunsch, es ist auch etwas so überaus wonniges dies Gefühl: Du kannst nicht ohne alle die Fasern Deines Herzens zu zerreißen von ihm lassen.

Morgen schicke ich diesen Brief fort, Witte, den ich fast garnicht sehe, will auch schreiben. Noch muß ich Dir erzählen, daß unser Junge eine ungemeine Freude über Dein Bild hat, er küßt es u. wenn ich mit ihm in die Stube trete, langt er schon lächelnd hin; dies könnte sehr schmeichelhaft für den Maler sein. Nun schlafe süß Du mein einzig geliebtes Herz!

[…] Nun genug mein Herzensmann, der Brief soll noch rechtzeitig zur Post. Bekümmere Dich nicht zu sehr meinetwegen, ich werde schon nach u. nach wieder in Schick kommen, nur das würde mir am schwersten zu tragen sein, wenn ich erfahren müßte, Dir ginge es schlecht. Mit dem herzinnigsten Kuß wie immer

Deine Emilie.

An Theodor Fontane

Liegnitz d 18ten Mai 52.

Mein Herzens-Mann.

Schon gestern Mittag erhielt ich Deinen lieben Brief, der doch zu meiner großen Freude schon etwas anders klingt wie der erste aus London. Deine Aengstlichkeit in betreff des Gesandten verstehe ich nicht recht, da ich von Berlin her weiß, daß die Kreuzzeitung u. die Preußische sich selber immer anfeinden u. letztere, die ministerielle nie Anfeindungen u. Beschuldigungen gegen Bunsen enthielt. Uebrigens bin ich sehr glücklich, daß Du so bedacht bist, überhaupt spricht jetzt immer aus Deinen Briefen eine Fürsorge u. eine Bedächtigkeit die mir sehr wohl thut u. wobei ich so recht deutlich fühle, Du bist jetzt Mann u. Vater u. nicht mehr Bräutigam. Wolle Gott geben, daß mich meine Ahnung nicht trügt, mir ist immer als sollte Dir durch Bunsen etwas Freudiges begegnen; warum hast Du denn die Empfehlungen an Hebeler noch nicht abgegeben, er wurde doch auch so sehr gelobt? Ganz pünktlich in Geschäftssachen bist Du doch noch nicht, sonst müßtest Du mir geschrieben haben, daß Du das Krause'sche Papier in meinem Brief gefunden hast, auch möchte ich gern wissen, ob Du mit meinem Brief einen von Lepel empfangen hast, sonst schicke ich nicht immer erst nach Berlin. Cousin Heinrich ist so unfreundlich gewesen, mir Deinen Brief vorzuenthalten, ich werde es an Max schreiben. – Hoffentlich treffen Dich mein liebes Herz diese Zeilen wieder ganz hergestellt an, könntest Du doch 8 Tage mit mir die leibliche Pflege genießen, die ich jetzt habe, Du solltest schon wieder Appetit bekommen. Uebrigens hast Du in Betreff meines Unwohlseins falsch zwischen den Zeilen gelesen, ich hatte wirklich die Grippe, huste noch, war natürlich dadurch auch geistig verstimmt, aber keineswegs durch meine Umgebung, die von Großpapa bis zu Karolinen nur Gutes u. Liebes von Dir sprechen; Mutter, der ich die betreffende Stelle Deines Briefes vorlas, fand sie zwar sehr hübsch u. wahr, läßt Dir aber sagen, was eimal geschehen wäre, daß [!]

sehe sie auch als Bestimmung an. Und ich mein geliebtes Leben, ich weiß u. fühle längst, das [!] der wahre Reichthum die Liebe des Mannes ist, u. so lange Du mir die erhälst und wir nicht wirklich Mangel leiden müssen, preise ich mein Geschick Dein Weib zu sein; wie schlug mein Herz als ich gestern von einer möglichen Uebersiedlung zu Dir las, aber wir wollen darüber noch weiter kein Wort verlieren, nur das eine glaube, daß ich mich stets da am glücklichsten u. heimischsten fühlen werde, wo Du es bist.

[…] Ich schlafe hier so sehr schlecht, immer böse Träume u. Beängstigungen, ganz wie im vorigen Jahr, auch ist das »kleine Mädchen« gerade des Nachts recht unruhig, so war Georg auch; sonst bin ich bis auf den Husten wieder wohl, esse sehr stark u. bin leider zum spatzieren gehen recht faul, das macht, es fährt mich Niemand. Auch geistigen Genuß habe ich, außer Deine Briefe, die oft meine Sehnsucht verscheuchen müssen, lese ich die »Ritter vom Geiste«, meinem schwachen Urtheil nach hat sich Hr. Gutskow, die Franzosen Sue u. Dumas zum Muster bei diesem Roman genommen, namentlich den letzteren, nur schreibt er zu seinem Vortheil, reiner, aber zu seinem Nachtheil, weniger spannend u. breiter. Da ich vorhin von Sehnsucht sprach, so muß ich Dir noch sagen, daß mir all die Gefühle die ich als Frau habe besser gefallen, wie als Braut. Meine jetzige Sehnsucht nach Dir hat viel etwas Angenehmeres, Reineres u. ich begreife Gott sei Gedankt die Frauen nicht, die da sagen, mit der Ehe ginge die Poesie der Liebe verloren, sie müssen entweder als Braut keuscher u. reiner empfunden haben, denn ich oder nicht verstehen ein reines Verhältniß auch trotz der Ehe zu erhalten; dies kann man nun freilich nur zu zweien u. dies danke ich Dir mein Herzensmann!

[…] Die Eltern grüßen herzlich; Georg habe ich in Deinem Namen recht abgeküßt, er ist spatzieren. Gott schütze Dich mein Herzens-Theo u. gieb gute Nachricht Deine[r] alten treuen

Mila.

An Theodor Fontane

Liegnitz d 4 Juni 52.

Mein innigst geliebter Mann.

Gestern Mittag erhielt ich Deinen mit Sehnsucht erwarteten Brief, der mich natürlich in schreckliche Aufregung versetzt hat, obgleich ich mir selbst mit heißen Thränen die Antwort geben mußte »du kannst nicht zu ihm.« Laß mich mal ganz vernünftig mit Dir reden u. mich hoffen, daß Du mir ohne Schwur glaubst, daß ich eher *Deinetwegen* in Deine Pläne nicht eingehen kann, wie aus Rücksicht auf mich. Erstlich haben wir in Berlin mit 50 ℭ. monatlich nie gelangt mit *einem* Kinde, meine Entbindung hat mehr wie 30 ℭ. gekostet u. hatten wir Pflege Deiner Mutter wie noch Unterstützung in anderer Weise von ihr umsonst; u. wie kann es mir bei meinem Zustand in einem fremden Lande gehen, so Gott will, besser wie das vorige Mal, aber auch noch viel schlimmer u. was hättest Du dann? Sorge, Angst u. Unruhe, die Dich zu jeder Arbeit u. zu jedem Streben unfähig machen würden; nein, mein Theo, so heiß meine Sehnsucht nach Dir u. so schmerzlich die Aussicht noch lange, lange von Dir getrennt sein zu müssen, ich kann nicht anders als immer wieder auf's Bestimmteste »nein« antworten, zu unserem eignen Wohle, u. zwar ohne jede fremde Einflüsterung. Höre nun meinen Entschluß, meine Pläne. Ich *wünsche* daß Du nicht wegen meiner Entbindung zurückkehrst, Gott u. Deine einzige Mutter werden mir helfen u. bei Schmerz u. Leid wird mich der Gedanke trösten, daß ich meine innigsten Herzenswünsche der günstigen Wendung unseres Geschick's geopfert habe. Um Erhöhung Deines Gehaltes komme ja ein, ich will gern selbst den Brief abgeben, Du hast dann mit Scherz' 10 ℭ. monatlich 30 ℭ., was ich irgend erübrigen kann packe ich noch zu u. vielleicht macht es sich, daß Du mit Stunden geben das Fehlende zu verdienst. Bis August ist noch sehr, sehr lange, vielleicht erhört der liebe Gott mein Flehen, daß Du bis dahin etwas erreichst. Anfang September erwarte ich meine Entbindung, geht Alles glücklich ab und Du kannst mir schreiben, daß wir 80 bis 100 𝔗. monatlich haben so komme ich im Oktober zu Dir mit tausend Freuden. Vorher mein süßer Herzensmann kann ich nicht kommen. Schon der eine Punkt, das Geld, machte mir, wenn ich Alles andere möglich fände, den Plan unmöglich, da Mutter mir *Nichts* dazu geben würde, selbst wenn sie *könnte*, vorläufig hat sie bis zum 1. Oct. selbst nichts, da der Umzug eine Menge Geld kostet. Antworte mir bald mein Theo, damit ich auch sehe, Du hast mich *recht* verstanden. In den letzten 14 Tagen habe ich mehr denn je Dich u. Deine Theilnahme für mich, herbei gesehnt, denn denke nur, daß ich jeden Abend von 9 Uhr an bis die Nacht um 2–3 Uhr, das schrecklichste Zahnreißen habe, so daß ich in meiner Verzweiflung aus einem Zimmer in das andere wandere. Seit zwei Tagen ist es etwas besser, Fels hat mir Pillen verschrieben, ich bin aber unendlich angegriffen, am 1ten Feiertag wurde ich in der Kirche ohnmächtig u. seitdem alle Vormittage, dann habe ich Nachts Krämpfe in den Füßen so arg, daß ich die Feiertage lahm gehen mußte, kurz ich bin ein armer Lazarus u. von meinem vorjährigen Wohlsein keine Spur; dabei bin ich sehr stark, was mir bei der schon 14 tägigen großen Hitze sehr lästig wird; (ist es denn bei Dir so kalt?) Dies Alles läßt mich hoffen, daß mir Gott zur rechten Zeit gnädig sein wird. George sitzt bei mir auf der Erde u. verzehrt ein Butterbrödchen, wobei er laut jauchzt, könnte ich nur eimal ein Stündchen mit dem allerliebsten Bengel bei Dir sein. Er geht jetzt kurzärmelig u. mit kurzen Röcken u. fängt an recht nett zu stehen; früh u. Abend ißt er seinen eingebrockten Zwieback u. trinkt aus der Tasse, der Pfropfen u. die Flasche sind abgeschafft, Nachts trinkt er eimal ein bischen kalt Wasser. Am Montag wird Dr. Mattersdorf den Jungen impfen, ich werde Dir eine Locke beipacken, er hat schon eine förmliche Perrücke. So wie ich nach Berlin komme, laß ich ihn für Dich photographiren u. schicke Dir den kleinen Kerl wenigstens bildlich. – Das Pfingstfest haben wir ruhig u. still verlebt; auf Parthien kann ich mich nicht einlassen, denn ein Spatziergang um die Promenade erschöpft meine Kräfte. Mattersdorf's sind diesmal fast mein einziger Umgang u. stets die ganze Familie voller Liebe u. Güte zu mir. Mit Johanna verlebe ich in ihrem Zimmer manche genußreiche Stunde und zeige ihr ganz wie mir um's Herz ist; es thut mir so wohl, die innige Liebe dieser Freundin. Auch gestern Abend hat sie mit mir geweint u. geklagt u. mich beruhigt. Muttern mag ich nicht zeigen wie mir um's Herz ist, sie grämt sich schon meinetwegen u. erzeigt mir diesmal so viel Liebe, daß ich oft das wehmütige Gefühl habe, es ist wohl das letzte Mal, denn sie ist sehr angegriffen. Großpapa u. George sind die besten Freunde, er sagt immer, er könnte sein eigen Kind nicht mehr lieben wie den Jungen. Ach mein Theo wird es denn noch gut mit uns werden? so frage ich unzähliche Male mit Thränen in den Augen den Himmel u. gebiete dem unruhigen oft verzagenden Herzen Schweigen. Sehr froh macht es mich aus Deinem Briefe zu ersehen, daß trotz Entbehrungen u. Unbequemlichkeiten Deine Stimmung eigentlich eine gehobene u. heitere ist, Deine Beschreibung Deiner Fahrt nach Richmond ist aber auch, daß einem Philister das Herz warm werden muß. Wie es noch mit Bunsen werden wird, bin ich sehr begierig, schreibe ja bald wieder mein Herzensmann u. empfiehl mich der Miß Jane Wight. – Bertha hat zu Deinen Zeilen an mich noch einige hinzugefügt gehabt, so schreibt Max, also muß der Brief verloren gegangen sein; ein Brief v. Lepel wartet schon 8 Tage in Berlin auf den meinigen, aber ich wollte doch nicht eher schreiben, bevor ich wieder Nachricht von Dir hatte.

Wir fangen nun allmählich an zu packen, um den 25ten gehen die Sachen nach Beeskow ab, u. am 24ten Abends reise ich ab; ladet mich Scherz ein u. unsere Mutter ist damit einverstanden, so bleibe ich den Tag über bei ihr und reise Nachmittag weiter. Lebewohl mein geliebtes Leben, Alles grüßt Dich u. herzinnig umarmt u. küßt Dich

Deine Emilie.

An Theodor Fontane

Berlin d 2. 7. 52.

Mein Herzensmann,

Ich habe heut einen schweren Gang hinter mir u. will Dir wo möglich wörtlich Alles schreiben, worüber ich verhandelt habe. Vorgestern bekam ich nämlich Dein kleines Briefchen u. begab mich Deiner Weisung nach zu Dr Quehl. Um halb 11 Uhr war ich dort u. mußte mit verschiedenen Bittstellern ein kleines Stündchen warten, wo mir so heiß u. angst wurde, daß ich gewiß ohne mein Fläschen Essig-Aether ohnmächtig geworden wäre. Endlich meldete mich ein hübscher, freundlicher Mann, der auch nach Dir gefragt hatte; die Tür öffnete sich u. »bitte gnädige Frau« wurde ich mit einem freundlichsten Gesicht empfangen. Ich entschuldigte mich, daß ich mir erlaubte seine Zeit in Anspruch zu nehmen, aber ich wollte Dir schreiben u. bäte um seinen gütigen Bescheid auf Deine Bitte. »Was wünscht denn Ihr Mann, ich weiß von Nichts, ich bekomme so viel Briefe, er will wohl länger Urlaub haben?« Ja, eimal das, und – »Das kann ich doch Ihretwegen nicht bewilligen?« ach, Herr Doctor es ist eigenthümlich u. schmerzlich für mich, *darum* bitten zu müssen, aber da mir eimal diese Trennung auferlegt worden sei, so wünschte ich auch, Du kehrtest dann erst zurück, wenn Du das Gefühl hättest, auch genug für die Opfer etc. mit nach Hause zu bringen. »Nun so mag er noch Juli u. August dort bleiben.« Da Sie nun die Bitte in seinem Brief übersehen haben, so erlaube ich mir Sie Ihnen vorzutragen; mein Mann wünscht eine Zulage, ohne die ihm ein längerer Aufenthalt in London fast unmöglich würde, da das Gehalt was er bis jetzt bezieht, von mir verbraucht wird u. er durch Stundengeben nicht soviel wie er bedarf, zusammen bringen kann. »Wie viel wünscht er denn?« eine Zulage von 20 ₰. »Die kann ich ihm beim besten Willen nicht bewilligen, mir sind die Hände gebunden, eine fortlaufende Gehaltserhöhung kann ich ihm nicht gewähren, das eine will ich thun

u. 40 ₮. für die zwei Monat bewilligen um die ich einkommen will u. Ihnen dann zur weiteren Verfügung zustellen.« Ich bin Ihnen sehr dankbar für die Güte die sie uns erzeigen Hr. Dr. u. erlaube mich noch die Frage, ob es Ihnen bei der Rückkehr meines Mannes nicht möglich ist, denselben noch bei irgend einer Zeitung zu beschäftigen, da 30 ₮. monatlich doch sehr wenig sind. »Nun ich denke er wird nebenher durch Stundengeben zu verdienen, ich denke das ist doch der Hauptzweck seiner Reise.« Ja, natürlich Hr. Dr. hoffen wir sehr darauf, aber zu Allem gehört Glück, u. da wir noch nicht durch dasselbe verwöhnt, so möge er meine Sorge um die Zukunft begreiflich finden. »Nun, gewiß, gewiß, das wird sich machen, 40 ₮. ungefähr soll er dann schon haben.« Da ich eimal als Bittstellerin vor Ihnen erschienen, so habe ich noch eine Privat-Angelegenheit. Seit gestern entbehre ich schmerzlich die Preußische-Zeitung u. schelte nun mit vielen Andern auch auf die Zeitungssteuer, die mir gewiß diese Vergünstigung entzogen hat, und wodurch es mir nun unmöglich gemacht wird, die Aufsätze meines Mannes zu lesen. »Mit dem größten Vergnügen werde ich bei Ihnen diese Ausnahme machen, obgleich es eigentlich von jetzt an nicht mehr erlaubt ist, von Morgen an sollen Sie dieselbe erhalten.« Ich danke Ihnen sehr für alle Ihre Freundlichkeit u. Güte. »Sie sind verreist gewesen, was macht Ihr Kleiner, gedeiht er recht?« Gott sei Dank ist er wohl u. munter u. der schönste Ersatz für die Abwesenheit meines Mannes. – Ich stand auf. – »bitte machen Sie uns doch mal die Freude u. besuchen uns, meine Frau wird sich sehr freuen« – Sie sind sehr freundlich, mein Mann wollte sich schon immer erlauben, eine Visite mit mir zu machen, aber wir fürchteten lästig zu sein – »oh bitte machen Sie recht bald meiner Frau die Freude« – ich versprach es, u. empfahl mich u. athmete auf als die Straßenluft um meine Nase wehte. Gebe Gott ich habe nichts Dummes geredet u. Du bist mit mir zufrieden, den besten Willen hatte ich. Uebrigens hat diese Visite nur einen günstigen Eindruck auf mich gemacht; Quehl war ehrerbietig u. wahrhaft herzlich, keine Spur von Süßlichkeit oder Herablassung. Ich war gleich nach dem Besuch bei Mutter u. diese rieth mir auch in einigen Tagen Fr. Dr. Quehl meine Aufwartung zu machen. Wie Du den Erfolg meiner Sendung aufnehmen wirst, weiß ich leider nicht aber einsehen wirst Du wohl, daß ich für diesmal nicht mehr thun konnte. –

d 7ten Gestern Abend erhielt ich Deinen lieben Brief, wenn ich Dir auch garnicht verdenke, daß Du meine quasi Ermahnungen aufmutzt, so wirst Du es aber auch begreiflich finden, daß ich es mir erlaube, da immer ein Jeder mit seiner Weisheit sowohl wie mit seinem Tadel über Dich mir in den Ohren liegt u. mich gleichsam zum Genossen Deiner Handlungen macht. Der gestrige Brief erfreut mich Deinetwegen sehr; ich fühle daraus wieder Deinen Lebensmuth; mich hat er etwas geängstet, da sich sehr deutlich die Lust Deines Bleibens ausspricht. Ich weiß aus alter Zeit, daß wenn es Dir gut geht, Dich die Sehnsucht nach mir nur gering plagt, u. weiß auch, daß ich diesmal bescheiden genug sein müßte, mich darüber hinfortzusetzen, aber es ist hier in dem alten Berlin doch entsetzlich; Du mußt nicht böse werden, ich will ja auch nicht klagen, es mag diese Bangigkeit in meinem Zustand liegen, Du weißt ja wie ich im vorigen Jahre trotz Deiner Anwesenheit war. – […]

[…]; neulich brachte er [Witte] mir ein Billet zur Rachel u. zwar in der Rolle als Phädra, ich nahm es an. Ich kannte die Tragödie genau u. las sie auf französisch, trotzdem verstanden wir, (Witte begleitete mich) ohne Buch fast kein Wort. Die Künstlerin selbst hat mich nur an zwei Stellen als Künstlerin berührt; eimal wie sie sagt: »suis je belle?« in einem Lustspiel: le moineau de Lesbie u. dann als Phêdre wie sie ihre Amme verwünscht; da war ich wie electrisirt. Nur schade das sofort die Alte den Eindruck störte, da sie rechts mit eben so hoch gehobenen zitternden Armen verschwand wie die Königin links, dies sah wirklich zum kranklachen aus. Im Ganzen machte die Aufführung einen kläglichen Eindruck auf mich, die Rachel entschieden den einer Verrückten u. dann dieses abhaspeln u. jagen, in zwei Stunden war das 5 actige Trauerspiel abgepeitscht; nein da lobe ich mir denn doch unser deutsches Trauerspiel mit unserer Crelinger. Die einzige Entschuldigung habe ich für Spieler u. Zuschauer, die Hitze nimmt gewiß jede Spiellust u. auch fast jedes Zusehen; ich bin bald verkommen, u. habe gewiß für einige Groschen Aether verbraucht. [...]

Doch nun genug; kommt Max heut wieder nicht, so geht dieser Brief auf den Abend per Post ab. – Georg hat über Nacht einen Zahn bekommen; übrigens frißt uns das kleine Thier arm, Gott gebe nur, daß es ihm ferner so gedeiht.

Deine Mila

Fournier hat sich Deine Zeitungs Aufsätze von mir ausgebeten.

An Ryno Quehl

[Berlin, Sommer 1852]

Indem ich hoffe, daß Sie nebst Frau Gemahlin im besten Wohlsein von Ihrer Reise zurückgekehrt sind, erlaube ich mir Sie an Ihr Versprechen zu erinnern, wodurch Sie mir für den Aufenthalt meines Mannes in London 40 Rthr. zusicherten. Sehr glücklich würden Sie geehrter Herr mich machen, wenn Sie so gütig wären, mich recht in Kenntniß zu setzen, wo ich das Geld in Empfang nehmen kann, da ich es so bald wie möglich meinem Mann schicken möchte, für dessen Rückreise es bestimmt ist.

Gern hätte ich mich erlaubt, persönlich Ihren gefälligen Bescheid in Empfang zu nehmen, aber seit beinah 14 Tagen kann ich krankheitshalber das Zimmer nicht verlassen.

Mit der ergebenen Bitte mich Ihrer Frau Gemahlin zu empfehlen, genehmigen Sie die Versicherung der größten Hochachtung von Ihrer

Emilie Fontane.
Luisenstr. N. 35.

An Theodor Fontane

Berlin d 16 Sept. 52.

Mein Herzensmann.

Daß ich Dir heute schreiben muß, anstatt zu Dir reden zu können, wird mir auch schwer, aber der liebe Gott prüft mich sehr mein Theo, u. oft habe ich in diesen Schmerzenstagen jammernd meine Hände nach Dir ausgestreckt u. nur in ruhigen Augenblicken Gott gedankt, daß ich Alles für Dich mit habe tragen können. Ja, mein einziger Herzensmann ich leide viel; gestern Abend um 7 Uhr hat der liebe Gott unseren kleinen Neugebornen wieder zu sich genommen!

Mein lieber, lieber Mann, es thut sehr weh u. gewiß ist das Kind ein Stück vom Herzen der Mutter, denn das wehrt und sträubt sich sehr, ehe es den kleinen Liebling hergiebt. Gestern Nachmittag erhielt der Kleine die Nothtaufe, Fournier war sehr liebevoll, sprach schön u. betete auch für den fernen Vater; wir haben ihn Rudolph taufen lassen. Was dem kleinen Wurm gefehlt hat, werden wir wohl erst heut erfahren, sie meinen, er hätte einen organischen Fehler gehabt. Unsere Mama, Mutter Kummer u. Vetter Steincke waren Pathen des kleinen Sterbenden! gestern Abend, erhielt ich Deinen Brief, ach Theo komm nun zu Deiner armen Mila, ich will auch gefaßt u. ruhig sein, aber nun muß ich Dich wieder haben! Fournier sagte mir, ich hätte doppelt schwer zu tragen, denn ich trüge für Dich mich [*versehentlich für:* mit] u. glaube, in meinem größten Schmerz habe ich Gott gedankt, daß er Dir dies Leiden mit anzusehn, erspart hat, es hätte Dich wochenlang um den Muth u. die Ausdauer, die Du hier brauchen wirst, gebracht. Vetter Steincke hat uns in diesen Schmerzenstagen wie ein Bruder treu zur Seite gestanden; ach, ein gutes Herz ist die Hauptsache am Menschen; oft 3 mal des Tag's kam er, wollte auf seine Kosten dem Kinde eine Amme nehmen, weil er ihn dadurch zu retten dachte, er sagt, er habe Dir ja versprochen, für Deine Familie zu sorgen; er wird auch unsern kleinen Engel statt Deiner auf seinen letzten Wege begleiten. Auch unserer Zukunft wegen hat er mit N. gesprochen, der wird Quehl wegen Zulage angehen; auch will er mit zwei Herrn aus dem Geschäft englischen Unterricht bei Dir nehmen, ach Theo, verzage nicht es wird schon werden, Gott legt uns nicht zu viel auf, der Schmerz läutert, Du sollst Deine Frau geduldig finden, komm auch Du treu u. lieb zurück. Gott sorgt nun für unseren kl. Knaben, besser wie wir es gekonnt hätten, ach, er war freilich sehr nett, u. ich werde ihn nie, nie vergessen! aber George war 4 Wochen so krank, wir haben es Dir garnicht so geschrieben, den herzugeben, wäre mir doch noch schwerer geworden! jetzt erholt er sich, aber er ist lange nicht so, wie er war u. furchtbar eigensinnig in seiner Krankheit geworden, mein lieber Mann, schreibe, bald, wann Du kommst, ich bin sehr schwach u. bin heut aufgestanden, Dir zu schreiben, ich habe zuviel Körperschmerzen auch ausgehalten. Meine Brust fängt an zu heilen u. wenn ich erst ruhiger bin u. wieder Appetit bekomme, werde ich mich auch schnell erholen. Unsere Mama hat wieder wie ein Engel an mir gehandelt, ihr ist der Tod des Kleinen auch sehr nah gegangen, sie freute sich immer so sehr, daß er ihrem Rudolph so ähnlich sah. Seine schwarzen Härchen sind ihm abgeschnitten, die werde ich mir in meinen Verlobungsring machen lassen. Daß Du über Aachen zurückkommst, ist mir sehr lieb, ich hätte mich sehr geängstet Dich so lange auf See zu wissen u. dann gönne ich Dir noch den Aufenthalt bei den lieben Verwandten, denn bist Du erst wieder hier, wirst Du wohl oft von der Erinnerung zehren müssen. – […]

Schreibe mir bald, ich sehne mich unendlich nach irgend etwas von Dir; beiliegend den Brief von unseren guten Lepel, schreibe ihm doch ja, er ist doch unser guter Freund. Mutter grüßt Dich tausendmal, unsere Mine hat sich sehr, sehr brav genommen.

Lebewohl mein theurer, innig geliebter Mann.

Deine sehr betrübte Mila.

An Theodor Fontane

Neu-Ruppin d 9^t. [55].

Lieber, bester Mann.

Leider habe ich mit Lischen die schöne Wittrung benutzt u. bin mit unserem Jungen spatzieren gewesen; ich komme nun zu Hause u. finde Deinen lieben Brief, den zu beantworten mir nur wenig Zeit bleibt. Daß Du krank warst mein Herzensmann habe ich empfunden u. bin so kindisch mich dieser Ahnung zu freuen. Ich hatte am 5, 6ten u. 7ten so schreckliche Herzensangst, daß ich mich hätte zu Fuß auf machen mögen um Dich zu erreichen; wie mir überhaupt zu Muthe ist, Dich so lange entbehren zu müssen, will ich Dir nicht schreiben, nur *der* Gedanke; es giebt ja noch eine schrecklichere Trennung bringt mich zur Ergebung u. Geduld. Oft denke ich, ich bin schon zu alt, noch so leidenschaftlich zu empfinden u. fürchte, das die Jahre mich heißblütiger machen u. doch weiß ich zu meinem Trost, bin ich erst wieder bei Dir, in ruhiger Stimmung, werden auch meine Gefühle zeit u. ortgemäß. […] Weihnachten wird für Euch Exelirten noch trüber sein wie für Eure Familien, wüßte ich Dir liebes, liebes Thier nur irgend eine Freude zu bereiten, nun, mit der Zeit kommt vielleicht Rath. Morgen will ich unserer guten Merckel schreiben, da ich ja nun endlich mein Schicksal für den Winter weiß; so trostlos ich bin, so ist mir die endliche Gewißheit doch lieber wie diese beständige Aufregung. An Vater sind die Briefe fort; Scherzens grüßen Dich, er wird Dir nächstens schreiben.

Nun mein guter Herzensmann ist die allerhöchste Zeit; nimm mit diesem bei Schneiderei u. Eil verfertigtem Schreiben vorlieb; Dein Unternehmen beunruhigt mich sehr; alle Tage habe ich schon in den Spalten der Kreuzzeitung Deinen Namen gesucht u. gefürchtet Dich mit »Leo v. Armenien« zu finden. Die Mordgeschichte »Frank in Brighton« hat mich sehr alterirt; nicht wahr der Vater hat Hand an seinen Sohn gelegt?

Lebewohl; meinen Geburtstag will ich durch Rückerinnrung an den vorjährigen, den Du durch Deine liebenswürdigen Aufmerksamkeiten mir so reizend gemacht hattest, feiern. Schicke mir nur ja nichts mein alter Mensch; ich bin so schlecht mich über nichts zu freuen, da ich Dich nicht haben kann. Gott sei mit Dir! schreibe vor Allen daß Du wieder ganz wohl, das ist das Beste, was ich vorläufig von Dir erfahren kann. Mit innigen Küssen Deine alte, gute Frau

Emilie.

[...]

An Theodor Fontane

Neu-Ruppin d 25ten Dez. 55.

Mein geliebter Mann.

So eben erhielt ich Deinen lieben Brief u. da Mutter u. Lischen in der Kirche sind, Georgechen selig herumspielt, so kann ich Nichts besseres thun, als Dir sagen, daß ich mich ganz *unendlich* über das Gedicht freue; mein süßer Theo wenn ich nur erst wüßte, *wann* ich Dich werde dafür abherzen können, aber davon ist in dem ganzen liebenswürdigen Schreiben keine Sterbenssilbe zu finden; soll es nun wieder länger dauern wie bis Ende Januar? ich mag nicht daran denken. – […] Wir leben jetzt äußerst still, es kümmert sich kein Mensch um uns, *mir* ist dies in doppelter Beziehung wohlthuend. Eimal weil mir jegliche Sympathie für die lieben Leutchen fehlt u. es sich tausendmal angenehmer mit unserem Mutterchen lebt, wenn *sie* von außen unberührt bleibt; sie ist nun mal ausnehmend gut in der Kinderstube u. den angrenzenden Räumen aber – ungenießbar in der Gesellschaft. Mir wird es schwer werden, von ihr zu gehen, wenn es wirklich auf *Jahre* sein sollte. Uebrigens sind wir nun allesammt, bis auf das glückliche nicht Zeit u. Ort kennende Kindergemüth, sehr ungeduldig u. können garnicht erwarten, bis Du schreiben wirst, nun ist über Kommen oder Bleiben entschieden. Ich weiß nun auch garnicht, soll ich denn am 2ten Jan. zu Laura reisen; länger möchte ich nicht gern hier bleiben.

[…] Vor 10 Jahren machte ich Dir ein Gedicht; heut wäre mir es aber nicht möglich, trotzdem es in meinem Herzen noch eben so aussieht wie damals. Sei herzinnig geküßt von Deiner nur durch Dich glücklichen

Frau Emilie.

An Theodor Fontane

Neu-Ruppin d 29t. Dez. 55.

Mein Herzensmann.

So eben erhalte ich Deinen Brief vom 25ten (durch die Gesandtschaft ist mir noch keiner zugegangen) u. habe ich mich doch innig darüber gefreut; eimal weil Du wieder mein Erwarten einen schönen heilig Abend gehabt hast u. weil sich aus Deiner Verdrehtheit doch Liebe herausfühlt, u. dann, das bist Du auch gewohnt, bin ich von jeher so schwach, auch den schwärzesten Verdacht zu verzeihn. […]

Berl. d 1 Januar 1856. Vor allen ein frohes Glück auf! mein

theurer, Herzensmensch. Ich bin in ganz gewaltiger Aufregung, denn so eben schickte Metzel her, ich möchte zwischen 11–12 Uhr zu ihm kommen. Da ich nun einige Angst habe, ich könnte vielleicht traurig u. unbefriedigt zurückkommen, so will ich ohne diesen Einfluß Dir den gestrigen Tag beschreiben, wo mein Herz viel wehmüthige Freude empfunden hat. Zuerst noch von Deinem Geburtstag, den wir wir bei Nernst's, mit Scherzen's, Ramdor's u. Zychlinsky's heiter u. viel Deiner gedenkend, verlebten; ich saß zwischen Ramdohr u. Scherz u. letzterer versicherte stets, wie liebenswürdig *Du* mich gemacht hättest, was wenn es nur einigermaßen der Fall ist, ich auch nicht in Abrede stelle. Er wollte Dir bald schreiben, aber es wird, wie ich ihm auch sagte, im Reich des Wollens bleiben; ich schreibe wohl lauter Unsinn, aber mein Herz schlägt so, daß ich fürchte mir wird die Stimme versagen, wenn ich nun endlich Metzel gegenüber stehe. – Der Abschied von Mutterchen wurde mir doch recht schwer, George ist aber ein ächter Fontane u. freute sich auf die Veränderung. In der Post trafen wir Soldaten, worüber er sich sehr freute; der eine war sehr betrübt, denn er reiste zum Begräbniß seiner alten Mutter u. bedauerte wiederholt ein mühsam erspartes 2 ℭ. Stück zu der Reise verbrauchen zu müssen. Er rührte mich so, daß ich ihm in Neustadt ein kleines, warmes Frühstück verabreichen ließ. Im Wagon saßen wir allein u. hier angekommen, fanden wir eine hübsch warme Stube u. eine gute Brühsuppe. Ich zog Georgechen um, aß flüchtig u. fuhr dann zu Metzel, weil ich die gute Absicht hatte, Dir noch gestern das Resultat meines Besuch's mitzutheilen. Leider traf ich nur seine Frau, die aber ausnehmend liebenswürdig war, was mir wohl that; sie wollte ihm sagen daß er mich heute benachrichtigte, weil er am späteren Abend auch nicht zu treffen wäre. Von ihr zu Merckel's, denen ich schriftlich versprochen, mit vorzukommen; ich traf sie leidend aber hocherfreut mich zu sehen, ebenso er u. Fräulein Clara die sehr gut aussah. Nach einer Stunde fuhr ich zu Hause, fand unser kleines

Lebensglück bereits schnarchend u. nachdem ich mich etwas ordentlich gemacht, ging ich 7 ½ Uhr zu Kugler's. Ich wurde so freundlich empfangen, daß selbst Dein Mißtrauen das herzlichste Gefühl daraus erkannt hätte. Ich las Deinen Brief vor u. erregte allgemeine Heiterkeit daß Du etwas mit Bedenken meine Anwesenheit hier ansiehst. Bei Tisch las Kugler Dein Weihnachtslied vor u. aller Augen waren naß; übrigens war mir, (es waren nur Beyer's noch da) so wohl, ich fühlte mich Dir so nahe, saß neben Kugler, der ordentlich väterlich war, daß ich doch mit Freude die geistige Verbindung u. Verwandschaft der Menschen empfand. Um 12 ½ Uhr brachten mich Beyer's zu Hause u. als ich an Georgechens Bettchen trat, richtete er sich auf u. sagte: ich habe geträumt in drei Tagen sind wir bei unserem süßen Papa. – ich herzte u. küßte unser Kind, für Dich mit, sprach mit ihm von Dir u. ging dann todtmüde zu Bett. Was wird des Kindes Traum bedeuten? ich höre nun auf; bekomme ich nun eine Antwort nach unseren Wünschen, so schreibe ich den zweiten Bogen auf rosa Papier!

Heut Mittag bin ich mit Storm bei Kugler's, Abends bei Merckels; ich wollte morgen Nachmittag zu Laura, aber die Merckel will mich noch Mittag's bei sich sehen u. so habe ich den 3ten zur Abreise bestimmt.

In vier Wochen so Gott will, sind wir bei Dir! ach, Theochen ich glaube, ich habe alle Menschen auf dem Wege hierher angelacht. Metzel, der Director geworden ist, war ausnehmend artig u. freundlich. Er führte mich gleich in das Zimmer seiner Frau u. begann nun: er hätte nichts gegen meine Reise einzuwenden, Frauen ständen zwar nicht auf dem Etat, aber Wenzel käme ja zurück; sie wären entschlossen, das Unternehmen noch ein Jahr durch zu führen; die Sachen wäre er der Ansicht sollten wir irgend wo unterbringen, denn Du könntest ja auch anderen Sinnes werden. Unsere Wochnung sollte ich aufgeben u. mich zur Reise einrichten, bis zum 15ten wollte er mir dann den *bestimmten* Bescheid ertheilen, was ich *so* deute, daß er mir das

Reisegeld anweisen wird. Ich bin glückselig. Am 3 ten früh reise ich nun zu Laura u. erwarte dort Deinen Brief, mein alter, Herzensmann! Georgechen springt umher u. brüllt: in 4 Wochen sind wir bei Väterchen!

Nun will ich an Mama schreiben, die auch auf's höchste gespannt ist; Lischen wird auch selig sein. Nun Lebewohl mein Bester u. freue Dich so wie Deine Frau

Emilie Fontane.

An Theodor Fontane

Luckenwalde d 7ten Jan. 56.

Geliebter Mann.

So gut es bei dem Lärm von 4 hoffnungsvollen Knaben gehen wird, will ich Deinen lieben, heut früh erhaltenen Brief beantworten. Ich hatte ihn mit großer Sehnsucht erwartet, u. möchte, da ich so viel zu fragen u. mit Dir zu besprechen habe, es stände viel, viel mehr darin. Was Metzel's Unzufriedenheit betrifft, so bin ich, aus seinem Betragen gegen mich, fest überzeugt er ist ganz zufrieden mit Dir, hält es nur aus irgend einem Grunde für besser u. klüger, dieselbe nicht zu äußern; er hätte sonst nicht so sehr liebenswürdig gegen mich sein können. Was Deine Bedenken in Betreff unseres Aufenthalt's angeht, so glaube, ich sehe Alles so schwarz wie es nur sein kann, sage aber mit einer gewiß schlechten Variation: So lange ich sehe Dein liebes Angesicht; giebt es keine Schatten der Zukunft für mich. Dies Citat führt mich auf seinen Urheber, mit dem ich das Glück hatte, am Neujahrstage bei Kugler's zu diniren. Ich kann nur sagen, er hat zugenommen an Eitelkeit u. Kindergeschichten. Ich war ordentlich zufrieden, daß er trotz des Gedankens an Abschied etc. denselben unangenehmen Eindruck wie sonst auf mich machte; ich nahm mich sehr zusammen milde zu sein, aber Alle Anderen scheinen ihm ihre Gunst entzogen zu haben. Es war nur noch Eggers da;

unser Junge war artig u. sehr aufgeweckt, so daß Storm, mit augenscheinlichen Widerstreben zu mir kam u. sagte: zu dem Jungen muß ich Ihnen gratuliren, der entwickelt sich ja brillant. [...] An die Zeit in Berlin denke ich mit Zagen, es ist doch viel Last für mich, u. tausend Fragen an Dich werden mich quälen. Ich habe immer noch den erst von Dir bestimmten Termin, den 23ten als Abreise-Tag vor mir, weil dann auch gerade Mondschein ist; hier will ich am 12ten abreisen u. habe nun folgenden Plan, den ich Deiner Billigung vorlege. Ich habe mir ein Stübchen in der Herrnhuter-Anstalt gemiethet, wo ich mit George schlafen will, (die letzten Tage auch Lischen u. im Anfang Mutter Triepcke zum Besuch.) am Tage bei Mutter Kummer sein, was mir namentlich des Jungen wegen sehr erwünscht ist; es ist nur schräg über von Kummers. Ich gehe dann am Tage mit irgend einer Hülfe in unsere Wohnung u. besorge dort das Nöthige; vielleicht können wir auch auf dem Boden der Herrnh. Gemeinde, unsere Sachen unterbringen. Etwas Angst macht mir noch der Geldpunkt; denn ich habe nun Miethe, Miethssteuer, Dr. Mater u. einige Schulden die ich von Ruppin aus gemacht hatte, bezahlt u. bin nun ziemlich klamm. Von unseren Sachen denke ich werden wir nur verkaufen, was sich nicht Jahrelang hält. [...]

Nun muß ich zum Schluß eilen, denn diese Zeilen sollen heut Abend noch von Berlin fort. Schreibe recht bald wieder; die Briefe nach Berlin, adressire an Mutter, Wilhelmstr. 132. Wir haben sehr weise getan, der Erbschaft zu entsagen, denn ihre Bereitwilligkeit zu Allem ist mir nun von großem Nutzen. Wann kömmt Wenzel zurück u. wie steht es mit einem anderen Gehülfen, dies beunruhigt mich etwas. Tausend Grüße von Knochenhauers u. einen innigen Kuß von Deiner

alten Frau Emilie.

[Nachschrift von George Fontane:]

Mein guter Vater ich freue mich, daß ich Dich sehe u. Du mich einen Butterkuchen schenkst.

An Bertha Kummer

London d 21 April. 56.

Meine theure Mutter.

Dein Brief hat mir große Freude bereitet u. danke ich Dir für die Ausführlichkeit mit der Du mich von all Deinen Verhältnissen unterrichtest. Wie schade daß ich von Deiner letzten Anwesenheit in Berlin garnichts haben kann, wie oft magst Du Dich jetzt allein u. verlassen fühlen, nun Dir Dein lieber Junge fehlt. Um so lieber wirst Du aber Deiner trauten Heimath u. Deinen Lieben zueilen, u. erbitte ich Dir von Gott ein ruhiges, genußreiches Zusammenleben. Mir fehlt die Heimath täglich u. habe ich eine recht traurige Zeit hier durchgemacht. Wir wohnen bei einer alten, pretensiösen Engländerin u. in ihrem schmutzigen, unordentlichen Hause habe ich mich noch keine Stunde wohlgefühlt. Ueberhaupt ist das was ich bisjetzt von England u. seinen Bewohnern kennen gelernt habe, wenig empfehlenswerth für sie u. würde ich jetzt zurückkehren, hätte ich den Eindruck eines eingebildeten, langweiligen u. wenig liebenswürdigen Wesens. Vielleicht machen wir bessere Bekanntschaften, dann will ich mit Freuden mein Urtheil ändern. Ich bin hier fortwährend erkältet, werde Schnupfen u. Husten nicht los, u. friere immer. Von dem milderen Klima habe ich also auch noch nichts empfunden, vielleicht weil die Kamine doch lange nicht die gleichmäßige, angenehme Wärme erzeugen, wie unsere Oefen. Dabei ist dieser immerwährende Kohlenstaub unerträglich, einmal ausgehen, u. Kragen, Aermel etc. ist zur Wäsche reif. Diese letztere ist furchtbar theuer u. unmöglich, namentlich unter den leidigen Chambre garni's Verhältnissen in denen wir hier zu leben gezwungen sind, im Hause zu besorgen, so daß bei möglichster Einschränkung, unsere Wäsche allein im Jahr 80 𝒯. beträgt. So ist Alles; wir zahlen von nun an in einer der äußersten Vorstädte London's, für 2 Zimmer nebst 2 Schlafkabinetten u. Küche, wöchentlich 2 £ das sind 13 𝒯. 10 sgr. nun die sehr hohen Preise für Lebensmittel, sind wir genöthigt, die höchste Einschränkung zu beobachten. An die englische Küche kann ich mich garnicht gewöhnen u. mit Seufzen gedenke ich meiner deutschen Lieblingsspeisen; neulich machten wir mal Klobs, da es hier aber gar keine *Häringe* giebt, waren wir genöthigt, für 4 Ggr. Anchovis zu nehmen, wo man bei uns mit einem Sechser Häring auskömmt. Quirle u. Holzkellen, bekommt man in ganz London nicht, so daß einen ordentlichen Eierkuchen zu backen, nicht möglich ist. Vielleicht wäre es Dir möglich uns durch einen Quirl zu erfreuen, den unsere Schneiderin sehr gut Lischen's Taillen beipacken könnte. Schwarzbrod giebt es hier garnicht, immer Brod wie Semmel, Roggen wird hier garnicht gebaut. Aus all dem Vorstehenden mein Mütterchen wirst Du ersehen, daß London keine Verehrerin an mir bekommen hat u. daß meine Heimath u. ihre Lieben wärmer denn je in meinem Herzen sitzen. Doch fühle ich in der Hauptsache des Lebens keinen Mangel u. werde darum auch all die kleinen Entbehrungen u. Unannehmlichkeiten willig ertragen. Mein guter Theo, dessen Vorgesetzter, der Dr. Metzel 14 Tage bei uns war, ist nun seit dem 1. April, der lästigen Zeitungsfabrikation überhoben u. wenn er auch immerhin noch viel zu thun hat, so entspricht seine jetzige Beschäftigung doch etwas mehr seinen Neigungen. Er ist wohl u. munter, liebenswürdig u. sein fast immer zufriedener Sinn könnte mich mehr zur Nacheiferung ermuntern. George ist ein wilder Strick u. hört nun auf ein kleines Kind zu sein u. zeigt viel Anlage zum »Lümmel«; dabei wird er redlich vom Papa u. Tantchen verzogen, na, u. daß ich ihm nicht zu viel thue, weißt Du. Lischen ist liebenswürdiger denn je, meine tägliche Freude u. wüßte ich garnicht, wie ohne sie hier zu leben. Am Mittwoch den 23ten, ziehen wir um, u. Abends feiern wir Lischens Geburtstag, 18 Jahre! schönes Alter. Auf unsere Wohnung freuen wir uns sehr, sie ist frei, nahe den schönen Park's, u. freue ich mich unendlich wenn ich die finstere Stadt etwas im Rücken haben werde. Vielleicht ist in der Vorstadt auch Milch zu erlangen, die hier nur ein gräuliches Gebräu von Kalbsbrägen u. dgl. ist, so daß von Milchspeisen bereiten, keine Rede ist. – Bekanntschaften werden wir wohl kaum hier machen; zwei nette deutsche Familien bezeigen sich sehr freundlich aber wie kann ein Umgang zu Stande kommen, wenn man immer durch Meilen getrennt ist. – Lischen wird noch eine besondere Bitte an Dich richten, die ich hiermit befürworte; sie wird hier so stark, daß kein Kleid mehr paßt. Sie wünscht deshalb von meiner guten Emilie Einholz, zwei Taillen gemacht zu haben u. zwar ganz nach meinem Muster, da ihr meine Tuchjacke ganz vortrefflich paßt. Aus dem schwarz seidenen soll sie machen was geht u. dazu kaufen, so viel wie nöthig ist. Die Rechnung für die Taillen bist Du gewiß so freundlich an Mama Fontane nach Letschin zu senden, die sie gewiß auf's schnellste bezahlen wird. Du siehst wir beschäftigen Dich bis zuletzt, aber auch in der festen Ueberzeugung daß Du es gern thust. Die Taillen möchte die Schneiderin so fest u. so klein wie möglich zusammen packen u. als Paket unter der beifolgenden Adresse auf das Büreau der Centralstelle, Leipzigerstr. 110–111 befördern, entweder zum 1ten o. 15ten des Monats. Hr. Director Metzel hat uns die Erlaubniß ertheilt, dergl. durch die Gesandtschaft zu befördern.

An Theodor Fontane

Luckenwalde d 19 Juni. 56.

Mein lieber Mann.

Gestern endlich war ich in Berlin, nachdem ich Georgechen bei Tante Schulz gut untergebracht hatte. […] Um 5 Uhr ging ich wieder zu Metzel, traf aber unglücklicherweise auf der Treppe Wenzel, der mich durch die Erzählung von den furchtbaren letzten Leiden seiner Frau so bewegte, daß ich noch thränenden Auges beim Director eintrat. Er war sehr liebenswürdig. Die Unterredung war für ihn gewiß eben so schwierig wie für mich, da es ihm als Gefühlsmenschen gewiß schwer wurde, einer weinenden, jungen Frau zu sagen: wir wünschen daß Ihr Mann nicht blos dies Jahr, sondern wo möglich auch noch im folgenden in London bliebe; die Verbindungen wären eimal angeknüpft u. mit Deinem Zurückkommen hörten sie auf, da sie weder wollten noch könnten einen passenden Vertreter für Dich finden. Uebrigens hinge es von Deiner Beurtheilung ab, ob Du in einem halben, oder anderthalb Jahren genügend Material gesammelt u. Verbindungen dort angeknüpft hättest, wo alsdann Deiner Rückkehr nichts entgegen stände. Von all diesen unbestimmten nichts versprechenden aber viel verlangenden Reden konnte ich nur das eine mir klar machen, daß kommst Du aus eigenem Willen zurück, Du wahrscheinlich keine Verbesserung Deiner Lage zu erwarten hast. Das Ende der Unterhaltung war sein Rath mir eine kleine, allenfalls für Dich mit ausreichende Wohnung zu nehmen, Dir die Entscheidung anheim zu stellen. Ich habe ihm nun erklärt: ich wäre schweren Herzens, aber zu jedem Opfer bereit, wenn es Nutzen bringend für Dich, für uns sei. Von Dir lieber Theodor hängt es nun nach meiner u. Merckel's Ueberlegung ab, zu handeln. Jedenfalls mußt Du vom Director eine entschiedene, etwas versprechende Antwort erhalten, wenn Du Dich bereit erklärst so lange zu bleiben wie er es für gut findet, *ich konnte* das nicht von ihm fordern, dies ist nun Deine Sache, nachdem ich Deinem Vorgesetzten erklärt, daß meine Wünsche Deinen Entschlüssen kein Hinderniß sein sollen. Er war so freundlich mir zum Abschied zu sagen, wäre Deine Sehnsucht oder Heimweh gar zu arg, könntest Du ja mal auf 4–6 Wochen her kommen, nur nicht ganz Deine Stellung dort aufgeben. [...]

Lebewohl Herzensmann, antworte so wie es Dir Gott eingiebt u. sei jedes Opfers u. Liebesbeweises von mir versichert. Uebereile Dich nicht! was Du mit ruhiger Ueberlegung beschließt dazu sagt Amen!

Dein altes treues Milaherz.

An Theodor Fontane

Berlin d 29ten Juni. 56.
Sontag früh.

Mein lieber Mann.

Ich wollte Dir schon vorgestern schreiben, mein Brief wäre aber eben so trauerklötig geworden wie meine letzten Zeilen, da unterließ ich es lieber wie ich denn überhaupt Abends Dir nicht schreiben kann, weil da in der Regel mein Muth u. Standhaftigkeit hin ist u. ich oft mit Thränen einschlafe; das wird Dich nicht wundern, der Morgen zeigt mir dann Alles wieder im heitren Licht. Freitag früh reiste ich von Luckenwalde ab, was mir ordentlich schwer wurde. Gleich nach meiner Ankunft (vor meiner Abreise erhielt ich noch Deine lieben Zeilen, in denen Du mir Deine Freude über Merkel's Brief aussprachst) ging zu meiner geliebten Merckel, die mir etwas trostlos mittheilte, es sei sehr schwer zu Johannis eine Wohnung für mich zu finden. Ich ging vor Tisch zur alten Heyse herum, denn die jungen Leute wollten den andern Tag nach Freienwalde. Ich fand Paul u. Grete unverändert jung, schön u. liebenswürdig, sie, in Seide, mit goldnen Spangen u. Ketten, wie eine Fürstin, ich kam mir recht unbedeutend vor. Beide waren von der wohlthuendsten Herzlichkeit u. er bedauerte wiederholentlich Dich nicht sehen zu können, sie trugen mir die wärmsten Grüße für Dich auf. Nachmittag suchten wir bis gegen Abend erfolglos nach einer Wohnung u. müde u. matt fuhr ich mit meinem Jungen nach Hause, den ich fiebernd zu Bett brachte u. mich in der Nacht sehr ängstigte. Der Junge ist zu nervös u. dies regellose Leben greift ihn an wie mich, ich sehne mich unbeschreiblich nach Ruhe. Gestern früh wanderten wir beide, (er ist jetzt wieder mehr denn je an mich gewöhnt u. wäre um keinen Preis bei meiner alten Wittwe geblieben) nach Wohnungen, erfolglos, durch alle neue Straßen, beinah bis nach dem Köpnicker Feld hin. Dann führte mich mein guter Stern zur Justizräthin Oestreich, an die ich Bestellungen von Luckenwalde hatte. Sie war liebenswürdig u.

mit Rath u. That bereit u. erzählte mir von einer reizenden Mansarden-Wohnung in der Bellevuestr 16 im Hause oder vielmehr der prachtvollen Villa des Geh. Rath Kaspar, dicht bei unseren geliebten Merckels. Sie war so freundlich mit mir hinzugehn. Die Wohnung ist wie Kuglers, kleine Fenster, reizende Aussicht über den Thiergarten, nett möblirt gewiß sehr hübsch – Küche, 2 geräumige Zimmer etc. 96 ℭ. sogleich zu beziehen. Aber mit Bedingungen: *keine* Kinder, 2 Jahr Contract u. wo möglich noch eine, quasi dazu gehörige, eben so große Wohnung zu nehmen, zusammen für den Preis von 180 ℭ. Fr. Geh. R. wollte es mit dem Gemahl überlegen u. um 3 Uhr sollte ich Bescheid haben. Ich ging zur Merckel, die mir vor Freuden um den Hals fiel u. er schrieb einen Empfehlungsbrief für mich an den Gh. Kaspar, mit dem er bekannt ist. Um 3 Uhr fand ich bei Merckels, ein höchst artiges, aber fast absagendes Schreiben vor. Die Merckel die sich aber nicht so leicht verblüffen läßt, ging trotzdem mit mir hin, u. nach vielem Hin u. Herreden machte mir die Geh. R. den Vorschlag die Wohnung bis Michaelis zu nehmen u. könnten sie die *ganze* Wohnung bis dahin vermiethen, wieder zu ziehen. Dazu verstand ich mich, denn ich glaube kaum, daß, da die W. seit Ostern leer steht, jemand zum Winter sie miethen wird u. für 180 ℭ. verlangt der Berliner etwas mehr Eleganz wie Kuckfensterchen gewähren. Ich stellte ihr auch in Aussicht, wenn Du nach einem oder 1 ½ Jahr zurückkehrtest, wir gewiß die ganze W. nehmen würden. Nun kurz u. gut, ich habe vorläufig Obdach, wohne in dem schönen Thiergarten in der Nähe unserer Merckels u. ziehe morgen ein. […]

Schreibe bald, ich habe so lange keinen ordentlichen Brief von Dir. Wirst Du denn nach Schottland? Scherz ist in Paris oder war da. Laß es Dir gut gehen. Hoffentlich schreibe ich Dir bald muthiger, jetzt liegt mir noch zu viel im Kopfe u. Georgechen's Unwohlsein ängstigt mich. Grüße Schweizer u. sei herzlich geküßt von

Deiner Frau.

An Theodor Fontane

Berlin d 3ten Juli. 56.

Mein Herzensmann.

Gestern Nachmittag endlich bekam ich Deinen Zettel u. Dein Briefchen gleichzeitig u. danke ich Dir herzlich, da Dein ungewöhnlich langes Schweigen schon anfing mich zu beunruhigen. Seit gestern ist nun auch Ruhe u. Behaglichkeit bei mir eingekehrt, da ich nun auch ein anscheinend gutes Mädchen durch meine liebe Merckel bekommen habe. Meine Wohnung ist so reizend, daß ich sehr bedauern würde zu Michaelis wieder heraus zu müssen, da Du sie dann garnicht mal zu sehen bekämst. Das Wohnzimmer ist ein Eckzimmer mit 3 Fenstern und einer entzückenden Aussicht, u. so groß daß unsere beiden Sopha's drin stehen; (Dein Schlafsopha, wo die Lappen dran herum hängen, bekommt heut einen neuen braunen Überzug) es ist, wie auch unsere Merckel findet, noch hübscher wie Kugler's Wohnzimmer. Der Umzug ist mir etwas sauer geworden, so ohne jede Hülfe u. Mangel am nothwendigsten, seit gestern besitze ich erst wieder einen Topf zum kochen, so lange hat mich meine Merckel gespeist, die mir täglich zahllose Liebesdienste erweist u. mit ihrer Herzensgüte mich wirklich erquickt; dabei merke ich ihr an daß es ihr eine große Freude ist mich in ihrer Nähe zu haben. Gestern Vormittag war sie hier 2 Stunden bei George, damit ich mir nur die nothwendigsten Einkäufe besorgen konnte. [...] Mir geht es gut, ja trotz Arbeit u. Anstrengung so gut wie nie. Ich esse rasend viel, fühle jetzt schon bedeutend Leben u. denke das Töchterchen wird mir wohl zu meinem Geburtstag durch sein Erscheinen Freude machen; ich freue mich übrigens so auf das Kind, daß es auch ein Junge sein kann; es soll mich mit England u. der bittren Trennung versöhnen. [...] Ich kann nicht mehr schreiben, George verlangt ich soll mich an sein Bett setzen, nur noch die Bitte schreibe mal recht nett an die Merckel u. dann gestatte mir die monatliche Depense von 1 ℭ. 15 Sgr. für ein Klavier? ich bin sonst gar so einsam.

Möge es Dir gut gehen u. Alles Lästige verschwinden wie immer

Deine gute Frau Emilie.

Zeitung.

Eben lese ich: Der Diätarius bei der Centralstelle für Preßangelegenheiten, Dr. Otto Metzler, ist zum Geh. Sekretair ernannt worden.

Todesfälle: Der alte Simon. Frl. Viereck.

An Theodor Fontane

Berlin d 25 Juli. 56.

Geliebter Mann.

Gestern erhielt ich Deine Zeilen in denen Du mir etwas zu viel Flüchtigkeit bei Abfassung meiner Briefe vorhälst; Kuglers Brief hatte ich gleich nach Empfang couvertirt u. befördert. Heut erhalte ich Deine liebevollen Zeilen, die im Interesse meines Zustandes geschrieben sind u. danke ich Dir dafür u. werde soviel wie möglich darnach handeln. Leider bin ich seit gestern ohne Mädchen, obgleich ich sagen kann: Gott sei Dank, denn ich brauche nun nicht ihr noch aufwarten. Am Mittwoch war ich mit George in Bethanien u. war allgemeine Freude, rührend der Junge, den ich unmöglich *noch* den *Dicken* nennen kann, denn er ist lang u. mager geworden; mit verlegener Zärtlichkeit sah er immer Lischen an u. nannte sie: seine liebe Braut. Mutter war lieb und gut wie immer u. freute sich auch, daß mein Zustand ein normaler ist. Sie erzählte mir, der alte Sommerfeldt hätte ihr mitgetheilt: er wüßte, man wollte Dich im auswärtigen Ministerium anbringen, er wüßte es durch N. u. Du möchtest doch nur ausharren. Uebrigens erfuhr ich noch durch Lischen, daß die ganze Verwandtschaft u. theilweise Bekanntschaft sehr tadeln[d] über *mein* Zurückkommen sich geäußert hat, u.

wenn es dem »armen Theo« nicht glückt, ist lediglich alle Schuld seiner mehr oder weniger doch unangenehmen Frau zuzuschieben. Erst ärgerte ich mich, jetzt trage ich es, denn mein Bewußtsein spricht mich in diesen Beziehungen von jedem Tadel frei; verwerflich ist aber daß ich mit »guter Hoffnung« zurückgekommen. O Ihr guten Philister; wie froh bin ich daß der liebe Gott mich nicht mit *Verwandten*, sondern *Freunden* umgeben hat. [...]

Schreibe bald wieder, was Du wünscht, anordnest, oder befiehlst, wird für das Rechte halten und thun

Deine Dich über Alles liebende Frau.

George läßt Dir sagen: er wünschte sich einen kleinen Springbrunnen.

Lise hat große Lust für Schweizer etwas zu arbeiten?

An Bertha Kummer

Berlin d 27 Juli. 56.

Meine beste Mama.

Du wirst Dich verwundern von hier aus Nachricht von mir zu erhalten u. mehr noch, wenn Du erfährst, daß ich bereits seit dem 1ten hier wieder wohne u. ansäßig bin. Hauptsächlich ist mein Zustand daran Schuld, ich befand mich einige Male in Luckenwalde so übel daß ich eine Wiederholung meines vorjährigen Unglücks fürchtete u. nicht wieder in die Hände des dortigen mir verhaßten Arztes fallen wollte. So wohne ich nun hier, mit meinem Jungen, wittwenartig, aber doch in meinen eignen Räumen u. meiner eignen Wirthschaft u. ertrage so die Trennung von meinem geliebten Mann am leichtesten. Meine Wohnung ist reizend, in der Bellevuestr. 16. 2 Trep. ein paar Häuser von Frau v. Merckel, deren Güte ich diese, in jeder Beziehung angenehme u. billige Wohnung verdanke. Sie bemuttert mich förmlich u. ohne sie wäre ich auch sehr verlassen gewesen. Wie viel fehlt aber in meiner Wirthschaft! zum Glück haben sich Mama Fontane u. Triepcke nobel gezeigt u. Vieles ergänzt, so daß ich Manches netter habe wie früher, u. denke es wird schon wieder werden, da ich denke in allen Beziehungen Recht gehandelt zu haben. Meine Mama war mit ihrer Karoline 8 Tage bei mir zum Besuch; sie ist durch Großpapa's Verlust ein altes Mütterchen geworden u. wird sich wohl sehr allein fühlen, noch dazu sie in Beeskow wohnen bleiben will. Mama Fontane ist seit 8 Tagen mit Lischen in Bethanien zum Besuch, sie ist leider sehr verändert, u. scheint, anstatt sich darüber zu freuen, das Freundschaftsverhältniß zwischen mir u. Lischen entschieden zu mißbilligen. Sie ist so wenig freundlich zu mir, daß ich sie nun wohl kaum bitten werde im November zu meiner Pflege herzukommen, sondern entweder Mutter Triepcke um ihre Karoline bitten, oder nur ganz einfach eine Wärterin annehmen; wahrscheinlich zieht auch zu Michaelis mein kleiner Rothkopf wieder zu mir. Uebrigens ist mein Befinden so gut wie noch nie, wofür ich täglich dem lieben Gott danke. Von meinem geliebten Mann habe ich gute Nachrichten, er trug mir auch zärtliche Grüße für Dich auf. Leider kommt er erst gegen Weihnachten zurück u. nur auf 6–8 Wochen, dann soll er noch auf unbestimmte Zeit wieder hin. Das sind traurige Aussichten. [...]

Grüße all Deine Lieben mein Mutterherz, vorzüglich Mariechen; könnte ich Ansprüche an Dich machen so bäte ich aus kindlichem Herzen: komm zu Deinem Kinde, u. pflege sie u. das zu erwartende englische Wesen, aber die Deinen haben größere Ansprüche u. so wage ich nicht solche Bitte. Erfreue mich liebes Herz aber bald mal mit Nachricht von Dir u. Adelchen, worüber sich innig freuen wird Deine Dich treu liebende Tochter

Emilie Fontane.

An Theodor Fontane

Berlin d 7^t Oct. 56.

Geliebter Mann.

So eben beim Kaffee sitzend, erhalte ich Deine lieben Zeilen u. Gedicht u. danke Dir herzlich für beides. Mir geht es Gott sei Dank wieder besser, ja soweit, daß ich denke der Fr. Dr. Metzel heut Vormittag persönlich ihres Mannes Grüße überbringen zu können. Deine Abreise kostet mich noch 20 sgr. für Droschken zum Dr. u. Apotheker; ich nahm mich nämlich auf Mutterchen's Zureden gewaltsam zusammen (*Du* hättest mich weinen lassen u. auch Koblank meint, das wäre besser gewesen) ging um 8 Uhr zu Bett, wurde erst kalt u. steif u. bekam bis gegen 11½ Uhr Nervenkrämpfe comme il faut; Mama ängstigte sich sehr u. in Folge dessen ich auch; um 12 Uhr erschien Koblank mit dem ganzen Mordwerkzeug, weil er fürchtete es ginge los, – doch Gott meinte es besser. Sontag war ich caput, geistig u. körperlich; Fr. v. Merckel u. Dr. Metzel erfreuten mich durch Aufmerksamkeiten. Gestern ging es besser, der Trennungsschmerz saß nicht mehr so im Gemüth; Lischen seit gestern hier; der Junge sehr nett, Mutter lieb u. gut, *wir* Töchter ausgezeichnet, so wird Alles gehen mein Herzensmann u. die Erinnrung an die letzten 5 Wochen eine kostbare für mich, die ich Dir hier oder jenseits danke.

Nach Paris erhälst Du den Tagebuch-Zettel. Beifolgende Kritik habe ich für Dich excerpirt, *so* könntest *Du* auch recensiren.

Empfiehl mich dem Herrn Director; Gott sei mit Dir süßer Mann, das Wetter ist hier prachtvoll u. stimmt mich zu täglicher Freude. Mutter, Lise, grüßen, u. George läßt sagen: er wäre Dein guter Junge.

Ich Deine gute Frau

Emilie.

An Bertha Kummer

Berlin d 14ten Oct. 56.

Meine Herzens-Mama.

Dein zweiter lieber Brief hat mich ordentlich mit Beschämung erfüllt u. eile ich ihn zu beantworten. Mein Herzensmann war leider bei der Ankunft desselben schon wieder fort, so daß er vorläufig Deine lieben Grüße nicht erwiedern kann. Er war fünf Wochen hier u. zählt diese Zeit mit zu der schönsten meines Lebens. Die Reise hierher kam sehr überraschend, da er mich erst zu Weihnachten besuchen wollte, aber amtliche Geschäfte führten ihn jetzt schon her, was wohl auch in vielen Beziehungen gut gewesen sein mag. Das schönste Wetter begünstigte sein Hiersein, Freunde u. Bekannte trugen ihn auf Händen, so daß er den liebenswürdigsten Eindruck von der Heimath mit in die Ferne trägt. Gegenwärtig macht er noch eine schöne Reise; München, Heidelberg, heut erhielt ich einige Zeilen aus Mannheim, nach denen er morgen in Paris einzutreffen gedenkt, wo er sich gute 14 Tage aufhalten wird, u. dann nach dem grauen London zurückkehren, welches *er* aber zum Glück *so liebt*, daß er sich darauf freut. Das ist nun mein Herzensmütterchen sehr gut, da es bestimmt zu sein scheint, daß London unsere zweite Heimath werden soll; unter viel besseren Bedingungen, namentlich einer Stellung ganz nach Theo's Wünschen, werden wir nun unser Heil noch eimal dort versuchen. Im Mai, so Gott mich am Leben läßt, werde ich mit den Kindern u. Sack u. Pack übersiedeln, u. ist dies hoffentlich die letzte, schwere Trennung. Theo's Stellung giebt ihm jetzt die Zeit Alles für unser Kommen vorzubereiten, auch sind seine Mittel ausreichend; Lischen werden wir nicht wieder mitnehmen, sondern an deren Stelle eine junge Engländerin engagiren. Mutter u. Lischen sind seit dem 25t. Sep. hier, u. haben noch gute 8 Tage mit Theo hier verlebt; sie bleiben nun gleich bei mir, da ich in den ersten Tagen des November meine Entbindung erwarte, vor der ich mich recht ängstige. Zum Glück bin ich wohler denn je, aber der Gedanke, vielleicht abberufen zu werden, ohne meinen Herzensmann zur Seite zu haben, ist mir recht schwer. Mein George ist munter u. meines Herzens Freude. Mit Mama hat sich auch so ziemlich Alles wieder eingeklungen u. nehme ich u. Lischen uns in Acht, sie zu reizen. Wie dankbar muß ich ihr sein, daß sie die schwere Stunde mit mir durchmachen will; leider ist sie u. wir über das Befinden unserer Jenny wieder in Unruhe u. fürchten wir zu hören, daß sie sich wieder in gesegneten Umständen befindet. [...]

Nun meine Herzens-Mama lebe mir recht, recht wohl! Gott schütze u. erhalte Dich u. Deinen lieben Adelbert, den ich Dich bitte, meiner wärmsten, schwesterlichen Liebe zu versichern. Hoffen laß mich, daß ich vor meiner Uebersiedlung noch die Freude haben werde, Dir in die lieben, treuen Augen zu schauen. Mutter, Lise u. George schicken Dir ihre besten Grüße, u. ich den innigsten Kuß wie immer

Deine alte Mila.

An Theodor Fontane

[Berlin] Sontag d 19ten Oct. 56.

Mein lieber Mann.

Eben erhalte ich Deinen Brief u. schelte über die 8 Gr. Porto, – bezahle sie aber doch herzensgern. Es thut mir leid, daß Dich Paris so garnicht befriedigt; dieses Dein Unbefriedigtsein hat das einzig Gute, daß London Dir wieder um so mehr gefallen wird, was ich jetzt von Herzen wünsche, weil es ja doch wohl unsere zweite Heimath werden soll. – [...]

D 23. Heut Vormittag erhielt ich Deinen lieben Brief aus Paris. Deine Herzlichkeit erquickt mich u. ich fange immer mehr an mit dem Maaß u. der Art Deiner Liebe zufrieden zu sein. Aengstige Dich nicht meinetwegen u. laß Dich mit der Nachricht von der Ankunft Deines kleinen Mädchens überraschen, mir wird mit jedem Tage leichter u. es kann leicht mein

Geburtstag heran kommen, ehe ich mich einlege. Die Wünsche, die ich in Dein Notizbuch geschrieben, halte nur ja nicht für Wünsche, (bis auf das billige Kleid wie Lisens) ich habe aus Tollheit es hinein geschrieben. […]

Gott schenke Dir eine glückliche Ankunft in London! möge es Dir gefallen, nicht *so* gut wie bei mir, aber annähernd. Von Kugler's, Merckel's, Mama u. Lisen erfolgt ein ganz Paket der besten Grüße anbei. Sehr froh werde ich sein, *bald* von Deiner glücklichen Ueberfahrt zu hören. Mit treuster, zärtlicher Liebe

Deine alte Mila.

An Theodor Fontane

Montag d 10ten Nov. 56.

Mein süßer Mann.

Vor Allen muß ich Dir sagen, daß ich froh bin noch zu leben u. mich freue Dich mein zu nennen, mich auch sehr über meinen Engländer freue u. über George u. alle guten Menschen, aber vor Allen über Dich, Du lieber Kerl. Heut vor 8 Tagen ging es hart her, *härter* denn je, aber, da ich *fühlte*, daß ich minutenlang in Todesgefahr war u. doch nicht vor ihm zitterte, habe ich empfunden, daß ich mich mal nicht feige benehmen werde. Unser Engländer sieht keineswegs Wenzel ähnlich, sondern gleicht Dir wie keins unserer Kinder; Frau Kugler ist ganz entzückt von ihm u. meint: sie habe selten ein so kleines Kind so hübsch gesehen. Er ist auch allerliebst u. unsere Freude, George ist überaus zärtlich zu ihm; durch *zwei* Tüten wurde er über die fehlende Schwester getröstet. Er ist schrecklich durchtrieben u. könnt es garnicht aushalten, wenn die Menschen nicht so freundlich wären, ihn tagelang weg zu holen, so war er bei Metzel's, Kuglers, Merckel's.

Mein Bett steht unter Deinem Bild wo das braune Sopha stand u. in meinen größten Schmerzen flehte ich abwechselnd zu Gott u. sah Dich trostsuchend an; aber Du wandtest Dich ab; übrigens sollten wir für das Leben unseres Kleinen einige Garantie haben, Du hast es halb bekommen, halb unsere Herzensmutter, u. *ich* wahrlich ganz ordentlich, so lebt er doppelt. Möge Gott ihn uns erhalten. Mir ist heute wieder wohl, übermorgen stehe ich hoffentlich auf. Am Sonnabend Abend war mir sehr schlecht; ich bekam wieder den Krampf u. Fieber u. weinte sehr nach Dir; auch gestern weinte ich viel nach meinem Geliebten Theo; Du thust mir so unbeschreiblich leid, u. hoffentlich kann ich Dir durch mein Benehmen in England noch beweisen: *daß ich aus tiefster Seele anerkenne, was Du für mich u. unsere Kinder thust.* Verzweifle nur nicht, u. nimm Dir den Aerger nicht so zu Herzen; Metzel hat auch über M. viel gestöhnt aber – das Ende krönt das Werk. [...]

Nun von unserer Marie, unserer Amme; bis jetzt ist sie so außerordentlich, daß ich sie am liebsten mit nach London nähme, wenn ich nicht fürchtete, eifersüchtig zu werden. Sie ist phlegmatisch, gutmüthig, kerngesund. Dr. Klapproth, der sie von beiden Kindern mit Zangen (beides Steißgeburten) entbunden hat, hat mir sagen lassen, seit Jahren sei solch gesundes Frauenzimmer nicht in der Anstalt gewesen; nicht eine Minute nachher krank oder auch nur Fieber, am 12ten Tage haben wir sie schon her bekommen, mit rothen Backen. Ich danke Gott täglich dafür. [...]

Und nun mein Herzensmann lebe so wohl es irgend geht, mache Dir keine Sorgen, ich werde nach u. nach schon weniger brauchen. Unsere Amme ist durchaus nicht ausverschämt u. Kolbank [!] so vernünftig sie Alles essen zu lassen. Unser Kleiner sah neulich ganz ernsthaft Dein Bild an; er hat große Augen wie Du. Ich küsse Dich im Geist; nun ich über den einen Berg bin, denke ich auch schon immer an den zweiten, die Reise, möge Gott uns auch zu seiner Zeit darüber fort helfen.

Wie immer, nach wie vor

Dein treues Weib.

Das Geld von Dir soll gewissenhaft in des kleinen Engländers Sparkasse fließen u. da noch keine für ihn vorhanden, so bist Du der Gründer derselben – nun sprich noch von schlechten Geldverhältnissen.

An Theodor Fontane

[Berlin] Sonnabend d 29^t. Nov. 56.

Lieber Mann.

Deinen Brief vom 27ten habe ich heut empfangen u. danke ich Dir sehr herzlich dafür, denn er that mir nach dem gestrigen in Rage geschriebenen recht wohl. Ich werde Dir schon wieder nette Briefe schreiben, aber bedenke, daß in dem Zimmer, in welchem ich mich befinde, stets 2 Kinder u. 3 Erwachsene sind, dabei schreiben ist etwas schwierig. Jetzt ist es 8 Uhr u. George zu Bett, nun hoffe ich ein Stündchen Ruhe zu haben; bisher war ich aber Abends noch so angegriffen, daß ich auch um diese Zeit zu Bett ging. – Die Ammen-Noth herrscht noch, eigentlich erst in Folge Deines gestrigen Briefes, wo Du den bestimmten Wunsch aussprichst, eine anzuschaffen, denn ich war gestern früh schon fast zum päpeln entschlossen, wo mir Jenny schrieb, trotz aller Bemühungen könnte sie auch kein passendes Wesen im Oderbruch auftreiben. Mutter ist nun heut früh zu einer Ammenvermietherin gegangen, die bestimmt zum Abend eine liefern wollte, aber – sie ist ausgeblieben. Wahrscheinlich ist Koblank Schuld, zu dem die Ammen erst zur Untersuchung geschickt werden; er war heut Mittag hier, u. sagte wenn keine *sehr gute* käme, schickte er sie mir nicht. Dem Kleinen bekäme das Päpeln so gut u. es sei ein so gesundes Kind, daß er gar nicht mehr zu einer Amme riethe. Mutter, die sonst garnicht für päpeln war, meint auch, das Kind nehme zu. Die Milch aus der Dr. Richter'schen Anstalt muß ausgezeichnet sein, denn der Kleine ist ruhig u. gesund dabei, heut ist er auch Gott sei Dank!

nicht mehr so wund. Er ist ganz allerliebst, u. wenn er gedeiht, wirst Du ein sehr hübsches Kind zu sehen bekommen. Seine erste Amme, die wir einstweilen als Wärterin behalten haben u. die uns außerordentlich zusagt, ist die Tages-Frage. Mutter will, ich soll sie bis Ostern bei dem Kinde behalten, da das Kind Tag u. Nacht besorgen für mich zu angreifend sei, u. mein Mädchen in der Küche ganz untauglich. Ich behielt sie auch gern; dann kostet es aber Alles in Allem eben so viel wie eine Amme, bis Montag muß ich mich entscheiden, sonst miethet sie Frau Dr. Metzel. Morgen soll letzte große Ammenjagd sein, wird dann keine erlegt – das Unmögliche läßt sich nicht erzwingen, – so wird gepäpelt. […]

Sontag. [30. November 1856] Es geht Alles gut mein Herzensmann. Heut um 11 Uhr kam eine Amme, sehr gut empfohlen; der Kleine packte gleich zu u. ließ es sich wohl schmecken. Um halb 12 Uhr fuhr er wohlverpackt mit Frau Jäckel zur Kirche; Fournier hat eine sehr gute Rede gehalten u. des entfernten Vaters lobend gedacht. Das kleine liebe Wesen heißt nun: Theodor Henri. Du glaubst nicht, wie angenehm es mir ist einen Theodor in meiner Behausung zu haben. Frau v. Merckel ist nicht zu mir gekommen, sie fuhr mit Lischen zur Kirche, aber war so verschnupft, daß sie sich entschuldigen ließ; Metzel war aber ein halb Stündchen hier, ausnehmend liebenswürdig; er sieht aber wieder sehr elend aus. Ich sagte ihm vor Jahr u. Tag würde ich nicht nach England gehen, was ihn sehr zu erfreuen schien; er meinte, Du solltest gern mal Urlaub haben. Ach, mein Herzensmann wenn doch Alles gut würde. Ich habe so innig den lieben Gott gebeten, Alles zu unserem Besten zu lenken. An Fournier schreibst Du wohl bald u. bedankst Dich, so bald ich ausgehe, gehe ich zu ihm.

Unsere Festlichkeit bestand in Chokolade u. Kuchen, Metzel genoß aber nichts. Zu Mittag, wie üblich, Karbonaden. Die Amme macht mich so glücklich, daß dies meine größte Freude u. Festlichkeit ist.

Mutter dankt Dir innig für Deine lieben Zeilen. Ich will nun schließen, der Brief muß fort u. mein Kopf von aller Aufregung u. Lärm sehr angegriffen. Du hast wohl viel an uns gedacht, wir aber auch viel von Dir gesprochen. Wie immer

Deine Mila.

An Theodor Fontane

Berlin d 2t. Dez. 56.

Mein Herzensmann.

Nach vielen, vielen Wochen sitze ich nun wieder allein in meiner Behausung, wer weiß wie lange Zeit? Der Abschied von Mutter u. Lischen wurde mir sehr schwer, sie haben Beide viel Liebe u. Güte für mich gehabt. Rührend ist Mutter's Liebe zu dem kleinen Theodor, über dessen Namen sie sich freut wie ich. Der kleine Mensch ist munter u. scheint unberufen bei seiner Amme zu gedeihen. Dieselbe ist nicht hübsch, 28 Jahr alt, aus Nordhausen gebürtig, scheint gutmüthig u. behagt mir im Allgemeinen, u. wenn der Junge gedeiht, werde ich sehr zufrieden mit ihr sein, er ist doch die Hauptsache. […]

Sonnabend früh. [6. Dezember 1856] Eben habe ich Deinen Brief erhalten; er hat mich unendlich erfreut, aber nicht aufgeregt. Ich freue mich daß *Du* mich bei Dir haben willst u. wenn Du ein jahrelanges Bleiben in London beinah für gewiß hälst, so komme ich sobald es die Umstände erlauben, u. bleibe auch, denn so schön es in der Heimath ist, *dauernd* gut u. schön ist es nur bei Dir. Von *Dir* muß aber mein Kommen bei Metzel gewünscht u. *verlangt* werden; ich glaube Du thust am besten wenn Du ihm Dein freudeloses Leben schilderst u. zum Ersatz Deine Familie bei Dir haben willst. Die Wohnung zu behalten, scheint mir Luxus, ich *allein* komme nicht wieder, das weiß ich; wäre es also nicht besser, ich brächte die Sachen wo unter u. miethete hier von Ostern eine kleine Wohnung bis zu unserer

Abreise? bitte schreibe *bald* darüber, denn wünscht Du es anders, muß ich *bald* mit dem Wirth unterhandeln. [...]

Du erhälst hoffentlich diese Zeilen am Montag, wo unser Verlobungstag ist; je länger ich Dich besitze, je mehr freue ich mich dieses Tages, mögest Du dieselbe Empfindung haben. – Es ist mir wohl so am liebsten wenn wir bei Wilmots wohnen können, eimal hat man bei den Leuten nicht stets das unangenehme Gefühl des Betrogenwerdens u. dann wie viel kann ich durch sie lernen u. das will ich redlich. Mein lieber, lieber Mann es ist doch sehr nett daß Du uns bei Dir haben willst. – Die Glover-Rückkehr erfreut mich ungemein; Deiner Stellung wegen, u. in Rücksicht meiner der kleinen »Knochenmark« halber. – Es ist wohl durchaus unrathsam ein Mädchen mitzubringen? Theodor's Amme ginge wahrscheinlich mit u. hat Arbeitskräfte u. *Lust* wie unsere alte Mine. Ueberlege dies; wir hätten dann *deutsche* Reinlichkeit, was nicht zu verachten. Findest Du es mit dem Mädchen pracktisch, dann behalte ich die Wohnung nicht, denn wenn Theodor mit der Amme kommt, kann ich im Mai recht gut mit ihm reisen, jedenfalls erwarte ich Deine Antwort auf dies Alles ehe ich auf's Neue miethe. Sie muß sich dann auf ein Jahr bleiben verpflichten. Ihre Reisekosten würden durch das aufgeben der Wohnung eingebracht. Aber dann müßte uns auch gewiß Ende Mai die Wilmot's Wohnung zur Verfügung stehen. (Soll ich Dir Strümpfe stricken?)

Nun lebewohl mein geliebtes Herz, möge es Dir gut gehen u. Gott unser Thun u. unsere Entschließungen zu unserem Besten ausfallen lassen. Wie u. was Du willst thut mit Freuden

Deine Emilie

An Bertha Kummer

Berlin d 7ten Jan. 57.

Meine geliebte Mutter.

Obgleich noch schwach u. nicht ganz mit Bewilligung Koblanks, will ich Dir doch endlich schreiben; wenn auch dieser Brief in jeder Hinsicht viel zu wünschen übrig lassen wird, so weißt Du eben eine vom Tode Erstandene hat ihn geschrieben. Ja mein liebes Herz diese Unterleibsentzündung hat mich arg mitgenommen, u. nächst Gott habe ich meine Erhaltung der Sorgfalt Koblanks u. der treuen Pflege meiner lieben Mama zu danken. Fr. v. Merckel hat in den ersten 3 Tagen u. Nächten, ehe Mutter da war, mich nicht verlassen, was ich ihr nie vergessen kann.

Für Deinen lieben letzten Brief meinen innigsten Dank, der schöne Lackkasten ist fast zu elegant für mich u. George dankt sehr für das reizende Knüpftuch, was ihm wie gerufen kam, denn er hatte gar keins.

Dein liebevolles Anerbieten mir beizustehn, hat mich wahrhaft gerührt u. indem ich Dir herzlich dafür danke, freue ich mich es nicht annehmen zu brauchen, da Du mir ein doppeltes Opfer bringen müßtest, eimal Deine Mama verlassen u. im Winter reisen. Ich habe es nämlich bequemer denn je, da ich in meiner kleinen Wirthschaft eine Köchin u. Amme habe, letztere sehr brauchbar. Mutterchen bleibt bis Anfang Februar, dann kommt Lischen zu meiner Gesellschaft, u. Ende März spätestens Anfang April kommt so Gott will mein Herzensmann um uns dann im Juni mit nach England zu nehmen, denn nun trennen wir uns nicht mehr; er hat zuviel Angst in meiner Krankheit ausgestanden u. ich will lieber mit ihm zu den Eskimo's ziehen, als ohne ihn leben. […] Unsern lieben Adelbert grüße ganz besonders herzlich von mir. Wie gern sähe ich ihn u. Dich mein Mütterchen vor meiner großen Reise u. diesmal wird es doch Jahre dauern daß wir abwesend bleiben. Ich muß aufhören da ich so angegriffen bin daß ich kaum die Worte richtig schreiben kann; u. doch will ich Dich liebes Herz nicht länger auf Nachricht warten lassen. Die innigsten Grüße von Mama u. George, von mir all Deinen Lieben. Beifolgend der Bestellzettel zur Aufklärung mit treuer Liebe Deine

Tochter Emilie.

An Theodor Fontane

Berlin d 17 Jan. 57.

Lieber Mann.

Dein vorgestern erhaltener Brief hat uns sehr gefreut, denn wir erfuhren doch endlich mal etwas Ausführliches von Dir u. namentlich der heitere Ton darin erfreute u. erheiterte uns. Und wir bedurften der Erheiterung! jetzt, wo es Gott sei Dank, vorüber, kann ich es Dir schreiben, daß unser kleiner Theodor 14 Tage recht krank war; die Amme, ein heftiges Geschöpf, hatte sich mit dem anderen Mädchen gezankt, da war ihr die Galle in die Milch getreten u. mein armes Kind mußte darunter leiden. Natürlich hat ihn dieser 14 tägige krampfartige Zustand sehr zurück gebracht u. mich – mit. Die Mädchen ärgern übrigens Mutter u. mich so viel, daß ich erstaunt bin, wie ich mich überhaupt dabei erholen kann. Macht übrigens die Amme noch mal solche Geschichte, schicke ich sie knall u. fall fort, u. päpele meinen Jungen; über das erste Vierteljahr ist er ja bald u. wenn ich Ende Mai nach London will, muß ich ihn doch im April entwöhnen lassen, *so* lange gönnte ich ihm freilich die Brust. Ohne Mann hat man doch keinen Rückhalt; nun kommt auch wohl eine sehr große Reizbarkeit, Nachlaß meiner Krankheit hinzu. So hat mich, um Alles Unangenehme zuerst zu verhandeln, auch der Geldpunkt in Deinem Briefe gekränkt. Du versprichst mir 30 ₮. forderst aber mit den Zinsen an Vater (die übrigens meines Wissens noch ein Jahr bezahlt sind, denn ich schickte ihm vor meiner

Reise nach London 20𝔗.) eine Ausgabe von 25𝔗. Deine liebe Mama erhält am 1t. Febr. 25𝔗. u. im April 25𝔗. Miethe, so hätte ich eigentlich gar keine Zubuße. Es ist mir äußerst peinlich daß ich so viel Geld verbrauchen muß u. ist es mir eine Beruhigung daß Deine Mutter meint, mir wäre in keiner Beziehung schlechte Wirthschaft vorzuwerfen. Ich werde Dir sobald ich Zeit habe, eine Berechnung vom November an, schicken. Die Wirthschaft allein kostet durch die Amme u. meiner Pflege, die der Arzt u. Mutter für dringend nothwendig halten, nahezu 40𝔗. [...]

Nun noch eine, Dir hoffentlich Spaß machende Nachricht: unser George geht seit Neujahr in die Schule! Die erste 3 Tage weinend, jetzt lachend. Die Schule ist eine sehr gute, von Schmidt auf dem Leipziger Platz; kostet freilich auch Geld 6𝔗. 20 Sgr. bis Ostern. Er lernt unberufen prächtig u. namentlich scheint ihm das Schreiben Vergnügen zu machen. Merckel wollte ihn Dir mit seinem Ranzen auf den Rücken abzeichnen, daraus ist nun auch nichts geworden. Fournier, Fr. v. Merckel u. Mutter haben mir dazu zugeredet u. merken wir jetzt schon die heilsamen Folgen. [...]

Lebewohl, tausend Grüße von uns Allen! möge es Dir u. Deinem Patienten weiter gut gehen. Wie immer

Deine Emilie.

[Aus den Zusätzen auf den Briefrändern:]
Wer einen »Archibald Douglas« geschrieben, versündigt sich wenn er sagt: »es drippelt nur.« Die »Menge« macht den Dichter nicht, ein einziges Gedicht kann einen unsterblich machen. Dies ein früherer Ausspruch von Dir; in Beziehung auf Storm glaub ich.

An Theodor Fontane

Berlin d 24 Febr. 57.

Geliebter Mann.

Es ist heut Fastnachten u. obgleich schon 10 Uhr so will ich ein wenig schwärmen, – Andere tanzen, ich schreibe Dir. Ich hätte den Abend dazu benutzt, bin aber erst vor Kurzem mit George aus einer Kinder-Gesellschaft bei Merckel's zurückgekommen. Daß Du kommen willst, so bald kommen, macht mich sehr glücklich u. all mein Thun u. Denken ist auf die Zeit Deiner Anwesenheit hier gerichtet. Es ist doch auch zu kläglich so allein zu leben u. ich bitte Gott täglich mich nie Wittwe werden zu lassen, denn meine Strohwittwenschaft erscheint mir schon ein schweres Loos. [...]

Heut hatte ich wieder englische Stunde, mich interessirt der Unterricht ungemein u. glaube ich daß Mrs. Neßler ausgezeichnet unterrichtet. Ich möchte *sehr gern* sie mir verbindlich machen, was dadurch geschehen könnte, wenn Du die Programme, welche ich Dir durch den Courier überschicke, vertheiltest u. vielleicht im Morning Chronicle einige Worte über ihre Pension (die hier einen ausgezeichneten Ruf hat) sagen könntest, bitte antworte *bald hierauf.* Außerdem fragt eine junge Dame mit der ich Unterricht habe, um Deinen Rath. Sie spricht u. versteht englisch u. will nur der Aussprache wegen ein halbes Jahr nach London; sprechen u. sprechen hören ist ihr Hauptwunsch. Auf welche Weise kann sie diese Anforderung erreichen? [...]

Sonnabend [28. Februar 1857]. Gestern Abend war ich mit George bei Steincke's, sie grüßen Dich bestens. Heut nach der Stunde gehe ich mit Frl. Pankow in den Dom, um die liturgische Andacht nebst Domchor zu hören. Erst schreibe ich noch an Papa u. habe noch zu übersetzen; darum muß ich diese Zeilen beschließen. Mit tausend Küssen

Deine alte Emilie.

An Theodor Fontane

Berlin d 20t. Mai. 57.

Mein Herzensmann.

Deinen Brief vom 14ten erhielt ich am Sontag Abend, gerade als ich von Baeyer's kam. Er that mir so wohl wie ein Liebesbrief u. ich alte Frau packte ihn ganz glücklich unter mein Kopfkissen. Du wirst finden daß ich gerechte Ursache habe mich zu ängstigen, eine alte Frau mit einem jungen Herzen zu werden. Du mußt liebes Herz, was ich Dir jetzt über mein Leben u. Treiben berichte, nicht als Norm nehmen; hätte ich nicht die Uebersiedlung nach London vor, so würde ich auch weniger liebe Menschen sehen, es sind doch auch Wochen in Einsamkeit vergangen, u. dort habe ich – ohne Sentimentalität – Dich immer, u. bin glücklich mit diesem Tausch.

Die letzten Tage sind mir zu trubulös gewesen, u. fühle ich mich recht angegriffen, da zu dem Brunnen mehr Ruhe gehört, außerdem muß ich fast täglich zur Mrs. Neßler in die Stunde u. darf ich doch zu diesem liebenswürdigen Verlangen nicht »nein« sagen. Johanna ist heut mit ihrem Manne auf 2 Tage nach Hamburg, außerdem daß ich mit ihr im Theater war, habe ich sie noch einige Male gesehen, sie liebt mich sehr u. bittet mich mit den Kindern im Juli hinzukommen, aber Du hast Recht, es ist vernünftiger ich bleibe hier bis zur großen Reise. [...]

Eben schickt meine Merckel ein paar Zeilen und Deinen Aufsatz »Die Shadwell-Theater«. Neulich las ich auch mit Furcht u. Grauen von dem eingestürzten Hause; miethe nur nicht für uns solche Baracke.

George hat wieder Ausschlag, ist aber sonst mobil; neulich hatte er seine Tafel in der Schule gelassen, u. glaubte er hätte sie vergessen, worauf ich ihn mit Schlägen drohte. Abends weinte er bitterlich, u. sagte: bitte verzeih es mir doch noch eimal, ich laß mich nicht sehr gern schlagen. Da mußte ich doch verzeihen.

Nun lebewohl, theurer, bester Mann. Gott schütze Dich, ich liebe Dich sehr.

Deine Frau Emilie.

An Theodor Fontane

Berlin d 22^t. Juni. 57.

Lieber Mann.

Dein Brief kam mir heut sehr erwünscht, da ich im Begriff war, mit dem allmäligen Entwöhnen des Kleinen zu beginnen, womit ich nun natürlich warte, da meine Reise so spät oder auch so unbestimmt ist. Das einzig Unangenehme in diesem schwankendem [!] Zustand ist, daß unsere Sachen bereits fast alle verkauft sind, was wenn wir garnicht nach England gingen, sehr nachtheilig für uns wäre. Es macht mich auch so besorgt, Dich stets mit Angst von unserem Kommen reden zu hören u. wäre es thörigt wenn Du mir gegenüber Scheu hättest auszusprechen, wenn es Dir allein dort besser behagte, denn die Rücksicht auf mich kann es nicht sein, da fremde Menschen einsehen, daß meine Existenz hier keine beneidenswerthe ist. Ich klage Dir nichts vor, weil Du nichts Unangenehmes hören willst, aber daß mein Leben hier im letzten Jahr voller Prüfungen war, wird mir Niemand abstreiten. Ich will aber um Gottes willen, Dein vielleicht mit mir unbekannten Reizen geschmücktes englisches Leben nicht trüben u. sollte es von hier aus bestimmt werden, daß Du dort bleibst, übereile Dich meinetwegen in keiner Beziehung, da ich ja recht gut bis Ende August hier bleiben kann, so lange steht mir die Wohnung zu Gebot, u. ist dann die Reise mit den Kindern über Hamburg noch nicht gefährlich. [...]

Lübcke hat diesen Brief verkürzt u. verlängert, – hoffentlich zu Deiner wesentlichen Zufriedenheit. George grüßt Dich, er ist mit seinem Briefe nicht fertig geworden. Ist denn Mr. Collins noch immer hier? könntet Ihr doch Eure Rollen tauschen. – Wie immer

Deine alte Frau Emilie.

An Theodor Fontane

Berlin d 23t. Juli. 57.

Mein Herzensmann.

So eben erhalte ich Deine lieben Zeilen u. die £ 5. Note; sei nicht böse, daß ich Dich mit dem Gelde bemüht, ich habe allerdings nun so viel daß ich es kaum brauchen werde. Heut Abend, so Gott will, geht es nun ab, wir sind Alle munter u. voller Freude zu unserem Vater zu kommen; Gott schütze uns Alle, Dich theurer Mann vor Allem.

Mit treuster Liebe

Deine Emilie.

An Bertha Kummer

London d 28t Juli. 57.

Meine theure Mutter.

Seit gestern, Montag Mittag 3 Uhr sind wir mit Gottes Hülfe, hier angelangt u. wohnen vorläufig mit meinem Theo chambre garni. Leider ist mein Liebling sehr krank u. erwarte ich mit schmerzlicher Ungeduld den Arzt, u. werde Dir theures Herz darum auch erst morgen zu Ende schreiben.

Die Reise bis Hamburg ging wieder Erwarten gut; der arme, kleine Mensch schlief sehr gut, so daß selbst wir etwas ruhen konnten. Bei unserer Ankunft empfing uns der Commißionär eines Hôtel's, in welchem Herr Uh ein Zimmer gemiethet hatte, u. als wir Kaffee getrunken u. uns einigermaßen restaurirt hatten, kam um 10 Uhr Herr Uh selbst, der den angenehmen Eindruck den ich von früher von ihm hatte, auf's lebhafteste erneute. Er hatte bereits Plätze auf dem Schiff besorgt u. fuhr um 1 Uhr mit mir durch die Stadt; ich dachte Deiner in größter Dankbarkeit, da ich ohne ihn recht rathlos in Hamburg gewesen wäre. Nachmittag's konnte er Geschäfte halber nicht kommen u. auch meinen verehrten General Baeyer konnte ich nicht aufsuchen, da wir Alle angegriffen u. das Kind sehr unruhig war. Um 7 Uhr fuhren wir nach dem Schiff sehr schweren Herzens, denn mein Theo war sehr matt. Gegen 4 Uhr Morgens verließen wir den Hafen, bei dem schönsten Wetter; Mittag's wurden wir Alle seekrank, Rosalie u. George am meisten, auch ich, so daß der Kleine stundenlang weinend in seiner Koje lag, Du kannst ermessen, wie mir zu Muthe war, ich wäre am liebsten mit Maus u. Mann untergegangen. Dieser Zustand dauerte bis Sontag Nachmittag; da rappelten wir uns mit Mühe auf u. gingen auf das Verdeck. Von da an blieb unser Zustand so leidlich u. wäre ich ganz zufrieden gewesen, wäre mein Theo nicht immer matter geworden. Die Milch war schlecht geworden, so daß wir ihn mit Zwieback u. Griessuppe u. Thee füttern mußten. Als wir gestern endlich ankamen u. unseren Herzens-Theodor sahen, dankte ich Gott aus Herzensgrund u. nur dadurch wurde mir der Reiz des Wiedersehn's getrübt, daß ich ihm unser liebes, kleines Kind so krank u. elend mitbrachte. George ist munter u. Rosalie nimmt sich gleichmäßig freundlich des Kleinen an. Wir ersehnen die Zeit, wo wir in unser Haus ziehen können, es wird aber freilich noch 14 Tage beinah dauern. […]

Es ist jetzt Morgens 9 Uhr, wir werden Thee trinken u. ich diesen Brief schließen, so spät wie möglich, um Dir das Befinden des Kindes noch im Laufe des Tages mittheilen zu können. Gott schütze uns Alle! Dich u. Deinen Adelbert schließe ich ganz besonders in meine Fürbitte; möget Ihr doch für den guten Jungen das finden was zu seinem Heil dient.

Mein Mann ist meine Erquikung, könntest Du nur sehen,

mit welcher Ruhe u. Freundlichkeit er all die Unannehmlichkeiten trägt, die unser Hiersein ihm verursacht.

Heut früh ist unser Haus Kauf abgeschlossen; am 11ten August werden wir dasselbe beziehen.

Gott schenke meinem Kinde bis dahin Gedeihn, dann will ich frohen Herzen's, als wäre es meine Heimath das Haus betreten.

Lebewohl mein Herz; mit dem Kleinen geht es etwas besser. Sei geküßt von uns Allen! u. sei unserer steten Liebe gewiß Deine

Emilie Fontane.

An Bertha Kummer

London d 25 Aug. 57.
52 St Augustin Road.
Camden Town

Meine geliebte Mutter.

Du wirst schon längst auf Nachricht von uns warten u. doch war es mir nicht möglich, da ich Dir nicht nur einige Zeilen schicken will, früher Zeit u. Muße zu finden. Die Einrichtung eines ganzen Hauses macht viel Arbeit, so daß zu einer eigentlichen Ruhe ich noch nicht habe kommen können. Aber es ist reizend bei uns liebes Herz u. wünschte ich wohl Du könntest uns erreichen u. Dich mit uns unserer jetzigen Lage freuen, hast Du doch so treu mütterlich so manche schwere Zeit mit uns getragen. Unseren Einzug in unsere neue Häuslichkeit scheint Gott gesegnet zu haben, denn Alles geht bisjetzt zu unserer Zufriedenheit u. der Himmel, der draußen lacht u. heiter ist, findet dieselbe Stimmung in unseren Herzen. Klein-Theodor, Dein Verzug, hat 2 Zähne, ist munter, wird dick u. bekommt jetzt kurze Kleidchen, er steht ganz nett u. wenn er nicht wieder erkrankt, hoffen wir daß er zu seinem Geburtstag läuft. Er trinkt nur Milch, die sehr gut hier ist, u. kaum theurer wie in Berlin. George hat bereits dicke, rothe Backen u. wird täglich munterer, er ist glücklich sich frei bewegen zu können, springt fleißig in Haus u. Garten umher u. geht mit Theo u. Rosalien spatzieren. Letztere hat uns noch keinen Anlaß zur Unzufriedenheit gegeben u. hoffe ich sie wird so bleiben. Mein guter Mann freut sich auch seiner Häuslichkeit u. scheint ihm auch körperlich das geregelte Leben sehr gut zu thun, denn er erholt sich augenscheinlich. Mir geht es auch ganz gut, u. der nie gekannte Reiz, ein Häuschen mit tausend Bequemlichkeiten allein zu besitzen, macht mir viel Freude. Mein englisches Mädchen scheint mich auch mit dem Dienstpersonal ihres Vaterlandes aussöhnen zu wollen. Sie ist folgsam u. gelehrig, wäscht Fleisch u. Rosinen u. kocht nach meiner Anleitung deutsche Gemüse schmackhaft u. gut. Eine Waschfrau die alle 14 Tage kommt u. 20 sgr. erhält, wäscht zu meiner Zufriedenheit u. ersparen wir dadurch viel Geld. Unser Häuschen hat nach der Straße heraus ein Gärtchen u. nach hinten heraus einen Rasenplatz groß genug um Wäsche darauf zu trocknen u. zu bleichen. Im Souterrain ist die Küche, daneben ein Waschhaus, mit eingemauertem Kessel, Wasserhahn etc. Die Küche ist geräumig u. allerliebst eingerichtet mit all dem neuen, schönen Geschirr. Als Tisch steht die große Kiste darin, die Du so meisterhaft gepackt hattest, daß auch nicht das geringste gelitten hatte; dasselbe gilt von allen anderen Sachen, kein Bild, kein Glas, nichts ist beschädigt angekommen. Neben der Küche sind 2 Speisekammern u. ein Raum für Besen, Bürsten etc. u. der Kohlenkeller. Nach vorn heraus ein Zimmer, was zum Frühstück u. Mittag essen benutzt wird. Darinnen befinden sich zu jeder Seite des Kamin's ein Wandschrank, zum Aufbewahren von Tassen, Gläser, Thee, Zucker u. dg. Ueber dem Kamin hängt Frankreich. Aus diesen unteren Räumen führen 2 Ausgänge in den Garten. Eine Treppe führt in das hohe Parterre, von der Straße durch eine zierliche Steintreppe zu erreichen. Links die beiden schönsten Zimmer; kostbare Teppiche

u. Gardinen; ein Zimmer, mit großem Fenster u. Balkon nach der Straße, eins dito nach dem Garten, beide Zimmer durch eine mächtige Thür verbunden, die wenn man sie öffnet, die Zimmer zu einem Saal vergrößert. Das hintere benutzt Theo zu seinem Arbeitszimmer u. sitzen wir uns jetzt eben schreibend an seinem Arbeitstisch gegenüber. Neben dem Zimmer eine Glasthür, die geradeaus vermittelst einer Treppe in den Garten führt, rechts das water closet. Eine mit Teppich belegte Treppe führt in den obersten Stock, wo sich vorn heraus unsere [ge]räumige Schlafstube befindet, daneben ein St[üb]chen für – deutsche Gäste! nach dem Garten, die Kinder u. Schlafstube, daneben das Stübchen des englischen Mädchens. C'est tout; vermittelst einer Leiter kann man durch eine Dachluke auf das platte Dach klettern.

Mein Mann treibt mich zum Schluß, indem er mir die schönsten Grüße für Dich geliebtes Herz aufträgt. Auch George und Rosalie grüßen Dich! möchte es Dir doch gut gehen! Dies von Dir zu hören sehnt sich Deine Dich

treu u. innig liebende

Emilie Fontane.

Viele Grüße Deinem Adelbert u. Deinen Lieben!

An Henriette von Merckel

London d 18 Febr. 58.
52 St Augustine Road.
Camden Town

Mit einem innigen Gott sei Dank begrüßte ich gestern Deine lieben Schriftzüge, die mir die sichere Botschaft Deiner Genesung brachten. Mit großer Befriedigung las ich in Deinem lieben Briefe, daß die alte Grippe Dich wenigstens mit großen Schmerzen verschont hatte, ja die Schilderung Deines *nervösen* Zustandes während der Krankheit interessiert mich so mächtig daß ich etwas darum gebe ich könnte wieder einige Stunden Nachmittags mit Dir recht ausführlich darüber plaudern. Ich hätte so viel Zeit gehabt, Dir in Deinem Krankenzimmer Gesellschaft zu leisten u. hätte so viel dabei gewonnen. Meine Gedanken waren täglich bei Dir, sorgend u. bangend, u. ich bin herzensfroh, daß diese Zeit vorüber. Der letzte Brief Deines verehrten Gatten beruhigte uns schon über Deinen Zustand, aber mir fehlte Dein eigner Bericht u. Dein langes Schweigen zeigte mir, wie Du mich in gesunden Tagen durch Deine Güte verwöhnt hast.

Auch mir geht es wieder besser, obgleich ich fühle daß ich mich nie werde acclimatisiren können und dies immer mediciniren *müssen* und Achthaben auf meinen Körper ist mir unleidlich. Mein guter Mann ist mir auch freilich darin ein gutes Beispiel u. seiner Achtsamkeit verdanke ich es daß er noch nicht ernstlich krank geworden ist. Wir haben für London einen ungewöhnlich strengen Winter so daß ich immer friere was ein höchst unbehaglicher Zustand ist; auf der Straße weht auch noch meist ein scharfer Nordost, der das Spazierengehn unmöglich macht. Doch ist mir innerlich wieder frisch zu Muthe u. das ist die Hauptsache.

Der Empfang von lieben Briefen ist mein bestes Heilmittel u. ich glaube daß dies über 6 Wochen außer Connex mit der

Heimath sein viel zu meinem Trübsinn beigetragen hat. Freilich könnte ich häufiger schreiben, aber ich bin eine unglückliche Briefschreiberin u. kann nur Erlebtes mittheilen u. davon giebt es hier so wenig! Clara Beyer ist so liebenswürdig daß sie mir schon zweimal ohne Antwort zu erhalten geschrieben hat u. zwar kam der letzte Brief gleichzeitig mit dem Deinigen an u. ergänzte in manchen Mittheilungen das was Du durch Deine Krankheit verhindert gewesen bist mitzuerleben. So schildert sie Kuglers Geburtstagsfestlichkeit, die trotz »Herodes« u. kranken Roquette gut ausgefallen sei; schildert mir auch Frau Bennewitz-Lübke, aber so unvortheilhaft, daß ich hoffe Du in Deiner Milde wirst schon etwas Gutes an ihr herausfinden u. mir später mittheilen. Beyers hatten zum Einzuge Billets zum Palais des Prinzen von Preußen u. schreibt Clara, sie wären einige Augenblicke auf das Dach hinausgetreten, von wo der Anblick zauberhaft gewesen sei. Deine Mittheilungen über die Prinzeß sind allerliebst, *hier* hörte man dergleichen kleine Züge gar nicht von ihr, nur der Glaube ist hier etwas verbreitet, daß sie sich beständig mit ihrer Mutter gestritten habe; solche Erzählung wird aber durch nichts motivirt u. ist darum mißlich weiter zu erzählen. Ich sah sie nah bei ihrer Abfahrt durch die City; sie saß im offnen Wagen, hatte aber so geweint, der Abschied von Mutter u. Geschwister lag eben hinter ihr, daß ich nichts sah wie ihre Trauer u. sie um der Trennung von Heimath u. ihren Lieben mitfühlend betrachtete. Der Jubel in Berlin muß groß gewesen sein u. die sich bekundende allgemeine Theilnahme u. Liebe muß etwas Erhebendes gehabt haben, um so schärfer ist aber auch der Kontrast mit unserem Königspaare hervorgetreten u. ich habe oft mit innigster Theilnahme der Königin, die ich als eine mit Tugenden reich begabte Frau verehre, gedacht; wie muß *ihr* bei dem allgemeinen Jubel zu Muthe gewesen sein! wie wird nun alles sich wenden in unserer geliebten Heimath; wir sind sehr begierig zu sehn, wie es nach den neuen 3 Monaten Stellvertretung werden wird. Auf unser Bleiben hier wird wohl kein Wechsel ungünstig, muß ich sagen, wirken, das einzig Unangenehme wäre vielleicht für meinen Mann, wenn der Gesandte vor Ablauf der drei Jahre abberufen würde u. – Freiherr von Bunsen wieder hierher käme. Obgleich bis jetzt gar keine Aussicht dazu da ist, so gehört ein solcher Wechsel doch nicht in das Reich der Unmöglichkeiten.

Mein Mann fängt eben an, dem Deinigen zu antworten u. da ist es besser, ihm alle diese schwierigen Dinge zu überlassen u. von mir näherliegenden zu sprechen. Ich habe auch nachträglich zu Weihnachten Immermanns »Münchhausen« bekommen u. theilweise gelesen, es ist aber nicht möglich für mich durchzukommen u. mit wahrer Befriedigung las ich die Kritik Deines lieben Mannes darüber in seinem letzten Briefe. Ich habe das Buch wieder beiseit gepackt u. quäle mich jetzt durch einen englischen Roman u. obgleich ich viel verstehe, so ist es doch ungenügend, um ein richtiges Verständniß des Ganzen zu haben. So fehlt mir sehr Lektüre u. obgleich hier eine deutsche Leihbibliothek ist, so will und kann ich davon keinen Gebrauch machen, da mir sonst keine Zeit u. Lust zur englischen Lektüre bleibt. Die deutschen Zeitungen lese ich freilich mit einer mir bisher unbekannten Genauigkeit, so daß ich den Triumph habe, manchmal etwas zu finden, was mein Mann übersehen hat. Zu Neujahr hat er mich mit dem »Kladderadatsch« überrascht, den wir nun alle Montag erhalten u. der uns sehr amüsiert. Unser geselliger Verkehr ist jetzt durch einige Engländer erweitert, von denen der eine oder andere des Abends Tee mit uns trinkt; es sind Redakteure und Leitartikelschreiber, deren Kenntniß der englischen Presse meinem Manne zustatten kommen u. mit denen er sich in der Sprache übt; ich sitze dabei u. freue mich, wenn ich die gewöhnlichen Phrasen erwiedern kann u. wenn ich etwas aus dem Gespräch der Herren verstehe. Sonst komme ich nur mit Frau Heyman zusammen, die leider in beständiger Sorge u. Angst lebt; Frau Faucher, deren Mann jetzt als Berichterstatter in Berlin ist, wohnt zum Glück so weit von uns, daß wir uns bei dieser Jahreszeit gar nicht sehen können. Umgang mit Engländerinnen zu bekommen haben wir aufgegeben. Keiner, namentlich einer liebenswürdigen ist zuzumuthen mein Radebrechen mit anzuhören, es kommt aber noch mehr dazu, was uns einen Umgang mit einigermaßen uns gleichstehenden englischen Familien nicht wünschen läßt. Wir leben hier, nach englischen Ansichten, in ganz ärmlichen Verhältnissen u. unsere Einnahme, die mit dem Nebenverdienst meines Mannes sich auf 2000 T. (300 £) beläuft, gilt hier als das Minimum für eine Familie, um damit anständig zu leben, wie noch neulich in der Times in einem längeren Briefwechsel bewiesen wurde. Wir theilen natürlich diese Ansicht nicht u. sind mit dem was wir haben, in unserem Gott zufrieden nur das sehen wir [*Das Folgende nicht erhalten.*]

KAPITEL 4

»Unterwegs und wieder daheim«

Familienleben in Berlin und Reisen
in Mitteleuropa (1859–1869)

Theodor Fontane ist gerade 39 geworden, als er Mitte Januar 1859 wieder in Berlin eintrifft. Er hat als Presseattaché der preußischen Gesandtschaft dreieinhalb Jahre in London gelebt, hat Gesellschaft, Politik und Kultur beobachtet und beschrieben, und nun ist er – wohnungs- und stellungslos – im Hôtel de Pologne abgestiegen (»einer höhren Berliner Räuberhöhle«, an Emilie, 21. Januar 1859) und bessert die Schadstellen seines Überrocks mit schwarzer Tinte aus, bevor er bei Freunden und Dienststellen anklopft. Überall stößt er auf verunsicherte, verbitterte Menschen und als vermeintlicher »Manteuffelianer« (der dem abgelösten Regime zugerechnet wird) wohl auch auf Vorbehalte. An Friedrich Eggers schreibt er am 22. Januar anspielungsreich: »Im politischen Leben spielt die Fahne eine eben so große Rolle wie im militärischen; wo man mal steht, muß man fest stehn und nicht lange mäkeln und mucksen. Aber freilich muß eine *Fahne überhaupt da sein.*«

Im »Tunnel« trägt er die 1857 in England entstandene Ballade »Prinz Louis Ferdinand« mit großem Beifall vor und im Saal des Arnim'schen Etablissements Unter den Linden hält er Vorträge über London. Aber die Trennung von Frau und Kindern macht ihm zu schaffen: Emilie ist zunächst in London geblieben; Fontane hat ihr überlassen, das Haus in der St. Augustine Road wieder loszuwerden und den Hausrat nach Deutschland zu spedieren. Erst am 5. Februar reist sie ab; der siebenjährige George bleibt bei den befreundeten Meringtons. Die Familie sieht sich völlig ungeklärten Verhältnissen gegenüber, da Fontanes Versuche, eine feste Anstellung zu finden, erfolglos waren.

In dieser desolaten Situation scheint ein Brief von Paul Heyse, dem alten »Tunnel«-Kollegen, eine Lösung zu bieten: Er lädt Fontane nach München ein, wo er sich dem kunstfreundlichen König Maximilian II. vorstellen soll und wo vielleicht sogar die Stelle des Privatbibliothekars bei Hofe frei ist. Heyses Vorschlag ist äußerst fair, und obwohl er keine konkreten Aussichten eröffnet, kommt die Einladung an die Isar dem bedrängten Fontane »wie ein Segen vom Himmel« (an Paul Heyse, 15. Februar 1859) vor. Fontane reist sofort, hat eine Audienz beim König, trägt Balladen in dessen Symposium vor, genießt das Zusammensein mit alten Freunden, berichtet täglich an Emilie, aber zu einer Anstellung kommt es nicht. Seine Briefe aus München werfen Emilie, die sich teils in Berlin, teils bei der Schwiegermutter in Neuruppin aufhält, in ein Wechselbad der Gefühle, weil sie ständig andere Überlegungen anbieten und zwischen zärtlichen Anwandlungen und barschen Tönen wegen ausbleibender Briefe hin und her schwanken.

Ende März ist Fontane wieder in Berlin, und inzwischen hat Henriette von Merckel erneut ihr Problem gelöst: Sie hat ihnen eine »Sommerwohnung« in der Potsdamer Straße 33 besorgt – mit »Geisblattlaube« und »ächter Berliner Gartenluft (Blumen vorne und Müllkute hinten)«, wie der Hausherr am 26. Mai 1859 in einem Brief an Wolfsohn spöttelt. Am 6. April ziehen sie cin und bleiben bis zum September. Fontane schlägt sich als Mitarbeiter der »Centralstelle für Preßangelegenheiten« durch, wo er reichlich Ärger bekommt, nachdem er in einem Artikel für die »Hamburger Nachrichten« vertrauliche Informationen verwertet hat, die den Prinzregenten in eine heikle Situation bringen. Fontane wird daraufhin aus dem Kreis der Vertrauenskorrespondenten ausgeschlossen.

Was auf die Länge gesehen indes wichtiger ist: Die »Sommerwohnung« wird zum Startplatz für Fontanes Wanderungen durch die Mark Brandenburg, die tatsächlichen und die Umsetzung in das künftige, im Laufe der nächsten 20 Jahre auf fünf Bände anwachsende Kompendium über die Mark Brandenburg. Im Juli unternimmt er einen Ausflug in seine Ruppiner Heimat; im August fährt er in den Spreewald, schreibt sogleich einen Bericht darüber, der Ende August / Anfang September 1859 in der »Preußischen Zeitung« erscheint. Am 20. September unterbreitet Fontane seiner Frau eine Kosten-Nutzen-Rechnung zu diesem ersten märkischen Feuilleton: »Der Spreewald hat 10𝒯 gekostet und 21𝒯 eingebracht, geschäftlich genommen also ein ziemlich trauriges business, denn 8 Tage Zeit waren nöthig um die 4 Kapitel zu schreiben. Ich darf aber die Dinge nicht so auffassen; ich muß solche Aufsätze als Visitenkarten ansehn, die ich bei den Redaktionen abgebe. Wenn man auch nicht an Ansehn wächst, so bleibt man wenigstens im Gedächtnis der Leute und hält sich die Möglichkeit eines angemessenen Placements offen. Außerdem weißt Du daß alle diese Dinge Vorstudien für meine große Arbeit sind.« Eine interessante Aussage über den Anfang eines Standardwerks der deutschen Kulturgeschichte.

Die Fontanes haben nun im Sommer 1859 ein passables Dach über dem Kopf, aber, wie Emilie am 28. Oktober an ihre Adoptivmutter schreibt, »nicht die geringste sichere Einnahme«. Es erscheinen zwar die ersten »märkischen Bilder« in verschiedenen Zeitschriften, und in Buchform kommen 1860 Arbeiten aus der England-Zeit heraus (»Jenseit des Tweed. Bilder und Briefe aus Schottland« und »Aus England. Studien und Briefe über Londoner Theater, Kunst und Presse«), »aber«, heißt es in Emilies Brief vom 19. April 1860, »das Honorar für dieselben ist so unbedeutend, daß es uns auch nicht viel helfen kann«.

Nicht ohne einen Anflug von Bitterkeit erinnert sie sich bei ihren »beständigen Nahrungssorgen« an London, »wo wir uns doch zu ganz anderen Hoffnungen und Aussichten berechtigt glaubten«. Das pekuniäre Dilemma wird verstärkt durch die Rückkehr von George und durch die Ankunft eines neuen Familienmitglieds. Am 21. März 1860 bringt Emilie ihr sechstes Kind zur Welt: Martha, meist Mete genannt, die der Liebling und zugleich das Sorgenkind der Fontanes werden wird. Dass es endlich ein Mädchen ist, lässt ein bisschen Sonnenschein in die Wohnung in der Tempelhofer Straße 51 dringen, wo die Familie seit Herbst 1859 lebt. Und als hätte die kleine Martha, die der Mutter kaum Schmerzen bei der Geburt verursacht, ein wenig Glück mitgebracht, bekommt der Vater zum 1. Juni eine Stelle als Redakteur des England-Ressorts bei der hochkonservativen »Kreuzzeitung«. Wie auch immer er zur politischen Richtung des Blattes steht – er bekommt pünktlich sein Gehalt, arbeitet nur am Vormittag, gewöhnt sich an die unsäglichen Toilettenverhältnisse des Redaktionslokals und hat Zeit für seine Wanderungen. 1861 gewährt ihm das Kultusministerium eine jährliche Unterstützung von 300 Talern für die Arbeiten über die Mark Brandenburg, die er zu einem erfolgreichen Band zusammenfasst und Ende 1861 als »Wanderungen durch die Mark Brandenburg« erscheinen lässt (noch ohne die uns heute geläufige Gliederung nach Flusslandschaften).

Dass ihr Mann nachts (besonders intensiv Anfang 1862) noch an einem anderen Projekt arbeitet, weiß Emilie auch. Er hat ihr längst von seinem literarischen Lieblingsplan erzählt, einen Roman über die »Franzosenzeit« zu schreiben, und sie kennt den Arbeitstitel »Levin von Vitzewitz«; es sind die Anfänge von »Vor dem Sturm«, Fontanes Debütroman, der 1878 erscheinen wird. Emilies Verhältnis zu dessen Autor ist stabil und vertrauensvoll herzlich, und sie nennt ihn am 19. April 1860

Bertha Kummer gegenüber einen »alten, guten, wo möglich immer liebenswerther werdenden Menschen«.

So schafft das Jahr 1862 günstige ökonomische und psychologische Voraussetzungen für einen nahezu heiteren Sommerbriefwechsel. Emilie kann im Mai zu den Treutlers nach Neuhof reisen und die zweijährige Martha mitnehmen; George und Theodor junior werden bei Großmutter Fontane in Neuruppin untergebracht; und Fontane absolviert Zeitungsdienst und Wanderungen und wird von der Haushälterin Mathilde Gerecke vorzüglich »bekocht«. In dieser entspannten Atmosphäre können die Partner über das Verhältnis zueinander, über die Rollenverteilung bei der Kindererziehung, über die Zeitaufteilung zwischen dienstlicher, schriftstellerischer und Familienarbeit ziemlich locker debattieren. Und beide erörtern pragmatisch die Frage »Ob du mir fehlst?« und garnieren die Auseinandersetzung mit Reise- und Ferienerlebnissen und politischen Erörterungen. Der lockere Ton setzt sich fort, als Fontane seine Briefe nicht mehr nach Neuhof, sondern nach Neuruppin schickt, wo Emilie die Söhne im Juli abholt. Im Oktober 1862 übersiedeln die Fontanes in die Alte Jakobstraße 171 und ziehen genau ein Jahr später in die Hirschelstraße 14.

In dem späten Gedicht »Meine Reiselust (früher und jetzt)« (1895) fixiert Fontane eine seiner Lebensmaximen in den Versen: »Mehr als Weisheit aller Weisen / Galt mir reisen, reisen, reisen …« Ein Blick auf seinen Terminkalender gerade der sechziger Jahre bestätigt sein Bekenntnis in besonderem Maße, und Emilie muss sich mit dem Rhythmus von »unterwegs und wieder daheim« in der speziellen Variante des ständigen Wohnungswechsels in Berlin abfinden. Für Fontane ist die Polarität von drinnen und draußen, Heimat und Welt, Berlin und Europa literarisch-journalistisches Lebenselement. Sie bewahrt ihn vor der »Provinzialsimpelei«, die er Theodor Storm vorwirft, und prägt sein tolerantes Denken, das er mehrfach mit der Metapher beschwört: »Hinterm Berg wohnen auch Leute, und mitunter noch ganz andere.« Emilie drückt es ganz schlicht aus, wenn sie mit Respekt davon spricht, »welche Erndte Dein Geist sammelt und wie reich Du zurückkehren *mußt*« (10. April 1852).

Während sie sich in den sechziger Jahren sommers mit den Kindern oft bei den Treutlers in Neuhof bei Liegnitz aufhält, führt die europäische Politik Fontane nach Dänemark und nach Böhmen, wo er 1864 die Schauplätze im Deutsch-Dänischen Krieg und 1866 im Krieg zwischen Preußen und Österreich aufsucht. Nach beiden Reisen schreibt er umfangreiche Monographien über diese Kriege, die 1865 und 1869/1872 im Verlag Rudolf Decker erscheinen. Parallel zu diesen militärhistorischen Werken recherchiert er für den dritten Band seiner »Wanderungen« und überarbeitet die bereits erschienenen Bände; das erledigt er meist in Tages- oder Wochenend-Ausflügen. 1865 gönnt sich Fontane eine Studien- und Erholungsreise an den Rhein und in die Schweiz. Arbeitsurlaube sehen ihn 1866 im Harz und 1868/69 in Schlesien. Am 12. Juli 1863 schreibt er in einem Brief an Emilie über das Vergnügen, »allein zu Haus« zu sein: »Als glücklicher Familienvater, mit Frau und 3 Kindern um mich her, befind ich mich eigentlich constant in der nervösen Aufregung einer Besatzung, die jeden Augenblick einen Angriff erwartet und ich darf wirklich sagen, daß ich dies Gefühl der Ruhe, des Ungestörtseins dankbar genieße. Des Morgens kann ich ruhig eine Viertelstunde lang gurgeln, ohne irgend wen zu belästigen und meinerseits durch Zeichen des Misfallens belästigt zu werden. Auch bei Tisch ist es mir eine Erquickung nichts von Erziehung zu hören oder selber erziehen zu müssen. Ich habe für diese Parthieen des Familienlebens keinen Sinn; es hängt das damit zusammen, daß mir überhaupt ganz und gar der bürgerliche Sinn fehlt und daß mich nur das adlige interessirt.« Und da er gerade dabei ist, »confessions zu machen«, fährt er fort: »Ich verwahre mich übrigens feierlich dagegen, daß das was ich ›adlig‹ nenne, blos an der Menschenklasse haftet, die man ›Adel‹ nennt; es kommt in allen Ständen vor, es ist der Sinn für das Allgemeine, für das Ideale und die Abneigung gegen den Krimskrams des engsten Zirkels, dessen Abgeschlossenheit von selbst dafür sorgt, daß aus jedem P– ein Donnerschlag wird.«

Ganz anders fallen die Briefe aus, die er im August 1863 aus Heringsdorf über seinen Aufenthalt in Swinemünde (Świnoujście) schreibt, der verklärten Stadt seiner Kindertage auf der Insel Usedom. Er entwickelt illusionäre Hausbau-Pläne, schwärmt von frischer Luft und Stille, von Wald und See und schreibt in einem Anfall von Zärtlichkeit und schlechtem Gewissen: »Ich denke bei jedem schönen Anblick an Dich und mache mir einen halben Vorwurf daraus, daß Du nicht dabei bist; ich gönnte Dir alles von ganzem Herzen und habe den lebhaftesten Wunsch, daß es uns beschieden sein möge, in Zukunft solche stillen, schönen Freuden gemeinschaftlich zu genießen [...]« Was er wohl zu diesem Zeitpunkt nicht gegenwärtig hat oder gar noch nicht weiß: Emilie – 39 Jahre alt – ist, zum letzten Mal, schwanger! Am 5. Februar 1864 kommt der Sohn Friedrich zur Welt, der als kluger und kreativer Unternehmer um die Jahrhundertwende eine wichtige Rolle in der deutschen Verlagslandschaft spielen wird.

Von der Arbeit an der Monographie »Der Schleswig-Holsteinsche Krieg im Jahre 1864« ist Fontane ziemlich erschöpft und der Hausarzt rät im Sommer 1865 zu einer entspannenden Reise. Fontane macht nach seinem bewährten Prinzip »Erholung durch Wechsel des Arbeitsgegenstandes« eine Studienreise daraus und fährt Ende August nach Köln, besichtigt den noch immer unfertigen Dom, besucht anschließend die Dome in Mainz, Worms und Speyer und reist um den 5. September weiter in die Schweiz. Emilie berichtet am 21. November ihrer Adoptivmutter, dass er nach der Rückkehr »recht krank« geworden sei: »Du kannst denken wie niedergeschlagen wir dadurch waren, denn beide hatten wir gehofft diese Reise mit ihren großen Kosten, die uns für den Winter die größte Einschränkung auferlegt, würde von dauernden guten Folgen sein. Nun, will's Gott ist sie es nun doch noch [...] Die Reise selbst hat meinen Mann unendlich viel Genuß [...] gewährt und der geistige Nutzen derselben ist nicht zu verkennen; ich habe immer das Gefühl als wenn Theodor von Jahr zu Jahr an Liebenswürdigkeit und guten Eigenschaften wüchse und bitte Gott um seine Erhaltung als mein höchstes Gut.«

Außer dieser Liebeserklärung enthält der Brief an Bertha Kummer auch einen anrührenden Rückblick auf ihre Herkunft anlässlich ihres 41. Geburtstags am 14. November 1865: »Der Tag brachte mir so viel Liebes und Gutes von nah und fern, zeigte mir so recht meinen reichen Besitz an Liebe und Freundschaft daß ich mit innigster Dankbarkeit gegen Gott auf mein Leben zurückblickte, wie er von Jahr zu Jahr, dem kleinen, in Dresden heimlich, zu keines Menschen Freude geborenen Kinde mehr Gnade zugewendet hat, ja meine Herzensmama ich erkenne mit freudigem Herzen wie wohl Ers mit mir meint.«

Wenn Fontane private Briefe schon von den Dänemark-Aufenthalten 1864 spärlich geschrieben hat (oder sie nicht erhalten sind), so fallen sie im nächsten Jahr gänzlich aus. Für Nachrichten aus der Familie sind wir 1865/66 auf Briefe Emilies an Bertha Kummer angewiesen. Im Frühjahr 1866 stecken die Kinder sich nacheinander mit Masern an, und Emilie registriert sorgenvoll die Nachrichten über die Cholera in Stettin und Swinemünde. Ihre Hoffnung, sich im Sommer bei Johanna Treutler erholen zu können, zerschlägt sich, und auch Fontane, der sein Romanmanuskript hervorgeholt hat, wird bald von den politischen Ereignissen aus der geliebten Arbeit gerissen. Die Spannungen zwischen Preußen und Österreich in der Schleswig-Holstein-Frage verschärfen sich, und der »Kreuzzeitungs«-Redakteur bekommt reichlich zu tun, als Bismarck im Juni preußische Truppen in Sachsen, Hannover und Kurhessen einmarschieren lässt.

Wie man im Hause Fontane über den preußisch-österreichischen Konflikt denkt, setzt Emilie ihrer Adoptivmutter am 10. Juni forsch auseinander: »Wie Du auf Bismarck zürnst, so wir auf das wahnsinnige Oesterreich, das seinen inneren und äußeren Ruin durch einen Krieg mit uns bemänteln will, es ist wortbrüchig wie es stets war, und darum wird es nicht siegen, trotz seiner großmäuligen Verheißungen.«

Tatsächlich gewinnt Preußen am 3. Juli 1866 die Entscheidungsschlacht bei Königgrätz (Hradeč Králové), die Hirschelstraße, in der die Fontanes wohnen, wird 1867 in Königgrätzer Straße umbenannt, die hannoverschen Verbände kapitulieren bei Langensalza (29. Juni), und die preußische Main-Armee besiegt in mehreren kleineren Gefechten die mit Österreich assoziierten süddeutschen Staaten (4.–26. Juli). Emilie schreibt am 6. August an Bertha Kummer: »Wir loben und danken Gott, der uns den Sieg gegeben, den wir in Demuth nicht erwartet und ärgern uns über die Demokraten, die wieder unzufrieden, weil der König nicht Sachsen, Mähren etc. einsteckt; dieser Sorte ist nichts recht zu machen.« In einer Nachschrift zu diesem Brief präzisiert Fontane die Bemerkungen seiner Frau und geht auf die Empfindlichkeiten der in Sachsen lebenden Schwiegermutter ein.

Zu diesem Zeitpunkt ist der Vorfriede von Nikolsburg (Mikulov, Mähren) bereits geschlossen, und Fontane verhandelt mit dem Verlag von Rudolf von Decker über eine Darstellung des soeben zu Ende gegangenen Krieges. Obwohl die Vertragsverhandlungen nicht abgeschlossen sind, bricht er, von seinem Schulfreund Hermann Scherz begleitet und auf eigene Rechnung, im August zu einer »Orientierungsreise« nach Böhmen auf, besucht Prag, Königgrätz und die kleineren Schlachtorte. Die Arbeit an dem zweibändigen Werk »Der Deutsche Krieg von 1866« nimmt er im November auf; sie wird ihn bis 1870 beschäftigen.

Im Jahr 1867 bescheren zwei Familienereignisse den Fontanes Aufregung und emotionale Belastung: Am 2. Mai stirbt

Emilies leibliche Mutter Thérèse Triepcke in Beeskow, wo sie nach dem Tod ihres zweiten Mannes wieder gelebt hat. Emilie hatte sie im Winter noch einmal besucht; zur Beerdigung reist sie nicht. Am 5. Oktober stirbt Fontanes Vater in Schiffmühle bei Freienwalde; auch er ist vorher noch einmal bei ihm gewesen, und er schreibt später für seinen »autobiographischen Roman« »Meine Kinderjahre« ein stimmungs- und liebevolles Kapitel über diesen letzten Besuch.

Im Juni und Juli verbringt Emilie mit den beiden jüngsten Kindern Martha und Friedrich schöne Wochen bei den Treutlers in Schlesien, und die Gelegenheit ist günstig, über einen regen Briefaustausch zwischen Neuhof und Berlin familiäre Interna zu erörtern. Fontane leidet unter der Trennung und schüttet am 31. Juli 1867 Henriette von Merckel brieflich sein Herz aus: »Es ist schade, daß wir solche Erholungen nicht zusammen genießen können; aber dies ist gradezu unmöglich. Sie kennen diesen Klagepunkt in unsrer Ehe; übrigens geb ich jetzt so viel zu, daß ich dabei fast ebensoviel Schuld trage wie meine Frau. Die *Haupt*schuld mögen wohl die Verhältnisse tragen; wir sind beide, bei Bescheidenheit in vielen Dingen, doch auch anspruchsvoll in andern, möchten weder vor der Welt noch vor uns selbst kümmerlich, talerabhängig erscheinen, und doch ist diese Abhängigkeit da und macht sich auf der Reise alle 5 Minuten geltend. Daher dann Verstimmung, die schließlich einer dem andern vorwirft.« Dennoch schlägt er wenige Tage danach eine gemeinsame Reise nach Thüringen vor, die in der zweiten Augusthälfte in gutem Einvernehmen als Studien- und Erholungsreise tatsächlich stattfindet.

Die erste Notiz in Fontanes Tagebuch 1868 lautet: »Vom 2. bis 15. Januar Geschworener. Interessant, aber wegen meines Blasenleidens höchst peinlich.« Dergleichen sehr private Mitteilungen sind bei den Fontanes selten, aber da sie 1868 dreimal getrennt verreisen und sich lebhaft brieflich austauschen, kommen auch noch andere Familieninterna zur Sprache. Dazu gehören vorrangig die Kinder. Über Marthas und Theodors permanente Zankereien ist Emilie ziemlich verärgert, zumal sie in Neuhof bei den Treutlers eine harmonisch zusammenlebende Kinderschar beobachtet. Und der Umstand, dass George, ein begabter Pianist, im Gymnasium nicht versetzt wird und die Eltern beschließen, ihn in die militärische Laufbahn zu schicken, ist wohl auch nicht leicht zu verkraften gewesen.

Doch in den Briefen dominiert auf anrührende Weise das herzliche Einverständnis zwischen den Ehepartnern. Das belegen schon die Anreden und die Schlussformeln. Emilie schreibt »Mein geliebter Theodor«, aber auch »Mein Herzensmann« und verabschiedet sich mit: »Sei herzlichst umarmt und geküßt von Deiner Dich zärtlich liebenden Frau«. Bei Fontane heißt es meist: »Meine liebe gute Frau«, aber er schwingt sich auch gelegentlich zu »Geliebteste« auf, um dann am Schluss etwas prosaischer zu werden: »Gruß und Kuß in alter Liebe Dein Theodor«. Die Liebesbekundungen in den Briefen zeigen, dass das nicht nur Floskeln sind. Emilie ist in ständiger Sorge um seine Gesundheit, freut sich »wie ein Kind« (an Theodor, 21. Mai 1868) auf seine neuen Gedichte, und der 18. Hochzeitstag ist mehrfach im Gespräch.

Fontane schließt Ende Juni 1869 das Manuskript seines Buches über den »Deutschen Krieg von 1866« ab und recherchiert im Sommer für den dritten Band der »Wanderungen« im Havelland. Ebenfalls im Juni verlässt Mathilde von Rohr, eine enge Freundin des Ehepaares, Berlin und tritt ihre längst vorbestimmte Stelle als Stiftsdame in Dobbertin in Mecklenburg an, was den Auftakt zu einem besonders inhaltsreichen und kontinuierlichen Briefwechsel bedeutet.

Im Winter begleitet Emilie in Neuruppin mit großem Engagement das allmähliche Verlöschen von Mutter Fontane, die am 13. Dezember 1869 stirbt. Das Weihnachtsfest ist natürlich von diesem Ereignis überschattet. Aber auch Sohn George kommt zu Besuch »und erfreute uns wenig durch seine Haltung«, heißt es im Tagebuch. »Der ›Fähnrich‹ machte sich geltender als es unsren Wünschen entsprach. Unruhig traten wir ins neue Jahr, und es sollte ein Jahr der Unruhe werden!«

An Theodor Fontane

London d 2t. Febr. 59.

Bester, geliebter Mann.

Ich bin wohl, obgleich ein furchtbares Sturmwetter mich bis 4 Uhr abgeängstigt hat. So eben bekomme ich Deine lieben Zeilen, George freut sich hier zu bleiben, wenn wir einen neuen Tusch-kasten ihm schicken wollen. Ich unterschreib Alles was Du über sein Bleiben sagst, zum Glück habe ich ihn ausgestattet von Kopf bis zu Fuß. Vorläufig freue ich mich daß er die Reise nicht mitzumachen hat, später wird mein Herz wohl manchmal sehnsüchtig nach ihm verlangen. Jetzt eine Hauptsache: ich schickte Levien die Liste u. bat um 30 £. Darauf kam gestern Alberts mit Frau zum Kaffee u. Thee, u. ersterer sagte mir Levien hätte jetzt kein Geld, *er* würde mir auszahlen was ich brauchte. Ich ängstige mich nun schon seit Tagen daß Du geliebtes Herz einen Rechenfehler gemacht hast, denn mir ist als hättest Du gemeint ich sollte von den 30 £. die Miethe, Renten etc. bis Ostern bezahlen u. die Reise machen, das ist aber ganz unmöglich. Ich habe bis jetzt von den 25 £. die Du mir hierließest, die nöthigen Einkäufe gemacht, Tonnen gekauft etc. etc. etc. und 14 £. verausgabt; nun habe ich also noch 9 £. Butcher, 5 £. ander people mit Betsi, zu bezahlen. So denke ich die Miethe bleibt bis Ostern, wo Merington nebst den Renten sie an Findon bezahlen kann. Ich will am Freitag bezahlen was zu bezahlen ist und dann meines Passes wegen auf die Gesandschaft u. mit Alberts berechnen, wie viel Geld ich brauche um nicht in Verlegenheit zu kommen. Unser Haus ist vermiethet mit 7 ½ £. Verlust für uns. Die Leute nehmen aber wahrscheinlich die fishenes noch, so daß wir nur 5 £. Verlust zu rechnen haben, denn Levien meinte, für dgl. bekäme man so gut wie nichts auf der Auction. Findon traf gestern Abend bei mir Alberts u. Mr. Merington u. kam in kein übles Kreuzfeuer.

Dein Brief kam zur rechten Zeit um Deine Hemden noch vor dem Verpacken zu retten. Die Ermel werde ich suchen zu besorgen, Du mußt sie aber auch in Berlin bekommen. Betsi ist wieder zum um Finger wickeln es ist zum lachen! Merington hat mich gestern reizend beschenkt. Rosalie ist mit Ottomar nach St. Paul. Die Kinder sind reizend. Ich denke am Sonnabend früh 11 Uhr mit dem »John Bull« das beste Schiff der Gesellschaft, hier abzureisen. Des Geldes weniger wie Deiner Gesundheit wegen komme nur auf den *Berliner* Bahnhof. Es wäre vielleicht gut, Du gingest zu dem alten Schleider und fragtest ihn, wie wir am wenigsten Last mit der Steuer haben könnten; wenn nicht so sagt Alberts, Du hättest im Fall man Steuer für Porcellan etc. erheben wollte, nur eine Eingabe zu machen, da Du als quasi Regierungsbeamter nichts zu bezahlen hättest.

Faucher's waren recht nett am Sonntag, ich habe aber doch keine Ruhe mehr u. zähle die Tage zu meiner Abreise. Deine Briefe machen mich unendlich glücklich u. ich werde Dir beweisen, daß Lob besseren Einfluß auf mich hat denn Tadel.

Morgen schreibe ich auf Deinen Wunsch wieder u. so bis Sonnabend wo Merington's die Zeile an Dich posten sollen. Gott schütze Dich und uns Alle u. führe Alles zu unserem Besten. Grüße die Freunde u. sei herzlich geküßt von

Deiner alten Emilie.

Wenn ich zu angegriffen in Hamburg ankomme, bleibe ich dort einen Tag.

An Theodor Fontane

Berlin d 12 März. 59.
An Nettchen's Schreibtisch.

Geliebte Ungeduld.

So eben komme ich von unseren guten Merckel's, wo ich Deinen lieben Brief vom 10 d. erhalten habe. Vor allen Dingen ist es meine Pflicht, Dich altes, liebes Herz zur Ruhe und Ausdauer zu ermahnen, was ich, abgesehn von meiner Sehnsucht nach Dir um so mehr kann, da ich vor dem April überhaupt keine angenehme Zuflucht für Dich wüßte. Wohnung bekommen wir nicht eher und so ist es doch besser Du sitzst in München, als hier im Hôtel, oder gar in Ruppin, wohin zu kommen ich Dir kaum rathen würde, da Du es, trotz Liebe und Freundlichkeit dort nicht aushalten könntest; nach Kränzlin zurück ziehen, ist auch nicht, da Lisbeth ihre Entbindung erwartet. Harre also ruhig aus geliebter Mann, und erschwere Dir Dein Leben nicht mit Ungeduld und Unruhe. Daß Du mich auffordest zu Dir zu kommen, ist sehr lieb und gut, aber abgesehn davon, daß diese Reise durchaus unvernünftig wäre, würde ich mich auch nicht entschließen so weit von Klein-Theo wegzugehn, mir ist das Herz oft recht bange nach den Kindern und der Kleine mit seinen Zähnen noch nicht über den Berg. – Gestern Abend sah ich Willbrand bei Merckel's, er hat nur den angenehmen Eindruck von früher bei mir erneuert und erzählte uns viel und angenehm. Nun zur Hauptsache, zur Wohnung. Ich hoffe Du bist mit meinem Vorschlag einverstanden, nur eine Sommerwohnung zu nehmen, wir entgehen dadurch jeder anderen Verpflichtung die wir bei einer anderen und größeren Wohnung hätten. Posdamerstr. 33. in einem sehr niedlichen Hause ist eine für uns passende Wohnung für 100 𝔗. bis Michaeli, anständig und auch groß genug mit Garten und Laube; freilich nicht elegant, aber Dein hochstrebender Sinn könnte sich damit beschwichtigen daß es eben *Sommer*wohnung und Personen von distingtion gegenüber, könnte man in Zweifel lassen in welcher Gegend die schöne Stadtwohnung, uns gehörig, liegt. Fr. v. M. sah sich vorhin mit mir die Wohnung an und wird sie am Montag (so lange wird der Wirth warten) für uns miethen, wenn Du auf meine letzte Anfrage, *mit den Büchern*, nicht contre ordre, morgen, giebst. Da nun *mein* Geschäft hier beseitigt, vor dem 2t. April können wir nicht einziehen, so wollte ich heut Abend mit der Post wieder nach Ruppin, Baeyers reden aber sehr zu, den Abend hier zu bleiben, da Eggers alt und jung und Willbrand zugesagt haben, außerdem das Wetter auch so schlecht ist, so daß ich mich entschlossen habe, morgen Vormittag zu reisen. Geld habe ich mir schon neulich müssen von Froböse geben lassen, ich schicke Dir nun 25 𝒯. davon und denke Mutter die allerdings noch 10 𝒯. bekommt, borgt mir mehr im Nothfall. Ich sehne mich recht nach Ruhe, im Perlewitz Hôtel, so angenehm es ist, ich habe ein Zimmer 2 Trp. hoch, fühle ich mich doch des Abends immer recht miserabel allein und wenn ich nur gewollt hätte, hätte ich wohl weinen können, aber ich will mein Renommé mit Muth und Kraft verdienen und schlucke immer tüchtig runter; das würde freilich nicht viel helfen, wenn ich nicht Vertrauen zu Gott und meinem geliebten Mann hätte.

Die Bücher hast Du hoffentlich erhalten; die 2 Brochüren auch, ich habe sie bei Danz Spittelbrücke, nach langem Suchen a Stück 5 sgr. erstanden. Unsere liebe Merckel wird das Paket für George fertig machen, ich will ihm zu den Bildern noch einen Pfefferkuchen packen. Die Pfeife mit dem Etui ist wirklich reizend, schade daß ich sie Dir nicht zeigen kann; für Mrs. Merington habe ich meinen kunstvollen, schönen Kragen fertig. Ich hoffe in Anfang nächster Woche auf einen Brief aus London. Gott schütze uns zerstreute Familie und führe uns gesund und glücklich zu einer sorgenfreien Existenz wieder zusammen – Wo es auch sei mit treuster Liebe Deine

Emilie.

Baeyers u. Merckel's grüßen Dich schönstens, so auch die l. Heyse's u. Kuglers. Gott schütze u. helfe Frau Grete. Paul muß doch entzückend liebenswerth sein. Fr. v. M. schickt mir Deine Briefe nach.

An Bertha Kummer

Berlin d 28 Oct. 59.
51 Tempelhoferstraße.

Meine liebste Mama.

Endlich bin ich wieder so weit Dir ein Lebenszeichen von uns zu geben; möge Dir mein langes Schweigen nicht als ein Mangel an Liebe und Zuneigung erschienen sein, dies laß mich hoffen. Ich habe Zeiten in denen ich nicht schreiben kann und in diesem langen Sommer sind mit Dir mein liebes Herz auch meine Freundinnen ohne Nachricht geblieben. Jetzt will ich nachzuholen suchen und Dir über Vergangenheit, Gegenwart und Zukunft so viel wie möglich berichten.

Den Sommer verlebten wir in einer kleinen Sommerwohnung, nahe Schöneberg. Keine der Hoffnungen die mein guter Theodor aus London für die Heimath mitgebracht hatte, erfüllte sich noch – hat sich bis jetzt erfüllt. Mein armer, vortrefflicher Mann, der den Wechsel seines Geschick's bewunderungswürdig trägt, ist auf seine Feder allein angewiesen, und wir haben keine, nicht die geringste sichere Einnahme. Der Sommer verging zwischen Hoffen und Harren und steten Enttäuschungen und zu nichts hatte ich weniger Lust als zum Briefschreiben. Seit dem 5t. September haben wir nun unseren George wieder, der wohl u. frisch an Geist u. Körper wieder zu uns kam. Die älteste Tochter, aus der lieben Familie in der er gelebt hatte, brachte ihn uns und ist noch ein Glied unserer Familie. Ehe wir unseren Umzug vornahmen, war ich mit den Kindern u. Miß Martha noch drei Wochen bei Scherzens, die Freunde im schönsten Sinn des Wort's für uns sind. Sie haben jetzt 5 Kinder. Meine Mama Fontane u. Lischen sah ich natürlich viel, sie sind beide wohlauf u. oft gedachten wir Deiner und alter Zeiten, die immer angenehmer in der Erinnrung erscheinen. Jenny ist immer leidend und hat ihr Päckchen an 5 Kindern; wenigstens hat sie keine Nahrungssorgen. Papa Fontane ist munter und hat das bischen Vermögen bis auf Null für uns reducirt. Aber der arme Max! mit seinem Geschäft geht es besser, er hat aber seit 3 Monaten ein Darmleiden, welches Wilms neulich bei einer Consultation hier, für unheilbar erklärt hat; wir sind sehr betrübt darüber, noch dazu da der arme Mensch die schrecklichsten Schmerzen zu ertragen hat; Mutter kennt diese Hiobspost noch garnicht. Er hatte ein kleines Mädchen diesen Sommer, es starb aber nach 3 Wochen. Von Kränzlin zurückgekehrt, unternahmen wir unseren Umzug u. wohnen nun hier dicht vor dem Hallischen Thore sehr angenehm, parterre und eigentlich billig, da wir für 4 Zimmer, Küche und Kammer nur 180 ℭ. zahlen. Zur Einrichtung hat uns Mutter T. einige 100 ℭ. geborgt, natürlich gegen Verzinsung und wie immer – in kränkendster Weise. Unsere arme Mathilde lebt nun wieder bei ihren Eltern, hat den jüngsten Fels an Kindesstatt angenommen, der unserem Herrmann merkwürdig ähnlich ist. Laura hat 6 Kinder u. erwartet das 7te, ihre beiden andern Schwestern sind noch unverheirathet.

Unsere Lebensweise meine Herzensmama ist natürlich sehr zurückgezogen und zu aller Sorge kommt noch die, daß ich zum Frühjahr wieder etwas zu erwarten habe; mit welchen Gefühlen, wirst Du liebes Herz am besten mir nachempfinden können. Ich hatte gehofft mein Pensum in dieser Beziehung abgearbeitet zu haben, und besitze weder Windel, noch Hemdchen, noch sonst was. Mutter Fontane weiß noch nichts von dieser unserer Aussicht.

Frau v. Merckel ist unverändert die treue Freundin, die mir mit Rath und That zur Seite steht, sie hat mir die besten Grüße für Dich aufgetragen. Unser Theo ist ihr Liebling; er wird nun in diesen Tagen 3 Jahr und ist wirklich eine Freude anzusehn. […]

Leider muß ich nun zum Schluß eilen, da Theodor wünscht daß ich ihm beim abschreiben helfe. Laß mich zum Schluß zu den unerfreulichen Nachrichten, die ich über uns Dir habe mittheilen müssen, noch das Beste hinzufügen, daß wir in unserer

Ehe *ganz glücklich*, u. in »Frieden« leben. Mit Liebe trägt sich viel. Theo's schönste Grüße für Dich.

Mit alter, treuer, unveränderter Liebe u. Anhänglichkeit

Deine alte Mila.

An Bertha Kummer

Berlin d 19 April. 60.
51 Tempelhoferstraße.

Meine liebste Herzens-Mama.

Endlich hoffe ich ein ruhiges Stündchen zu haben um mit Dir plaudern zu können, wo nach ich mich schon seit lange sehne. Nimm zuerst meinen Dank für Deinen lieben Brief, den mir Frau Carl selbst überbrachte (und mit der ich von alten Zeiten sprechen konnte) und für Deine so liebevolle Gratulation zu meinem kleinen Mädchen. Diesmal scheint der liebe Gott das Schlimmste zuerst geschickt zu haben, denn denke nur 3 Wochen vor meiner Entbindung bekam George das Scharlachfieber und 8 Tage vorher klein Theo; der letztere lebensgefährlich, wurde aus meiner Schlafstube getragen, als meine Schmerzen begannen und ich fürchtete meinen kleinen Liebling nicht wiederzusehn. Gott sei Dank hat er sich erholt und ist jetzt schon wieder frisch und munter. Mein kleines Mädchen kam schnell zum Dasein und hat mir vom Anfang bis jetzt die wenigsten Schmerzen bereitet. Drei Tage quälte ich mich wieder mit dem nähren, seitdem trinkt sie die Flasche und gedeiht unberufen und macht uns weniger Qual als die Amme bei Theo, den Aerger noch ungerechnet. Gepflegt hat mich und thut es noch mein Lischen und kann ich liebste Mama gar nicht genug sagen, wie vernünftig und liebevoll das gute Thierchen ist; meine Jungen lieben sie auch zärtlich, was sie auch um sie verdient, denn Tag und Nacht hat sie dieselben in ihrer Krankheit gepflegt, da meine Kräfte nicht mehr dazu ausreichten. Unsere arme Mama ist seit Anfang Februar bei dem unglücklichen Max, die Pflege hat sie aber so angegriffen, daß sie jetzt zu ihrer Erholung auf einige Zeit zu Jenny gereist ist. Dieselbe erwartet zum Herbst ihre achte Entbindung, so daß sie dann 6 Kinderchen haben wird; meine arme Laura sieht auch in diesen Tagen ihrem 7ten lebenden entgegen! Gott sei Dank sind beide wenigstens in guter äußerlicher Lage, denn Alles trägt sich doch leichter meine Herzensmama, als beständige Nahrungssorgen, zu denen ich bestimmt zu sein scheine; oft wird es mir recht schwer dieselben zu ertragen, namentlich nach der Zeit in London, wo wir uns doch zu ganz anderen Hoffnungen und Aussichten berechtigt glaubten. Mein armer Theo muß sich über seine Kräfte anstrengen um uns nur ohne Schulden zu machen, durchzubringen. Im Laufe dieses Jahres werden 3 Bücher von ihm erscheinen, aber das Honorar für dieselben ist so unbedeutend, daß es uns auch nicht viel helfen kann. Aber ich will nicht klagen, irgendwo drückt einen der Schuh und ich habe Gott für einen braven Mann und liebe Kinder zu danken. […]

Nun mein Mütterchen rufen Mutterpflichten, die Kleine will, trotzdem George u. Theo aus Leibeskräften wiegen, sich nicht mehr beschwichtigen lassen. Erfahre nur noch daß wir sie Anfang Mai wollen taufen lassen und die Namen: Martha, Elisabeth, geben. Theodor und Lischen grüßen Dich auf's allerherzlichste, mit treuster, innigster Liebe Deine Tochter

Emilie Fontane.

An Bertha Kummer

Berlin d 22ᵗ Nov. 60.
51 Tempelhoferstraße.

Meine liebste Mama.

Es ist wohl unverzeihlich lange her daß ich nichts habe von uns hören lassen und ich sage wie Frau Kugler in ihrem letzten Briefe: wie schön daß es Geburtstage giebt. So laß mich denn zu Deinem morgenden Dir meine treusten Wünsche darbringen und Dir sagen daß ich unverändert Dir in kindlicher Liebe anhänge, wenn ich auch nachlässig bin Dir dieselbe zu beweisen. Aber je mehr sich meine Häuslichkeit vergrößert, je schreibefauler werde ich. Auch hatte ich immer die leise Hoffnung, der Sommer würde Dich zu uns bringen und Du würdest Dich endlich selbst überzeugen, wie wir leben und daß wir die Alten sind. Nun liegt freilich wieder der kalte Winter vor uns und ich muß so viel wie möglich Dir von uns mittheilen. Mein Mann, ist der alte, gute, wo möglich immer liebenswerther werdende Mensch; Gott sei Dank wohl, aber doch mit Mühen und steter Arbeit belastet, Du würdest ihn viel ernster finden, an seinen früheren, unverwüstlichen Humor denke ich oft mit Thränen. Ich bin Gottlob gesund und dankbar für den Besitz eines solchen Mannes und meiner Kinder. George lernt spielend und ist kräftig und wohl aussehend; Theo ein dicker Bengel, wie von Stahl ist aller Menschen Liebling und unsere kleine Martha, die gestern 8 Monate alt war, ist mit ihrer immer währenden Freundlichkeit der Sonnenschein des Hauses, mein Herzblatt und ihres Vaters erklärter Liebling. Sie macht der Päppelei alle Ehre und ist rund und nett wie nur immer ein Ammenkind sein kann. […]

Unsere Freunde hier werden auch weniger; unseren seligen Kugler und sein Haus hat noch niemand ersetzt, nur Merckel's sind die alten, elterlichen Freunde für uns geblieben. Lübcke verläßt zu Ostern Berlin, er ist nach Zürich berufen, Eggers ist ein unumgänglicher alter Junggeselle geworden, aber Lepel ist noch der treue, unveränderte Freund.

So mein Mütterchen hast Du ein kurzes Bild aller derer die mir nahe stehn. Daß Dein Adelbert ein so netter Mensch geworden ist, der Deine Freude ist, haben wir mit Freuden gehört, möge er das Glück Deines Alters werden. Hoffentlich führt uns das Schicksal auch noch wieder zusammen, dann wollen wir unsere Herzen erquicken in gegenseitigem Austausch, brieflich bleibt es doch immer nur armseliges Stückwerk.

Theodor sendet Dir mit mir die schönsten Grüße und Glückwünsche; auch an Adelbert senden wir beide unsere besten Grüße. Mit Grüßen für Deine Lieben mit unveränderter Anhänglichkeit Deine alte Dich

liebende E. Fontane.

An Theodor Fontane

Neuhof [d 21. Mai. 1862]

Mein geliebter Mann.

Es ist sehr liebenswürdig von Dir, daß Du mir schon geschrieben und so gute Nachrichten über Dein Befinden hast geben können. Unsere Reise ging glücklich von Statten, aber ich sehe doch, daß *ich* nicht mehr für solche nächtliche Strapatzen tauge, denn ich war halb todt vor Ermüdung. Martha schlief gleich ein, aber ich konnte vor 1 Uhr nicht müde werden; die stille Nacht durch die das schwere Ungetüm, der Zug, wie die wilde Jagd mit einem wahren Teufelslärm, sauste, machte mich ganz nervös. Dann schlief ich kurze Zeit und erwachte als Martha eben im Begriff war herunter zu kollern. Von da an kämpfte ich zwischen schlafen und wachen, um die Kleine zuzudecken, die immerfort ihre Reize enthüllte, was der Kühle und zweier Damen wegen, die in Glogau hinzugekommen waren, nicht wohl anging. Uebrigens kamen wir erst um 5 Uhr in Liegnitz an, trafen den Wagen und einen Diener und fuhren Neuhof zu, Martha frisch und heiter als hätte sie in ihrem Bettchen gelegen.

Meine Johanna empfing uns, versorgte uns mit Frühstück, und spedirte uns in's Bett, wo wir bis 9 Uhr uns mit Schlaf erquickten. Gestern war ich aber doch recht angegriffen aber heut nun ich ausgeschlafen, ist mir sehr wohl und wünschte ich nur ich könnte meinem süßen Mann einen Sack voll von der frischen, erqickenden Luft mitschicken, die hier *weht*, aber vielmehr *ist*, denn Wind scheint nur in Berlin zu herrschen. Hier ist seit 14 Tagen viel Regen, Felder und Gärten stehen in voller Pracht und das Landleben tritt mir überall in seinem Reiz und seinem Reichthum entgegen. Johanna hat mich schon so gepflegt, daß mir ist als genösse ich all das Gute bereits seit 14 Tagen. Martha ist mir ganz abgenommen, ich darf sie nicht anziehen, ihr nicht zu essen geben; sie ist immer mit den wirklich liebenswürdigen Kindern beisammen und das fühle ich thut mir am wohlsten, das kleine Thier nicht mehr beaufsichtigen zu müssen. Eimal ist sie erst geklettert, da ließ aber die Tante Johanna einen solchen Angstschrei ertönen, das Martha so erschrak, daß sie es seitdem nicht wieder versucht hat. [...]

Wenn Du mal gesonnen bist, mir eine Freude zu machen, so schicke mir Deine Photographie. Nun leb wohl, sei von Johanna gegrüßt und schreibe bald wieder an Deine

alte Frau.

An Theodor Fontane

Neuhof d 4. Juni. 62.

Mein geliebter Mann.

Wir sind von Sontag an so viel herum geschwärmt daß es mir erst heut wieder vergönnt ist mit Dir zu plaudern. [...]

Heut nun waren wir in Wahlstatt, wo es mir allerdings ungemein gefallen hat. Die zwei Thürme die es besitzt u. die man überall sieht, man mag fahren wohin man will, gehören einer schönen katholischen Kirche an, die früher ein Kloster war. Der

Weg hin und zurück durch die schönsten Felder war entzückend und die Fruchtbarkeit lacht einen ordentlich in's Herz. Rothe und weiße Kleefelder lagen da wie Obstkuchen, von denen die Schnitter Streifen herunter schnitten. Die Erndte-Aussichten, namentlich jegliches Obst sind sehr viel versprechend. Martha war auch wieder mit aber das Kind fängt mich jetzt an mit ihrer Wildheit u. ihrem Ungehorsam allzu sehr zu quälen und die Ruthe muß eine ganz gehörige Rolle spielen, es ist als hätt' ich ihr mit den Hosen männlichen Trotz u. Eigensinn angethan; dabei ist sie so possirlich daß Johanna nur immer über sie lacht; heut denk' ich sie spielt ruhig auf dem Sandberg der im Garten liegt, und als ich leise gehe um mich an dem artigen Spiel zu erfreuen, tritt sie aus den Erdbeerbeeten mit einer Hand voll unreifer Erdbeeren; da spielte ich tapfer die Ruthe auf, die ich, wie ein Tanzlehrer seine Violine, immer in der Tasche mit mir führe. Das kleine Mädel ißt und trinkt, daß ich sie nicht mehr erheben kann, aber sie kriegt Blütchen überall und ich muß dann und wann ihren Obliegenheiten mit einem bischen Brustpulver Nachdruck geben. Morgen wollte ich zur Fels, da ich aber die Pferde nicht bekommen kann, muß ich es bis nach den Feiertagen verschieben. – In Liegnitz lebt eine alte Oberst Offermann, deren Mann als Leutnant in den Freiheitskriegen geblieben ist; da nun an dem Ende des Seligen weder sie noch er die Schuld trägt, so ist sie statt seiner gradatim avancirt; diese Geschichte hat mich sehr amüsirt. – Abends vorm einschlafen und nach Tisch lese ich immer ein paar Seiten in the mill on the floss; es interessirt und amüsirt mich noch wie der erste Theil; aber ich glaube doch daß diese reizende Schilderung des Details, dem Leser den klaren Blick für das Ganze raubt, ich glaube ein abgerundetes Meisterwerk ist selten einer dieser neuen englischen Romane; es ist zuviel Talent auf die Einzelheiten verwendet.

[…] In Deinem heutigen Briefe wimmelt es ja von Grafen und Excellenzen, werde Du nur nicht zu vornehm, daß wir uns nicht fremd werden. […]

Schreibe bald Deiner alten guten Frau.

Meine Kleider werden mir schon alle zu eng u. auch die Wangen füllen sich[,] nicht »Wanzen« zu lesen.

An Theodor Fontane

Neuhof d 7 Juli. 62.

Mein geliebter Mann.

Dein lieber Brief, den ich gestern erhielt, hat mich nun doch unruhig gemacht, und ich reiste gern schon am Sonnabend zu Dir, aber Johanna hält sich nun streng an Deinen zuerst mir gestellten Urlaub und läßt mich erst am 15t. fort; so werde ich denn und hoffe mit Gott morgen über 8 Tage wieder mit Dir vereint zu sein. Mein größter Wunsch ist, daß Du etwas Ferien machst in den ersten Tagen, damit wir gemütlich zusammen plaudern können und ich nicht denken muß, ich stehle Dir Deine Zeit. Vielleicht überraschst Du mich auch mit einer neuen Wohnung, um die ich mich doch nun anfange zu ängstigen, ich freue mich nur, daß Du einsiehst, daß wir nicht mehr wie höchstens 250 ₮. geben können.

Was Du über Lepel schreibst, hat mich wieder in tiefster Seele betrübt, je mehr Du mit ihm auseinander kommst, je mehr zieht es mich zu ihm, und namentlich stimme ich so oft mehr mit seinen liberalen Gesinnungen als Deinen Conservativen, mir ist oft als sähest Du die Dinge verschleiert an. Hier ist Alles Fortschritt, aber es wird nur von Männern Politik gesprochen, die Frauen halten sich ferner davon; mit der Frau des Abgeordneten Aßmann bin ich öfter zusammen gewesen, sie ist sehr klug und liebenswürdig. […]

Ich schreibe also nun noch eimal, vielleicht Sonnabend oder Sontag und dann sprechen wir uns wieder aus, das ist doch bequemer. Laß Dich auch noch bitten, mich nicht vom Bahnhof abzuholen, Du kannst mir doch nichts helfen und der Weg hin wäre doch gar zu langweilig für Dich; ich sehe Dich alten Menschen auch viel lieber in unseren Räumen als vor vielem people wieder, ich habe nach gerade die Empfindung der alten Liebesleute von Carl Beck für uns und zeige nur Dir gern daß das Herz noch jung ist. – Johanna hat noch so viel mit mir vor, daß die Zeit gar nicht ausreichen wird und doch bin ich eigentlich am liebsten in ihrer Häuslichkeit. Sie ist wirklich schwesterlich gütig gegen mich und möchte nun in den letzten Tagen mich noch nudeln. Du glaubst nicht wie dadurch daß die Menschen sehen, wie lieb sie mich hat, Alle sich auch beeifern liebenswürdig gegen mich zu sein, die jungen Herren bringen mir die schönsten Blumen und Früchte, ja selbst die Leute beeilen sich aufmerksam und zuvorkommend zu sein. Meine Gedanken sind aber schon viel daheim, und selbst im Traume wandere ich treppauf, treppab, Wohnungen suchend. […]

Nun mein Herzensmann erwarte ich nur noch einen Brief von Dir, möge er nur Gutes über Dich und die Kinder berichten. Oft denke ich, ich werde recht viel Unangenehmes bei meiner Heimkehr erfahren, denn Du scheinst geflissentlich vermieden zu haben, mir etwas Unangenehmes mitzutheilen. Aber ich komme dickfällig zurück, u. will schon was ertragen. Herzlichsten Gruß von Treutlers. Mit alter Liebe

Deine Emilie.

An Bertha Kummer

Berlin d 22 Dez. 63.

Meine liebste Mama.

Du kannst wohl denken daß nur ein triftiger Grund mich abhalten konnte, Dir zu Deinem Geburtstage zu schreiben, ich war nämlich recht krank und zwar gerade vom 14. Nov. an bis Anfang dieses Monats. Leider bin ich in einer Verfassung, die vollständige Herstellung erst Anfang Februar erwarten läßt und bitte ich Dein mütterliches Herz um Fürbitte für die schwere Stunde, die mir nun nochmals bevorsteht. In dem Zustand habe ich diesmal mehr gelitten denn je, so daß mir ein 6 wöchentlicher Aufenthalt in Kränzlin bei Scherzen's, nicht viel genützt hat. Ich war mit den 3 Kindern im Juni und Juli da, und diese erfreuten sich der ländlichen Herrlichkeit im hohen Maaße. Mein guter Mann war leider an Berlin gefesselt, da er ein Buch vollenden mußte, welches jetzt erschienen ist. Zur Entschädigung war er im Herbst auf 14 Tage mit seinem Freund Lepel in Heringsdorf, wo er sich Gott sei lob auch recht erholt hat, so daß er bisjetzt diesen Winter, trotzdem er bis Nachts 2 Uhr arbeiten muß, noch ziemlich auf dem Damme ist. Seit Michaelis haben wir nun auch mal wieder eine recht behagliche Wohnung, in der wir uns Alle recht wohl fühlen; namentlich hat Theo ein ungestörtes, gemüthliches Arbeitszimmer. Erst war Lischen 6 Wochen zum Umzug bei uns, und dann 14 Tage meine geliebte Schwiegermama, die bis nach meinem Geburtstag bei uns blieb und sich mit an der Ankunft Deines lieben Briefes und Deiner so wohl gelungenen Photographie erfreute, wofür beides ich mich noch herzlichst bedanke. Auch mein Schwiegerpapa war nach 8 jähriger Abwesenheit auf 14 Tage hier. Jenny ist mit ihren 8 Kindern munter, lebt in sehr guten Verhältnissen und ist noch eine sehr hübsche Frau. Wir sehen uns leider selten, da wir beide durch Wirthschaft und Kinder an unsere Häuslichkeit gefesselt sind. Sehr glücklich macht mich die Nähe meiner guten, theuren Merckel, die uns visàvis wohnt, und mir nach wie vor mit Rath und That beisteht; denn sorgenvoll ist einem manchmal zu Muthe in jetziger Zeit, mit 3 Kindern und das vierte in Aussicht. Ich bin mit dieser meiner mütterlichen Freundin viel zusammen. George ist ihr großer Liebling und hat sie ihn nun seit 2 Jahren im Klavierspiel unterrichtet, so daß er nun schon recht gut spielt. Unsere Martha ist ein sehr gutes Kind, meines lieben Theo Herzblatt, sie ist die gesundeste, unberufen, von den Kindern, und sieht aus wie ein kleines Bauermädchen. Theo ist ein stiller, fleißiger Knabe, überhaupt machen uns die Jungen mit der Schule gar keine Noth und bringen nur gute Censuren zu Hause, dafür bin ich denn dem lieben Gott auch recht dankbar.

Meine Mama mit ihren 74 Jahren ist altersschwach, aber doch klaren Geistes. Sie wird hoffentlich noch die Freude erleben, im Mai ihre Enkeltochter, Anna Fels, verheirathet zu sehn. Thildechen war neulich mal ein paar Tage zum Besuch bei mir, sie ist liebenswürdig und stets aufmerksam gegen mich. – So habe ich Dir, in Kürze einige Deiner Fragen beantwortet, meine Zeit ist mir mehr wie knapp zugemessen und Körper und Geist sind angegriffen, so daß Du liebes Herz mit diesen dürftigen Zeilen vorlieb nehmen mußt. Morgen denke ich wirst Du Dein Söhnchen bei Dir haben, den wir Alle herzlichst grüßen, so wie auch Deine l. Geschwister; Theo grüßt Dich ganz besonders; die Kinder verleugnen Großmama Kummer, denen mußt Du Dich doch endlich mal durch Dein schon so lange versprochenes Kommen in Erinnrung bringen. Hoffentlich führst Du im Jahre 64 aus, was Du in diesem nicht gehalten hast. Gott schenke Dir ein fröhliches Fest. In alter kindlicher Liebe

Deine alte Emilie Fontane.

An Bertha Kummer

Berlin d 16 Fbr. 64.

Meine Herzens-Mama.

Meine ersten Zeilen sollen an Dich gerichtet sein; Theo hat den besten Willen zu schreiben, ist aber jetzt so in Anspruch genommen, daß Du doch vielleicht noch tagelang warten müßtest, Du nimmst nun mit meinen noch angegriffenen Geschreibsel vorlieb, aber es treibt mich Dir zu schreiben, wie sehr Du uns Alle durch Deine Güte und Liebe erfreut hast, und wie nett es war, daß die Sendung erst anlangte, als mein Junge frisch und munter in seinem Bettchen lag. Ueber seinem Lager wurde ausgepackt und der Jubel seiner Geschwister hätte ihn wecken können; es war als hättest Du jeden seinen Lieblingswunsch abgelauscht, ich befinde mich seit Jahr und Tag ohne anständiges portemonnai; und nun habe Dank liebste Mama, herzinnigen. Gestern bin ich aufgestanden und ließ mir eine Tasse von dem schönen Cacao munden, von dem Obst, was köstlich schmeckt, esse ich schon seit einigen Tagen ein bischen. Adelbert's Photographie ist sehr gut, wenn ich erst wieder leidlich aussehe, lasse ich auch welche machen und revangire mich bei ihm, vorläufig sage dem guten Jungen meinen besten Dank.

Nun willst Du wissen wie es geht u. steht; bis jetzt habe ich, seit die *schwerste* Stunde vorüber (Theo hat zum ersten Mal bei seinem 7ten Kind mir Beistand leisten müssen) nur immer dankend und preisend meine Hände erhoben, um Gott zu loben, der mir so treu beisteht. Seit meinem Geburtstag von einem schrecklichen Husten geplagt, bekam ich noch in den letzten 14 Tagen die Grippe, so daß ich kaum aus dem Bett aufgestanden war, als das Ereigniß kam und mich vollständig ohne Kräfte vorfand. Aber Gott kann ja immer helfen; freilich bin ich so schwach, daß ich kaum gehen kann, aber ich werde mich erholen, denn der Husten ist verschwunden und ich fühle mich wohl. Du wirst Dich sehr wundern mein Mütterchen zu hören, daß ich Niemand zu meiner Pflege hier habe, das hat darin seinen Grund, daß wir, da ich schon monatelang elend war, den Entschluß fassen mußten, für das zu erwartende Kind eine Amme zu nehmen; ich vermied nun jede andere Ausgabe um deshalb. Und auch hierin ist mir bisjetzt nur Freude beschieden, wovor ich mich so geängstigt und gegraut. Mein kleiner Junge, der zum Erstaunen des Doctors und unser Alle, ein gesundes, starkes Kind ist, wie ich noch nicht gehabt, hat sich bisjetzt noch kaum hören lassen, er schläft und trinkt und hat eine außerordentliche Amme, die mit ihrem stillen, bescheidenen Wesen, mich an unsre Miene erinnert, die wir bei den Zwillingen hatten. Mein Mädchen, die ich nun 5 Jahre habe und die Amme haben mich gepflegt, daß ich nichts entbehrt habe. Es ist als hätte ich Alles Schwere vorher durchgemacht; Du siehst wie viel Grund ich zum Dank habe, dessen will ich auch gedenken, wenn mir die Zeiten wieder schwerer werden.

[...] Unser Dr. grüßt bestens; auch mein Theo. Grüße Deinen l. Adelbert, so wie Deine Emma u. Marie. Und nun nochmals den herzinnigsten Dank von Deiner

alten getreuen Tochter

Emilie Fontane.

Fr. v. Merckel empfiehlt sich Dir.

An Bertha Kummer

Berlin d 21 Nov. 65.

Meine geliebte Mama.

[...] Deine lieben beiden Briefe habe ich empfangen und danke Dir sehr dafür, so wie für Deine liebevollen Glückwünsche zu meinem Geburtstage. Der Tag brachte mir so viel Liebes und Gutes von nah und fern, zeigte mir so recht meinen reichen Besitz an Liebe und Freundschaft daß ich mit innigster Dankbarkeit gegen Gott auf mein Leben zurückblickte, wie er von Jahr zu Jahr, dem kleinen, in Dresden heimlich, zu keines Menschen Freude geborenen Kinde, mehr Gnade zugewendet hat, ja meine Herzensmama ich erkenne mit freudigem Herzen wie wohl Ers mit mir gemeint.

Mein Theodor, der Dir seine allerherzlichsten Glückwünsche sendet, wurde 8 Tage nach seiner Schweizer Reise recht krank und erst seit meinem Geburtstage befindet er sich wieder besser. Du kannst denken wie niedergeschlagen wir dadurch waren, denn beide hatten wir gehofft diese Reise mit ihren großen Kosten, die uns für den Winter die größte Einschränkung auferlegt, würde von dauernden guten Folgen sein. Nun, will's Gott ist sie es nun doch noch. Mit seinem Buch über Holstein hat Theodor bei seiner Rückkehr so viel Aerger gehabt, daß dies ihn auch kann krank gemacht haben: die Zeichner und Holzschneider sind nicht fertig geworden und so erscheint es nun erst zu Ostern! Es bleibt Dir zu Gute, denn Theodor hatte es Dir zu Deinem Geburtstage zugedacht. Die Reise selbst hat meinen Mann unendlich viel Genuß und [fehlt ein Wort] gewährt und der geistige Nutzen derselben ist nicht zu verkennen; ich habe immer das Gefühl als wenn Theodor von Jahr zu Jahr an Liebenswürdigkeit und guten Eigenschaften wüchse und bitte Gott um seine Erhaltung als mein höchstes Gut. [...]

Nun noch 1000 herzliche Glückwünsche von Groß und Klein, die schönsten Grüße für Adelbert von Deiner alten, getreuen Dich

innigst liebenden Tochter

Emilie Fontane.

Deine Absicht im nächsten Jahre zu kommen erregte Jubel bei Jung und Alt nur George sagte: ach, das ist noch so lange hin.

An Bertha Kummer

Berlin d 10 Juni 66.

Meine geliebte, beste Mama.

In diesen letzten Wochen peinlichster Ungewißheit ist kein Tag vergangen, an dem ich Dir schreiben wollte, nur die mal schwächre, mal stärkere Hoffnung für Dein so heiß von uns ersehntes Kommen, ließ mich immer wieder abwarten. Nun hast Du geschrieben und leider wie ich gefürchtet und erwartet habe. Freilich kann ich Dir nicht zureden, Deinen eignen Herd zu verlassen, preißzugeben, nur im Fall Du für persönliche Sicherheit bangst, komm in unsere jederzeit für Dich liebstes Herz geöffneten Arme. Wie Du auf Bismark zürnst, so wir auf das wahnsinnige Oestreich, das seinen inneren und äußeren Ruin durch einen Krieg mit uns bemänteln will, es ist wortbrüchig wie es stets war, und darum wird es nicht siegen, trotz seiner großmäuligen Verheißungen. Hier, da das Unabänderliche da ist, ersehnt man den Tag des Kampfes um endlich dieser quälenden Ungewißheit überhoben zu sein. Gott hält es gewiß an der Zeit, den Menschen wieder zu zeigen, daß er im Amte sitzt und regirt denn der Unglaube und die Selbstgerechtigkeit des Volkes sind riesengroß; nun laß noch die Cholera, die bereits in Stettin und Swinemünde wüthet, hinzukommen, dann haben wir Krieg und Pestilenz.

Für jeden ruhigen Tag danke ich dem lieben Gott, aber ich glaube sie sind für uns Alle gezählt; am 1 Juli wird es sich herausstellen, ob unsere Einnahmen nicht sehr geschmälert werden und schon jetzt bin ich durch all die Ansprüche von Außen, zur größten Sparsamkeit gezwungen. [...] Noch etwas sehr Trauriges habe ich Dir zu berichten: unser armer Beta, der nun gelähmt, rückenmarkkrank, seit dem Winter darnieder liegt, ist nun auch gehirnleidend, so daß er nur noch mit höchster Anstrengung etwas zu arbeiten vermag, bald vielleicht garnicht mehr! wovon nun kläglich weiter leben?

Wir haben eine kleine Lotterie à Loos 5 sgr. arrangirt und bin ich trotz der jetzigen Zeit auf so viel gute Herzen gestoßen, daß ich dafür schon beinah 30 T. eingenommen habe, 25 T. außer der Lotterie gesammelt, habe ich ihm schon neulich gebracht, die er mit Thränen annahm! ach, es ist schwer auf der Welt mein Mütterchen.

Auf Dein Kommen hoffe ich nun zum Winter, Du wirst Dich hier in unserem so viel milderen Klima wenigstens wohler fühlen, wenn Du auch manche Bequemlichkeit entbehren mußt. Grüße Deine Lieben und sei gegrüßt von Theo und den Kindern, die sich noch garnicht in Dein Nichtkommen finden können.

Mit treuster Liebe Deine

alte Emilie Fontane.

An Bertha Kummer

Berlin d 6 Aug. 66.

Meine Herzensmama.

So sehr viel Freude Du durch Deine liebenswürdige Sendung bei Groß und Klein bereitet hast, so betrübt mich doch der Empfang des Paketes, weil ich daraus ersehe, daß Du wirklich Deine Reise zu uns ganz aufgegeben hast; ich hatte immer noch gehofft, Du würdest zum Winter kommen, und das rauhe Klima mit unserem milderen vertauschen. […]

Ob wir ein Frühjahr, oder Sommer gehabt haben, weiß ich in diesem Jahre nicht, Aufregungen und Aengste so viel, daß stünde man davor, man glauben würde, sie nicht überstehen zu können. Wir loben und danken Gott, der uns den Sieg gegeben, den wir in Demuth nicht erwartet und ärgern uns über die Demokraten, die wieder unzufrieden, weil der König nicht, Sachsen, Mähren etc. einsteckt; dieser Sorte ist nichts recht zu machen. Auch die schreckliche Cholera läßt nach, Gott sei gelobt! ich bin vor Sorge und Angst ganz elend geworden und wenn wir auch bisjetzt vor der Seuche behütet waren, so sind wir doch zu keinem Wohlsein gekommen, denn Wasser ist nicht zu trinken, Regen, Wind, Kälte, Hitze, wechseln in 24 Stunden ab und ich war froh die Kinder zu Hause zu haben in dieser angstvollen Zeit; heut sind die Jungen zum ersten Male wieder zur Schule gewesen. Freilich waren die 4 Wochen schwer für mich und manch liebes Mal habe ich ihnen und mir, die sanfte, liebe Großmama her gewünscht.

Theodor hat natürlich in den letzten Monaten, wo sein Zeitungsdienst ein überaus schwieriger war, oft über 50 Zeitungen den Vormittag zu excerpiren, garnicht arbeiten können, aber doch wieder Vorbereitungen zu einem neuen Buche getroffen, zu demselben Zweck er sich Ende dieser Woche auf 14 Tage auf die verschiedenen Kriegsschauplätze begeben wird, ich bitte Gott, ihn mir gesund zurückkehren zu lassen. Er ist viel erkältet und soll noch nach seiner Rückkehr Vichy trinken, welchen

Brunnen Koblank für seinen Hals wie für sein Herz zuträglich findet. Ich bin ganz herunter, hatte vor ungefähr 14 Tagen eine Nacht Krämpfe und kann seitdem nicht wieder warm werden; ich fürchte mich sehr vor dem Winter. […]

Unser geselliges Leben wird immer beschränkter, eimal Theo's vieler Arbeit halber und der Kinder wegen, deren von Jahr zu Jahr mehr kosten uns auch höchste Einschränkung zur Pflicht machen, mir ist es sehr lieb, denn mit einem Mädchen habe ich vollauf zu thun und nur mit einem so fleißigen und bescheidenen wie Luise ist, ist es durch zu führen, sie war ganz gerührt, daß Du sogar auch ihrer wieder gedacht, und sendet Dir ihren gehorsamsten Dank.

Passende Gummischuh habe ich noch nicht, sobald ich sie finde sende ich sie Dir endlich mit dem Buche, so oft versprochen, welches wir hofften, Du würdest es hier lesen. An Adelbert tausend Grüße, der liebe Mensch hat doch gar kein Glück und ich wünsche es ihm so von Herzen. Er soll nur nicht muthlos werden, mal kommt es doch. Möge nun Ruhe und Friede überall einkehren. Dann wird sich auch vieles klären und Du mein Mütterchen wirst so Gott es giebt, übers Jahr in einem neuen Buche von unserem alten Theodor manches erklärt und auseinander gesetzt finden, worüber ich Dich zu benachrichtigen weder Verstand noch Kenntniß genug habe.

Die innigsten Grüße von Theo und den Kindern, auch all Deinen Lieben! Zu Maull's schicke ich George in diesen Tagen und benachrichtige Dich über sie mit den Gummischuhen und dem Buch.

Mit innigsten Dank und Kuß Deine

alte, getreue Mila.

[Nachschrift von Theodor Fontane:]

Auch von mir die herzlichsten Grüße. Ob Dir mein Buch »Aufklärungen« (möglicherweise sehr unerwünschte) bringen wird, ist schon deshalb fraglich, weil es noch nicht fest steht, daß ich das Buch schreibe. Eigentlich haben sich die Unterhandlungen bereits zerschlagen. – Bei Deiner Einquartirung scheinst Du einen eigenthümlichen Treffer, Glück oder Unglück, gehabt zu haben. Hätte die ganze Armee aus lauter solchen unsichren Passagieren bestanden, so hätten wir weder Gitschin noch die Höhe von Chlum und Liepa gestürmt. Glücklicherweise haben wir auch über andre Pappenheimer Verfügung gehabt. Deine sächsischen Anschauungen kann ich natürlich nicht durch ein paar Sentenzen in ihr Gegentheil verkehren. Nur so viel, daß wir glauben durchaus im Recht gewesen zu sein und daß wir ohne Blasphemie der Ueberzeugung leben, daß Gott entschieden und uns *deshalb* den Sieg gegeben hat, weil jede Art von Recht, das juristische wie das politische auf unsrer Seite war.

Natürlich werdet ihr das nicht zugeben, ist auch nicht nöthig. Ich wünsche Dich nur wissen zu lassen, wie die *Preußen* empfinden, trotz einiger »schlapper Jungens«, die, weil ihnen die Beine weh thun, in unpatriotischen Kleinmuth verfallen. Nichts für ungut!

Auf allen Gebieten, außer auf politischen, wie immer Dein Dich liebender

Theodor.

An Theodor Fontane

Neuhof d 28ᵗ. Juni. [1867]

Mein geliebter Mann.

Seit heut Mittag haben wir Sturm und Regen und sind leider an das Haus gefesselt. Gestern gegen Abend fuhren wir nach Liegnitz, besichtigten den Haag, der reizend mit Zelten geschmückt war und gingen dann um 9 Uhr zur Illumination, die, was ich davon gesehen, aller Ehren werth war. Friedel wurde vom Kutscher getragen, wurde aber bald so ängstlich, daß ich mit ihm auf den Mark[t]platz zurückkehrt[e] und mich auf eine

Bank setzte. vis à vis von dem Hause wo ich Deine ersten Liebesbriefe empfing, kurz vor unserer Verlobung. Der Platz brachte mir auch gestern Glück; nichts sehen wollend, saß ich mit Friedel die Andern erwartend da (der Dr. wohnt jetzt im Eckhaus beim Apotheker) als Hurrahruf erscholl und ich nur noch Zeit hatte, mit dem Jungen auf den Arm die Rathhaustreppe zu ersteigen um König und Kronprinz an mir vorüber fahren zu sehen. Unsere Nachhausefahrt in der schönen Nacht war für mich das Beste vom Vergnügen. Es giebt doch nichts mehr auf der Welt als Menschen u. ist zu bewundern daß für den Einzelnen noch so viel Platz und Liebe bleibt. Es war ein Gedränge als befände man sich in Berlin, nur die Kraftrufe und Juchhe's fehlten. Friedel quält mich und Martha sehr; wenn er nicht eine von uns beiden an der Schürze hat, dann brüllt er förmlich; er hat heut schon zweimal some drashing besehen, das wird ihm wohl gut thun. Er schläft nie aus; er kam erst um 12 Uhr zu Bett und war doch schon um 7 wach. Heut konnten wir im Freien frühstücken, es war herrlich. Martha ist wirklich reizend und bereits aller Liebling, glückselig mit ihren Gespielinnen.

[…] Ich hoffe am Dinstag wieder auf einen Brief von Dir, und denke George und Theo, die ich herzlich grüße, werden auch an ihre Mama schreiben. Grüße alle Freunde die Du siehst, vor allem auch unsere gute Luise. – Gott schütze uns Alle und lasse durch nichts diese schöne Zeit trüben. Ich denke viel an Hause, aber mit verhältnißmäßiger Ruhe. Sei innig geküßt von Deiner alten getreuen

Emilie.

An Theodor Fontane

Neuhof d 1 Aug. 67.

Mein geliebter Mann.

Ich habe Dir sehr zu danken. Als wir Dinstag früh, Sophie u. ich, unsere geliebten Treutlers auf den Bahnhof brachten, empfing ich dort Deine so liebenswürdigen Abschiedszeilen für unsere Wirthe, die auch den angenehmsten Eindruck auf diese machten. Du guter, lieber, feiner Mensch. [...]

Dein so eben empfangener Brief hat mich ganz berauscht; das Blut stieg mir in's Gesicht u. ich lief schleunigst in mein Zimmer um allein zu sein. Wie wunderbar doch geschriebene Worte wirken, es war mir als umfaßtest Du mich so liebevoll u. als empfände ich Deine Nähe u. doch sind viele Meilen zwischen uns. Ich habe ein kindisches Gefühl der Freude daß man noch so empfinden kann und werde Dich für diesen Brief ganz besonders herzen u. Dir danken; ja mein süßer, bester Mann, so sehr ich überhaupt jemand lieben kann, habe ich Dich geliebt, so die größte Beseligung dabei ist, daß ich wenn möglich, Dich immer mehr liebe, Dich immer lieber gewonnen habe u. wenn ich jetzt sterben müßte, ohne Dich wiederzusehn, *nie*, auch nur einen unrechten Gedanken neben Dir gehabt. Auch das ist ja Gnade u. Gott ist zu danken, der einem zu der Liebe auch die Treue der Empfindung gegeben hat.

Sieh nur, Du hast die alte 42jährige Frau ganz aus der Contenance gebracht; aber ich bin wohl jugendlicher wie viele meines Alters; hier finden sie mich unverändert, freilich mit liebevollen Augen gesehen, innerlich bin ich es gewiß, durch unseren Umgang, durch Dich, Du liebstes Herz. [...]

Unser Friedel spielt am liebsten mit den Hofekindern, er ist gern der Adler unter den Eulen. Vor einigen Tagen erwachte er sehr zärtlich, kam in mein Bett u. versprach sehr artig zu sein. Als ich ihm sagte er solle sich nicht mehr auf die Erde werfen, antwortete er: »ich immer umfalle.« Dann war er eimal ganz wüthend als ich ihn strafte; »du sollst mir schlagen nicht, das mein Fleisch weh thue«; er beruhigte sich erst als ich ihm erklärte, ich prügelte den Bock heraus, der im Fleische säße. […]

Nun lebe wohl mein lieber, guter Theodor; es ist drei Uhr, die Kinder sind in die Stadt gefahren um den Großpapa zu holen, da muß ich mich beeilen, damit ich zum Kaffee fertig bin, u. ich will noch ein kleines Briefchen an Ludchen mit einlegen. Grüße meine lieben Jungens u. Luise und sei Du auf's herzlichste geküßt von Deiner alten

Emilie Fontane.

Sophie läßt Dich sehr schön grüßen.

An Mathilde von Rohr

Berlin d. 14. Oct. 67.

Mein liebes, gnädigstes Fräulein.

Auf Ihren so gütigen, theilnehmenden Brief hätte ich so gern gleich geantwortet, da ich aber einige Tage bettlägerig war, habe ich es bis heut verschieben müssen.

Gestern vor 8 Tagen, früh morgens, überbrachte uns eins der Sommerfeldt'schen Kinder die Depesche, woraus wir ersahen, daß unser guter alter Papa am Tage zuvor, Abends 11 Uhr, von uns genommen war. Meine Schwägerin Elise war, natürlich nichts ahnend, an demselben Abend von Ruppin hier eingetroffen, um einige Wochen hier zu bleiben, vor Allen aber auch auf kurze Zeit ihren Papa, der den Wunsch ausgesprochen, sie zu sehn, zu besuchen. Wie anders fiel nun für das arme Mädchen der Besuch aus! mein guter Mann, der gefaßt die Nachricht ertrug, packte eiligst seine Sachen und fuhr um Mittag mit unserem Schwager nach Freienwalde und ich am Abend nach Ruppin, um meine Schwiegermama zu holen. Unser Aller Hauptsorge und dringendes Verlangen war natürlich zu erfahren, ob unser guter Papa noch viel gelitten und auf welche Weise sein Tod erfolgte. Wir haben denn auch Gott recht innig gedankt als wir erfuhren, daß er garnicht krank gewesen ist, Abends 9 Uhr, sich unbehaglich fühlend zu Bett gegangen ist, gegen 10 Uhr das Mädchen gerufen hat, und um 10½ Uhr mit voller Besinnung, aber ohne Todesangst, durch eine Lähmung dahin geschieden.

Unsere Mama hatte die Todesnachricht durch eine Freundin Elisens erhalten; sie war ruhig und gefaßt als ich nach Mitternacht bei ihr eintraf und hatte auch die Botschaft ruhig hingenommen. Nach Berlin zu kommen, verweigerte sie gleich, da sie der Ruhe bedürftig; ich konnte ihr auch nicht zureden, es zu thun. Was ihr Befinden angeht, fand ich sie sehr erholt, sie hustet zwar, findet sich aber selbst besser als sie gehofft noch je zu werden. Ich blieb Montag u. Dinstag bei ihr und konnte sie am Mittwoch mit der Beruhigung verlassen, daß sie in ihrer Stille und Einsamkeit am liebsten die nächste Zeit verleben wird. Mich zog es sehr hierher, da ich doch in Sorge um meinen geliebten Mann war. Zu meiner großen Freude empfing er mich auf dem Bahnhof mit unseren Kindern allen, und obwohl er angegriffen aussah und sich auch so fühlte, so ist er doch ohne große Erkältung davon gekommen, die ich mir auf meiner Nachtfahrt zugezogen hatte. Am Dinstag Nachmittag war die Beerdigung gewesen, wozu Jenny, Elise unser George und der älteste Sohn von Sommerfeldt's hin gekommen waren. Die Detail's behalte ich mir vor Ihnen, mein theures Fräulein, an einem traulichen Abend zu erzählen; im Allgemeinen haben wir auch bei diesem Verlust der uns betroffen, die Güte und Gnade Gottes zu preisen. Unser lieber Papa ist dahin geschieden im vollen Besitz der Liebe seiner Kinder und die Zeit wird noch vieles verklären und sein Andenken uns stets lieb und werth bleiben. –

Erlauben Sie mir nun noch, daß ich Ihnen meine innigste Freude ausspreche, für die Gewißheit, Sie diesen Winter noch die Unsere nennen zu können. Die stillen, gemüthlichen Abende bei Ihnen sind uns beiden eine der liebsten Erholungen und ich mag garnicht daran denken Sie zu missen. Unsere Kinder grüßen die liebe Tante Rohr, namentlich Friedel; Ihre gütige Absicht einer Fahrt habe ich ihnen noch verschwiegen, denn meine Kinder haben die Unart, ungestüme Mahner zu sein und könnten mir dadurch Ihren Empfang verderben.

Leben Sie sehr wohl! es hofft und wünscht Sie bald wiederzusehen

Ihre Ihnen herzlich ergebene

Emilie Fontane.

[Nachschrift von Theodor Fontane:]
Herzlichste Grüße auch von mir. Eigentlich wollte ich einen neuen Bogen nehmen und Ihnen einen ordentlichen Brief schreiben, aber es würden 3, 4 Bogen werden und an die mag ich nicht heran, weil ich doch spätestens in 14 Tagen Sie wiederzusehn hoffe. Ueber Tod und Begräbniß meines guten Papa's kann ich einen ganzen Abend plaudern, weil es wirklich poetisch, manches balladenhaft-romantisch war. – Mit meinem Befinden geht es leidlich, auch mein Buch macht Fortschritte; wenn ich Sie wiedersehe, hoffe ich bei Königgrätz zu sein und hab ich erst Königgrätz hinter mir, so bin ich über den Berg, trotzdem der Mainfeldzug auch noch eine hübsche Aufgabe ist. – Herrn v. L. sah ich am Sonnabend im Rütli; er war leidlich wohl und freundlich-liebenswürdig. Hans v. Rohr war bei uns, verfehlte uns aber. Wie immer

Ihr Th. F.

An Theodor Fontane

Berlin d 4t. Sept. 68.

Mein geliebter Mann.

Tausend Dank für Deinen so überaus liebenswürdigen Brief. Die Reise nach Dresden ist so verlockend, daß ich froh war augenblicklich die Unmöglichkeit einzusehen; Johanna ist eine so unzuverlässige Person, daß ich jetzt wo Du verreist bist, nicht gern stundenweise weg gehe, geschweige Tage. Ich würde gar keinen Genuß haben, da ich in beständiger Sorge sein müßte; unsere Merckel die gestern hier war u. die sich mit mir an Deinem lieben Briefe erfreute, die Erholung so nothwendig für mich findet, sagte auch entschieden: Du kannst nicht fort. Seit Jahren ist es mein Wunsch mit Dir nach Dresden und selbst solch kleine Reise muß einem versagt bleiben. Habe Dank Du liebstes Herz für Deine gütige Absicht u. damit ich wenigstens in diesem Jahr mit Dir im Coupee gesessen habe versprich mir, einen Tag mit mir nach Potsdam zu fahren; ich kenne ja Babelsberg, den Aufenthalt unseres theuren Königs, noch garnicht. [...]

Möge es Dir so gut gehen als es von Herzen wünscht

Deine alte Emilie.

1000 Grüße von den Kindern.

Herr Brey soll 2 sehr hübsche Töchter haben, von denen Du mir bis jetzt geschwiegen?

An Emilie Fontane, geb. Labry

Neuhof d 14t. Oct. 68.

Meine Herzensmama.

Ich weiß daß ich Dir und unserem Lischen eine Freude mache, wenn ich Euch Lieben George's ersten Brief schicke, denn obgleich er sich vorgenommen hat seiner lieben Großmama zu schreiben, so wird er in erster Zeit wohl immer sehr ermüdet sein und wenig dazu kommen. Wie ich Gott für diesen günstigen Anfang danke, werdet Ihr mit mir fühlen. Den Brief sendet Ihr wohl mal mit Gelegenheit an uns zurück.

Wie immer werde ich hier auf Händen getragen, war aber in

den ersten Tagen so leidend, daß ich Hopfen und Malz an mir verloren glaubte; aber nach einem ernsten Anfall am Sontag, wo nach in [!] Montag im Bett bleiben mußte, ist mir seit gestern merklich wohler. Das Wetter ist mir auch sehr günstig so daß wir täglich Spatzierfahrten durch die Felder machen. Leider ist aber Johanna recht angegriffen und hat seit ihrer Schweizerreise einen bösen Husten. Von Hause habe ich gottlob auch nur gute Nachrichten und meine Luise verpflegt Mann und Kinder zu ihrer großen Zufriedenheit. Uebermorgen sind es nun 18 Jahre daß ich meinen über Alles geliebten Mann besitze, möge Gott ihn mir erhalten. Es ist mir recht schwer an dem Tage von ihm fern sein zu müssen; aber ich merke hier bei der Ruhe und Pflege recht wie ich herunter bin und fange nun doch an zu hoffen daß einige Wochen Aufenthalt mir für den Winter gut thun werden.

Nun lebt mir sehr wohl Ihr Lieben, möge es Dir mein Mütterchen recht gut gehen und dadurch auch Dir meine geliebte Elise. Grüße an Emma und Frau Geheimräthin u. wenn Du liebste Schwägerin mir mal eine Extrafreude machen willst, dann stifte mir ein Briefchen, es kostet bis hierher auch nur einen Silbermops.

Eure alte getreue

Emilie Fontane.

An Theodor Fontane junior

Neuhof d 2 Nov. 68.

Mein geliebtes Kind.

Es ist mir doch recht leid daß ich Dir morgen nicht Deinen Geburtstagstisch zurecht machen kann, dafür werde ich aber in Gedanken bei Dir sein und den lieben Gott recht innig bitten Dich ferner zu beschützen und zu behüten. Du wirst nun 12 Jahr mein geliebter Theodor und hast uns schon viel Freude gemacht, denn Du bist ein guter, fleißiger Junge; ich hoffe Du wirst Dir nun recht ernstlich vornehmen, im neuen Jahre recht verträglich zu werden mit Deinen Geschwistern, die Du sehr liebst und die Dich lieben und hoffe ich auch daß Du Dein zorniges Wesen ablegen wirst. Es freut mich daß Du ein paar Freunde bei Dir sehen wirst und wünsche ich daß Ihr recht vergnügt seid, vielleicht spielst Du Theater; George wird gewiß auch an Dich schreiben; daß die geliebte Tante Merckel wieder in Berlin, ist mir ein großer Trost, grüße sie tausendmal. In George's Schreibtisch, vorn in meiner Stube, liegt in einem der kleinen Kästen sein Zitterspiel, damit beschenkt er Dich, also suche es Dir heraus.

Am Sonnabend so Gott will komme ich endlich wieder heim und freue mich sehr Papa und Euch Kinder wiederzusehen; hier ist es mir sehr gut gegangen und habe ich mich täglich an der Einigkeit der Kinder hier und wie eins dem andern zur Liebe lebt, erfreut; mache mir auch die Freude dies an Euch zu sehen, wenn ich wieder komme. – Auch ich werde morgen ein besonderes Vergnügen haben und mit Tante Johanna in's Theater fahren um ein Lustspiel von Benedix zu sehen. Gestern ist hier ein Liebling der Kinder gestorben, der Hund Ryno, der 12 Jahre lang treu der Familie gedient hat; er schlich schon lange krank u. matt umher; gestern als Karo, vor seiner Hütte sich erging, kroch er der kranke Hund hinein u. verendete. Die Kinder haben ihn feierlich unter einem Mirabellenbaum bestattet, wo schon ein treuer Hund ihres Großvaters liegt, und einen Grabgesang gedichtet.

So eben war ich beim herrlichsten Sonnenschein mit der Tante im Garten, wo wir Dir beifolgende Veilchen gesucht haben. Ich soll Dir auch von ihr viel Glück zum morgenden Tage wünschen. Grüße und küsse Martha und Friedel und sage unserer guten Luise, ich freute mich auch sehr sie wieder zu sehen und ließe sie grüßen.

Gott beschütze Dich mein geliebter Junge! sage Tante Merckel ihr Brief hätte mich sehr erfreut, ich ließe mich dafür bedanken. Seid froh und heiter morgen und beginne das neue Jahr in Frieden und Einigkeit.

Deine treue Mutter

Emilie Fontane.

An Mathilde von Rohr

Neuruppin d [nach dem 18.] N[ov]. 69.

Mein theures, gnädigstes Fräulein.

Endlich finde ich ein einigermaßen ruhiges Stündchen um Ihnen geliebteste Freundin meinen herzinnigsten Dank auszusprechen; Sie haben mich durch die reizenden Decken hoch erfreut, welche eine Zierde meines Geburtstags-Tisches ausmachten. Es war ein Tag der Freude und während es draußen regnete u. stürmte, schafften liebe Freundeshände mein Zimmer förmlich zu einem Treibhaus um. [Am] Abend fanden sich ungebeten zum einfachen Thee 15 liebe Gäste ein, wobei auch Ihre gütigst mitgesandten diversen Kuchen mit Anerkennung verzehrt wurden. Aber zwei freundliche, liebe Gesichter fehlten mir doch sehr, das waren Sie u. Brief u. Geschenke konnten mich nicht entschädigen, wie Frl. v. Mühler, die trotz schwerer Krankheit (sie hatte ein Magengeschwür) an mich dachte u. mir ihre Nichte, Frl. v. Gosler, mit wunderschönen Blumen, als Stellvertreterin, überschickte. Auch einen sehr interessanten Brief von unserem Freund Lübke erhielt ich, auf den ich ganz stolz bin, weil er an Niemand seit seinem Augenleiden so ausführlich geschrieben hat. Er ist mit seiner Königin Olga in Rom, von deren Liebenswürdigkeit und geistigen Vorzügen er nicht genug des Lobes sagen kann; diese Reise, unter so comfortablen u. ehrenden Verhältnissen ist eine Gnade von Gott für diesen unseren, theuren Freund, der so schwer heimgesucht ward; auch seine Frau schrieb mir aus Stuttgart, daß es viel besser mit ihrem Befinden ginge. Auch Roquette erfreute mich mit einem hübschen Brief aus Darmstadt; er fühlt sich sehr wohl in seinem dortigen Wirkungskreis, freilich fühlt er sich gesellschaftlich sehr vereinsamt u. die diversen kleinen Erdbeben, die [wie] er sagt, in den Zeitungen bedeutend heftiger wären als in Wirklichkeit, gehören zu seinen kleinen Zerstreuungen.

Doch nun etwas von uns. Ende Oct. bin ich recht erfrischt u. ebenso Martha von Neuhof zurückgekehrt; fand meinen guten Mann, u. die Kinder, wohlversorgt durch Luise vor. Lischen u. Mama wünschten mein Kommen u. nur des schlechten Wetters wegen, schob ich die Reise bis nach meinem Geburtstag auf. Seit dem 18. bin ich nun hier u. habe bange Tage u. Stunden verlebt. Am vorigen Sonnabend Abend dachte der Arzt es ginge zu Ende u. seitdem ist die Schwäche so groß, daß wir auf keine Besserung mehr rechnen können. Ach, mein theuerstes Fräulein, es hat doch etwas recht Ergreifendes dies langsame Verlöschen eines theuren Lebens! natürlich bleibe ich Lischen zur Seite, die mit kindlicher Treue die Pflege Tag und Nacht besorgt. Gott hat es so gefügt, daß wir gerade diese ernste Zeit wieder zusammen verleben sollen, u. mit schwesterlicher, inniger Liebe uns wieder verbinden.

Tante Merckel sorgt in gewohnter mütterlicher Freundschaft für meine Kinder; sie ist jetzt auch in großer Sorge um den Bruder Kabinetsrath, der ein Karbunkel auf der Brust haben soll, sie selbst spricht nicht darüber, wir haben es nur vom hören sagen. Uns ist leider aus sehr egoistischen Gründen diese Krankheit recht ungelegen, da nun endlich vom Kriegsbuch der erste Theil erschienen ist, der durch die gütige Hand Mühler's an Majestät übergeben werden soll. Das Buch ist sehr kostbar, kostet aber auch 20 ℔. ein[e] für preußische Unterthansverhältnisse enorme Summe, u. Theodor meint, dadurch würde es schon Aufsehn machen; der 2 t. Theil wird wohl frühestens

Ostern, der letzte über's Jahr erscheinen, jeder Band kostet 6 𝒯. 20 sgr. Mein Mann ist sehr betrübt, daß er sehr knapp mit Freiexemplaren gehalten ist u. selbst seinen lieben Freund Lepel auf die billige Ausgabe, die aber noch später erscheint, vertrösten muß.

Paul Heyse's Stück hat nicht einmal die drei üblichen Schleifungen erlebt, es ist ganz Dumas fils, wie leider seine meisten Schöpfungen. Ueber das Befinden seiner Frau haben wir keine neuere Nachrichten. Seinen »verlorenen Sohn« haben wir mit derselben Anerkennung gelesen, wie Sie, dagegen »junge Leiden« im Salon machte wieder einen unangenehmen Eindruck.

Unser George ist seit Sontag Fähnrich, Sie können denken wie glücklich es uns macht, daß er in seinem neuen Regiment so reüssirt u. sich so glücklich fühlt, auch seine Vorgesetzten ihm Freundlichkeit u. Güte bezeugen. Er ist eben so glücklich wie ich über die Verlobung seiner Jugendfreundin, die aber tapfer auf der schriftstellerischen Laufbahn fortschreiten wird, da sie mit einem Kreisrichter Gehalt von 600 𝒯. doch nicht auskommen würden, sie doch auch ihr Talent dem Publikum nicht vorenthalten kann.

Heut, nach einer ziemlich ruhigen Nacht unserer lieben Kranken, will ich auf ein paar Stunden zu Scherz'ens nach Kränzlin; ich hatte auf einen Brief von meinem lieben Mann gehofft, aber vergebens. Ich habe so viel zu schreiben, an Theodor, an Sommerfeldts, die doch gern täglich wissen wollen, wie es hier steht, daß ich auch nun zum Schluß eilen muß, da mir die Zeit zugemessen. Hr. v. Rohr war Anfang Nov. einen Abend bei uns, aber obgleich er frisch u. wohl aussah, hörte ich doch mit Angst daß er zu Neujahr wieder eintreten will.

Lischen empfiehlt sich Ihnen auf's angelegentlichste und ich verbleibe nochmals mit dem innigsten Dank

Ihre in treuster Zuneigung
ergebene

Emilie Fontane.

KAPITEL 5

»Ein Jahr der Unruhe«

Der Mann erst stellungslos,
dann kriegsgefangen (1870/71)

Emilie berichtet am 1. Februar 1870 Mathilde von Rohr über die geselligen Verpflichtungen im Freundes- und Bekanntenkreis, bei deren Vielzahl sich Fontane »wie vor einer Schlacht« vorkomme. Aber sie erzählt der Freundin auch von ihren finanziellen Sorgen. »Maj« (Majestät, König Wilhelm I.) habe zwar »gnädigst das Geldgeschenk aus der Chatulle« (80 Friedrichsd'or) für das Kriegsbuch geschickt, aber die Entscheidung über die Weitergewährung des 300-Taler-Zuschusses für die märkischen Arbeiten stehe noch aus.

In dieser misslichen Lage sei die Einladung der Meringtons in London höchst willkommen, die 10-jährige Martha zu sich zu nehmen, damit sie gründlich Englisch lernt. Tatsächlich reisen Emilie und Martha am 20. April 1870 nach London ab, und am gleichen Tag kündigt Fontane – nach einer unerfreulichen Auseinandersetzung mit dem Chefredakteur Tuiscon Beutner – die ihm seit langem lästig gewordene Stelle in der Redaktion der »Kreuzzeitung«. Fontane ist als Ehemann ein erfahrener Krisenmanager, der verbalen Streit gern vermeidet und grundsätzliche Dinge lieber brieflich klärt. Deshalb gönnt er seiner Frau zuerst drei erlebnisreiche Wochen, bevor er am 11. Mai mit der Nachricht von seiner Kündigung herausrückt. Nun wird aus dem heiteren Geplauder ein veritabler Ehekrach. Emilie ist zornig, dass er sie nicht einbezogen hat, und fragt sich vor allem, wovon die Familie künftig leben soll. Fontane, der große Korrespondenz-Organisator, ordnet sogleich präzise an, wie der gravierende Vorgang behandelt werden soll: »Schreibe mir am Sonnabend einige ruhige Zeilen als Antwort. Unsre gewöhnliche Correspondenz erleidet keine Störung oder Aendrung. Ich schreibe am Sonnabend wie immer und Du antwortest am Montag. Der heutige Brief und Deine Antwort darauf sind nur eingeschobene Extras.« (An Emilie, 11. Mai 1870.) In den nächsten Briefen analysiert er einleuchtend seine unbefriedigende Position in der Zeitung, nennt sie eine »perfide Stellung« und weist Emilies Vorwurf zurück, er habe einen »ungeheuren Hang nach Freiheit und Wechsel«. Am 16. Mai schreibt er: »Allerdings hab ich diesen Hang, aber ich hab ihn unter Controlle meines *Urtheils* und *Verstandes*, die überhaupt die Regulatoren meiner Lebens- und Handelsweise sind.« Beruhigend rechnet er ihr auch die zu erwartenden Honorareingänge vor und entwickelt ein regelrechtes Verhaltensprogramm für ihr künftiges Zusammenleben: Sie solle ihm »das Leben nicht nutzlos schwer« machen; »*gewonnen* kann durch Trübseligkeit nie etwas werden«. Er fährt fort: »Ich weiß Du liebst mich, meinst es gut mit mir, hast die besten Absichten, willst mich nicht kränken, aber Dein Temperament, Deine in Blut und Nerven wurzelnden *Stimmungen* sind oft stärker als alle Deine guten Absichten. Ich bitte Dich, nach dieser Seite hin noch ein Uebriges thun zu wollen; man kann seine an- und eingeborne Natur nicht ganz austreiben, aber man kann mit redlichem guten Willen doch Gott sei Dank manches zu Stande bringen. Du mußt Dich mit zwei Gedanken ernstlich auszusöhnen trachten, damit nämlich, daß wir erstens ein *armes* und zweitens ein *unsichres* Leben zu führen haben *werden*, wie wir es bis jetzt geführt haben. Das klingt nun freilich wenig verlockend, selbst die *arme* Existenz soll auch noch eine *unsichre* sein, aber, wenn man sich zum

Leben richtig zu stellen weiß, wenn man Mut, Freudigkeit und Gottvertrauen hat, so darf ich wohl sagen, der Satz *klingt* trauriger als er ist. Im Großen und Ganzen leben wir nach diesem Rezept 20 Jahre, und trotz Armut und Unsicherheit, welch bevorzugtes Leben haben wir geführt.« (28. Mai 1870.)

So klopft Fontane seine Frau allmählich weich, die in dem verbalen Schlagabtausch eine souveräne Figur mit guten Argumenten und selbstbewusster Haltung macht, doch schließlich einlenkt. Um den 12. Juni 1870 ist sie wieder in Berlin. Martha bleibt in England, und Fontane übernimmt zu Emilies Beruhigung die ordentlich honorierte Berichterstattung über das Theater am Gendarmenmarkt für die »Vossische Zeitung«.

Henriette von Merckel, wie immer in herzlicher Teilnahme in die Vorgänge im Hause Fontane eingeweiht, notiert in ihren »Erinnerungen an die Familie Fontane« unter dem 22. Mai 1870: »[…] er hat sein Amt in der ›Kreuzzeitung‹ quittiert und damit zugleich ein sicheres Einkommen von tausend Taler jährlich. Es ist für die Frau ein harter Schlag, dies in weiter Ferne zu erfahren! Die Genies haben für ihre Angehörigen doch zuweilen recht schwer zu ertragende Einfälle! F. hat mir in seiner gewohnten Offenheit seine Gründe auseinandergesetzt – es läßt sich nichts dagegen sagen, ja ich war ergriffen von der Macht seines Glaubens an sein Genie, daß aber der Frau sich bange Besorgnisse aufdrängen, vermag ich zu begreifen, bin ich doch selber nicht frei davon. So vermag ich leider nicht in eine helle Zukunft für die Freunde zu blicken.«

Frau von Merckel sollte recht behalten. Denn während sich die Fontanes im Juli in Warnemünde aufhalten, spitzt sich der schwelende Konflikt zwischen Preußen und Frankreich zu, am 4. August überschreiten preußische Truppen die französische Grenze, und schon bald wird Fontane persönlich in den europäischen Krieg verwickelt sein. Die Briefe des Ehepaares dokumentieren die Sorge um den sofort an die Front geschickten Sohn George, aber auch die Irritation angesichts der Truppenbewegungen, die Emilie von ihrer Wohnung aus beobachten kann. Fontane kommt das alles wie eine »durch Eisenbahnen regulirte Völkerwanderung« vor, und er fügt dieser Bemerkung am Nachmittag des 5. August hinzu: »Mein Herz schlug mir höher bei dieser Nachricht [Sieg der Preußen bei Weißenburg] und doch konnte ich ein Schmerzgefühl nicht loswerden. Wozu das alles? um nichts! Blos damit Lude Napoleon festsitzt und damit der Franzose sich ferner einbilden kann, er sei das Prachtstück der Schöpfung – um solcher Chimäre willen der Tod von Tausenden!«

Trotz solcher Bedenken sieht sich der Kriegshistoriker in der Pflicht, und obwohl der »Deutsche Krieg von 1866« noch nicht abgeschlossen ist, übernimmt er den Auftrag des Decker-Verlages, den soeben begonnenen Krieg gegen Frankreich zu beschreiben. Am 27. September reist er ab und besucht jene elsässischen Orte, die wenige Wochen vorher in verlustreichen Schlachten erobert worden sind. In geschichtenreichen, durchaus frankreichkritischen Briefen berichtet er Emilie. Doch am 5. Oktober ist die Reise ins »alte romantische Land« (»Kriegsgefangen«; nach Wieland, »Oberon«) jäh zu Ende. Er unternimmt einen Ausflug nach Domrémy, dem Geburtsort der Jeanne d'Arc, den er sich als guter Kenner der »Jungfrau von Orleans«-Geschichte natürlich nicht entgehen lassen will. Das Dorf liegt im französisch kontrollierten Niemandsland, und eine Gruppe von Francs-tireurs (Freischärlern) greift ihn auf, als er das Denkmal besichtigt, und übergibt ihn als vermeintlichen preußischen Spion den Behörden. Was sollen die durch den preußischen Einmarsch aufgebrachten Leute auch anderes denken: Fontane trägt eine Rotkreuz-Binde, ist aber kein Sanitäter, in seinem Notizbuch findet sich ein langes Verzeichnis ranghoher preußischer Militärs, und er hat einen geladenen Revolver verborgen bei sich! Wie sollen die, die ihn verhaften, wissen, dass er »weiter nichts als ein Schriftsteller pur et simple« ist, wie er am 6. Oktober an Emilie schreibt. Ihm droht, wenigstens eine Nacht lang, die standrechtliche Erschießung. Doch die zuständigen Autoritäten entscheiden anders, verpassen ihm den Status eines »höheren Offiziers« und schicken ihn quer durch Frankreich als Kriegsgefangenen auf die strapaziöse Reise zur Atlantikinsel Oléron, wo er schließlich unter passablen Bedingungen interniert wird.

Emilie, lange ohne weitere Nachrichten, zugleich in Sorge um den Sohn George, aktiviert sogleich das Netzwerk der Berliner Freunde, die sich auf verschiedenen Wegen um Fontanes Befreiung bemühen, die schließlich durch einen diplomatischen Vorstoß Bismarcks zustande kommt. Am 29. November darf Fontane Oléron verlassen, und am 5. Dezember ist er wieder in Berlin, mit »treu ergebenem Sinn und großem Hunger«, wie er im Tagebuch vermerkt.

Fontane hat seine prekäre Situation in der Gefangenschaft durch disziplinierte Arbeit überstanden: Er schreibt täglich Briefe (zum Teil auf Französisch), bringt, an Emilie denkend, Verse zu Papier und zeichnet seine Erlebnisse in einem detailreichen Manuskript auf, das zu Weihnachten 1870 in der »Vossischen Zeitung« zu erscheinen beginnt und 1871 unter dem Titel »Kriegsgefangen. Erlebtes 1870« als Buch im Decker-Verlag herauskommt. Obwohl er in der ersten Zeit nach seiner Rückkehr als »nine days wonder« (Tagebuch, 1871) allerlei zu überstehen hat, schreibt er Mitte Dezember schon wieder seine erste Theaterkritik.

Verhaftung und Kriegsgefangenschaft haben Fontanes Erkundungsfahrt auf die französischen Kriegsschauplätze gleich zu Beginn unterbrochen, so dass er für das »dritte Kriegsbuch« am 9. April 1871 erneut nach Frankreich reist, um seine ursprünglichen Ziele und die im weiteren Kriegsverlauf hinzugekommenen Schauplätze aufzusuchen. Inzwischen ist am 18. Januar in Versailles das »Deutsche Reich« gegründet worden, und während er noch unterwegs ist, kommt am 10. Mai der Friede von Frankfurt zustande.

An Mathilde von Rohr

Berlin d 1. 2. 70.

Mein theures, gnädigstes Fräulein.

Wenn ich Ihnen schreibe, habe ich auch zu danken und wenn ich diesmal etwas lange gezögert habe, so sind meine Augen daran Schuld, die einige Zeit so entzündet waren, daß ich absolut nichts thun konnte. Den Dank mein theuerstes Fräulein meines kleinen Fritz für dies wieder so reiche Geburtstagsgeschenk in seine Sparkasse (denn er erhält durch Ihre große Güte die Hälfte der übersandten Summe, das Buch erhält Theodor von Hr. v. Decker für 5 𝒯.) kann ich Ihnen noch nicht abstatten, da es den wesentlichsten Theil seines Aufbau's ausmachen wird, nehmen Sie also vorläufig meinen herzlichsten [Dank] für die immer neue Güte und Liebe die Sie uns und dem Kinde bewahren. Gestern habe ich ihn beim Dr. Döbbelin, in der Schönebergerstr. angemeldet und nun wünschte der kleine Kerl schon, es wäre Ostern und die Freude finge an! so steht er ahnungslos vor dem ersten, ernsten Schritt des Lebens.

Am Sonnabend wird er und wir dankbarst Ihrer gedenken und wie so oft, Ihr freundliches Gesicht, das stets wie Sonnenschein verbreitete, vermissen.

Unseres Freundes Ernennung zum Hauptmann ist uns wie Ihnen eine Herzensfreude gewesen, aber auch Rütli und Ellora haben Herrn v. Lepel eine so sinnige Theilnahme bewiesen, daß er sichtlich davon ergriffen war und auch mein Mann war hoch erfreut, weil er an der Freude der Freunde sah, wie lieb und werth sie seinen eigenen, besten Freund halten. Wir hatten vor 8 Tagen einen sehr netten Abend mit Wangenheims, Zöllners, Lepel u. Frl. v. Besser, die uns nun auch verläßt und zu Ostern nach Naumburg zu ihrem Bruder zieht. Sonst haben wir bisher ziemlich ruhig gelebt, nur ein größerer Kreis einmal bei Heydens, dem Grafen Harrach und seiner schönen Gemahlin geb. Pourtalès, zu Ehren, die beide einen sehr liebenswürdigen Eindruck auf den »Kreis« gemacht haben. Unsere Herren neulich bei Menzel, der den pour le mérite erhalten hat und eine Gesellschaft von 70 Personen gab. Für die nächste Zeit ist Sontag Abend bei Wangenheim's mit Spangenberg's besetzt; dann folgen Zöllners mit 30 Personen, wo Hr. v. L. Geibel's Sophonisbe vorlesen soll; einige Tage darauf Heydens auch mit einer Büffet-Gesellschaft. Mein Mann sagt er befände sich wie vor einer kleinen Schlacht. Subscriptionsball soll glänzend gewesen sein, Heydens und Rolands waren da; Frau Geh. R. Roland ist durch ein längeres Gespräch mit Sr. K. H. den Kronprinzen und Bismark geehrt worden.

Ich schreibe Ihnen theuerstes Fräulein v. Rohr, was ich nur weiß, weil ich Ihr liebevolles Interesse für Alles kenne. Neulich war ich auch bei der alten Ex. Mühler, sie, wie Augustchen, sind in wahrhaft rührender christlicher Weise gefaßt; dabei von fast beschämender Freundlichkeit gegen mich, indem sie es mir zur Pflicht machten, sie öfter zu besuchen; meine arme Merckel liegt leider krank und scheint körperlich am meisten durch den Verlust des Bruders gelitten zu haben.

Am Sonnabend hatten wir auch die Freude Oberst v. Zychlinski aus Magdeburg hier zu sehen, der uns sehr Gutes über George mittheilte; er, so wie sein Hauptmann wären recht zufrieden mit dem Jungen, der namentlich verstünde, sich den Leuten gegenüber in Respect zu setzen. Sie können denken, daß nach all den Sorgen und Kümmernissen, die er uns bereitet, diese Worte aus dem Munde seines Oberst, namentlich sehr günstig auf meinen geliebten Mann gewirkt haben. George wird in diesem Monat noch auf 2–3 Tage zu uns kommen, da er am 1. März nach Hannover auf Kriegsschule kommt. – Ins Theater komme ich wenig, unser Freund erhält wohl seltener Billets, neulich sah ich Nathan den Weisen, mit großem Entzücken.

Wir erwarten mit ängstlicher Spannung die Antwort von Maj. Die Bitte um Gewähr der 300 ℭ. die noch der selg. Mühler Mitte Nov. befürwortet hat, worauf Maj. gnädigst das Geldgeschenk aus der Chatulle übersandten (80 Frd.) die Bitte aber müßte vertagt bleiben, bis Maj. Bericht vom Cultus-Ministerium hätte. Fällt nun, was Gott geben möge, die Antwort günstig aus, so wird Theodor sich an die Vollendung seines Roman's machen; der 3te Theil der Wanderungen »das Havelland« soll bereits im Frühjahr gedruckt werden; Sie sehen, er ist sehr fleißig gewesen. Hr. v. Decker hofft zum 22. März den II Theil des Kriegsbuch's erscheinen zu lassen. Englische, wie französische belobende Recensionen, haben wir schon über dasselbe zugeschickt bekommen, was doch immer eine Freude ist.

Soll ich Ihnen nun noch mehr vor plaudern? sei es drum, Sie waren immer die Vertraute meiner Pläne, Hoffnungen und Befürchtungen und auch brieflich treibt es mich Ihnen theuerste Freundin Alles mitzutheilen, was ich auf dem Herzen habe. Kurz gesagt. Wir haben von Frau Merington eine überaus liebenswürdige Einladung erhalten, ihr unsere Martha, deren Pathe Miß Merington ist, zu schicken. Theodor hat darauf geantwortet, ich würde Ende April mit dem Kinde kommen, 4–6 Wochen bei ihnen bleiben und sie müßten Martha, nachdem sie vielleicht in Jahreslänge englisch ordentlich gelernt, durch eine ihrer Töchter zurücksenden. Darauf sind sie in liebenswürdigster Weise eingegangen und ich steh nun vor dieser Reise und Trennung, mit kleindeutscher Aengstlichkeit, wie mein Mann sagt. Ich sehe ja ein, daß Martha zeitlebens davon Nutzen haben kann und da sie 10 Jahr ist, eminent befähigt, wie ihre Lehrerinnen sagen, so bin ich auch davon überzeugt, aber schwer wird es mir doch. Aufschieben konnten wir den ganzen Plan nicht, weil Mrs. Merington die mir die liebste von der Familie, doch alt wird und mit der Zeit die Lust an einer fremden Kleinen »Großmutterpflichten« zu üben, verlieren kann. Sehr begierig bin ich was Sie mit Ihrem praktischen Blick zu diesem kühnen Plan sagen. Martha's Aufenthalt in London soll uns keinen Pfennig kosten, also nur die Reise: ich will sehn bis Köln durch Connexionen ein Freibillet zu erhalten; unsere Freunde hier, bis auf meine liebe Merckel, billigen unseren Plan

u. da man in 36 Stunden in London sein kann, betrachten [sie] es wie jede andere Pension.

Am Sontag, auf *Ihren Wunsch*, war mein Mann bei Frau v. Haeseler, die ihn mit Liebesworten überschüttet hat, ihm Austern u. Champagner vorsetzen wollte, was er natürlich nicht annahm; er war ganz Bewundrung der geistigen Frische der alten Dame.

Von unseren Freunden gehen Heydens, Lucae, Eggers im April nach Italien, letzterer als Cicerone des Großherzog-Schwerinschen Paares, ähnlich wie Lübke mit Königin Olga.

Zöllners erwiedern Ihre liebenswürdigen Grüße, Wangenheims trugen mir auch die freundlichsten für Sie auf. Möge es Ihrer verehrten Domina wieder gut gehen und wir nur Liebes und Gutes von Ihnen selbst, theuerste Freundin, zu hören bekommen. Nehmen Sie freundlichst diesen langen Schreibebrief auf. Theodor ist auf der Zeitung, er beabsichtigt auch zu schreiben, worauf ich lieber nicht warten will. Die Kinder grüßen zärtlich so wie ich bin Ihre Sie innigst verehrende, dankbare

Emilie Fontane.

An Theodor Fontane

London d 22$^{t.}$ April. 70.

Geliebter Mann.

Es geht uns *sehr gut* und Gott hat bisher diese Reise so gesegnet daß ich hoffe er wird auch ferner mit uns sein. Aber die Reise war doch zu anstrengend, und ich will da anfangen weiter zu schreiben, wo ich in Cöln den Schluß machte. Wir aßen Kalbscottelet und nahmen ein Billet, wofür ich bis London 22𝔗. u. Groschen bezahlte, mußte aber in Verviers, Brüssel und Calais immer weiter zu zahlen für Martha, so daß ich im Ganzen von Cöln aus Alles in Allem 34𝔗. ausgegeben habe; die junge

Dame aus Berlin bezahlte von dort aus 36𝒯., Thaler, so daß Mete also mit dem was Du für unser Billet in Berlin verausgabt hast, nicht allzu theuer gereist ist. Es war eine furchtbar anstrengende, aber höchst interessante, schöne Reise u. danke ich Dir tausendmal daß Du die Erlaubniß dazu gegeben; Mete reizend, umsichtig, aufmerksam, ohne Schlaf, die ganzen 2 Tage und eine Nacht, nur von Dover aus, konnte sie sich kaum mehr aufrecht erhalten. Aber nun Alles nach der Reihe. In Verviers mußten wir einen anderen Zug besteigen und unser Hand (hier kam lunch) gepäck untersuchen lassen; dann ging es weiter bis Brüssel, wo wir um 6 Uhr Morgens ankamen. Wir mußten abermals den Train verlassen und per Omnibus auf einen andern Bahnhof fahren. Die Stadt machte einen reizenden Eindruck auf mich, die Bäume überall in voller Blüthe, es war als ob wir nach dem Süden reisten. Nachdem wir für einen Franken uns gewaschen hatten, tranken wir Caffee und reisten um 8 Uhr weiter, immer mit dem Schnellzug, durch die schönste, üppigste Gegend, bei wundervollem Wetter. In Lille wurde unser Gepäck abermals nach Brüsseler Spitzen untersucht. Leider fiel mir der große Unterschied der Menschen zum Nachtheil unseres Landes auf; die Franzosen waren von einer Artigkeit und Freundlichkeit davon man auf's angenehmste berührt wurde; ich sprach french zu meinem eignen Erstaunen. Um 1 Uhr erreichten wir Calais; ich mußte meine letzten 12𝒯. in englisch Geld umwechseln und bin nun noch im Besitz von £. 2. Auf dem Schiff nahmen wir gleich unseren Platz auf Deck und verließen um 1½ Uhr Calais. Es war eine himmlische Fahrt, die Ruhe auf dem Wasser that mir nach dem Rütteln der Eisenbahn ungemein wohl; niemand wurde seekrank und es war mir als hätten wir kaum Calais verlassen, als ich schon die Kreidefelsen von Dover in Sonnenglanz vor mir sah, es war splendid; Martha immer munter, Alles sehend, für Alles Interesse, nie quälend um essen oder trinken. Um 3 Uhr erreichten wir Dover, restaurirten uns durch ein Glas ale und einen bun? und fort ging es abermals, sausend durch die 3 langen Tunnels; nun wurde aber unser armes Kind so müde, daß sie so fest einschlief, daß ich Mühe hatte, sie kurz vor unserer Ankunft hier wach zu machen; es gelang mir nur durch die in Cöln erstandene Eau de Cologne. Unsere Sachen, oder vielmehr mein Korb war schon in Cöln nach Charing Cross station dirigirt und so passirten wir die Riesenstadt per Eisenbahn, passirten zweimal die Themse, sahen St. Paul's und ich kann wohl sagen die Großartigkeit der Umgegend struck me so, daß ich dachte, Du wirst nicht Kraft genug haben, dies Alles zu erleben und Augenblicke hatte, wo ich wünschte, führest Du doch jetzt in Dein kleines Berlin ein, wo Du des sicheren liebevollen Empfanges Deines Mannes gewiß wärest; aber kaum gedacht rief es: Charing Cross station, und die hohe Gestalt Mr. Merington's vor mir, gleich darauf seine herzliche Begrüßung, machten dies bange Gefühl schwindend. Er besorgte mein Gepäck, auch das der jungen Dame, die mir erzählt hatte, sie müsse einer Erbschaft wegen nach London. Als wir sie in ihr cab setzten, mußte sie uns, (sie verstand kein Wort englisch) ihre Adresse zeigen; sie lautete: cremorns gardens! etc. Mr. Merington sagte lachend: so, Mrs. Fontane, you brought us an opera girl! Ich konnte blos erwiedern, ich hätte sie für ihr elegantes französisch taken for a ladysmaid, but never mind, she wanted our help. Er setzte sich zum cabman um die Direction zu geben u. fort ging es mit uns über Trafalgar square, der ganz unverändert ist, der Bahnhof liegt nach dem strand hin, durch die eleganteste Gegend Londons, am St. James palace vorüber, vorbei an Hydepark, wo die Equipagen u. Reiter u. Reiterinnen fuhren und galloppirten, endlich Kensington vorbei, noch einige Straßen, endlich eine entzückende vor uns: Argyle road. Es ist mit Camden Town ein Unterschied wie Köpnickerstr. und unsere Gegend. Ein reizendes Haus, Martha in der offenen Thür; im Hintergrund Mrs. Merington, alle gütig, zärtlich and the most of it: unverändert fast. Mittlerweile waren aber meine Lebensgeister entflohen und aunt Martha brachte mich und

Mete sogleich in unser Zimmer, wo wir uns niederlegen mußten. Ich erholte mich schnell u. habe das entzückendste Zimmer in the front mit allem möglichen comfort. Wir »bereinigten« uns, wie man in Schlesien sagt und gegen 7 Uhr erklang the dinner bell. Aber denk Dir meine Ueberraschung, als ich in die drawing room trete, begrüßen mich Emily und Margreth, außerdem aber Rippoth und – Charles, der seit Montag hier ist, mit Urlaub auf 2 Jahr. Er ist der am meisten veränderte der Familie, aber gefällt mir sehr; Margreth ist sehr hübsch, trotz ihrer 28 Jahre, sie sieht imposant aus; Emily ist garnicht anders aussehend, Rippoth größer noch wie vor 11 Jahren mit Vollbarth, auch sehr gut aussehend. Unsere Martha ist auch dieselbe, nur mit fast grauem Haar, was zu dem frischen Teint ganz gut steht. Wir gingen zum dinner u. ich bat mich zu entschuldigen, wenn ich deutsch spräche; ich war in der That so angegriffen, daß ich nicht einen englischen Satz richtig wußte. Wir aßen um Dir Alles mitzutheilen, Suppe mit Makkaroni, cabage und Kartoffelbrei nebst wundervollem leg of mutton, dann Reispudding. Es gab gleich Thee nach dem dinner, dann ging ich mit den Damen upstairs, Mr. Merington blieb mit Charles sein Pfeifchen rauchend. Wir hatten sehr nette Unterhaltung, u. um 10 Uhr ging ich mit Mete, die sehr nett war u. die allgemein gefällt, zu Bett. Wir schliefen in unserem großen Bett höchst comfortable, bis 9 Uhr, dann kam Martha mit der servant u. brachte uns Toast u. Thee, den wir im Bett verzehren mußten; sie selbst ging fort in business und ist noch jetzt 4 Uhr, nicht zurück. Ich zog mich und Mete an und erschien mit ihr um 11 unten. Ich hatte sehr netten talk mit der über Alles liebenswürdigen Mrs. M. Sie wünscht sehr, daß Du könntest ihre Bücher besprechen, sie herauszugeben, hat hier £. 100 gekostet, die ihr Charles gegeben hat. Unser Kind wird »Mete« genannt, wie Du u. die Geschwister sie nennen, damit sie sich heimisch fühlt. Um 1 Uhr hatten wir Lunch; kalten ham und mutton u. Brodpudding; Mete findet Alles bezaubernd, mir ist noch als wären wir verzaubert u. ich muß noch sagen die Art zu leben ist doch sehr fein u. angenehm. Ich sitze hier in meinem Zimmer mit blühenden Bäumen im Vordergärtchen, feinen Gardinen, großem Stehspiegel, wie eine Prinzeß; dann und wann fährt ein cab vorbei, aber so leise, daß es sich ganz vornehm anhört. Und doch möchte ich nicht immer hier leben müssen – Eben bringt mir Martha eine Tasse Thee.

Aber ich muß aufhören, der Brief muß fort. Ergeh es Dir und den Kindern gut, erst wenn ich gute Nachricht habe, werde ich mich ganz meines schönen Aufenthalt's erfreuen. Grüße Alle herzlichst, meine Jungens, unsere Luise. Auch die Freunde, namentlich Hr. v. Lepel. Sei innigst geküßt und Gott schütze Dich!

Ueber Land und Meer Deine

Emilie Fontane.

An Theodor Fontane

London d 24. 4. 70.

Mein geliebter Theo.

Deine Zeilen brachte mir Martha (ist immer die engl. unsere heißt fortan »Mete«) als ich höchst comfortable meinen Thee im Bett trank; sie erfreuten mich sehr, obgleich es mir ängstlich bleibt, daß Du mit keiner Sylbe die Zeitungs-Affaire erwähnst, mir ist als schwebte ein Gewitter über unseren Häuptern u. doch kann ich nicht denken, daß wir immer neue Täuschungen erleben sollen. Schreibe mir doch die Wahrheit, ich glaube ich denke schlimmere Dinge als in Wirklichkeit Dir begegnet sind. Gestern schrieb ich an Lischen und schickte Dir den Brief zum lesen mit, sie erhält ihn darum nicht später u. ich brauche die Dinge nicht zweimal schreiben.

d 25. Ich habe diese Nacht einen sonderbaren Traum gehabt; ich war auf einen Kirchhof voll schöner Blumen auf den Gräbern, u. freute mich ihrer, da kam die Frau des Todtengräbers, nahm mich am Arm u. sagte: diese Perlen soll ich noch dem Kinde um den Hals binden, das gestern in die Gruft gestellt ist; trotz meines Sträubens mußte ich ihr folgen u. sogar zu meinem Entsetzen ihr behülflich sein, den kleinen Sargdeckel, der aber wie ein Granitstrein war, zu öffnen; da, anstatt eines todten Kindes, lag ein reizendes Wesen, schlafend darin, öffnete die Augen u. sprang fröhlich lachend aus dem Grabe, da erwachte ich, es war ½ 4 Uhr und konnte garnicht wieder einschlafen. Heut fühle ich mich, trotz des ruhigen Sontag's [den] wir gestern hatten, recht angegriffen, es ist wohl theilweise noch Reise Ermüdung, aber ich glaube auch daß die beständige Aufmerksamkeit die ich auf die Sprache verwenden muß, mich angreift. Mrs. M. ist so sehr gütig zu mir; gestern gab sie mir eine Stunde, weil sie wünscht, daß ich correkt sprechen lerne. Sehr leid ist es mir, daß ich nicht mehr Staat mitgebracht habe; M. leben jetzt anders wie in Camdentown, u. während wir wieder Micabers geworden sind, scheint bei ihnen some thing turned up; Martha sagt, weil ihre Brüder all ihr Einkommen mit in den Haushalt geben. Charles hat allein £. 200. geschickt, als sein Papa so krank war. Nun sagen sie, es wäre season u. sie wünschen mit mir parties zu besuchen u. ich bin ohne allen Staat. Vielleicht könntest Du auf der Post fragen lassen was ein Paket hierher zu schicken kostet, ist es nicht mehr als 6–7 s. ich würde sie gern bezahlen u. möchte das Luise mir dann folgendes einpackte: mein braunes seid. Kleid mit Schleife, mein weißes Barègekleid mit Schleife, die Haube von Johanna, die in einer Cigarrenkiste in meinem Schrank steht so wie die von Frl. v. Weigel, die sie auch in einen Cigarrenkiste thun müßte u. meinen Fächer, so wie mein weißes Crèpe & Chine Tuch; macht es aber zuviel Umstände oder ist es zu theuer, dann kaufe ich mir hier etwas, wenn es nöthig ist. Könnt Ihr es mir schicken, dann würde ich Martha's Bücher von Löhner gern dabei haben u. daß Du aber nein, es macht zuviel Kosten.

Charles erzählte mir heut beim Frühstück, wie die Indier die

Châles machen: der Mann hat den Rahmen u. die Wolle und Frau und Tochter sitzen bei ihm u. lesen ihm aus Musterbüchern, die als werthvolles Eigenthum von Vater auf Sohn sich forterben, das Muster vor; oft singen sie es ihm auch in einem einförmig klingenden Gesang vor.

Ich schicke Dir meinen Brief an Lischen, wenn Du ihn gleich nach dem Du ihn gelesen postest, so erhält sie ihn nicht später, ich denke. Jetzt fahre ich mit Mrs. M. fort, dann haben wir lunch, wonach ich meinen Brief schließen will, er muß hier immer vor fünf Uhr im Kasten sein.

Tausend Grüße Dir und den Kindern.

Deine Emilie.

An Theodor Fontane

D 9t. Mai. 70. London.

Geliebter Mann.

Ich komme so eben von der Ausstellung zurück. Die Räume groß, vornehm, Licht, keine Sparsamkeit irgendwo. Die Bilder in schönen, goldenen Rahmen, keinem einzigen sah man an, daß der Maler seinen letzten Pfennig an ein anständiges Kleid für sein Herzenskind gesetzt hatte. Aber die Bilder selbst! sie sind so verschieden von denen unserer Ausstellungen, wie die beiden Nationen selbst; natürlich urtheile ich nur zu Dir, weil ich weiß, es interessirt Dich, was die Dinge die ich sehe, für einen Eindruck auf mich machen. Also im Ganzen: Genrebilder; steif, geschmacklos, vorwiegend langweilig. Historische Bilder: lächerlich oder verfehlt; wenn irgend möglich, auch bei dem erst genannten Genre, ein frömmelnder Anstrich, der mich anwiedert; überhaupt wenig Natur, Alles bekleidet, Heyden würde seine Rechnung nicht finden. Schön sind Landschaften, noch schöner Schafe u. Hunde, überhaupt Biester, am schönsten Seestücke. Die christlichen Bilder sind garnicht anzusehen.

Natürlich sind unter über 1000 Bilder in jeder Kathegorie Ausnahmen, u. habe ich mich an einigen sehr erfreut; der Total-Eindruck war aber der oben beschriebene; ich bin sehr begierig was Du mir darauf antworten wirst. Markus Stone hat ein großes historisches Bild; es scheint mir sehr fleißig u. gut u. fein gemalt, im Detail, aber das Ganze macht keinen Eindruck, oder eher einen unangenehmen. König Heinrich VIII nähert sich der Anna Boleyn, Höflinge u. Damen sehen erstaunt auf die beiden, während im Hintergrund Katharina, mit dem Gebetbuch in der Hand, im Vorübergehn, die Scene belauscht. Der König macht geradezu einen unangenehmen u. Anna mindestens keinen sehr verführerischen Eindruck. Aber ich habe ja die Portraits vergessen, die fast alle gut, manche first rate zu seien schienen.

An George schreibe ich nicht. Worte helfen bei ihm nicht, wir müssen wie Eggers sagt, seine historische Entwickelung abwarten u. so lange wie möglich in Güte zu ihm stehn. Du wirst doch so liebenswürdig sein u. mir das in Rede stehende Gedicht schicken, wenn ich nicht fürchten soll, daß Du »die Entfernte« preist. – Es ist immer noch kalt u. windig u. der Ostwind so scharf, daß Meten u. mir die Haut aufgesprungen ist, was auch Ursache in dem vielen waschen hat.

d 10t. M. St. ist keineswegs sehr berühmt, er steht vielleicht auf der Höhe wie Korneck, aber die Leute sind hier so fond of historical pictures, u. er nennt sich Historienmaler. Das Bild von ihm auf der Ausstellung, welches ungefähr so groß ist wie Menzel's Krönungsbild, hat er für £. 1000 verkauft; solche Preise erhält er für all seine Bilder, die sich verkaufen wie die warmen Semmeln. […]

d 14. Abends. Wir waren also bei Mr. u. Mrs. Cook, 8 M. von hier in Clapton; passirten little Randolph street, noch derselbe Station shop an der Ecke; Camdenstreet; es war eine reizende Fahrt. Wir kamen durch Edmonton und ich sah mich nach John Gilpin u. seiner lady um. Endlich erreichten wir ein feines Landhaus; schöner Garten, geschmackvoll eingerichtetes Haus, liebenswürdige Wirthe. Es war engster Zirkel und die lady vom Haus, die etwa einer Frau Borsig oder Ravené entspricht, took a fancy for me, wie Mrs. M. sagte, sie war außerordentlich freundlich u. beschenkte mich als ich fortfuhr mit einem Strauß von Kamelien u. Azalien, wie ich ihn nie so schön gehabt. Der älteste Sohn, ein Mann in den 40ern, Wittwer mit drei Kindern, saß neben mir bei Tisch; fein, liebenswürdig, gebildet, weit gereist u. ohne jede Steifheit die ängstlich an den Formen hält. Er steht jetzt an der Spitze der Seife Fabrick, der ersten London's; er giebt jährlich £ 3000 aus und legt eben so viel zurück; außer seinen 4 Brüdern, hat er noch 5 Schwestern. Wir hatten ein einfaches, fein gewähltes Dinner u. ich nahm den Eindruck mit fort wie schön es ist gebildet und reich zu sein.

Du scheinst ebenso wenig zu fühlen wie beschämend es für mich daß Du einen so entscheidenden Schritt für unser Leben gethan hast, ohne Dir die Mühe zu nehmen, mit mir darüber zu berathschlagen, wie Du es durchaus nicht einsehen willst, daß es mindestens gesagt, nicht feinfühlend ist, daß Du mich verurtheilst, nach 20jähriger guter u. oft doch auch recht mühseliger Ekonomie, um jeden Thaler zu bitten u. mein Dienstmädchen zur Haushälterin erwählst. Ich habe seit Monaten über diesen mit Recht mich auf's tiefste kränkenden Punkt geschwiegen, da ich ja Deinen Charakter kenne u. von beeinflussen desselben keine Rede sein kann, aber dieses neue Erlebniß läßt mich wieder recht schmerzlich fühlen, daß Du liebst allein zu entscheiden u. doch müssen wir zusammen handeln.

Sontag. d 15. Heut ist der erste schöne Maitag; ich konnte nicht zur Kirche gehn, aber Nachmittag, wir essen Sontags um 1 ½ Uhr will Mr. M. mit Mete u. mir nach dem Zoologischen Garten fahren. Ich werde gepflegt wie ein Kind, muß essen von früh bis spät u. mache all dieser Pflege keine Ehre denn Mr. M. sagt: every day you look more starving. Ich begreife es nicht;

wenn ich 14 Tage in Schlesien bin, fange ich an zuzunehmen u. hier wo ich mehr esse, viel Bier trinke u. viel Ruhe habe, werde ich von Tag zu Tag blasser, so daß ich glaube Koblank hat doch recht, ich leide an Blutmangel, derselben Ansicht ist Dr. Watson, der gestern hier war. Die eigenthümliche Schlaffheit, die ich auch in Camdentown hatte, hat mich wieder befallen. Erwarte mich also nicht emballirt wieder, ich habe gerade hier meine sehr häßliche Zeit. Der Arzt der gestern hier war, ist Homöophat, hat einen hübschen Wagen mit einem Pferd; er benutzt 3 Stunden des Tages dies Fuhrwerk, wofür er jährlich £ 100 bezahlt. – Gestern bin ich mit Margreth bis zum Gefecht bei Hühnerwasser gekommen.

Ich höre, daß die diesjährige Ausstellung hier sehr mittelmäßig befunden wird.

d 16. Die Ungeeigentheit unserer Wohnung tritt mir immer wieder als Hinderniß entgegen, jetzt mehr denn früher. Wirf nicht den Brief bei Seite u. denke, ich *suche* Schwierigkeiten, gerade weil ich *ernst* an's Werk gehen will, müssen wir es uns klar machen. Der Weg durch Dein Zimmer ist ein großes Hemmniß, um so mehr von jetzt an, da Du immer zu Haus sein wirst; antworte nun nicht etwa: »Du würdest in Einsamkeit vergraben, irgendwo Deine Bücher schreiben« dann wären wir am Ende u. ich könnte mit den Kindern eine kleine Wohnung beziehn. Ich denke Verständigung u. liebevolles Eingehn in unsere Angelegenheiten wird eine große Erleichterung sein. Wollen wir vorläufig eimal versuchen unsere Zimmer zu ändern? Es wäre auch schon des Klavier spielens halber besser; da Fiedlers u. die oben wohnenden in Deinem Zimmer weniger gestört würden. Ich warte nun nur noch auf Deine Antwort, dann mache ich ein Advertissement in der Times.

Mete war gestern sehr glücklich; wir wohnten der Fütterung der Löwen bei, die wie Alles hier, auch massenhaft vertreten sind; auch 4 Elephanten, sie waren aber stiff u. entbehrten die Talente, die die Kinder an dem unsrigen bewundert hatten. Wir waren mit Mrs. M. u. Charles dort. Es war feinster Besuchstag, u. die ganze vornehme Welt versammelt. Heut regnet es u. der seit einer Woche andauernde Sturm hat sich gelegt; es ist erst 7 Uhr; ich stehe jetzt früh auf um noch recht fleißig zu lernen, vor meiner Abreise.

Ich erhielt Deinen lieben Brief, mit den beiden Einlagen, die ich noch von hieraus beantworten werde; ich würde bestimmt zu Pfingsten nach Hause kommen, wenn George seine Ferien bei uns zu bringen könnte. Dann hätte ich es für meine Pflicht und mein Vergnügen gehalten. So hoffe ich aber Du hast nichts dagegen, wenn ich das Fest hier verlebe, da Du Gott sei Dank gesund und heiter zu sein scheinst u. die Kinder, deren Du wieder mit keiner Sylbe erwähnst, meiner nicht bedürfen. Es giebt mir ein wenig das Gefühl des unnütz sein's, aber never mind; ich freue mich der Gegenwart, von der ich lernen u. sehen will, so viel wie nur irgend möglich. Ich habe gar kein schmerzliches Gefühl alt zu werden, es schmerzt mich nur, daß wir, trotz alt werden, jung sein sollen; ich werde gern die Nachtheile des Alters tragen, wenn ich die Vortheile der Bevorzugten mit genießen könnte.

Mein Zurückreisen über Paris kann doch nur Dein Spaß sein; ich komme ganz bestimmt über Hamburg wieder. Es muß doch endlich Frühling werden, auch daheim. Hier steht Alles in voller Blüthe, Flieder und Goldregen erfreuen das Auge und die Nachtigallen scheinen auch den englischen Reichthum zu vertreten, in solcher Fülle leben sie in den Park's. Ich war so eben, nach dem Regen u. nachdem wir fleißig in Deinem Buch studirt hatten, mit Margreth nach Kensington gardens; es war wunderschön und man vergißt stets dort, daß man in der Weltstadt ist.

Aber nun zum Schluß; wir haben heut Gäste zum Dinner und ich muß noch für Mrs: M. eine Uebersetzung machen. Außerdem wirst Du genug haben, ich habe ein ganzes Buch geschrieben. Grüße die Freunde, vor allen Dingen Lepel, dem ich zum 27. Mai. seinem Geburtstage schreiben werde. Martha läßt Dich sehr herzlich grüßen, sie schreibt Dir nächste Woche wieder. Küsse die Kinder, laß es Dir ferner recht gut ergehn und sei gegrüßt u. geküßt von Deiner

Emilie Fontane.

An Theodor Fontane

London d 14. Mai. [1870]

Liebster Theodor.

Du wirst nicht erwarten, daß mich Dein gestriger Brief erfreut hat; dazu blickst Du auch zu dankbar auf die letzten 10. glücklichsten Jahre unseres Lebens zurück. Noch bitte ich Gott mir die Ueberzeugung zu geben, daß Du richtig gehandelt hast; möge das Gefühl der Freiheit, welches Dich jetzt erquickt, Dir Kraft und Muth zu dem neuen Lebensweg geben; überrascht hat mich dieser Dein Schritt nicht; ich weiß seit lange daß Du nach Freiheit schmachtest; freilich wünschte ich Beutner hätte *ganz* Unrecht; Du weißt aber in wie fern ich auf seiner Seite stehe.

Jedes Gebundensein wiederstrebt Deiner Natur; so lange die Dinge ruhig gehen, bist Du glücklich und zufrieden; kommt aber ein Anstoß, so verwirfst Du auch Alles; ich fürchte auch die leichte Fessel, durch die Du jetzt an Hahn gebunden, wird Dich in kurzer Zeit auch wieder drücken. Es ist dies der Fall mit mir seit beinah 20 Jahren. Sobald ich durch irgend etwas Dir unangenehm bin, sobald ich Dir entgegen stehe, sprichst Du von einer 20jährigen, unerträglichen Ehe. Dasselbe gilt von Deinen Freunden; sie binden sich immer wieder an Dich; nicht Du an sie. Daß Du in diesen drei Wochen keine Minute Deine Handelweise bereut, hat keinen Trost für mich; Du hast Dich Deiner Freiheit erfreut, Geld hat Dir nicht gefehlt und mein Leidensgesicht Dich nicht gequält und die Freunde konnten Deinem heiteren Gesicht kein mißbilligendes entgegen bringen.

Sie billigen wahrscheinlich Deinen Schritt nicht; jeder von ihnen hat in seiner Stellung etwas zu ertragen und daß Du in Freiheit bist, kann nur mit anderen Opfern erkauft werden. Gott gebe mit nicht zu schweren! Dein monatelanges Kranksein ist mir noch zu schmerzlich in der Erinnrung um mit Muth in die ungewisse Zukunft zu blicken.

Aber geschehene Dinge sind nicht zu ändern und da Du mich nicht gefragt hast, so habe ich auch nicht zu antworten. Es gilt nun meine Pflicht zu thun und Dir mit Freudigkeit beizustehn, zu helfen. Leider ist unserer beider Gesundheit nicht dazu angethan, mit 50 u. beinah 50 von vorn anzufangen, aber die Kräfte kommen, wenn man sie braucht.

M. finden mich sehr angegriffen u. ich bin auch in den ganzen drei Wochen nicht zu einem mich gesund fühlen gekommen; ich wußte, es schwebte etwas in der Luft; vielleicht wird es nun besser.

Ich habe noch eine große Bitte: laß Dir nicht Geld von S. geben, es ist mir viel lieber wir verbrauchen erst die Scheine und lassen die 1000 𝒯. von unserer Mama noch unberührt; es ist besser wir hängen nicht von seiner Güte ab u. die Zinsen sind doch auch mitzunehmen, die Du doch nicht erhieltest, wenn er Dir nach u. nach das Geld geben müßte; bitte thue es; Du kannst mir ja, wenn es Dein Gewissen beunruhigt, die 1000 𝒯. verschreiben.

Zu meiner Rückreise bitte ich Dich um eine £ 10. Note; £ 5. will ich für Mete hier lassen, £ 1. für die Dienstmädchen und £ 4. zu meiner Rückreise. Die sechs Wochen, die ich mir vorgenommen hatte, werde ich hier bleiben; mein Kommen würde auch vorläufig nichts ändern. Ich werde an Johanna schreiben und mich hier umsehen, einige Pensionärinnen zu bekommen. Am Montag schicke ich Dir, wie Du es wünscht, Deinen angefangenen Brief.

Lebe sehr wohl; Gott erhalte Dir Deinen Muth und gebe Dir vor allen Dingen Gesundheit; küsse die Kinder, von denen etwas zu hören, ich großes Verlangen trage. Dieser Brief ist mir schwer geworden, denn ich habe schon 3 Nächte nicht ordentlich geschlafen, dazu die gestrige Aufregung, Besuch zum Dinner und spät Abends, so daß ich fast meinen Kopf nicht halten kann. Aber ich hoffe mit Zuversicht daß ich mich jetzt erholen werde, der Wille gesund sein zu wollen, thut auch etwas. Mit herzlichster Liebe Deine alte

Emilie.

An Theodor Fontane

London d 26 Mai. 70.

Mein geliebter Mann.

Heut sind es 5 Wochen daß ich Berlin verließ u. ich gedenke ungefähr in 14 Tagen wieder daheim zu sein, so daß ich meine erste Absicht, nur um 8 Tage werde überschritten haben. Gestern erhielt ich Deine freundlichen Zeilen, für deren Absicht ich Dir danke. Ich kann nur immer noch nicht begreifen, daß Du Ursache fühlst, mir so heftig zu zürnen, das Aufgeben Deiner Stellung hat doch garnichts damit zu thun, wie ich sonst über Deine Person denke und fühle; ich glaube gewiß, daß ich diese Angelegenheit weniger schwer fühlen würde, wenn ich Dich weniger liebte; dann würde ich sagen: after all er muß für Frau u. Kinder sorgen, ob es ihm schwer wird oder nicht. Alles Schwere für Dich, ist mir aber eine Last; meine Ansprüche sind nicht groß, u. ich kann sie noch verringern, ohne mich unglücklich zu machen. Ich würde kein Wort mehr gesagt haben, wenn nicht zwischen jede[r] Deiner Zeilen ein mir ungerecht erscheinender Vorwurf stände; nach meinem Urtheil wäre es nicht nur leichtsinnig, sondern auch lieblos gerade gegen Dich gewesen, wenn ich hätte sagen können: Du hast ganz recht gehandelt. [...]

An Theodor Fontane

Berlin d 2 Aug. 70.
Nachmittag's

Liebster Theodor.

Noch habe ich Nichts erfahren, auch keinen Brief erhalten; so eben fuhr mit der Verbindungsbahn ein Zug Soldaten vorüber, sie waren von der Hitze matt wie die Fliegen; Alles lief mit Bier, Wein, Cigarren, Wasser, (wo nach sie am meisten verlangten) nebenher. Ich danke es Dir 1000mal daß ich dergleichen nicht schon habe 14 Tage lang mit ansehen müssen, ich habe kein so starkes Herz, es thut mir weh trotz allem Patriotismus. Unser Droschkenkutscher heut früh sagte: »jetzt is schon mancher abgeschlacht«; unsere Portierfrau empfing uns mit Thränen, ihr Mann ist fort, steht auch beim 27.ten; sie beschrieb diese letzten 14 Tage hier, indem sie sagte: mir sinn vom ansehen Arme un Beine zerschlagen.

Unsere Reise bis Hagenow war sehr nett, von da an zu Damen in ein Coupet gesperrt, begegnete ich einer Unart u. Unverschämtheit, wie ich es noch *nie* auf meinen vielen Reisen auch nur annähernd erlebt habe; die Hauptperson, war eine Offiziersdame, wenn ich nicht irre, Frau v. Kornatzky, die mit einer Comtesse Fuhlstein (?) aus Potsdam hierher reiste; es tauchten ein Hund, ein Papagei, *unter* unseren Füßen auf, u. als wir aus leichten Schlaf geschreckt, der des lauten Geplapper wegen, immer nur Minuten dauerte, aufschreckten, war ihre Entschuldigung Gelächter. Luise war so empört, daß sie nur mit Mühe schweigend zu erhalten war.

Theo schläft seit dem wir eine Tasse Kaffee getrunken; essen können wir Alle nicht, da wir ganz abgemattet von der heißen Nacht, wo wir nicht einen Ritz Fenster öffnen *durften* und hier wie im Schweiße gebadet ankamen. Ganz die Brutalität u. Unverschämtheit armer, adlicher Offiziersdamen! sie schrieen um 2½ Uhr nach Kaffee, ein Mann auf ihr Ansinnen war wirklich so freundlich 2 mal nach der Restauration zu laufen, endlich brachte der Kellner den Trank und während sie ihn schlürften überlegten sie ob sie dem »gefälligen Menschen« 1 Sgr. geben sollten, was sie schließlich – unterließen; er hatte genug von der Ehre. – Ich kehre zum meklenburger Adel zurück.

Jetzt will ich mich schnell anziehen u. mal zu Bialke's heraufgehen, vielleicht wissen sie etwas. *Schon* wieder ein Zug!

Alle Reisenden aus dem Hause sind seit 8 Tagen zurück; wir sind die letzten. Es ist sehr behaglich wieder zu Hause zu sein, aber nach der Seeluft schmachte ich.

Bialke's wußten auch nichts, als daß man heut und morgen etwas Entscheidendes erwartet; der König ist wahrscheinlich dahin gegangen, wo unser George steht. Die Amnestie, von der sie mir erzählten, wirst Du gelesen haben.

Ich hoffe Du kömmst bald; grüße unsere liebenswürdige Freundin, bei der ich so gern mit Dir wäre, könnte ich ruhigen Herzens sein. Die Kinder grüßen und küssen Dich innigst und bin Deine

alte Emilie.

Fr. Dr. B. hat Frl. Bialke gesagt, *trotzdem* ihr einer Sohn brustkrank wäre, ginge er doch mit.

An Hermann Kletke

Berlin d 22t. Oct. [1870]

Verehrter Herr Doktor.

So eben erhalte ich Ihre gütigen Zeilen und kann Sie nun benachrichtigen daß ich heut einen Brief meines lieben Mannes empfangen habe, der seit dem 4. d. als Gefangener in der Citadelle zu Besançon ist. Er schreibt französisch, seine früheren deutschen Briefe sind garnicht in meine Hände gelangt.

Ihren gütigen Rath haben die Freunde meines Mannes befolgt und hoffen wir daß der Hofrath Schneider Alles thun wird, was in seiner Macht, da er seit Jahren mit meinem Manne befreundet, auch unser König stets ein gnädiges Interesse für meines Mannes Arbeiten gezeigt hat.

Sobald ich etwas Günstiges erfahre, werde ich mir erlauben, Sie davon zu benachrichtigen.

In lebhafter Verehrung

Ihre

E. Fontane.

An Theodor Fontane

Berlin, den 24. Oktober 1870.

Mein liebster Mann! Gestern habe ich Deinen Brief vom 14.–16. Oktober erhalten, und Du kannst Dir vorstellen, daß ich in Verzweiflung war, weil ich seit dem letzten (am vierten von Toul aus) weiter keine Nachricht mehr von Dir bekam. Gott sei Dank, daß Du nur lebst! Ich hoffe, daß Deine Unschuld bald bewiesen ist, und Du zu uns zurückkehren darfst. Unsere Freunde wollen ebenso wie ich gern wissen, welcher Missetat oder Übertretung ein Mann wie Du, ein harmloser Dichter und Schriftsteller, beschuldigt worden ist. Sie meinen, es müsse doch leicht sein, jeglichen Argwohn zu zerstreuen, sobald nur die Ursache bekannt ist.

Die Kinder befinden sich wohlauf, und auch die Nachrichten von George und Martha sind sehr gut; den Freunden geht es sehr nahe, wie mir selbst; Herr von Heyden und Herr Eggers sind nach Toul abgereist in der Hoffnung, Dich zu finden. Die Freunde tun alles, was nur möglich ist, um Deine Freiheit zu erlangen, oder um Dir wenigstens eine angenehme Lage zu verschaffen.

Du weißt, daß es mein Wunsch war, Deine Abreise einige

Monate zu verschieben. Aber es ist so Gottes Wille gewesen, und ich hoffe, daß er alles zum besten lenken wird.

Unter Tränen und mit heißen Bitten

immer Deine Emilie Fontane.

Was brauchst Du am nötigsten? Hast Du noch Geld?

An Theodor Fontane

Berlin, den 11. November 1870.

Mein lieber Theodor! Ich hoffe, daß Du endlich in Roche-sur-Yon angekommen bist und durch die Güte des Bischofs von Luçon ein wenig die Pflege erhältst, die Deiner Gesundheit so nötig ist. Ich schreibe Französisch, was, wie Du merkst, mir sehr schwer fällt, aber mein Gemüt ist so traurig, mein Herz so niedergedrückt, daß ich keinen Satz finden kann. Und Du wirst mich jetzt nicht auslachen! Ich bin Tag und Nacht bei Dir und bitte den lieben Gott, daß er uns Geduld schenken und die Kraft verleihen möge, diese furchtbare Trennung zu ertragen. Ich zittere für Deine Gesundheit, daß sie diese schreckliche Gefangenschaft nicht aushalten wird. Ich habe einen Besuch bei dem hiesigen Kardinal Namszanowsky gemacht, welcher sehr liebenswürdig war und mir versprochen hat, daß er an den Bischof von Luçon schreiben und für Dich einen kleinen deutschen Brief von mir einschließen will.

Als ich damals endlich die erste Nachricht von Dir aus Besançon erhalten hatte, habe ich einen französischen Brief abgesandt, der nicht in Deinen Besitz gelangt ist. Deine Schwester ist noch bei mir, und ich bin froh, daß sie mir durch diese unglückliche Zeit hindurchgeholfen hat, aber sie will für eine Woche wieder nach Neu-Ruppin zurück, und dann bin ich allein mit der jungen Elise Treutler.

Ich habe Dein ganzes Gepäck aus Toul und Vaucouleurs erhalten; Du kannst Dir denken, mit welchem Gefühl ich das alles betrachtet habe! Unsere Kinder sind gesund und munter. Von George und Mete habe ich während Deiner Abwesenheit sehr gute Nachrichten und sehr nette und interessante Briefe erhalten. Ich hoffe, daß Du Lebenszeichen unserer Freunde Meringtons aus London erhalten wirst. Sie haben sofort nach Besançon geschrieben. Ich habe sie gebeten, Deinem kleinen Liebling nichts von Deiner Gefangenschaft zu sagen. Unser Sohn George ist sehr unglücklich über diese traurige Nachricht.

Alle unsere Freunde sind von wahrhaft rührender Treue. Sie haben jeden möglichen Schritt zu Deiner Befreiung getan. Ich bitte zu Gott, daß er mit Dir sei und diese Prüfungszeit recht bald beenden möge.

Gott segne Dich!

Immer Deine

Emilie Fontane.

An Rudolf von Decker

[Berlin] Den 18. November 1870.

Hochverehrter Herr.

Ein glücklicher Zufall hat mich nach vielem Suchen beifolgendes Manuskript finden lassen, welches ich mir nun erlaube, Ihnen zuzustellen.

Die Kreuzzeitungsnotiz hat mich auch gestern abend als »falsch« überrascht. Die letzten wenigen französischen Zeilen, die ich am 14. von meinem Manne empfangen habe, waren vom 7. Rochefort datiert, worin er die Hoffnung aussprach, am nächstfolgenden Tage an seinem Bestimmungsort, Isle d'Oléron, anzulangen; dies bestätigen mir Ihre geehrten Zeilen.

Gestern erhielt ich einen eigenhändigen, *deutschen* höchst liebenswürdigen Brief Sr. Eminenz des Kardinals von Besançon, der einen Mr. Bial, Eskadronchef, interniert in Wiesbaden, zur Auswechslung vorschlägt. Ich habe sofort davon Anzeige gemacht und erfahren, daß unser großer *Bismarck* selbst sowie General v. Werder (durch Ihre Güte) sich persönlich für die Befreiung meines Mannes verwandt hätten. So hoffe ich aufs neue, daß unsre Prüfungszeit ihrem Ende entgegengehen wird.

Mit vorzüglicher Hochachtung ganz ergebenst

Emilie Fontane.

An Rudolf von Decker

Berlin den 2. 12. 70.

Hochverehrtester Herr.

Nachdem ich seit dem 7. v[origen Monats] ohne jede Nachricht meines Mannes gewesen, erhielt ich gestern spät ein Telegramm aus Genf, worin er mir seine Rückkehr für Sonnabend oder Sonntag anzeigt.

Es ist mir eine große Freude, Ihnen, verehrtester Herr v. Decker, diesen, Gott sei gepriesen, glücklichen Abschluß der Gefangenschaft meines teuren Mannes mitzuteilen.

Mit ganz besonderer Hochachtung

Ihre ganz ergebenste Emilie Fontane.

KAPITEL 6

»… es wird uns eine Sehnsucht im Herzen bleiben«

Zwei Italienreisen (1874 und 1875)

Nachdem sich die Aufregungen um den glücklich Heimgekehrten allmählich gelegt haben und er all die Briefe erledigt hat, »die ich meinen Mitgefangenen versprochen hatte an ihre Eltern zu schreiben« (an Mathilde von Rohr, 15. Dezember 1870), holt ihn der Schriftstelleralltag wieder ein. Fontane schreibt bis August 1871 den ersten Teil seines Erlebnisberichts und arbeitet anschließend in Dobbertin und dann in Warnemünde am zweiten Teil; das Werk erscheint 1872 in zwei Bänden unter dem Titel »Aus den Tagen der Okkupation. Eine Osterreise durch Nordfrankreich und Elsaß-Lothringen 1871« im Decker-Verlag. Der Haupttitel bezieht sich auf die Zeit, in der die Kriegshandlungen eingestellt sind, große Teile Frankreichs aber »okkupiert« bleiben, bis das Land seine Reparationsleistungen beglichen hat. Hinter dem zeitgebundenen Titel verbirgt sich eines der persönlichsten und bekenntnisreichsten Werke Fontanes, ein freundliches Bekenntnis zum Land seiner hugenottischen Vorfahren, das die preußischen Propagandasprüche über den vermeintlichen »Erbfeind« plausibel widerlegt. Emilie könnte bei der Abschrift des Manuskripts manchmal überrascht gewesen sein.

Das Jahr 1872 bringt, auch zur Freude Emilies, mehrere

literarische Erfolge. Im Frühjahr skizziert ihr Mann seinen großen Essay über den geschätzten Romancier-Kollegen Willibald Alexis, der 1872 veröffentlicht wird. Im Oktober erscheint ein neuer Band der »Wanderungen«: »Havelland«, und im November wird der erste Halbband des »Kriegs gegen Frankreich« ausgeliefert.

Den Sommer verleben die Fontanes, meist gemeinsam, in Krummhübel und anschließend bei den Treutlers in Neuhof, und sie sind gesundheitlich einigermaßen stabilisiert, als sie, wieder zu Haus, am 3. Oktober ein letztes Mal umziehen. Da das Haus in der Königgrätzer Straße, in dem sie neun Jahre gewohnt haben, völlig heruntergewirtschaftet ist (»der Hof sieht aus, als könne er das ganze Geheimerats-Viertel mit Typhus versorgen«; an Mathilde von Rohr, 25. September 1872), entscheiden sie sich für eine Mansardenwohnung in der Potsdamer Straße 134 c in einem Haus, das der Johanniter-Ordens-Ballei Brandenburg gehört. (Heute weist am Potsdamer Platz eine kleine Tafel auf den einstigen Standort des Gebäudes hin.) Die Wohnung, in der die Eltern, die Haushälterin und die beiden jüngsten Kinder, Martha und Friedrich, unterzubringen sind, befindet sich in der dritten Etage (»Aber noch 75 Stufen«, seufzt der alte Fontane in seinem Gedicht »Meine Reiselust«); Toiletten gibt's, wie üblich, nur auf dem Hof, und Fontane hat die »nächtlichen Pirschgänge« dorthin oft genug erwähnt. Nicht unbedingt eine komfortable Unterkunft also, doch Emilie muss für Behaglichkeit auf kleinem Raum zu sorgen gewusst haben, denn Besucher berichten mehrfach von der besonders anheimelnden Atmosphäre »im Hause Fontane«. In dieser Wohnung, einem wahren »literarischen Ort«, werden die Fontanes 26 produktive Jahre ausharren und das kleine Domizil als eine Rückzugsstätte geistiger Regsamkeit und freundlicher Menschlichkeit schätzen.

Das Jahr 1873, an neuer Stätte, vergeht ohne sonderliche Aufregungen. Fontane hat mit Theaterkritik und Arbeit am Kriegsbuch kontinuierlich zu tun, und der Winter ist, laut Tagebuch, ausgefüllt mit »Gesellschafts-Majonaise und Krankheit«. Immerhin fährt die Familie im Juli geschlossen nach Thüringen und verbringt von Tabarz aus einen an- und aufregenden Sommer – mit Ausflügen in viele historisch interessante Orte und mit allerlei kleinen Abenteuern, an denen ihre unternehmungsfreudigen Freundinnen Henriette von Merckel und Mathilde von Rohr lebhaften Anteil haben.

Auch das Jahr 1874 trifft den Autor zunächst bei der alten Tätigkeit an: Kriegsbuch und Theaterkritik. Aber Fontane hört auch jede Woche die Vorlesung von Moritz Lazarus über »Völkerpsychologie« (Ethnologie), und alle vierzehn Tage sitzt er, gemeinsam mit Emilie, in den Schopenhauer-Abenden bei Pastor Windel. Verleger Hertz erfreut ihn mit der zweiten Auflage der »Gedichte« und mit der dritten, »total umgearbeiteten« Auflage von »Grafschaft Ruppin«. Emilie und Martha haben im August gute Tage bei den Treutlers in Neuhof, während Fontane zu Hause in »angestrengtester Arbeit« (Tagebuch, 1874) den dritten Halbband des Kriegsbuches abschließt.

Dieser Etappenerfolg, seine reichlich strapazierten Nerven und die Aussicht auf die ausstehenden Honorare zeitigen einen sensationellen Entschluss: Er, der stets auf »den Norden« und dessen Kulturwelt fixiert war, will nun doch *nach Italien.* Auf der achten, eigens frei gehaltenen Seite eines Briefes vom 26. August 1874 erfährt Emilie: »Am 28. oder 29. September will ich meine Reise nach Italien, d.h. nach *Rom* antreten und bin fest entschlossen, coute que coute, Dich mitzunehmen. […] Ich rechne also auf Dein Ja-Wort, wie am Altar.«

Am 28. August begründet er Emilie sein Vorhaben noch einmal: »Von Leichtsinn ist bei der ganzen Sache keine Spur; in 24 jähriger, fast bis zur Peinlichkeit getriebener Exaktheit, haben wir uns einen ehrlichen Anspruch darauf erworben, auch mal fünfe gerade sein zu lassen.« Emilie scheint umgehend zugestimmt zu haben, denn er schreibt: »Nicht nur Deine Zusage allein, sondern ganz besonders *wie* sie gemacht wurde, hat mich von Herzen erfreut. So Du den rechten Willen hast, werden es schöne Tage werden […].« Und er unterbreitet ihr sogleich seine Reisephilosophie: »Bleibe nur bei guter Laune, Frische, Courage, das ist die Hauptsache und wichtiger wie hundert Thaler mehr oder weniger. Denn es kommt nicht auf die Masse des zu Sehenden und kaum auf die Bedeutung des einen oder andern an, sondern lediglich darauf, mit welchem Auge man sieht. Es darf nicht trübe sein.«

Mit diesem Grundsatz ausgerüstet, sind die Fontanes vom 30. September bis zum 19. November unterwegs, besuchen Verona, Venedig, Florenz und Rom, reisen weiter bis Neapel, sind auf Capri, in Sorrent und in Pompeji. Und obwohl sich seine alte Skepsis gegenüber »dem Süden« bereits beim Übergang über den Brenner zu bestätigen scheint (»Frierend fuhren wir in das schöne Land Italia hinein. Es goß mit Mollen. Der erste Eindruck war: ›*das* leisten wir auch‹«; an Karl und Emilie Zöllner, 7. Oktober 1874), bekennt er schon aus Venedig: »[…] das Ganze ist unsagbar schön, anheimelnd, beglückend. Auch Milachen ist weich wie Butter.« (Ebd.) Ja, er gesteht in einem Brief an Zöllner sogar: »Die Tage in Venedig waren sehr schön und es wird uns eine Sehnsucht im Herzen bleiben, sie erneuern zu können.« (Ebd.)

Fontane fühlt sich zunächst sehr wohl, gibt den liebenswürdigen Gatten, bringt Emilie Tee und Kaffee ans Bett und isst »wie ein Wehrwolf« (Emilies Tagebuch, 15. Oktober 1874). Doch das ändert sich bald, er erkrankt, muss gleichwohl große Stapel Korrekturbögen vom »Kriegsbuch« durchsehen und »schriftstellert« zu Emilies Verdruss tagelang an Berichten über Museumsbesuche an Freund Zöllner. Über seinen Gesundheitszustand witzelt er auf pikante Weise: »Milachen hält sich merkwürdig tapfer und ist viel besser im Stande wie ich. Ich bin so fiebrig, daß ich keine Weste zuknöpfen kann; die Knöpfe zittern mir immer wieder aus den Fingern heraus. Bei der Weste schließlich ertragbar, aber welche Perspektiven!« (An Emilie Zöllner, 22. Oktober 1874.) Später, von Neapel aus, heißt es: »der ganze Vesuv saß mir im Leibe und das unheimliche Rollen und Grollen nahm kein Ende« (an Karl und Emilie Zöllner, 10. November 1874).

Emilie, von deren zahlreichen Italienberichten nur Briefe an Frau Lazarus und Frau Zöllner überliefert sind, muss unter diesen Umständen sogar das Tagebuchschreiben übernehmen, und sie hat mehrere aufregende Situationen höchst anschaulich festgehalten.

Wie Fontane mit der Fülle der Eindrücke umgeht, beschreibt er in einem Brief nach Berlin: »Auch hier, wie überall im Leben, heißt es sich bescheiden. Wer alles zwingen will, wird nur confus. Das denkbar Unangebrachteste an dieser Stelle ist das ›Austitschen-wollen‹, zu dem ich vielleicht von Natur, jedenfalls durch Gewohnheit einen Hang habe.« (An Karl Zöllner, 31. Oktober 1874.) Er wird das auch Emilie auseinandergesetzt haben, die ziemlich überfordert ist, ihren »Grips« nicht ausreichend findet und sich oft »ein bischen heeme« (Emilies Tagebuch, 14. Oktober 1874) wünscht.

Auf der Rückreise machen sie noch einmal Halt in Florenz, und Fontane schreibt an den Weihnachtsfeiertagen einen Aufsatz darüber: »Ein letzter Tag in Italien«. Im Tagebuch notiert er: »Er kostete mehr Zeit, als er werth war, machte sich aber dadurch glänzend bezahlt, daß er meinen Entschluß: über Italien *nicht* zu schreiben, befestigte.« (Tagebuch, 1874.)

Mitte Juli des nächsten Jahres ist er »von Arbeit und Hitze ganz erschöpft« (Tagebuch) und unternimmt – diesmal allein – eine zweite Reise nach Italien. Sie gilt vor allem den Kunst- und Architekturschätzen in Oberitalien, worüber er in einer Folge ausführlicher Briefe an Emilie berichtet. Schon an der Fahrt in das Land, »wo die Zitronen blühn«, lässt er seine Frau espritvoll und anekdotenreich teilnehmen: Die Wirtin im Hotel zum

Storch in Basel (»sie sah aus als habe sie der Storch zuviel oder zu wenig gebissen«), Schaffhausen (wo der Donner des Rheinfalls die Menschen zum Schweigen veranlasst), die legendäre Via Mala (wo »die Großartigkeit ganz rein verzapft wird«) und die Reise in der Postkutsche alpenabwärts, wo er zeitweise allein ist. »In diesem Alleinsein schwelge ich ordentlich. (Das geht nicht gegen Dich. Du warst eine vorzügliche Reisegefährtin.)« (An Emilie, 9. August 1875) All diese Texte sind Perlen aus Fontanes Briefschreibekunst.

Emilie wird sich bei diesen heiteren Berichten amüsiert haben, und sie nimmt seinen Vorschlag für den krönenden Abschluss seiner Reise sogar begeistert auf: Er trifft sich mit ihr in München, und sie unternehmen gemeinsam einen Ausflug nach Berchtesgaden, Salzburg und Wien. Intensiver Regen begleitet sie zwar auch diesmal, aber sie verbringen die Zeit offenbar in glücklicher Harmonie.

Im September sind die Fontanes wieder in Berlin. Am 16. Oktober feiern sie im Kreis der Kinder und der nächsten Freunde ihre Silberhochzeit. Das Tagebuch für 1875 schließt mit dem Satz: »Die Weihnachtstage vergingen ruhig; ruhig traten wir in das neue Jahr, das ein sehr stürmisches und vielleicht verhängnißvolles werden sollte.«

Donnerstag d 15 October, um 8½ von Florenz abgereist; frisch, wie ein Morgen in der Heimath. Die ganze Fahrt bis Rom so landschaftlich interessant, daß man sich die Augen auskucken möchte. Immer an den Appeninen entlang, Festen, Burgen, Klöster zu Dutzenden, am trasimenischen See entlang, berühmt durch Hannibal, der die Schlacht dort gewann; der See hat 10 Stunden im Umkreis, seine tiefste Tiefe ist 18 Fuß; Napoleon hat ihn wollen trocken legen, zum Glück nicht geschehen, würde eins der schönsten Landschaftsbilder zerstört haben; drei Inseln darin, natürlich mit Klöstern. Wetter kostbar; Theo bei brillantem Appetit, stürzt fast wie Chevalièr bei jeder Station aus dem Coupé um etwas zu genießen. Endlich um 6½ Uhr in Rom! Etwas Mondschein, furchtbarer Trubel, da sehr großer, langer Zug mit vielen Deutschen; Hôtel-Fuhrwerk sehr übersichtlich, da jeder Name transparent erleuchtet. Im Omnibus des Hôtel du Sud et de la pace eingestiegen. Angekommen; sehr elegant, Wirth u. Wirthin geben uns den zweifelhaften Vorzug uns für Engländer zu halten. Zimmer mit riesiger englischer Bettstelle u. 4 Thüren u. 2 Fenstern. Netter französisch sprechender Kellner aus Parma; überhaupt von nun an in 4 Sprachen geredet. Gutes souper auf unserem Zimmer, Theo ißt wie ein Wehrwolf; auch hier wieder die Erfahrung, wenn man Cotelett bestellt, bringen sie einem rumpsteak. Sehr gut u. lange geschlafen denn, – es ist unser Hochzeitstag – der ewig blaue Himmel Italiens hat seine Schleusen geöffnet u. läßt es regnen wie im lieben Berlin, *am Freitag d 16. October.* Es regnet den ganzen Tag. Theo flanirt, während ich im Hôtel mich ausruhe u. zu Ehren des Tages fein mache, etwas umher, kommt nach 2 Stunden, wenig befriedigt, zurück. Wir diniren gut mit 2 liebenswürdigen Herren aus Kaiserslautern. Nachher noch ein Gang in die Stadt, nach dem Corso; alles macht nach dem Regentage einen düstern, tristen Eindruck. Unseren Thee im Hôtel getrunken.

Am 17. October uns bei drückender Hitze auf Wohnungssuche gemacht; viele Steintreppen umsonst erklettert, wieder nach Haus. Ich packe, während Theo wieder wandern u. suchen geht; nach 4 Stunden kommt er zurück, fadennaß, krank, eine Wohnung gefunden. Wir siedeln über; ich habe einen furchtbaren Eindruck; wir gehen nach dem Corso, sitzen u. hören Musik; endlich zögernd gegen 9 Uhr in unser neues »Heim«. Beim Licht macht es einen etwas besseren Eindruck; zu Bett u. eine wahre Höllennacht durchlebt. *Ich* durch Flöhe u. entsetzlichen Lärm auf der Straße im höchsten Fieber der Verzweiflung, Theo ganz krank! Innigste Sehnsucht nach Potsdamerstr. 134.c^{III}

Am Morgen des 18. Oct. Lachender Sontag, weinendes Herz! Theo krank, sitzt in furchtbar ungemütlicher Umgebung über seinen Correkturbögen! Ich wage ihn nicht anzusehn, weil ich immer nur an meinen Thränen zu schlucken u. Flöhe zu fangen habe. Er ist so elend daß er nicht ausgehen kann, beschwört mich aber, eine Fahrt allein zu machen. Ich verspreche es; schleppe mich bis zur Post, aber mit dem Gefühl als hätte ich eine Hautkrankheit, mit Schaudern an unsre Wohnung [!]. Ich kehre matt u. müde zurück, bestreue mich u. Bett mit Bergen von Insektenpulver; es nutzt nichts, zu Dutzenden fange ich die Quälgeister, wie Nadelspitzen groß. Endlich Ausbruch der Verzweiflung; Alternative zwischen *mich* nach Berlin schicken oder ausziehen! Ich eile in unser Hôtel; stelle unserem zum Glück englisch sprechenden Wirth unsere Lage vor; er giebt mir ein nettes Zimmer für täglich 5 fr.; ich fliege zurück, packe; Theo *zahlt* die *ganze Summe für* 3 Wochen u. wir kehren in das Hôtel zurück. Zwischen Freude und Leid wird Thee getrunken, sich gründlich *bereinigt*, u. sehr früh in das mir ideal erscheinende Bett gekrochen. […]

Montag d 2. November. Um 10 Uhr Rom verlassen! u. nach Neapel gereist. Wieder entzückende Fahrt; verhältnißmäßiges Ausruhn eine 7stündige Eisenbahnfahrt; nur leider wieder – ge-

1 Emilie Rouanet-Kummer. Pastellbild von Th. Hillwig, 1848

»Diese Eifersucht, oder vielmehr ein unbegrenzter Egoismus, ist der Fehler in meiner Liebe, was heilt mich davon? ich kann es kaum ertragen, wenn Theo lobend u. anerkennend von einer jungen Dame spricht, oder wenn er recht glücklich in einer Gesellschaft gewesen ist – ohne mich [...].« Emilie Rouanet-Kummer an Wilhelm Wolfsohn, 14. April 1850

2 Emilie Fontane, um 1864

»Aber bitte Deine Photographie bald; wenn ich Dich auch im Herzen trage, treuer als die Photographie sein kann, so möchte ich Dich doch gern zeigen können, meinen schönen Mann.« Emilie Fontane an ihren Mann, 27. Mai 1862

3 Theodor Fontane. Porträtskizze von Verleger Wilhelm Hertz, der Fontane 1860/61 auf mehreren Wanderungen begleitet hat

»Ich und Mark-Bewunderung! Ich weiß, was gut dran ist, aber schwerlich hat sie je einen strengeren Kritiker gefunden. Und wer richtig liest, der kann das auch finden.« Fontane an Wilhelm Hertz, 27. Mai 1880

4 Wohnhaus Potsdamer Straße 134 c

»Zuletzt dann vorbei an der Bismarckpforte / Kehr heim ich zu meinem alten Orte, / Zu meiner alten Dreitreppen-Klause, / Hoch im Johanniterhause. – / Schon seh ich grüßen, schon hör ich rufen – / Aber noch 75 Stufen.« Fontane, »Meine Reiselust (früher und jetzt)«

5 George Fontane (1851 – 1887) mit dem Hausmädchen auf dem Schulweg. Zeichnung von Wilhelm von Merckel

»George kommt eben mit 3 neuen Büchern selig aus der Schule, ich bin es mit ihm, dem armen Jungen fehlte Kameradschaft u. Anregung.« Emilie Fontane an Henriette von Merckel, London, 28. Juli 1858

6 Die Söhne Friedrich (1864–1941, links) und Theodor junior (1856–1933)

»Dein gestriger Brief, der morgens eintraf, war der Anfang eines freundlichen Tages [45. Hochzeitstag], an dem uns durch unsre Kinder Ueberraschungen und kleine Freuden bereitet wurden; nicht zum wenigsten erfreute uns das Erscheinen von ›Effi Briest‹ welches sich Friedel zu diesem Tage aufgespart hatte.«
Emilie Fontane an Sohn Theodor junior, 17. Oktober 1895

7 Vater mit Tochter Martha, genannt Mete (1860–1917), in der Sommerfrische in Arnsdorf im Riesengebirge, 1886

»Übrigens, meine süße Mete, vergiß beim Baden nicht, daß Du eine Erdgeborene bist und trotz unsrer Herkunft aus dem südlichen Frankreich nicht von den Lusignans stammst, aus denen die ›schöne Melusine‹ entsproß. Wolle also nicht zu sehr ›mermaid‹ sein, und halte Dich im Seh- und Stimmbereich mecklenburgischer Badefrauen. Vor denen erbangen selbst die Geister der Tiefe.« Fontane an Tochter Martha, 26. Juni 1878

8 Fontanes Arbeitszimmer in der Potsdamer Straße 134 c. Aquarell von Marie von Bunsen, 1898

»Hier [bei den Treutlers in Neuhof], wo mich Alles umgiebt, was ich zu Hause vermisse, sehe ich wieder ein, wie glänzend meine kleine Kabache, mit dem ›tyrannischen Möbel‹ darin, möblirt ist.« Emilie Fontane an Clara Stockhausen, 12. Juni 1878

9 Das Königliche Schauspielhaus am Gendarmenmarkt in Berlin (heute Konzerthaus). Postkarte (Lithographie) von Franz Skarbina, 1910

»Für den Eitlen war Nummer 23 ein kurulischer Stuhl, für den weniger Eitlen ein Armesünderbänkchen. Denn man bilde sich nur nicht ein, daß ein Theaterkritiker ein Richter sei, viel öfter ist er ein Angeklagter: ›Da sitzt das Scheusal wieder‹, habe ich sehr oft auf den Gesichtern gelesen.« Fontane, »Kritische Jahre – Kritikerjahre«

10 Der Schriftsteller Paul Heyse (1830 – 1914), Postkarte: »Dulde, gedulde dich fein / Über ein Stündlein / Ist deine Kammer voll Sonne.«

»Meine Paul-Heyse-Briefe hab ich durchgesehen; sie haben alle zu viel Inhalt und sind zu sehr Erinnerungsblätter, als daß ich etwas davon fortgeben möchte.« Fontane an Clara Stockhausen, um 1895

11 Gerhart Hauptmann (1862–1946), um 1900

»Dieser Hauptmann, ein wirklicher Hauptmann der schwarzen Realistenbande, welche letztre wirklich was von den Schillerschen Räubern hat und auch dafür angesehen wird, ist ein völlig entphraster Ibsen […].« Fontane an Tochter Martha, 14. September 1889

12 Clara Stockhausen (1842–1908)

»Auch mir ist es wunderbar, mich mit einer um so vieles jüngeren Frau befreundet zu haben, und ist doch wohl ein Zeichen, daß die Gleichartigkeit unserer innersten Verhältnisse und Gefühle den Altersunterschied beseitigen half. Dazu kommt bei Ihnen eine größere Reife des Geistes und Verstandes, denen mich unterzuordnen mir von jeher Bedürfniß war, weil ich, ich fürchte wenigstens, zu sehr ein Kind des Augenblicks und der Empfindung geblieben bin.« Emilie Fontane an Clara Stockhausen, 21. Juli 1878

13 Paula Conrad-Schlenther (1862 – 1938)

»Liebste! Wenn ich Sie nicht zu Hause treffe, frage ich durch diese Zeilen an, ob der Zufall uns wohl will u. Sie u. der verehrte Gatte am Sonntag 4 Uhr, klein bürgerlich bei uns essen wollen? Sie würden dann, voraussichtlich, Ihre Nachbarn u. Brahm bei uns treffen.« Emilie Fontane an Paula Conrad-Schlenther, 21. Januar 1902

14 Mathilde von Rohr (1810–1889)

»Und so verwöhnte sie mich in allen Stücken, hatte nur Liebe und Güte für mich und war mir auch, um eine Hauptsache nicht zu vergessen, bei meinen Arbeiten vom allergrößten Nutzen.« Fontane, »Mathilde von Rohr«

15 Georg Friedlaender (1843 – 1914). Bleistiftskizze von H. Figge

»Und nun der Brief selbst! wie verstehen Sie es, des alten Freundes Herz zu rühren, den rechten Ton zu treffen; er war, als ich fertig gelesen, nicht nur bewegt, sondern auch wie gestärkt durch Ihr Verständniß u. trotz aller Krankheit, Würdigung seines Wesens.« Emilie Fontane an Georg Friedlaender, 15. September 1892

16 Emilie Fontane (1824–1902) im Witwenkleid

»Ihm habe ich immer u. noch Alles verdankt! Sie glauben nicht, wie schwer mir mein geistiges Alleinsein fällt! er war mein Lexikon in jeder Beziehung u. nun bin ich verdummt u. weiß im Kleinsten nicht aus noch ein.« Emilie Fontane an Paula Conrad-Schlenther, 29. November 1899 hungert. Im Hôtel W-Omnibus mit einem netten berliner Ehepaar gefahren u. später mit ihnen bei der table d'hôte uns angefreundet. Theo bleibt noch im Lesesalon u. ich mache wieder eine entsetzliche Entdeckung. Schlafe, nachdem ich, die verschiedensten Reinigungen, frische Wäsche, Insektenpulver angewendet, wieder gut, erlebe aber im Traum wieder Ekelerregendes.

Dienstag d. 3. November. Sehr früh erwacht und meines lieben Geburtstagskindes auf's herzlichste gedacht. Um 6½ Uhr aufgestanden u. die Sonne über dem Vesuv aufgehen sehen. Um 8 Uhr Frühstück; weniger gut alles wie im Hôtel du Sud in Rom. Theo schriftstellert den ganzen Tag über an einem Brief für den Chevalièr's [!]; ich, bessere aus, reinige meine Sachen, lese, schlafe, schreibe Tagebuch u. bewundere alle 5 Minuten die allerdings ideale Aussicht aus unserem Fenster: vor uns das sonnenbeglänzte Meer mit Capri, zur Linken den Vesuv! beim schönsten Wetter, lauer, wohlthuender Luft, nur leider mit – knurrendem Magen! Um 5 Uhr ein Stündchen flanirt, es war aber bereits zu dunkel um einen klaren Einblick zu empfangen. Um 6 Uhr zur table d'hôte. Das berliner Ehepaar stellt sich uns als Baurath Schwatlo vor; zugleich mit Banquir Hauk u. Sohn aus Frankfurt a/M. Angenehme Plauderei. Später mit den Herrschaften nach dem café …, vorher am Quai Austern gegessen, ich nicht.

Mittwoch d 4. November. Um 8 Uhr gefrühstückt, um 9 mit den Herrschaften nach Pompeji. Ueber alle Vorstellung interessant; namentlich auch die neuen Ausgrabungen, so wie die versteinerten Mumien. Sehr angreifende Partie. Todtmüde um 5 Uhr wieder nach Neapel per Eisenbahn (1 Stunde) wie am morgen, zurück. Gegessen; nach dem diner mit S. in ein Café. Von Lucae, Böttcher, etc. gesprochen. Todtmüde zu Bett.

Donnerstag d 5 November. In glühender Hitze, nach dem Toledo, zum Buchhändler Hoepli gefahren; Hr. Ernst Sohn noch nicht angekommen. Pläne u. Buch gekauft. Sehr interessanter Gang durch den ganzen Toledo, das Treiben u. Leben, die Wirkung der Nebenstraßen, einzig in seiner Art. Zurück per Droschke in ein Café; Theo entdeckt daß ihm seine Geldtasche gestohlen ist. Nach dem Quai, in die Austern-Restauration, Frühstück mit unseren neuen Bekannten. Dann nach der Schwefelquelle; nach dem wir getrunken, von einer Horde kleiner zerlumpter Neapolitaner, bettelnd, schreiend, Rad schlagend, weinend, uns umschwirrend wie die Fliegen, nach dem Hôtel escortirt. Spatziergang nach der Villa u. ins Aquarium, 2 Stunden uns hier aufgehalten, man konnte sich nicht statt sehen. Herrliches, warmes Wetter. Fast ohmächtig vor Hunger zu Tisch. Plauderei nach Tisch über Fr. v. L die eine Jugendfreundin der Frau Bauräthin ist; sie ist 40 Jahr unsere Gnädige. Die Verhältnisse im Prince Smidt Haus etc. Die Herren gehen noch flaniren. Frau S. fragt Fr. v. L: Sind denn Deine Erwartungen von der Ehe oder dgl. erfüllt, worauf sie antwortet: er ist die Antwort mir auf jede Frage.

Freitag d. 6. November. Mit den beiden Hr. Hauk's u. S. per Dampfboot nach der blauen Grotte. Ziemlich unruhige See; um 9 Abfahrt um 12 Uhr da; in ein Boot mit Theo u. dem jungen Hr: Hauk; 2 kleine Fischerjungen lootsen uns in die wunderbare Grotte; ein alter Mann schwimmt für 1 fr. u. erscheint im Wasser wie ein Riesen-Silberfrosch. Wieder aufs Dampfschiff u. hinauf nach Capri. Beschwerlicher steiler Weg bei brennender Sonnenhitze; oben in der Künstlerkneipe wunderbar schön! Sehr gut gefrühstückt in dem Zimmer, wo die Maler Thüren, Wände etc. auf's reizendste bemalt, allerhand Teller u. Tassen an den Wänden mit Black gezeichnet. Schönen Capri getrunken, Abschied von Hauk's genommen, die auf Capri blieben u. eiligst hinunter gestiegen um mit dem Dampfschiff nach Sorrent zu fahren. Noch nicht unten angelangt, sehen wir es vor unseren Augen abdampfen. Sachen, Nachtzeug etc. alles mit. Wir verfassen ein Telegramm an unseren Wirth, die Effekten nach Salerno zu schicken u. nehmen ein Boot mit

4 Ruderern, welche versprechen uns in 2½ St. nach Sorrent zu fahren. Ich steige schweren Herzens mit ein; die See ruhig, die Sonne prachtvoll untergehend, Capri hinter, Sorrent vor uns, das schöne großartige Meer, Hr. u. Fr. S. mit wohlklingenden Stimmen singen »O seh ich auf der Heide dort« u. »Ich wollt all meine Lieb ergösse sich« u. zu Ehren des Entdeckers der blauen Grotte, Kopisch's »Als Noah aus dem Kasten kam«; es war Alles unsagbar schön. Aber die Sonne schwand u. es wurde kalt u. zu kalt ohne Plaids u. Decken u. so langten wir im Finstern in Sorrent an; unsere Ruderer, die uns unterwegs mit ihrem, wenn es rasch gehen sollte »aller«, u. »Macaroni« rufen, amüsirt hatten, geleiteten uns mit Hülfe einer Laterne in das Hôtel »Tramontana« wo wir ein fürstliches Zimmer erhielten, Theo sich aber schleunigst, da er heftig erkältet war, ins Bett begeben mußte. Eine schlimme Nacht; früh Morgens allerhand aus der Apotheke geholt. Theo bleibt im Bett liegen am *Sonnabend d 7. Nov.* Ich frühstücke mit S. u. wir gehen dann Einkäufe machen, seidene Bänder u. reizende Holzsachen. Dann machen wir 3 eine entzückende Fahrt u. kommen gegen 1 Uhr zum Frühstück wieder; Theo hat sich unterdessen aufgerappelt, ist aber noch recht elend. Abschied von der netten englischen Wirthin, die uns mit Nachtzeug etc. aus der Verlegenheit geholfen u. in einem bequemen Wagen fast die entzückendste Fahrt meines Lebens gemacht. Diese Fahrt ging zunächst durch die Ausläufer von Sorrent, worunter auch das Städtchen Meta, bis auf die Höhe eines Vorsprungs u. sieht nun nun [!] immer den Rand der hier das Ufer bildenden Felsmassen, so daß wir nach rechts höher gelegene Berge, mit Dörfern u. Villen, nach links das Meer u. den Blick auf Sorrent, Capri u. wenn ich nicht irre auch auf Ischia hatten. So erreichten wir castel-à-mare, von wo aus der Weg rechts einbiegend uns durch die vulkanischen Gebirgsketten führte, die das ganze Terrain zwischen castel a mare u. Salerno ausfüllen. Letztere erreichten wir nach Passirung kleinerer u. größerer Ortschaften, gegen 6 Uhr Abends

u. nahmen Quartier im Hôtel Victoria. Nach eingenommener Mahlzeit u. Entwerfung eines Schlachtplans für den nächsten Tag, gingen wir zu Bette.

An Emilie Zöllner

Rom d 22. Oct. 74.

Meine geliebteste Emilie.

Dein liebenswürdiger Brief, für den wir Dir *beide* gleich innig danken, war eine That an sich, durch seine Länge u. Inhalt, u. eine Wohlthat für mich, die ich anfing etwas homesick zu werden. Uebrigens sprich mir nie mehr davon, daß Du irgend jemand um Brief schreiben beneidest, es wäre eine schreiende Ungerechtigkeit gegen Deine Feder. Ehe ich nun zu uns übergehe, will ich die Punkte berühren, die in Deinem Briefe zu beantworten sind. Deine Mittheilungen über unseren Freund u. seine häuslichen Winteraussichten betrüben uns sehr u. immer wieder u. wieder muß ich theilnehmend seiner denken; was Du über H.s neue Häuslichkeit schreibst, freut mich sehr; nur *muß* er sich schonen. Daß Du mir meine Jungens, unter Tilla's Aegide, so nett schilderst, that meinem Mutterherzen sehr wohl; *hier* störten mich selbst Friedels ungewaschene Hände nicht. Auch von unserer Mete schreibt mir Johanna nur Erfreuliches, sie ist gottlob gesundheitlich nun in Ordnung u. wäre frisch, heiter u. zufrieden. Das ist nun freilich sehr dankenswerth daß wir so gute Nachrichten aus der Heimath u. von den Kindern haben u. läßt die Wolken, die hier u. da am ewig blauen Himmel Italiens für uns aufgezogen sind, einigermaßen wieder verschwinden. Thatsache ist, daß nach 5 herrlich u. genußreichen Tagen in Florenz, der erste hier, der 16. Oct unser Hochzeitstag, ein gründlicher Regentag war, der uns denn auch, als wir Abends uns endlich in die schmutzigen düsteren Straßen wagten, keinen erhebenden Eindruck von Rom beibrachte. Am anderen Tage begann nun die Wohnungssucherei bei drükkendster Hitze; Theodor, der schon nicht ganz wohl war, hatte es sich in den Kopf gesetzt, es an dem Tage durchzusetzen; er ging schließlich allein, während ich in unserem Hôtel die Sachen ordnete u. hatte nach abermals 4stündigen Umherlaufen eine Wohnung gefunden – aber *die* Details mündlich; kurz wir zogen gegen Abend ein u. am nächsten Tage Nachmittag wieder in unser Hôtel zurück, freilich mit Hinterlassung einer erklecklichen Summe. Es war aber *so* gewesen, daß wir doch froh waren, heil davon gekommen zu sein. Wir arrangirten uns mit unserem Hôtelwirth u. werden nun hier bleiben. Das schlimmste ist, daß sich Theodor an dem Tage übernommen hatte u. nun recht elend ist, gestern sogar fast den ganzen Tag im Bett zugebracht hat; erst Nachmittag unternahmen wir eine Fahrt nach den Thermen des Caracalla; diese *eine* Stunde wiegt durch die Großartigkeit dessen, was wir gesehen, viele leider unbenutzte u. vergeudete auf.

Ich kann meine Herzensfreundin nur ganz kurz mich fassen, denn wir wollen nun anfangen zu »arbeiten«, wenn auch leider mein Geliebter sich auch heute noch recht matt u. spack fühlt. Er kann die Kost nicht vertragen; erst mundete sie ihm *zu* gut u. mag er sie gar nicht mehr; ich bin mit Vorsicht u. Bedenken daran gegangen, nicht so harmlos u. hingebend wie er u. fühle mich gottlob munter u. guter Dinge. – Der erste Eindruck Roms, wurde durch unsere anfänglichen Erlebnisse natürlich nicht gehoben. Erst seit einer Orientierungsfahrt die wir am Montag d. 19. machten u. die 2½ St. dauerte, uns die Hauptsachen Rom's vor Augen führte, fingen wir an, an seine Größe zu glauben. An demselben Tage fanden wir auch Herrn Ewald; mit ihm unternahmen wir nach Tisch abermals eine entzückende Fahrt. Abends führte er uns dann in eine Wiener Bierkneipe am Corso, wo man leidlich ißt u. gutes Bier bekommt. Hier waren wir mit einem Male wie in Berlin! Oberbaurath Strack, Maler Hübner u. mehrere andere; es wurde geplaudert, gelacht, als wäre man bei Frerichs oder an unserer beliebten Bellevuestr. Ecke. –

Es ist furchtbar interessant hier zu sein, aber man muß sich erst einleben; es verlohnt sich hier her zu reisen u. sollte man auch weiter nichts sehen, wie die alten Trümmer! Heut wollen wir nach den Kaiserpalästen u. in die Gallerie Borghese. Sobald Theo wieder wohl, geht er zu Hr. v. Keudell. An Theo jun. schreibe ich zum 3.; danke ihm bis dahin für seinen lieben Brief. Diese Zeilen sind *nicht* für eine Rundreise bestimmt, sondern speciell für Dich. Mit tausend Grüßen an alle Freunde, die besten für den Chevalièr u. Dich von Deiner getreusten

Emilie F.

Ganz besondere *Grüße* unseren lieben, verehrten Heydens! Ich schreibe nächstens.

[Auf den Rändern Nachschrift von Theodor Fontane:]
Meine theuerste Freundin. Zunächst beneide ich L., den ich sonst nicht beneide, daß er mit Rücksicht auf die Situation Sie stürmisch umarmen durfte; dann schicke ich Ihnen etwas Grünes aus den Thermen des Caracalla, und drittens bitte ich Sie, Ihren theuren Gatten als von jeder Schreibeverpflichtung entbunden, ansehn zu wollen. Diese Art der Entbindung kann er sich schon gefallen lassen. – Milachen hält sich merkwürdig tapfer und ist viel beser im Stande wie ich. Ich bin so fiebrig, daß ich keine Weste zuknöpfen kann; die Knöpfe zittern mir immer wieder aus den Fingern heraus. Bei der Weste schließlich ertragbar, aber welche Perspektiven! Wichmanns Güte, der mir einen liebenswürdigen Brief geschrieben und Karten beigefügt hat, rührt mich. Bitte, danken Sie ihm. Allen Freunden, Lepel nicht zu vergessen, herzliche Grüße von Ihrem stets ergebenen

Th. F.

KAPITEL 7

»Mir ist die Freiheit Nachtigall, den andern Leuten das Gehalt«

Frau eines Kurzzeit-Beamten, dann Theaterkritikers und Romanciers (1876–1878)

Das im Tagebuch 1875 vorhergeahnte Verhängnis nimmt schon am 15. Januar 1876 seinen Lauf. Bei einer geselligen Veranstaltung wird Fontane gefragt, ob er die gerade frei gewordene Stelle des Ersten Sekretärs der Akademie der Künste übernehmen würde. Und Fontane, obwohl seit zwei Jahrzehnten an unangenehme Erfahrungen mit Berliner Behörden und preußischen Institutionen gewöhnt, sagt Ja. Schon am 6. März wird er, mit kaiserlicher Bewilligung, in sein Amt eingeführt. Dass er ernsthaft geglaubt hat, in dieser Funktion irgendeine Weiche im Kunst- und Literaturbetrieb stellen zu können, ist unwahrscheinlich. In einem Briefentwurf an Carl Robert Lessing bemerkt er illusionslos: »Ich werde ein letztes, weder mit sonderlicher Kraft noch mit sonderlichem Geschick arbeitendes Rad in dem großen Verwaltungsmechanismus sein, alljährlich so und so viel beschriebenes Papier in die verschiedensten Aktenbündel liefern und zur Geltendmachung einer Idee so wenig herangezogen werden, dass mir vielmehr umgekehrt obliegen wird, im Einzelnen wie im Algemeinen jede persönliche Ansicht zu verschweigen.« (An Carl Robert Lessing, Entwurf, Mitte März 1876.) Mit Emilie wird er diese triste Aussicht auf sein neues Angestelltenverhältnis kaum erörtert haben, denn für sie bedeutet es vor allem wirtschaftliche Sicherheit, Pensionsanspruch und Erhöhung des Sozialprestiges. Für ihn selbst ist es ein schroffer Einschnitt in seine Arbeits- und Lebensgewohnheiten. Statt sich in Ruhe an den Schreibtisch zu setzen, muss er aus dem Haus gehen und in dem Gebäude der Akademie Unter den Linden (es befand sich genau da, wo heute die Staatsbibliothek steht) seinen Dienst tun, und er findet ihn von Anfang an »miserabel« (Tagebuch, 1876), denn der Erste Sekretär verrichtet, wie er es vorhergesehen hat, nur subalterne Schreiber- und Protokollantenarbeiten und wird unfreiwillig in die Querelen des völlig zerstrittenen Senats verwickelt. Die Situation erscheint Fontane unerträglich, er hat »eine große Scene im Senat« (an Mathilde von Rohr, 1. Juli 1876), reicht am 28. Mai sein Entlassungsgesuch beim Kultusminister ein, schreibt am 19. Mai an den Kaiser, der am 17. Juli das Gesuch bewilligt, und hat am 2. August das Entlassungsschreiben in der Hand. Aber die »ganze Akademie-Arbeit« hat er zunächst weiterhin am Hals, und da er sein Gehalt bis zum Jahresende erhalten hat, ackert er in den nächsten Monaten umsonst und muss 400 Taler zurückzahlen (nachdem er schon, vereinbarungsgemäß, am Anfang zwei Monate ohne Salär geblieben war).

Über die Details dieser Vorgänge und Fontanes tatsächliche Motive für die Kündigung erfährt Emilie nichts. Für sie geht nur die gerade erst etablierte neue Welt aus den Fugen, und sie gerät, wie üblich in solchen Fällen, in Panik und ist überzeugt, dass ihr Mann wieder einmal übereilt gehandelt und unverantwortlich die Existenz der Familie aufs Spiel gesetzt hat. Der Haussegen hängt entsprechend schief, und es ist gut, dass sie von Mitte Juni bis Ende August in Neuhof unterkommen kann. Am 3. Juni wendet sich Fontane, ihre Reise vorbereitend, an Johanna Treutler: »Sie [Emilie] ist ganz und gar gebrochen, *sehr* unglücklich und von ihrem Standpunkt aus mit Recht. Ich aber hatte ebenso Recht von *meinem* Standpunkt aus und konnte ihr diese schweren Tage nicht ersparen. [...] Ein großer Wunsch ihres Lebens, der sich auf kurze Zeit erfüllt hatte, ist ihr wieder zerstört worden; das ist hart.«

In seinen Briefen an Emilie sucht er seine Entscheidung zu rechtfertigen und wirbt um ihr Verständnis. Am 31. Juli schreibt er: »Das Schlimme ist, daß Du Dich nicht daran gewöhnen kannst und auch nicht gewöhnen willst, mich für einen verständigen und auf *meine* Weise ganz praktischen Menschen anzusehn. Du läßt mir alle möglichen Vorzüge, betrachtest mich aber wie ein poetisches Kind, das jeden Augenblick auf dem Punkt steht, sich als Familien-Enfant-terrible aufzuspielen. So liegen aber die Dinge durchaus nicht; ich weiß auch, daß man Miete und Steuern bezahlen muß und daß man von der Luft nicht leben kann. Am wenigsten ich. Es ist auch nicht richtig, wenn ewig von meiner Lieblosigkeit gesprochen [wird]. Ich beobachte mich seit längrer Zeit auf diesen Punkt hin und ich kann mit gutem Gewissen sagen: es trifft nicht zu. Egoistisch bin ich, aber nicht lieblos. Das ist ein großer, großer Unterschied. [...] Es hat mich bei diesem Schritt sehr meine Liebe zu Dir mitbestimmt, weil ich Dich glücklich sehn und den heißesten Wunsch Deines Lebens – den ich nicht in gleichem Grade teile, aber völlig verstehe und respektire – Dir riesig gern erfüllen möchte.«

In einem weiteren Brief sucht er ihre wirtschaftlichen Bedenken mit dem Hinweis auf seinen Fleiß und auf sein Talent auszuräumen, die auch in Zukunft »anständige Verhältnisse« sichern, und am 15. August holt er noch einmal zu einer grundsätzlichen Beschreibung ihres ehelichen Verhältnisses aus, die ihm ein bisschen autoritär gerät: »[...] es ist im Großen und Kleinen das alte Lied. Du reizt mich bis aufs Blut und wunderst Dich hinterher wenn ich heftig und bitter werde, Du machst ein böses Gesicht und wunderst Dich wenn ich Dir aus dem Wege gehe, Du verhältst Dich ablehnend und wunderst dich, wenn ich nicht zärtlich bin. Natürlich bin ich auch zu Zeiten unzärtlich, ohne vorher einer Nüchternheit begegnet zu sein.« Und er setzt ihr einleuchtend auseinander, wie er mitunter bedrückt und verstimmt ist, wenn er bei seiner Arbeit nicht vorankommt oder wenn ihm etwas missglückt ist, »aber das müßtest Du auch, wenn Du Dich ein bischen auf meine Art verstündest, gar nicht von mir fordern. Daß ich Dich liebe, weißt Du, daß ich es Dir tausendfältig gezeigt habe, wirst Du nicht wohl bestreiten können; an diesem schönen Bewußtsein, müßtest Du genug haben und als kluge Frau wissen, in 24 Stunden ist das alles vorüber. Statt dessen zeigst Du Deine ganz und gar unberechtigte Verstimmung, die mich nun erst wirklich verdrießlich und aus dem tristen Tage ein[e] triste Woche macht. Wenn Du doch all dies einsehn, wenn Du Dich doch nicht in der Vorstellung verblenden wolltest, daß Du ›a lone, lorn woman‹, eine arme, zurückgesetzte Kreuzträgerin wärest. Es ist ja alles bittre Thorheit; Du bist eine durch Deinen Mann, Deine Kinder, Deinen Lebensgang und Deine Lebensstellung unendlich bevorzugte Frau. Es giebt wenige, die es *so* gut getroffen haben. Daß Du das Glück nach der Zahl der Geldrollen bemessen solltest, für so inferior halte ich Dich nicht, habe auch keine Ursach dazu.«

Nach dieser doch recht doktrinären Erklärung folgt – mit Blick auf Emilies bevorstehende Rückkehr – eine alle Differenzen und alle Streitereien ausgleichende und erklärende Paraphrase über die Zuneigung: »Ich erwarte Dich mit alter Liebe, die ich immer für Dich in meinem Herzen habe, auch wenn ich Dir die bittersten Dinge sage, Dinge, die ich leider auch heute nicht zurücknehmen kann. Denn die Zuneigung ist etwas Rätselvolles, die mit der Gutheißung dessen, was der andre thut, in keinem notwendigen Zusammenhange steht. Natürlich wird es bei gebildeten Menschen immer dahin kommen, daß die Gutheißung den natürlichen Herzenszug unterstützt und umgekehrt, wenn sie consequent ausbleibt, diesen Herzenszug auswurzelt und tötet.«

Wie aus seinem Brief vom 18. August hervorgeht, sieht Fontane trotz dieses Bekenntnisses »neue Scenen und Zerwürfnisse« vorher, und die Vision vom »friedlichen Zusammenleben« verfliegt tatsächlich, weil nach Emilies Rückkehr bekannt wird, dass einer ihrer engsten Freunde, Karl Zöllner, Fontanes Nachfolger in der Akademie wird, und (notiert Fontane im Tagebuch) »so konnte die Affaire nicht rasch vergessen werden und gab immer wieder zu argen Verstimmungen und traurigen Scenen Veranlassung«.

Fontane hatte sich in seiner bedrückten Situation schon am 17. Juni an die alte vertraute Freundin Mathilde von Rohr gewandt, hatte ihr die Beweggründe für seine Kündigung erläutert und bekannt: »Ich habe furchtbare Zeiten durchgemacht, namentlich in meinem Hause; meine Frau ist tief-unglücklich und von *ihrem* Standpunkte aus hat sie recht. Andrerseits konnte ich ihr diese schmerzlichen Wochen nicht ersparen. [...] Die Weisheit der Menschen nutzt mir nichts. Was sie mir sagen können, hab ich mir in hundert schlaflosen Stunden längst selbst gesagt. Die Glücksarten der Menschen sind eben verschieden; ›den enen sin Uhl is den annern sin Nachtigall‹. Mir ist die Freiheit Nachtigall, den andern Leuten das Gehalt. Wenn Sie es über sich vermögen, so schreiben Sie meiner Frau ein paar freundliche, trostreiche Worte; ein paar Hiebe gegen mich können immer dabei abfallen.«

Am 22. August 1876 schreibt er zum wiederholten Mal an Mathilde von Rohr und malt, für den schlimmsten Fall, das Szenarium »einer streit- und kämpfereichen Zukunft« in seinem Hause aus. Dabei liefert er eine recht problematische Charakteristik seiner Frau, und da dieser Brief schon 1910 in der ersten Auswahlausgabe von Fontanes Briefen abgedruckt wurde, hat er so selbst zu dem über die Jahrzehnte hin negativen Image Emilies beigetragen: »Meine Frau, die große Meriten hat und in vielen Stücken vorzüglich zu mir paßt, hat nicht die Gabe des stillen Tragens, des Trostes, der Hoffnung. In dem Moment, wo ich ertrinkend nach Hilfe schreie und wo ein freundlich ausgestreckter Finger mich über Wasser halten würde, hat sie eine Neigung, ihre Hand nicht rettend unterzuschieben, sondern sie wie einen Stein auf meine Schulter zu legen. Bescheiden in ihren Ansprüchen, ist sie in ruhigen Tagen eine angenehme, geist- und verständnisvolle Gefährtin, aber ebensowenig wie sie die Stürme in der Luft ertragen kann, ebensowenig erträgt sie die Stürme des Lebens. Sie wäre eine vorzügliche Predigers- oder Beamten-Frau, in einer gut und sicher dotierten Stelle, geworden; auf eine Schriftsteller-Existenz, die, wie ich einräume, sich immer am Abgrund hinbewegt, ist sie nicht eingerichtet. Und doch kann ich ihr nicht helfen. Sie hat mich als Schriftsteller geheiratet und muß sich schließlich darin finden, daß *ich*, trotz Abgrund und Gefahren, diese Art des freien Daseins den Alltagskarrieren mit ihrem Zwang, ihrer Enge und ihrer wichtigtuerischen Langenweile vorziehe. *Jetzt*, wo ich diese Karrieren allerpersönlichst kennengelernt habe, mehr denn je.«

Wie verhärtet die Fronten sind und wie trist die Stimmung ist, zeigt Emilies Brief an Mathilde von Rohr vom 10. November; erst später wird sie erfahren, unter welchen Umständen ihr Mann aus der Akademie ausgeschieden ist, und sie wird nachsichtig über ihn urteilen und sich entschuldigen (vgl. ihren Brief an Clara Stockhausen vom 18. April 1879). Fontane rettet sich ein wenig aus der Misere, indem er, seine neue Freiheit nutzend, seit November intensiv an seinem Roman weiterarbeitet.

Im Oktober wird der letzte Halbband des »Kriegs gegen Frankreich« ausgeliefert, und das gibt Anlass zu neuem Ärger. Das Werk ist dem Kaiser gewidmet, und Fontane fragt an, ob er von Majestät »eine Gnade (*nicht* Titel oder Orden)« (Tagebuch, 1876) erwarten dürfe. Der Kaiser lehnt ab, und Fontane resümiert im Tagebuch: »Ich warne meine Söhne, oder jeden der dies später liest, vor ähnlichen Schritten. Es ist die schlechtangelegteste Zeit; nur nicht von Fürsten und Herren etwas wollen; um zu reüssiren muß man ein ganz gemeiner, ehrloser

Schnurrer sein, der, zur Vorderthür hinausgeworfen, zur Hinterthür wieder hereinkommt. Wer nicht in diese Kategorie gehört, der bleibe davon. Man blamirt sich nur und hat sich vor sich selbst erniedrigt.«

Das Jahr 1877 beginnt laut Tagebuch »unruhig und anstrengend«, weil Fontane die Aufführungen einer französischen Theatertruppe im Schauspielhaus zu rezensieren hat und weil ihn bis ins Frühjahr hinein wochenlange Erkrankungen plagen. Seine Stimmung sei herzlich schlecht, schreibt er am 21. März an Mathilde von Rohr: »Es könnte freilich noch schlechter sein, im Großen und Ganzen aber darf ich sagen, daß ich seit Jahresfrist nur Niederlagen, Kränkungen, Fehlschläge erlebe und daß ich mich nach ein bischen Glück und Sonnenschein sehne wie ein Verdurstender nach einem Glas Wasser.« Mit der Arbeit am Roman kommt er nur langsam voran, und die Atmosphäre in der Familie ist gereizt, angespannt und bedrückt.

Im August entflieht Fontane der häuslichen Misere, fährt für drei Wochen nach Thale im Harz und steigt im Hotel Zehnpfund ab, das er später als Schauplatz für den Anfang von »Cécile« wählt. Gleich in seinem ersten Brief an Emilie vom 10. August erklärt er beziehungsreich: »Ich wünsche von Herzen, daß meine Abwesenheit zugleich als eine Abwesenheit eines Drucks empfunden werden möge und würde mich glücklich schätzen zu hören, daß Ihr aufathmet. Letzte Vorkommnisse berühr ich absichtlich nicht; wie man die Streitigkeiten herzlich satt kriegt, so auch die Auseinandersetzungen darüber.«

In zwölf detailhaltigen Briefen an Emilie berichtet er – unter dem schwül-gewittrigen Wetter leidend – von seinem fragilen Gesundheitszustand, aber auch von den kontinuierlichen Fortschritten bei der »ziemlich schweren Correkturarbeit an dem »Unsterblichkeits-Packet«, wie er sein Roman-Manuskript selbstironisch nennt. Recht verzagt klingt, was er am 23. August nach Berlin schreibt: »Hätt ich in Schöneberg ein Haus und einen Garten und könnt' ich, je nach Gefallen, heute ein Kapitel schreiben und morgen nach Mist schmeckende Riesen-Erdbeeren ziehn, so würd ich gesund werden, aber Dienst und Arbeit, auch wenn ich keine Romane schriebe, würden mir meine schwachen Zustände überall fühlbar machen. Ich müßte Geld haben und das hab ich nicht. Da liegt der Schlüssel.« Wie Emilie auf solche Überlegungen reagiert, wissen wir nicht; es sind aus dieser Zeit keine Briefe von ihr an ihn überliefert.

Fontane nutzt die Tage im Harz aber auch, um nachmittags im romantischen Ausflugslokal »Waldkater« Walter Scott zu lesen. Er bewundert kritisch dessen darstellerisches Talent und notiert im Tagebuch: »Als ich das Buch [»Der Altertümler«] zuklappte, athmete ich auf und sagte mir aus der tiefsten Seelen-Ueberzeugung heraus ›so gut machst Du's auch.‹« In diesem gestärkten Selbstbewusstsein schließt er bei der Rückkehr nach Berlin die Verhandlungen mit dem »deutschen Familienblatt« »Daheim« ab, wo »Vor dem Sturm« vom 5. Januar bis zum 21. September 1878 (beträchtlich gekürzt) als Vorabdruck erscheinen wird.

Auch Anfang 1878 sitzt Fontane wieder auf seinem Parkettplatz 23 im Schauspielhaus am Gendarmenmarkt, »und dieselbe Mühsal begann wie im vorigen Jahre«, hält er im Tagebuch fest. »Diesmal aber erhielt ich 2 Billets und war in der angenehmen Lage meine Frau, die das französ. Theater liebt, mitnehmen zu können.« Sein Urteil über die neuen Dramen aus Frankreich fällt recht kritisch aus. Die »Mache« sei beneidenswert, aber die »Sache« ist ihm zu flau; »es fehlt der große Inhalt, *das*, dessen sich die Nationen als eines unveräußerlichen Schatzes bewußt werden«, heißt es im Tagebuch.

Er arbeitet indes intensiv am Abschluss seines Romans, der ja bereits zu erscheinen begonnen hat. Anfang April kann er den Rest nach Leipzig schicken und erhält von der Redaktion die freundliche Nachricht: Wenn alles so wäre wie der Schluss, wäre die Geschichte ein »Durchschläger« geworden: »Neues Wort, das ich noch nicht kannte.« (Tagebuch, 1878.)

Ende Mai reist Emilie für vier Wochen zu Johanna Treutler nach Neuhof, und sogleich dominieren die politischen Vorgänge den Briefverkehr: Am 15. Mai hat Max Hödel ein Attentat auf Kaiser Wilhelm versucht, und am 2. Juni schießt Karl Eduard Nobiling mit einer Schrotflinte auf den vorüberfahrenden Monarchen und verletzt ihn leicht an Kopf und Schulter. Emilie ist in heller Aufregung, sieht in Liegnitz »Blousenmänner u. wilde Gesichter, wie sie die Commune nicht schlimmer hat aufweisen können«, und fragt besorgt nach »Hülfe u. Ordnung«. Fontane geht am 5. Juni ausführlich und mit weitreichenden Bemerkungen darauf ein: »Du fragst, wie man früher solcher Bewegungen Herr geworden ist? Darauf ist nicht direkt zu antworten, denn *solche* Bewegungen hat es früher nicht gegeben. Wie war es früher? Eine revolutionaire Natur, ein mit Potenzen ausgerüsteter Thunichtgut verführte entweder große, harmlose Volksmassen, oder er stellte sich an die Spitze bereits vorhandener Umzufriedener. Im erstren Falle fing man den Anführer, hing ihn und alles war vorbei, im letztren Falle geschah zunächst dasselbe, aber kleine berechtigte Forderungen (Bier- oder Brottaxe heruntergesetzt, und ähnliche Lappalien) mußten erfüllt werden. Das alles war Kinderspiel; man befand sich einer stupiden Masse gegenüber. Das ist jetzt anders. Millionen von Arbeitern sind gerade so gescheidt, so gebildet, so ehrenhaft wie Adel und Bürgerstand, vielfach sind sie ihnen überlegen. [...] Alle diese Leute sind uns vollkommen ebenbürtig und deshalb ist ihnen weder der Beweis zu führen, ›daß es mit ihnen nichts sei‹, noch ist ihnen mit der Waffe in der Hand beizukommen. Sie vertreten nicht blos Unordnung und Aufstand, sie vertreten auch *Ideen*, die zum Theil ihre Berechtigung haben und die man nicht todtschlagen oder durch Einkerkerung aus der Welt schaffen kann. Man muß sie *geistig* bekämpfen, und das ist, wie die Dinge liegen, sehr, sehr schwer.«

Nachdem die aktuellen Vorgänge abgehandelt sind, nutzen die Fontanes ihren sich sogleich intensivierenden Briefwechsel, um sich vor allem – in gewohnter und mehrfach bewährter Weise – über sich und ihre Welt gründlich »auszuräsonieren«. Und wieder ist es Emilie, die in die Rolle der kritischen, aber liebe- und verständnisvollen Partnerin schlüpft und ihn zu erstaunlichen Bekenntnissen motiviert. Sie wird dabei ältere Debatten um seinen ewigen Argwohn, den er gern mit dem französischen Wort soupçon kaschiert, im Gedächtnis haben. Am 10. Juni 1878 schreibt er ihr von seinen Besuchen bei den engsten und ältesten Berliner Freunden; überall sei ihm »die Stimmung in Bezug auf meine Person verschleiert« vorgekommen, und mit einem leisen Anflug von Selbstkritik sucht er diesen Eindruck zu analysieren: »Hundertmal frag ich mich, ob ich wohl Schuld sei, aber ich kann keine Schuld finden; ich bin artig, freundlich, gesprächig und wenn aus meinem Sprechen mitunter ein Ton der Besserwisserei herausklingen mag – *gewollt* ist es gewiß nicht – so muß man das hinnehmen; erstlich weil ich meist der ältre bin, zweitens weil ich am meisten weiß und selbstständigere Gedanken habe, als die andren, und drittens und hauptsächlichst, weil jeder heraushören muß, daß mir nur die Sache gilt, die Verfechtung einer bestimmten Idee, wobei ich an meine Person gar nicht denke. Man würde mir die Stellung, die ich verlange, auch einräumen, wenn ich in einer ansehnlichen Lebensstellung wäre. So klingt das ›arme Luder‹ immer mit. Nur unter ganz Fremden ergeht es mir besser. Wenn ich an die beiden Gesellschaften bei Lindau denke, oder an die Abende mit Dr. Meyer und Gildemeister! Im Kreise der mir Nächststehenden werd' ich ein Gefühl der Unsicherheit nicht ganz los, das mich soupçonnös macht und dann Kleinigkeiten zu Wichtigkeiten aufbauscht.«

Emilie reagiert schon am nächsten Tag auf diese »Argwohns-Abhandlung« mit klugen und korrigierenden Bemerkungen: »Wenn ich jetzt so aus der Ferne Deine Kritiken zu lesen bekomme, so fällt mir den armen Schauspielern gegenüber immer wieder ein gewisser schulmeistriger Ernst, eine Art schmerzlicher Resignation auf. Und daran möchte ich gleich anknüpfen um über Deine Bedenken zu Deinen Freunden etc. zu reden.« Und nun schildert sie ihn, hart, aber fair, und moniert seine insistierende Art, seinen Gesprächsgegenstand jeweils bis ins allerletzte Detail abzuhandeln. »Deine Wahrhaftigkeit und Dein auf den Grund gehen, genirt die Menschen, auch die besten u. Dir wohlgewogensten«, und sie fügt versöhnend hinzu: »(Mich nicht.)«

Fontane ist empfindlich gegen Kritik, und gegen solche massiven Einwände gegen sein Verhalten in geselligen Kreisen muss er sich umgehend wehren. Er schreibt am 12. Juni einen zum Teil recht pikierten Brief an seine Frau (und charakterisiert bei dieser Gelegenheit höchst selbstbewusst und kritisch die engsten Freunde und Bekannten): »Es ist sehr liebenswürdig, daß Du auf meine vielleicht nur allzu oft wiederholte Klage eingehst und in aller Gütigkeit gegen mich, doch schließlich alles aus meinen eignen Fehlern und Schwächen, großen und kleinen, erklären willst. Es hilft mir nun mal nichts, es mag liegen wie es will, das Ende vom Liede bleibt doch immer, daß *ich* Unrecht habe. Mal sagst Du's freundlich, mal unfreundlich, aber es bleibt immer dasselbe. Streite ich mit dem dummsten Menschen über Kunst, schreibt mir wer einen anzüglichen Brief, findet wer meine Kritik zu scharf, meine Bücher zu langweilig, – Du secundirst immer meinem Gegner. Diesmal meinst Du es sehr gut, aber es wird dadurch nicht richtiger. Ich bin kühl, nicht sehr aufmerksam, etwas rechthaberisch, etwas pedantisch und viel breiter und gründlicher, als die Menschen lieben. Es ließe sich über alle diese Punkte schließlich auch noch sehr streiten, aber ich will sie 'mal ohne Weiteres gelten lassen; ich sage nur einfach, sieh Dir die *andern* an. Denkst Du denn, daß mich Zoellners Urtheile über Bücher, die er nicht gelesen hat, besonders interessiren? Glaubst Du denn, daß es eine Freude für mich war, unsren alten Richard über seine unendlichen ›Sitzungen‹ peroriren oder eine Onkel Ungersche Anekdote zum 20ten

Mal vortragen zu hören? Denkst Du denn, daß es mir nicht eine Tortur ist, unsren Heyden, wenn er mit Macbeth oder Hamlet beginnt, sofort bei seinen Walkyren oder dem ›Oluf‹ ankommen zu sehn? Von den vielen mattren Pilgern der Gesellschaft – denn dies sind die glänzenden Nummern – will ich gar nicht erst sprechen. Aber hast Du je ein Zeichen der Ungeduld bei mir wahrgenommen? Zum Donnerwetter, wer sind all die lieben Leute, daß sie den Anspruch erheben könnten, meine Aufmerksamkeit fordern zu dürfen, während sie mir die ihrige, nach Laune, versagen oder gewähren. Du weißt recht gut, daß ich, mit alleiniger Ausnahme von Lazarus (und gerade über *den* hab ich mich nie zu beschweren) den andern an Wissen, Esprit und Gedanken überlegen bin, und ich verlange, daß man mir dies zugesteht, sonst soll man mich in Ruhe lassen. Ich dränge mich nirgends ein, man fordert mich auf zu erscheinen, und nachdem ich erschienen bin, Du wirst dies einräumen, schaff' ich Leben in die Bude. Dafür sollte man mir danken; ich habe Anspruch darauf ›cajolirt‹ zu werden, denn, wie Du nur zu gut weißt, ich bringe Opfer wenn ich mich von meinem Buch und meinem Theetisch trenne und statt dessen in meinen halbschmutzigen weißen Handschuh fahre. Nun aber *ist* das Opfer gebracht, mit einem heitren Todesmuth, der einer beßren Sache werth wäre, spring ich in die Bresche und erzähle den Leuten (nicht zu meiner Erbauung; ich schwiege lieber) vom Hundertsten und Tausendsten. Dafür verlang ich einen Gesellschaftsorden, aber nicht lange Gesichter. Wer mir *die* zeigen will, soll mich zu Hause lassen. Von aus dem Moment heraus erwachsener Verschuldung, kann keine Rede sein; es wird nicht oft vorkommen; kommt es aber vor, so muß man eben dieselbe Nachsicht üben, die ich beständig übe, und muß es um so eher, als ich solche gelegentlichen Verstöße gleich selbst fühle und nie unterlasse um Entschuldigung zu bitten. Das thu ich auch in Bezug auf diesen Brief; ich habe nicht recht geschlafen, bin deshalb angegriffen, und so ist alles schwerfälliger und weitschichtiger herausgekommen, als es sollte. So viel bleibt aber bestehn, und das ist des Pudels Kern: *ich* bin, im gesellschaftlichen Leben, sehr artig, sehr milde, sehr zum verzeihen geneigt, und die andern sind es *nicht.*«

Offenkundig hat diese schroffe Debatte Klarheit und Übereinstimmung gebracht, denn der Schluss von Emilies Brief vom 18. Juni liest sich wie eine Regierungserklärung der Schriftstellergattin für eine neue Ära: »Ich freue mich so auf Dich, daß die Redensart der alten Sohm, ›das Herz bleibt immer jung‹ die ich so oft belacht habe, sich an mir rächt. Mir klopft das Herz vor Freude, bei dem Gedanken, Dich wiederzusehen. Laß es Dir gut gehen Du lieber Sekretair a. D. es war ein böser Titel. Lächerlich an sich, für Dich – unter der Würde. Nein, wir wollen nun Th. F. leben u. sterben. Hoffentlich gemeinsam u. gesund noch lange das erstere. Deine alte getreuste Frau.«

Da artikuliert sich ein neues Selbstbewusstsein: Der erste Roman ihres Mannes erscheint in der auflagenstarken Zeitschrift »Daheim«, er hat nach langen Anläufen das geschafft, wovon er seit Jahren geträumt hat. Sie ist stolz auf ihn, den Schriftsteller, und im lebhaften Briefwechsel mit Clara Stockhausen, der Frau des Dirigenten und Sängers Julius Stockhausen, beginnt sie sich auch als »Künstlerfrau« zu begreifen: »Wir müssen eben«, schreibt sie am 12. Juni 1878, »mit unseren ›Künstlernaturen‹ Nachsicht üben u. 'mal mit ihnen himmelhoch jauchzen u. zum Tode betrübt sein‹. Freilich ist das erstere seltener der Fall. *Tauschen* würden wir doch um keinen Preis. Hier, wo mich Alles umgiebt, was ich zu Hause vermisse, sehe ich wieder ein, wie glänzend meine kleine Kabache, mit dem ›tyrannischen Möbel‹ darin, möblirt ist. Zu meiner Entschuldigung muß ich auch sagen, daß ich seinetwegen Manches besser u. anders wünsche.« Und sie geht auch gleich auf die ökonomischen Aspekte ein: »In diesen Tagen giebt man mir, als Frau des ›Schriftstellers‹ zwei Gesellschaften; ich graule mich davor, solche Ovationen machen mir gar keinen Eindruck. Eine ›zweite Auflage‹ und ich schenke jedem die schönen Redensarten.«

In diesem Bewusstsein verbringen die Fontanes gemeinsam den Juli in Wernigerode und sind im September zu Gast bei dem Reichstagsabgeordneten und Meeresbiologen Adolf Meyer in Forsteck bei Kiel, dem Schwager von Clara Stockhausen. Und als ihr der Verleger Wilhelm Hertz zu ihrem Geburtstag im November ein persönliches Exemplar der eben erschienenen Buchausgabe von »Vor dem Sturm« schickt, sieht Emilie sich als Herstellerin des Satzmanuskripts auch offiziell anerkannt und geehrt.

An Moritz Lazarus

[Berlin] Mittwoch d 7. Juni. 76

Hochverehrtester Herr u. Freund.

Ich komme heut angsterfülltesten Herzens zu Ihnen, mit einer großen Bitte. Mein Mann hat seine Entlassung eingereicht; wie er sagt, behauptete Präsident Hitzig, daß er »gar keine Befähigung für die Stellung besitze.« Es wäre *mir* nun, den Freunden gegenüber eine große Beruhigung, wenn Sie, verehrtester Freund dies bestätigen könnten, daß Sie es auch vom Herrn Geheimrath Hitzig vernommen. In der krankhaften Aufregung, in der sich mein guter Mann befindet, kann er doch vielleicht die Worte des Präsidenten zu scharf aufgefaßt haben – Entschuldigen Sie, daß ich Sie damit behellige, aber ich will keinen Schritt unterlassen haben, der vielleicht noch retten könnte; sobald mein Mann an den Kaiser geschrieben, ist ja doch Alles vorbei.

Die vielen Zeichen der Freundschaft, die Sie theuerster Freund, uns seit Jahren bezeugt, mögen diesen Schritt, von dem mein Mann nichts weiß, rechtfertigen.

Mit vorzüglichster Verehrung
Ihre ergebene

Emilie Fontane.

An Mathilde von Rohr

Berlin, d. 10. Nov. 76.

Mein theures, gnädigstes Fräulein.

Ich beeile mich Ihnen für Ihren so theilnahmvollen Brief meinen innigsten Dank auszusprechen u. Sie über die Stimmung meines Mannes zu beruhigen. Er ist glücklich an seinem Roman arbeiten zu können, sieht wohl aus, ißt u. schläft gut u. läßt auch seine Stimmung nichts zu wünschen übrig; Sie haben in Ihrem treuen Freundschafts-Gefühl gewiß seinen Brief mit zu besorgten

Augen gelesen. Der Conflikt zwischen uns besteht in so fern, daß *ich* nicht einsehen kann, daß er Recht gehandelt. Sonst ruht aber nun die Sache, denn geschehene Dinge sind ja nicht zu ändern.

Daß ich nach all diesen Stürmen, weder glücklich noch froh sein kann, verlangen Sie, wohl am wenigsten von mir; Körper u. Geist sind mürbe geworden, u. hätte ich nicht meine Kinder, würde das Bedürfniß nach Ruhe überhand nehmen. Mein guter Mann erklärt mich für gemüthskrank, vielleicht bin ich es, die Betreffenden sollen das ja oft nicht wissen. Leider habe ich wochenlang nicht ausgehen können, weil ich die Grippe hatte, so daß mir die Aussprache[n] mit Tante Merckel u. Frau v. Wangenheim sehr fehlen, die mir treu in dieser schwersten Zeit meines Lebens zur Seite stehen. – George, der jetzt hier ist, ist mir ein theilnehmender Sohn u. fühlt den Druck der auf uns lastet, mit seinen anderen Geschwistern, jeder Tag sagt: wie könnte es anders bei Euch sein! Aber es klagt Niemand u. wir räumen was möglich, aus dem Wege. – Es ist liebe, verehrte Freundin so gütig von Ihnen, daß Sie meines Geburtstag's gedenken u. ich danke Ihnen, da ich weiß Ihre Wünsche sind an jedem Tage gleich treu für uns, aber ich möchte u. wünsche sehnlichst, er ginge von jedem unbeachtet vorüber!

Mein Mann dankt Ihnen für Ihren so eben eingetroffenen Brief; er wird Ihnen natürlich selbst antworten, vorläufig nur sagen, daß Sie irrthümlich berichtet, Senat u. Ministerium sind ihm auf's Liebenswürdigste entgegen gekommen u. Niemand hat ihm absichtlich etwas in den Weg gelegt, nur – die Freiheit, die er liebt, war natürlich mit der Beamtenstellung u. ihren Vortheilen, nicht verknüpft.

Und nun lassen Sie es sich wohl ergehen u. der Winter Ihnen frohe u. angenehme Stunden in Fülle bringen.

Mit dankbarster Hochachtung

Ihre

Emilie Fontane.

An Clara Stockhausen

[Berlin] d 24. Aug. 77.

Theure, geliebte Frau Clara.

Oft hatte ich die Absicht Ihnen zu schreiben, aber immer unterließ ich es wieder, weil ich Ihnen auch nach keiner Seite hin, etwas Erfreuliches über uns mittheilen kann, im Gegentheil, Alles ist ausgesucht unerquicklich. Um am Haupt zu beginnen, so weilt mein Mann, der sich hier absolut nicht erholen konnte, seit 14 Tagen in Thale, jeden Tag erhalte ich einen trostlosen Brief; erst seit vorgestern fühlt er sich etwas besser, seine Stimmung bleibt aber niedergedrückt u. jede seiner Zeilen drückt mich nieder. Mete ist von dem Tage an, daß mein Mann abgereist ist, elend, sie schläft keine Nacht, der Arzt hat mir größte Sorgfalt anempfohlen, am besten Luftwechsel; nun Sie kennen ja die Anordnungen, die ohne jede Rücksicht auf den Beutel, getroffen werden; leider muß ich sie aber nehmen. Ich selbst leide an der Sommerkrankheit, die ich wohl erst mit dem Wechsel des schwülen Wetters los werden werde. Hier haben Sie, trocken, nüchtern, einen Einblick in unsere Lebenslage; dabei wird immer nach u. nach von einem lächerlich kleinen Kapital (nur zu Ihnen gesagt) geknabbert! wohin ich sehe, nirgends ein kleiner Lichtstrahl der Hoffnung oder des anders werdens. Glauben Sie nun nicht theure Freundin, daß ich trostlos bin, ich bin ganz still ergeben, da ich nach meiner Kraft thue u. gethan habe um uns leidlich über Bord zu halten. Jetzt halte ich still; wird es stürmen oder nicht? Natürlich bin ich keine Gesellschaft für Sie u. würde mich kaum aufraffen können, mit Ihnen heiter zu scheinen. Wie innig nehme ich Antheil an dem Erlebniß Ihres Bruders! mein fünfjähriges Verlobtsein wimmelte von solchen Enttäuschungen, ich weiß also wie es thut.

Vielleicht schicke ich Ihnen Mete noch auf einen Tag; es ist doch möglich, daß sie danach schläft. Daß unser baby sich so nett aufführt, freut mich sehr. Seien Sie, theuerste Frau, Frl. Kati

u. die Kinder tausendmal gegrüßt. Ihre nur allzu aufrichtige, Sie innigst liebende

E. Fontane.

An Theodor Fontane

Neuhof. d 4. Juni. 78.

Mein lieber, guter Mann.

Du hast ganz Recht, in dem was Du in Deinen heutigen Zeilen aussprichst u. alles Persönliche ist seit dem Sontag Nachmittag in den Hintergrund getreten. Jeder fragt: was soll daraus werden? wir saßen vergnügt am Whisttisch, als die Mädchen uns die fast unglaubliche Nachricht brachten; Lise u. ich fuhren noch um 9 Uhr in die Stadt, wo bereits 3 Depeschen angekommen waren. Man zitterte vor jeder neuen Nachricht, u. erst heut beruhigen sich unsere Gemüther, da die Depeschen u. Nachrichten über unseren theuren Kaiser so fortlaufend günstig lauten. Vormittag waren wir in der Stadt, um Lisen auf den Bahnhof zu bringen, die heut nach Schokken abgereist ist; alles hat geflaggt, aber auch in Liegnitz scheinen, wie in Berlin, die unheimlichen Gestalten aus dem Boden zu wachsen u. gestern in dem Dankgottesdienst in der Oberkirche, sah man Blousenmänner u. wilde Gesichter, wie sie die Commune nicht schlimmer hat aufweisen können. Mich beschäftigt immer die Frage, bei dem ewigen Kreislauf der Dinge u. dem up and down im Großen wie im Kleinen, solche Zeiten müssen doch schon da gewesen sein u. welches Mittel, brachte dann Hülfe u. Ordnung?

Wir lesen natürlich so viel Zeitungen wir nur bekommen können u. von dem furchtbaren Verlust des »Kurfürsten« sind auch hier Familien betroffen. – An George schrieb ich vor dem Attentat einen langen, ausführlichen Brief, ebenso an Mete einen solchen, erst gestern. Ihre letzten Zeilen schicke ich Dir mit, sie sind doch, so weit sie es leisten kann, natürlich u. berührten mich dadurch wohlthätiger. Uebrigens hat sie diese Eigenschaft: aparte Sätze gern in Briefen anzubringen, von mir; ich erinnre mich, daß ich das auch in meiner Jugend gethan habe. Ich hielt sie nur zu klug dazu. – Die letzte Nummer des »Daheim« ist mir nicht zu Gesicht gekommen, da Hedwig sie vorgestern vom Wagen verloren hat. Auch habe ich aus dem Inhaltsverzeichniß der »Rundschau« ersehen, daß Dein Aufsatz wieder nicht darin erschienen ist; ich dächte doch, Du wärest es Dir schuldig, ihn Dir zurück zu erbitten.

[…] Ich kann Dir nicht sagen, wie wehmüthig mir der Dankgottesdienst war u. wie meinem Gefühl zuwider die geflaggte Stadt. Man möchte immer sagen: es hilft ja doch zu nichts; es ist ja doch alles anders.

Im Uebrigen werde ich so gepflegt, daß mir bereits wieder meine Kleider zu eng werden; Johanna hat sich recht erholt u. fahren wir jeden Tag in dem schönen Landauer spatzieren; aber mir ist die Unbefangenheit genommen, ich fürchte immer, neidische Blicke verfolgen uns, u. fahre lieber auf die Felder, wo man nur den Himmel über sich hat.

Heut ist der erste warme Tag u. wollen wir uns in den Garten setzen, drei Tage habe ich Hexenschuß gehabt. Grüße unsere Jungen u. Tilla'n; die Freunde Stockh. u. Zöellners, u. sei herzlichst geküßt von

Deiner alten Frau.

An Theodor Fontane

Neuhof. d. 11. Juni. 78.

Mein lieber, alter Mann.

Ich beeile mich Deine heutigen Zeilen, mit der »Argwohns-Abhandlung« zu beantworten. Vorläufig war ich froh, daß Du nichts Schlimmeres schriebst, denn ich war schon auf alle möglichen Gräuel gefaßt, die Dir am Press-Theaterabend passirt seien, da Theo mir geschrieben, Du hättest dabei solchen Aerger gehabt. Bei manchem möchte ich Dir doch auch zurufen: take it easy. Wenn ich jetzt so aus der Ferne Deine Kritiken zu lesen bekomme, so fällt mir den armen Schauspielern gegenüber immer wieder ein gewisser schulmeistriger Ernst, eine Art schmerzlicher Resignation auf. Und daran möchte ich gleich anknüpfen um über Deine Bedenken zu Deinen Freunden etc. zu reden. Daß die Genannten Dich Alle lieben u. verehren, davon bin ich wie von meinem Leben überzeugt u. ich glaube auch angeben zu können, wodurch dann u. wann Deine Zweifel entstehen. Selbst *sehr kühl* u. wenig aufmerksam den Freunden gegenüber (so beabsichtigtest Du am Donnerstag, an *Heydens* Geburtstag ein kleines Diner zu geben, wozu Du ihn doch wohl nicht eingeladen hättest? Heydens, die Dir manchen Geburtstag verherrlicht haben.) bist Du in the long run so verwöhnt von allen Menschen, daß Du auch ein bissel viel Aufmerksamkeit verlangst. Daß Du in den Gesellschaften von P. L. usw. andere Aufnahme gefunden, ist ganz natürlich; dem Kreise bist Du »neu«; bewegtest Du Dich darin wie in dem Deiner Freunde, würde es bald anders sein. Nur *Du* bringst das Gefühl Deiner »Stellungslosigkeit« mit, die Anderen, mit Stellen etc., beneiden Dich darum u. meist auch darum, daß Du reden kannst, wie Dir der Schnabel gewachsen ist. In *Einem* glaube ich, bist Du manchmal auch Deinen wärmsten Verehrern u. rinnen unbequem, in Deiner Wahrhaftigkeit u. Gründlichkeit! Wehe, dem Unglücklichen, der *obenhin* Dir etwas erzählt; er muß jedes ausgesprochene Wort besiegeln u. beschwören u. wehe der Unglücklichen die eine leichte Frage hinwirft, sie muß die eingehendste Abhandlung aushalten. Nun, alles zu seiner Zeit. Auch die geistreichste Abhandlung ist gesellschaftlich 'mal nicht am Platz u. ein hingeworfenes Wort bleibt besser unerörtert. Aus dieser »liebenswürdigen Schwerfälligkeit«, die Du manchmal hast, entsteht dann eine gêne, die Du dem einen oder anderen anmerkst, u. woraus Du dann Gott weiß was für argwöhnische Schlüsse machst. Deine Wahrhaftigkeit u. Dein auf den Grund gehen, genirt die Menschen, auch die besten u. Dir wohlgewogendsten. (Mich nicht.)

Die Feiertage sind nun glücklich vorüber. Der erste brachte mir Deinen lieben Brief u. den sehr netten von Mete; auch für Friedels bedanke ich mich. Am Mittag waren hier Verwandte zu Tisch u. später kamen, die »muthmaßlich«, durch Clärchen *werdenden* Verwandten. Nette, feine Menschen, so Herren, wie Damen u. doch sind es immer endlos lange Stunden, wie ich sie in Berlin in *keiner* Gesellschaft durchlebe; hier thäte mal ein gründliches Element Noth. Alles kleine u. kleinste Interessen u. alles Andere dem Stadtblättchen, höchstens der Breslauer Zeitung entnommen. Gestern bei Regenwetter fuhr ich mit Clärchen u. Hedwig zur Kirche. Die Predigt war gut genug; aber einige Landleute in meiner Nähe hatten Rosmarinsträußchen, deren Duft mit dem multrigen Kirchengeruch mir Kopfweh verursachten; außerdem verdroß es mich, daß eine ursprünglich schöne oder doch eigenthümliche katholische Kirche mit der Zeit in unserem Besitz zu einer alten Rumpelkammer ohne jegliche Styleinhaltung umgeformt ist. [...] Mit 1000 Grüße an Freund u. – Feind u. der Bitte: mir meine Klugschmuserei nachzusehen: »le style« ist nicht meine Force, immer u. immer Deine Dich zärtlich liebende

Alte.

An Clara Stockhausen

Neuhof d. 12. Juni. 78.

Geliebteste Freundin.

Irgend etwas Interessantes von hier oder mir, ist nicht zu melden. Ich vegetire in der angenehmsten Art von der Welt; genieße viel Pflege, Aufmerksamkeit, Erdbeeren u. saure Milch u. fahre im Landauer durch blühende Felder u. grüne Fluren.

Dabei bin ich so geistig faul, daß ich noch kaum ein Buch zur Hand genommen habe u. lege mich Abends 9½ Uhr todtmüde zu Bett. Alles Anregende verschaffen mir die Zeitungen u. die Briefe meines guten Mannes u. da ich, außer Liebesworte für Sie, nichts zu schreiben weiß, so schicke ich Ihnen als Zeichen meiner Freundschaft u. meines Vertrauens sein letztes Opus. So ist er. Harmlos wie ein Kind, u. argwöhnisch wie ein Jesuit. Vielleicht finden Sie wieder eine Aehnlichkeit heraus. Bitte, vernichten Sie den Brief.

Ich kann Ihnen um so leichter die Einlage beischließen, als ein so eben eingetroffener Brief alles von gestern wiederruft. Er schreibt: »... Vielleicht hätt' ich Dir das nicht schreiben sollen, was ich gestern schrieb; – aber dann auch wieder, warum nicht? Warum soll man sich nicht wenigstens die kindische Genugthuung der Klage-Schwätzerei verschaffen. Das ganze Beichte-Wesen, das in der alten Kirche solche Rolle spielt, läuft ja auf dasselbe hinaus. Das Herz will sich entlasten. Der eine beichtet drei Morde, der andre drei Verstimmungen, jeder nach seinen Mitteln. Im Uebrigen wirst Du beim Lesen Deinen alten Satz wiederholt haben: ›Ja, Du hast es ja gewollt‹, worauf ich nicht viel, aber doch das *Eine* erwiedern will, daß der ›Sekretair‹ auch nichts geändert hätte. Meine Leberaffektion u. mein Ruin wären mir sicher gewesen, aber keine beßre gesellschaftliche Stellung. Dazu reichen 2000 ℔. u. der Sekretärs-Titel nicht aus. Jetzt ist man doch wenigstens 'was für den ›Liebhaber‹. Sind diese auch rar, so existiren sie doch am Ende.«

Wir müssen eben mit unseren »Künstlernaturen« Nachsicht üben u. 'mal mit ihnen himmelhoch jauchzen u. zum Tode betrübt sein. Freilich ist das erstere seltener der Fall. *Tauschen* würden wir doch um keinen Preis. Hier, wo mich Alles umgiebt, was ich zu Hause vermisse, sehe ich wieder ein, wie glänzend meine kleine Kabache, mit dem »tyrannischen Möbel« darin, möblirt ist. Zu meiner Entschuldigung muß ich auch sagen, daß ich seinetwegen Manches besser u. anders wünsche. Im Uebrigen sehne ich mich nach Ihnen Herzensfrau u. spazierte zu gern manchmal nach Genthinerstr. 13.a. u. fragte nach diesem u. jenem. Ob die Wohnung vermiethet, ob baby recht frisch u. die anderen Kinder nach Ihren Wünschen gedeihen. Mein Alter schreibt heut, daß nächstens eine Stockhausen-Feier stattfinden würde; nun das ist das Wenigste, was geschehen mußte. Ich war von der Akademie-Feier so indignirt, daß ich nach dem Schluß der »Hochheiligen Handlung« spornstreichs davon lief. Alles eitle Selbstbespiegelung, krasser Egoismus u. hohle Begeisterung u. Idealität. Nein, mit tiefer Trauer, kann man Ihrem Manne nur immer wieder Glück wünschen, einen anderen Wirkungskreis gefunden zu haben.

Mete fängt an, ihren letzten Briefen nach, in etwas geebnetere Bahnen zu lenken. Sie bedarf so sehr geistiger u. körperlicher Schulung u. jedes kleinste Zeichen davon thut meinem Mutterherzen wohl. Sie hat keine Ahnung davon, wie sehr sie trotz alledem u. alledem mein Liebling ist u. ich oft aus Sorge um sie Thränen vergieße. Für die Herbstmonate, bis Weihnachten, habe ich mir die Tochter meiner Freundin erbeten, die 16 Jahr alt, für einige Zeit nach Dresden in eine Pension sollte. Ich hoffe, dieser Wunsch wird mir erfüllt, denn sonst wäre es zu einsam! ohne Sie, ohne Mete, u. ohne Roman abschreiben.

In diesen Tagen giebt man mir, als Frau des »Schriftstellers« zwei Gesellschaften; ich graule mich davor, solche Ovationen machen mir gar keinen Eindruck. Eine »zweite Auflage« u. ich schenke jedem die schönen Redensarten. Ad vocem Ovationen! unser theurer Kaiser! Es ist doch zu schmachvoll u. ich bin mehr denn je für Prügelstrafe u. Hängen.

Sie brauchen mir, geliebteste Frau Clara, nicht zu schreiben. Ich weiß, wie Ihre Zeit in Anspruch genommen ist u. habe es viel lieber, wenn Sie sich Ruhe gönnen. Grüßen Sie *ihn* herzlichst, auch die Kinder, von Ihrer getreuen

alten Emilie Fontane

An Theodor Fontane

Neuhof. d. 18. Juni. 78.

Mein geliebter Theodor.

Ich habe Dir wieder für zwei liebe, mich sehr erfreuende Briefe zu danken u. auch für den Aufsatz, den ich erst gestern früh erhielt; Sontag kam nur der Schein zum Unterschreiben, in meine Hände. Ich bin so froh, daß es Dir leidlich gut geht u. ebenso für Euch Städter daß es noch nicht heiß ist; ich habe freilich wenig in diesen 3 Wochen von Luft u. im Freien sitzen genossen u. unsere schönen Spazierfahrten müssen uns schadlos halten. Unter der Linde zu sitzen, ist es entweder zu feucht oder zu windig. Viel Zeit kosten die leidigen Kaffee's, die wir haben mitmachen müssen, gestern den dritten bei Sophie; ich war Dir sehr dankbar, daß Du mir den Aufsatz geschickt hast, so daß ich einen paßlichen Grund hatte, zwei anderen Einladungen zu entgehen.

Heut habe ich mir ausgerechnet, findet also das »Stockhausenfest« statt. Ich hoffe, es wird sehr hübsch, da, nach dem Briefe der Frau Clara, sich die zunächst Betheiligten, sehr wenig davon versprechen. Die »Flügel« Geschichte ist wieder ganz berlinisch; alles ist Modesache. Der »Gerster« Blumencultus im Winter mag mehr gekostet haben. Die Berliner sind nachtragend; sie können es Stockhausen nicht verzeihen, daß er den Preis für die Concerte erhöht hat. Begierig bin ich zu hören, wie diese ganze Angelegenheit abgelaufen sein wird. […]

Und nun weiß ich nichts mehr. Grüße die Kinder u. die Freunde. Ich freue mich so auf Dich, daß die Redensart der alten Sohm, »das Herz bleibt immer jung« die ich so oft belacht habe, sich an mir rächt. Mir klopft das Herz vor Freude, bei dem Gedanken, Dich wiederzusehen. Laß es Dir gut gehen Du lieber Sekretär a. D.; es war ein böser Titel. Lächerlich an sich, für Dich – unter der Würde. Nein, wir wollen nun Th. F. leben u. sterben. Hoffentlich gemeinsam u. gesund noch lange das erstere.

Deine alte getreuste Frau.

Laß den Brief von Mete nicht *umher* liegen, Du wirst wissen, warum. Theo meinen besonderen Gruß, auch Tante Merckel.

An Theodor Fontane

Neuhof. d 21. Juni. 78.

Mein geliebter Mann.

Es war eine unerwartete Freude u. zugleich eine Täuschung die mir heut Dein Briefpaket bereitete. Während meine Gedanken Dich bereits gestern Abend in Wernigerode suchten, sitzt Du lieber, armer Kerl immer noch in Arbeit, Wirrwarr u. Störung in Berlin! Und doch hast Du in allem Recht, in Deiner Rücksichtnahme gegen Witte, Scherz, Stockhausen's u. A. m. Ich sehe hier, in einem so wohlhabende[n] Hause, daß, bei gebildeten Menschen wenigstens, das Leben aus Rücksichtnahme besteht, nur die Gründe sind verschieden. Und es ist gewiß gut u. nothwendig daß dem so ist, sonst würde die Rüpelhaftigkeit in der Welt zu sehr überhand nehmen. Aus Rücksicht werde ich nun wohl auch erst am 30. oder gar erst am 1. Juli in Berlin eintreffen. Johanna, die morgen nach Dresden reist, hat mir während ihrer Abwesenheit Haus u. Kinder anvertraut u. wünscht mich doch wenigstens bei ihrer Rückkehr noch einen Tag hier zu sehen. Nun könnte im schlimmsten Falle Sophie herauskommen, die ist aber leider vorgestern gefallen, von einer Fußbank u. liegt mit einer Bandage um den verrenkten Fuß fest. Nun beunruhigt es mich aber Dich um einen Tag frische Luft zu bringen u. ich gehe auf Deinen Vorschlag wegen einer Wohnung-Suche ein, mit der Variation, daß *Du sobald* Du abkommen kannst, allein gehst u. wir drei dann nachkommen. [...]

Soeben haben wir Johanna zur Bahn gebracht u. nun werde ich hier Haus halten. Es wäre entzückend gewesen, Du hättest diese letzten 8 Tage mit mir hier verleben können u. wir hätten uns eingebildet, Herren auf Neuhof zu sein. Dies ging aber doch nicht u. so muß ich allein den Lindenduft einathmen, der mein Zimmer erfüllt u. dem heimlichen Gesumm der tausende von Bienen lauschen, die die große Linde umschwirren u. dem Ganzen einen poetischen Zauber verleihen. Wir werden hoffentlich nun unter der Linde leben, denn es ist warm u. still. […]

Ergeh es Dir ferner recht gut, grüße alles Grüßbare, namentlich die Kinder, von Deiner Dich innigst liebenden

Emilie F.

An Clara Stockhausen

Berlin d. 1. Oct. 78.

Geliebte Frau Clara.

Ihr lieber Brief wurde mir von Forsteck nachgeschickt, wo wir leider schon am Sonnabend wieder fort mußten, damit mein Mann seines wichtigen Kritiker-Amtes warten konnte. Nun, es hätte sich schon noch einmal eine Entschuldigung finden lassen, aber Theodor hat den Grundsatz u. die sich daran knüpfende berliner Redensart: nur nichts austitschen, u. so reisten wir nach anderthalb schönen Wochen wieder heim u. erwachten eines schönen Morgens wie weiland der »verwunschene Prinz« in unserer Klause. Aber fröhlich u. guter Dinge. Wieder bin ich um eine Erfahrung reicher geworden theuerste Frau u. ich sehe man lernt nicht aus. Neben allem Schönen, Erhebenden u. Interessanten habe ich eingesehn, wie *wenig* glücklich Reichthum macht, wenn andere Faktoren fehlen. Ach, wie schade, schade daß ich nicht mehr zu Ihnen schwatzen kommen kann. Wie viel möchte ich fragen, wissen, nicht aus Neugier, nein aus wahrem, warmen Interesse für die Betheiligten. In Hamburg Ihre Schwester! bezaubernd liebenswürdig; auf der Fahrt mit ihr nach Kiel wurde sie mir so sympathisch, daß ich bei ihrem fröhlichen Lachen, im dunklen Coupée, wo der Hut die gepuderten Haare bedeckte, vermeinte in Ihr liebes Gesicht zu schauen. Dann in Kiel Ihr Schwager! dieser feine, sinnige Mensch; der es einem anthut mit der Melancholie in den lieben Augen und dem man »helfen« möchte, trotzdem er einem wie ein Fürst erscheint? Und dann wieder Beide beisammen, sich neckend, in freundlicher Rede Meinungen austauschend. Wie ist da eine Kluft möglich? Ist sie nicht zu überbrücken? wer könnte helfen, giebt es kein erlösendes Wort? Sie kennen mich; ich liebe Alles klipp u. klar u. daher ist mir wohl besonders ein solches Verhältniß ein unerklärliches. Aber Sie können mir garnicht antworten u. ich habe Ihnen nur zeigen wollen, in welche Mitleidenschaft mich der Zustand dieser beiden gewiß vorzüglichen Menschen versetzt hat. – Ihnen danken wir die so überaus freundliche Aufnahme bei Ihren lieben Verwandten u. Ihr warmes Freundeswort hatte uns eine so gute Stätte bereitet. Wir haben auch Herrn Lange kennen gelernt, der zufällig nach Forsteck kam; er hatte schon an Mete abgeschrieben, unter dem Vorwand: sie sei zu jung. Er hat uns, mir u. meinem Mann einen sehr günstigen Eindruck gemacht, ganz wie Sie schreiben. Aber es mag recht gut sein, daß es sich zerschlagen, Mete würde in einer geistigen Einsamkeit dort gelebt haben, die ihr nicht wohlthätig gewesen wäre. Es eilt ja nicht u. vielleicht findet sich gelegentlich etwas anderes. Während unserer Abwesenheit hatte sie ihre Tante Witte hier u. jetzt ist sie frisch u. guter Dinge u. rührt mich durch ihr sichtliches Bestreben, mir zur Liebe zu leben. Unser Theo sitzt bei seiner schriftlichen Arbeit u. hofft noch vor Weihnachten, das Ziel seiner Bestrebungen, Dr. der Rechte, zu werden, zu erreichen. Unser Aeltester, der uns im Sommer große Sorge gemacht, (eine bedeutend angehäufte Schneiderrechnung lief ein) rehabilitirt sich als außerordentlicher Geschichtslehrer u. hat Aussicht drei Jahr vorläufig als ein solcher in Oranienstein zu bleiben. Sein Ehrgeiz scheint nach dieser Seite hin zu liegen u. mein Alter setzt große Hoffnungen darauf. Friedel bleibt nach wie vor zurück u. brachte bescheidentlich eine 2.b. nach Hause; Theo will nach seinem

Examen, Mete ihn schon jetzt, ernstlich in die Kur nehmen. – Wie wird sich unser Leben gestalten? ich glaube, sehr still; wir werden mehr denn je still zu Hause sitzen, ich werde des Abends lesen (versäumen Sie nicht, in der Sept. N. des Nord & Süd, »Der Mitschuldige« von Willbrandt zu lesen; haben Sie es nicht, so schicke ich es Ihnen) u. am Tage sehr oft das Verlangen haben, zu Ihnen zu gehn, was ich nun nicht mehr kann. Mit Zöllners haben wir uns wieder ganz eingelebt; ich komme, faute de mieux, mir gründlich schlecht vor; aber zu meiner Entschuldigung finden auch Andere, Berufenere, Gütigere, daß ihr die Künstler-Stellung ihres Mannes den »Sinn verrückt« u. sie glaubt etwas repräsentiren zu müssen, was sie nicht kann u. auch kein Mensch von ihr fordert. Unsere gute Lübke hat nach einem beinah 3 monatlichen Aufenthalt Potsdam wieder verlassen; sie war lieb u. gut, aber kann es noch nicht lassen, von ihrem Wilhelm zu sagen, er schreibt, ich soll endlich kommen; aber er mag »zappeln«. Ach Gott er zappelt nicht, wenigstens schon lange nicht mehr nach ihr. Es ist mir immer so leid, eine so kluge Frau, die das Herz so auf dem rechten Fleck hat, in einer Richtung so auf falschem Wege zu sehn. Aber vielleicht liegt es nicht so schlimm; u. vielleicht sehen wir immer nur den Nachbar fehl gehen u. tappen selbst auch in der Irre. – In diesen Tagen will ich zu Roquette's gehn, ich fürchte mich ein wenig, denn ich möchte mich sehr vorsichtig über Frl. S. äußern u. Sie wissen, Vorsicht ist nicht meine Force. – Mein Mann grüßt Sie mit alter Verehrung; er ist sehr fleißig, hat viel Stoff durch Mittheilungen Ihres Schwagers aufgehäuft, wird vielleicht einen Artikel über Klaus Groth schreiben. Ende dieses Monats hoffe ich Ihnen endlich seinen Roman schicken zu können. Er ist sehr erfrischt u. sprach gestern Abend so lebhaft von allerlei Arbeiten, die er vor hätte, daß Mete sagte: ach Papa, Du wirst am Ende noch ein Schmierer. Worüber er eingedenk seiner Tiftelei, doch herzlich lachen mußte. – Und nun Herzensfrau, möchte es Ihnen doch so gut ergehen, wie ich es Ihnen u. dem lieben

»Lehrer« wünsche; dann sollten Sie beide auf Rosen gehen u. die theuren Kinder dazu. Möchten wir bald hören, daß Alles im Geleise, ruhig u. eben, die Kinder recht munter u. Sie einen Anschluß für Geist u. Gemüth gefunden.

Ihre getreue alte Freundin

Emilie Fontane.

Meine Schulden für Reis, Oel u. Wein erstatte ich mit bestem Dank endlich durch beigehende Karte.

16½ ℔, 4 Fl. Oel u. 9 Fl. Wein.

An Wilhelm Hertz

[Berlin] d. 13. Nov. [1878]

Sehr geehrter Herr Hertz.

Sie haben mir eine große Freude bereitet. Es war mein Wunsch den Roman ganz zu eigen zu besitzen u. da ich ihn abgeschrieben habe, von A. bis Z. so war dieser Wunsch wohl einigermaßen gerechtfertigt. Und nun erfüllen *Sie* ihn mir u. unwissentlich zu meinem Geburtstage. Nehmen Sie den herzlichsten Dank dafür.

Unter Gruß u. Empfehlung an die Damen Ihres Hauses

Ihre ergebenste

Emilie Fontane.

KAPITEL 8

»... mein Gott, *wie verwöhnt* ist man doch in geistiger Beziehung«

Lektorin, Kopistin, Vorleserin, Brief- und Papel-Partnerin (1878–1891)

Fontane ist zeitlebens ein sehr fleißiger Autor, zumal er weitgehend von dem leben muss, was er »erschreibt«. Aber das Jahrzehnt von 1879 bis zum Anfang der neunziger Jahre, also von seinem 60. bis zu seinem 70. Lebensjahr, ist eine geradezu exzessive Phase seiner Produktivität und bedeutet eine spezielle Herausforderung für Emilie, die nach dem schöpferischen Akt ihres Mannes jeweils eine Reinschrift als Satzvorlage herzustellen hat. Abgesehen von Hunderten Briefen und dem zwischen 1881 und 1885 täglich geführten Tagebuch schreibt Fontane in dieser Zeit über 300 Theaterkritiken eigenhändig, wofür je zwei Arbeitstage zu veranschlagen sind (Lektüre des Stücks, abendlicher Besuch der Aufführung und Niederschrift der Besprechung am folgenden Tag). Die Briefe gehen zur Post, die Theaterrezensionen unmittelbar in die Setzerei der »Vossischen Zeitung« in der Breiten Straße, und die Notizen über die alltäglichen Vorgänge vertraut er den Tagebüchern an. Doch parallel dazu entsteht in diesen Jahren ja vor allem jenes Dutzend Erzählungen und Romane, in deren kontinuierliche Abfolge auch noch 1882 »Spreeland« und 1888 »Fünf Schlösser« (aus dem Komplex der »Wanderungen«) sowie 1885 das Buch über

»Christian Friedrich Scherenberg und das literarische Berlin von 1840 bis 1860« eingeschoben werden. Auch die Manuskripte dieser Bücher schreibt Fontane mit Tinte oder Bleistift nieder, und sie müssen später, nach intensiven Überarbeitungsphasen, erst einmal die Hand der Kopistin passieren, bevor sie in die Druckerei gehen können.

Geschrieben und veröffentlicht hat Fontane schon lange, aber seit »Vor dem Sturm« *erzählt* er, und er empfindet sich erst jetzt wirklich als Autor. Er sei, setzt er Emilie am 17. August 1882 auseinander, erst »bei dem Schreiben meines Romans ein *Schriftsteller* geworden«, das heißt »ein Mann, der sein Metier als eine *Kunst* betreibt, deren *Anforderungen* er kennt. [...] In *poetischen* Dingen hab ich die Erkenntniß 30 Jahre früher gehabt als wie in der Prosa; daher les ich meine Gedichte mit Vergnügen oder doch ohne Verlegenheit, während meine Prosa aus derselben Zeit mich beständig genirt und erröthen macht.«

Doch diese Überzeugung, die aus historischer Sicht sein kulturgeschichtliches Überleben gesichert hat, findet in der damaligen Öffentlichkeit nur mäßige Resonanz, und die Klage über seine »Nullgrad-Erfolge« durchzieht wie ein roter Faden seine Äußerungen. 1882 zitiert er seinen Schwager Weber: »Dein berühmter Bruder, den keiner kennt«, und noch 1893 notiert er im Tagebuch: »Zu Weihnachten erschienen ›Meine Kinderjahre‹ mit dem bekannten Erfolg meiner Bücher: tüchtig gelobt und mäßig gekauft.«

Gewiss, er bekommt anerkennende Besprechungen, aber die engsten Freunde bemerken offensichtlich nicht, dass er mit seinen Romanen andere Töne anschlägt und neue Sichten eröffnet. Er regt sich heftig auf, als der alte Freund Karl Zöllner die Novelle »Grete Minde« (1880), die eine sozialkritische Rechtfertigung der Tangermünder Brandstifterin liefert, »nach halber, d. h. in Wahrheit nach Viertel- oder Sechszehntel-Lesung«, mit der Bemerkung abtut: »is ganz hübsch, Noel« (an Emilie, 11. Juni 1879). Auch bei »L'Adultera« (1882) ist die Reaktion verhalten, weil Fontane den unlängst in den Zeitungen breitgetretenen Ehebruchsskandal um Thérèse Ravené fast unverhüllt aufgreift. Als »Schach von Wuthenow« im Juli 1882 in der »Vossischen Zeitung« vorabgedruckt wird, amüsiert sich der Autor, wenn die Leser das Buch so interessant finden, weil sie alle Straßennamen kennen, und er ist verdrossen, dass man nicht den historischen Konflikt um Preußen 1806 hervorhebt, sondern das Werk nur als Fortsetzung der »Wanderungen« (miss)versteht; der Berliner Geschichtsverein organisiert sogar einen Ausflug nach Wuthenow zur »Besichtigung des Schlosses«, das es nie gegeben hat.

Die Zurückhaltung des Publikums und das Unverständnis der Gesellschaft gegenüber diesem »neuen« Fontane spiegelt sich drastisch auch im Verhalten der Verleger. Wilhelm Hertz, der den »Wanderungen durch die Mark Brandenburg« und Fontanes Gedichten die Treue gehalten und noch »Vor dem Sturm« herausgebracht hat, zieht sich nach »Grete Minde« und »Ellernklipp« von dem Erzähler Fontane zurück, und der ist mit jedem neuen Romanmanuskript erneut auf der Suche nach einem Verlag. »L'Adultera« (1882) bringt er bei Salo Schottländer in Breslau unter, »Schach von Wuthenow« (1882) nimmt ihm Wilhelm Friedrich in Leipzig ab, »Graf Petöfy« (1884) erscheint bei F. W. Steffens in Dresden, »Unterm Birnbaum« (1885) bei Müller-Grote in Berlin, »Cécile« (1887) bei Emil Dominik, wiederum in Berlin. Und je mehr er sich mit seinen Stoffen der sozialen Wirklichkeit nähert, desto mehr wachsen die Vorbehalte. Als »Irrungen, Wirrungen« 1887 in der »Vossischen Zeitung« vorabgedruckt wird, beschwert sich ein Mitinhaber des Blattes bei Chefredakteur Stephany: »Wird denn diese gräßliche Hurengeschichte nicht bald aufhören?« Und »Stine« (1888 abgeschlossen), die berührende Geschichte der einfachen jungen Frau und ihrer Liebe zu dem Grafen Haldern, der schwer angeschlagen den Krieg von 1870/71 überlebt hat, sowie ihrer resoluten Schwester, der Witwe Pittelkow, und ihres Verhältnisses mit dem frivolen Baron, kriegt Fontane gar nicht erst los; erst 1890 wagt Fritz Mauthner den Vorabdruck, und im gleichen Jahr erscheint das Buch erfolgreich im Verlag von Friedrich Fontane. Der Autor, der eigentlich nicht in einem Unternehmen der eigenen Familie erscheinen wollte, hat lange gezögert, ehe er das Manuskript seinem jüngsten Sohn überließ, der 1888 einen eigenen Verlag in Berlin etabliert hat.

In der Übergangszeit springt Wilhelm Hertz noch einmal ein und bringt 1890 »Quitt« und 1891 »Unwiederbringlich« heraus. »Quitt«, im ersten Teil in Schlesien spielend, findet dort wegen des lokalen Umfelds viele Leser. Und im fernen Friedrichshagen beschäftigen sich die naturalistischen Publizisten Wilhelm Bölsche und Bruno Wille intensiv mit dem Roman und vergleichen ihn wegen des tödlichen Konflikts zwischen dem staatstragenden Förster und dem rebellischen Wilddieb mit Dostojewski. Fontane quittiert die Rezension mit den Worten: »ich entdecke mich auf einer gedanklichen Höhe, von ich mir nichts hätte träumen lassen« (An Julius Rodenberg, 2. Juli 1891). Die hier skizzierte narrative Bilanz ist aber längst nicht vollständig, denn auch »Effi Briest«, »Frau Jenny Treibel« und »Unwiederbringlich« sind, in unterschiedlichen Entstehungsstadien, bereits fixiert, dazu kommt ein Projekt, das den Autor in den achtziger Jahren mehrfach und noch einmal intensiv 1895 beschäftigt hat: »Die Likedeeler«, ein Roman um Klaus Störtebeker, dessen Seeräuberbande er mit »Kommunisten um 1400« vergleicht und dessen »Gleichteiler«-Prinzip ihn wegen der vermeintlichen »sozialdemokratischen Modernität« fasziniert (an Friedrich Holtze, 16. März 1895).

Anlässlich dieses ungewöhnlich produktiven Jahrzehnts literarisch-publizistischer Arbeit soll dieses Kapitel Fontanes unentbehrliche Mitarbeiterin im »kleinen Romanschriftsteller-Laden« (an Ludovica Hesekiel, 28. Mai 1878) würdigen, ohne die dieser »Laden« nicht so erfolgreich hätte sein können. Die vorliegende Darstellung widerlegt endgültig die Urteile und

Vorurteile, die einst behauptet, gedruckt und unbesehen geglaubt worden sind, zumal sie sich allesamt auf Fontanes eigene Darstellung aus dem Krisenjahr 1876 stützen, die Emilie als angenehme, geist- und verständnisvolle Gefährtin »in ruhigen Tagen« schildert, ihr aber totales Versagen »in den Stürmen« einer Schriftsteller-Existenz vorwirft. In solchen Situationen habe sie »eine Neigung, ihre Hand nicht rettend unterzuschieben, sondern sie wie einen Stein auf meine Schulter zu legen« (an Mathilde von Rohr, 22. August 1876). Aus solchen Äußerungen entstand das Bild von der unbedarften, Fontane weder als Menschen schätzenden noch als Schriftsteller verstehenden Gattin, die seine literarische Entwicklung durch »latenten Widerstand« behinderte und ihm durch »ständigen Hausfrauenfuror, wirtschaftlichen Kleinkram und Dienstbotenaffären« das Leben sauer machte. So nachzulesen in Conrad Wandreys Fontane-Monographie von 1919 und ähnlich 1938 in der Autobiographie von Gerhart Hauptmann zu finden, der Emilie mehrfach ausrufen lässt: »Er ist ja gar kein Dichter, er ist ja gar kein Dichter!« Selbst das vielfach anregende Buch »Im Banne der Melusine« von Wolfgang Paulsen (1988) bietet nur das diffuse Porträt einer »Hausfrau alten Stils« und ergeht sich in Vermutungen über die Folgen ihrer nervösen Konstitution: »Die wenigen von Emilies Hand überlieferten Briefe erlauben kaum einen Einblick in ihr Inneres, lassen ihre Gestalt in einem schwer zu durchschauenden Halbdunkel.« Dabei ist freilich zu bedenken, dass Paulsen, seit 1933 als Emigrant in den USA lebend, nichts von den 180 Briefen Emilies im Potsdamer Theodor-Fontane-Archiv wissen konnte. Und er hat sich leider der von der zeitlichen Distanz total getrübten Erinnerung Hauptmanns angeschlossen, der von der in der Wohnung hin und her eilenden Emilie berichtet und von deren Begeisterung gerade für Fontanes Gedichte nichts wusste. Aus der verqueren Gedächtnisleistung des Nobelpreisträgers entsteht bei Paulsen das Narrativ von der trist gewordenen Ehe der Fontanes, aus der sich der Dichter in die Idealgestalten seiner Romanfrauen rettet.

Diese Legenden um Emilies angebliche Rolle in der Fontane'schen Ehe haben sich lange erhalten, werden aber durch die überlieferten Zeugnisse aus erster Hand glänzend widerlegt: Emilie ist die kluge, liebende Frau an Fontanes Seite, die kritisch-kompetente Partnerin des Autors und damit wie geschaffen als seine Privatlektorin. Die ältere Fontanistik hätte getrost das Narrativ vom Hasen und vom Igel ernst nehmen können, das Fontane am 8. Juli 1872 gegenüber Mathilde von Rohr eindrücklich zur Klärung dieser Frage herangezogen hatte: »Sie kennen die Geschichte vom ›Swinegel un sine Fru‹. Swinegel hätte ohne die Hilfe seiner Frau die Wette nie gewonnen, und ich soll nun ebenfalls gewahr werden – übrigens nicht zum ersten Mal, – daß man ohne ›de Fru‹ verloren ist.« Doch dieses Bekenntnis kommt erst 1969 an die Öffentlichkeit, nachdem es bezeichnenderweise 1910 beim Erstdruck des Briefes gestrichen worden war.

Lektorin

Durch ihre Beziehung mit Fontane ist Emilie seit Jugendtagen an Literarisches gewöhnt, und seine Gedichte beglücken sie. Als Ehefrau lebt sie mit seinen journalistischen Arbeiten, ist seit den Londoner Jahren eingeweiht in sein Projekt märkischer Wanderungen. Sie weiß, dass ihr Mann davon träumt, eines Tages einen großen Roman zu schreiben, und sie akzeptiert, dass er seit Anfang der sechziger Jahre nächtlicherweile gelegentlich daran arbeitet. Rechnet man hinzu, dass Emilie als Gefährtin Fontanes in einer Vielzahl von Kontakten und Begegnungen, Bekanntschaften und Freundschaften mit Zeitgenossen unterschiedlichster Professionen reichlich geistige und emotionale

Potenzen akkumuliert, darf man davon ausgehen, dass sie gut belesen und reich beanlagt in das »Lektorat« in der Potsdamer Straße einsteigt. Fontane schätzt das und hebt mehrfach ihr ästhetisches Urteilsvermögen und ihr sensibles Gespür für Kunst und Literatur hervor.

Zahlreiche Briefdebatten vor allem in den achtziger Jahren belegen das Niveau solcher Auseinandersetzungen, wobei sich Emilie immer erneut als anregende Stichwortgeberin für den Disput zwischen Autor und Lektor bewährt und damit zur Selbstverständigung Fontanes beiträgt. So hat sie sich im Juni 1879 in einem (nicht erhaltenen) Brief dezidiert über Fritz Reuter und Charles Dickens geäußert, die beiden wohl »trivial, gröblich, kritiklos« genannt und dadurch ihren Mann zu einem aufschlussreichen Statement über Humor und über »sehr feine Schriftsteller« animiert, »die jede Zeile, die sie schreiben, vor Gott und den Menschen verantworten können« (an Emilie, 24. Juni 1879). Vier Jahre später ergibt sich erneut eine interessante Verständigung, und zwar durch die Lektüre des naturalistischen Romanciers Emile Zola, der damals gerade ein europäisches Ereignis ist und den Emilie im französischen Original liest. Als »Mann von Fach« interessiert sich Fontane lebhaft, »aber von Bewunderung keine Rede«, »alles nur Schmöker, höchster oder auch nur hoher Schmöker«, alles »ohne Kunst und Sorgfalt« geschrieben (an Emilie, 9. Juni 1883). Emilie stimmt am 10. Juni 1879 der Kategorie »Schmöker« sogleich zu und stellt interessante Betrachtungen über die Ursachen von Zolas Erfolg beim Lesepublikum an. Fontane schließt die Debatte mit seinem berühmten Bekenntnis ab: »Der *ächte* Realismus wird auch immer schönheitsvoll sein, denn das Schöne, Gott sei Dank, gehört dem Leben gerade so gut an wie das Häßliche.« (An Emilie, 14. Juni 1883.)

Eben in den Tagen dieser Grundsatzüberlegungen besorgt Fontane die Schlussredaktion seines Romans »Graf Petöfy« (in dem auch über Zola debattiert wird) und schickt die fertigen

Kapitel an Emilie nach Berlin. Sie schreibt sie ab und wagt am 14. Juni 1883 eine für ihre Verhältnisse geradezu sensationelle Attacke auf den Autor. Sie kennt seine Empfindlichkeit gegenüber kritischen Einwänden und geht deshalb vorsichtig-diplomatisch vor, betont, dass sie ja nicht einfach kontinuierlich gelesen, sondern »mühsam Wort für Wort« kopiert habe, dies aber mit »warmem u. ängstlichem Interesse« an seiner »großen Arbeit«. Vorsichtshalber notiert sie ihre Einwände und Zweifel auf den beiden Innenseiten ihres Briefes und hofft – eine weitere Absicherung –, dass sie mit ihren Ausstellungen unrecht habe. Was sie ihr »Gequatsch« nennt, sind jedoch sehr berechtigte Fragen zur Handlungsführung, zur Figurencharakteristik und -motivierung – insgeheim vielleicht sogar ein Unbehagen an dem ganzen Stoff. Eine zentrale Szene ist ihr »fast zu zurecht gemacht u. grußlich«. Zum Schluss holt sie noch einmal mutig aus: »Liebesschilderungen, merkt man Dir doch zu sehr an, sind nicht Deine Sache; ein *Tröpfchen* von Storms ›Bibber‹ könnte meinem Geschmacke nach nicht schaden.«

Bei aller kritischen Substanz ist dieser Brief wiederum eine höchst willkommene Vorlage für den Autor, sich gehörig »auszuräsonnieren«. Er antwortet schon am nächsten Tag: »Besten Dank, auch für das was Du ohne Noth als ›Quatsch‹ bezeichnest« – Emilie hatte, ein kleiner Unterschied, »Gequatsch« geschrieben – »ist alles ganz verständig und wahrscheinlich, mit einigen Einschränkungen, auch richtig. [...] Im Uebrigen weiß ich sehr wohl, daß ich kein Meister der Liebesgeschichte bin; keine Kunst kann ersetzen, was einem von Grund aus fehlt. Daß ich aber den Stormschen ›Bibber‹ *nicht* habe, das ist mein Stolz und meine Freude: Storm ist ein kränkliches Männchen und ich bin gesund trotz meiner äußren Kränklichkeiten.« (15. Juni 1883.) Und er fährt nicht ohne Arroganz fort: »Du sagst, ›Du seiest großes Publikum‹, dies aber drückt Deine Stellung solchen Dingen gegenüber doch nicht scharf genug aus. ›Großes Publikum‹ bist Du *des*halb nicht, weil Du en détail einen sehr feinen künstlerischen Sinn hast, aber Du bist allerdings wie die meisten Frauen eine conventionelle Natur. Im Leben ist dies ein Glück, aber zu Beurtheilung von Kunstwerken, deren Zweck und Ziel ist sich *über das Conventionelle zu erheben*, zur Beurtheilung solcher Kunstwerke reicht natürlich der Conventionalismus nicht aus.«

Emilie antwortet, dennoch sichtlich erleichtert über seine Reaktion: »[…] ich hatte mir Vorwürfe gemacht, überhaupt *geurtheilt* zu haben; denn so peinlich ich abschreibe u. auf jedes Wort achte, so wenig bewahre ich mir dadurch ein klares Urtheil; außerdem macht mich auch die bloße Arbeit nervös.«

Die Debatte um den »Petöfy«-Roman ist der markanteste Beleg für die Mitarbeit der Lektorin Emilie. Aber Spuren ihrer Beteiligung finden sich auch für »Schach von Wuthenow«, dessen Anliegen er in einem Brief an Emilie vom 19. Juli 1882 detailliert darlegt, nachdem sie wohl einige Fragen dazu gestellt hatte; bei »Stine«, über die er am 17. Juni 1888 Schlenther mitteilt: »[…] den Charakter Stines werde ich noch – so gut so was nachträglich geht – zu motivieren suchen. Meine Frau hat mir einen guten Rat gegeben, ein Einschiebsel von nur drei Zeilen, das aber doch erheblich helfen wird«; und bei »Frau Jenny Treibel«, wo Emilie, unterstützt von Tochter Martha, gegen den Untertitel »oder wo sich Herz zu Herzen find't« plädiert, er sich aber durchsetzt.

Im Vertrauen auf Emilies kritisches Urteilsvermögen akzeptiert Fontane teilweise ihre Vorbehalte gegen sein erzählerisches Werk. Als sie am 10. Juni 1884 die neueste Schöpfung Adolph Menzels, »Die Piazza d'Erbe in Verona«, in den Räumen des »Vereins Berliner Künstler« besichtigt hat, bekennt sie ihrem Mann am nächsten Tag: »[…] es wirkt erst wie ein Sammelsurium und macht auf mich als Ganzes gar keinen Eindruck. Verzeih, auch darin Deiner Produktion etwas ähnlich. Aber die Details, die kostbaren, interessanten Details, ich konnte mich garnicht losreißen u. wünschte ich könnte tagelang eine Stunde es studieren u. mich an jeder neuen Entdeckung eines Zuges, einer Person erfreuen; es erfüllt mich wie Ehrfurcht, vor *diesem* Fleiß.« Fontane quittiert die herbe Kritik in respektabler Nachbarschaft gleich am nächsten Tag: »Dem was Du über Menzel sagst, stimm ich in Lob wie Tadel bei. Daß ich persönlich etwas schlecht dabei wegkomme, schadet nicht viel; man muß nur das Bewußtsein haben, sein Bestes gethan zu haben, das andre ist gleichgültig.«

Emilie setzt ihre Galerie-Besuche in Berlin fort und sucht die Gedenkausstellung für den am 3. April 1884 gestorbenen Maler Gustav Richter auf, knüpft an ihr Menzel-Erlebnis an und berichtet darüber am 12. Juni außerordentlich kritisch und mit starkem antijüdischem Akzent nach Thale. Fontane findet ihre gnadenlose Einschätzung »*sehr* treffend«, »aber, milder beanlagt wie Du, lasse ich das Ganze doch viel mehr gelten. Es war ein Pech für ihn, daß er nur Trivial-Comtessen und Juden-Madames zu malen hatte. Wir haben keine rechte Aristokratie, so daß man schließlich froh ist, bei einem christlichen oder jüdischen Parvenü unterkriechen zu können.« (An Emilie, 13. Juni 1884.)

In diesem Sommer 1884 nutzt Emilie Fontanes Abwesenheit, der Rügen bereist und sich in »Hankels Ablage« bei Berlin aufhält, für Geselligkeiten und nimmt unter anderem eine Einladung des Verlegers Carl Müller-Grote zu einem Ausflug nach Saatwinkel an. Man kennt sich offenbar schon länger (Fontanes Novelle »Unterm Birnbaum« wird im Herbst 1885 bei dem erfolgreichen Verlag erscheinen), und ihr kritischer Bericht über die »Partie« und die am nächsten Tag folgende Begegnung mit dem preußischen Kultusminister belegt ihre skeptische Sicht auf den zeitgenössischen Kulturbetrieb und vor allem ihr anspruchsvolles Selbstbewusstsein als Frau Fontane. Am Schluss dieses ungewöhnlich ausführlichen Briefes fasst Emilie die vielfältigen Eindrücke der letzten Tage in dem Satz zusammen: »mein Gott, *wie verwöhnt* ist man doch in geistiger Beziehung«. Sie beklagt die Oberflächlichkeit bei den Müller-Grotes und den »Mangel an geistiger Freiheit« und schließt mit den verheißungsvollen Worten: »Aber genug, darüber müssen wir papeln« – fast eine Standardwendung in der ehelichen Korrespondenz.

Kopistin

Über das vermeintlich »untergeordnete Amt« der Kopistin (wie sie es selbst im Brief an ihren Sohn Theodor vom 15. April 1894 nennt) ist wenig Substantielles bekannt, und wer mit Laptop und Internet aufgewachsen ist, kann sich die Schreibwirklichkeit des 19. Jahrhunderts kaum vorstellen. Emilie hat weder Schreibmaschine noch gar Computer zur Verfügung, sondern schreibt mit der seit Mitte des Jahrhunderts üblich gewordenen Stahlfeder in unterschiedlicher Qualität (die eine »kratzt«, die andere ist »zerbrechlich wie Streichhölzer«). Dazu gehört ein Fässchen mit Tinte, die häufig klumpt, Kleckse verursacht und ein sauberes Schriftbild beeinträchtigt. In den beengten Wohnverhältnissen der Familie hat sie keinen eigenen Schreibtisch. Ist Fontane zu Haus, schreibt sie am Küchentisch, ist er unterwegs, kann sie seinen Arbeitsplatz nutzen – und das bis in die neunziger Jahre hinein bei flackernder Kerze oder beim Licht einer mit Petroleum betriebenen Astrallampe. Elektrisches Licht kommt erst später.

Und was mutet Fontane unter solchen Umständen seiner Frau für die Abschrift zu? Praktisch alles, was er zu Papier bringt: »Wanderungen«, Kriegsbücher, Romane, Autobiographien – »gute vierzig Bände«, wie er in der Rückschau schätzt. Und wie sehen die Vorlagen für ihre Arbeit aus? Es sind »von Korrekturen und Einschiebseln starrende Manuskripte«, meint er beschönigend in seinen Erinnerungen (»Von Zwanzig bis Dreißig«, S. 360). Tatsächlich ist es allzu oft eine Zumutung, sich in der

Masse der Änderungen (häufig mit verschiedenen Farbstiften ausgeführt) zurechtzufinden, die eingeklebten Zettel richtig zuzuordnen, auf denen der zugehörige Text zuweilen auch auf der Rückseite steht. Kurzum, wie der korrekturwütige Autor zugibt, ein »Schlachtfeld«, auf dem er, der immer wieder umformuliert und verbessert, sich oft selbst nicht mehr zurechtfindet. Aber Emilie, meist in die Stoffe und Geschichten gesprächsweise längst eingeweiht und die Schreib- und Korrekturgewohnheiten ihres Mannes kennend, entdeckt immer den richtigen Faden und stellt mit ihrer klaren, überaus korrekten Handschrift jeweils die gültige Vorlage für den Setzer in der Druckerei her. Und läuft dabei stets Gefahr, dass ihr Mann sich, von diesen sauberen Blättern und seinem obsessiven Überarbeitungsdrang angeregt, erneut an Veränderungen macht. Als das »Graf Petöfy«-Manuskript endlich abgeschlossen und komplett abgeschrieben ist, berichtet Fontane seiner Kopistin von einer »letzten General-Durchsicht«: »Du wirst Dich wundern, wie Dein schönes Manuskript aussieht.« (An Emilie, 30. August 1883.) Mehr als einmal hat Emilie selbst umfangreiche Konvolute ein zweites Mal abschreiben müssen – unvorstellbar für jeden, der heutzutage am PC arbeitet. Zu bedenken ist auch, dass ihre Abschriften in die vertraglich vereinbarten Termine eingepasst werden müssen, so dass in den meisten Fällen Eile geboten ist. Am 5. Juli 1888 beschreibt sie ihrem Sohn Theodor junior ihre Situation: »Ich bin nur noch Abschreibe-Maschine, da Papa nicht eher fortreisen kann, bis das Manuskript zu dem neuen Buche ›Fünf Schlösser‹ fertig ist.«

Im Briefwechsel heimst Emilie vielfach Fontanes Lob dafür ein, dass sie ihre Arbeit sehr rasch und in guter Qualität erledigt – natürlich »unentgeltlich«. Als im Sommer 1884, während Fontane sich in Thale aufhält, ein überraschend hohes Honorar eingeht, wagt sie eine bescheidene Anfrage: »ich denke, da Du höchstens auf 100 Mk gerechnet, schenkst Du mir für meine Abschriften 100, damit ich meine Garderobe etwas aufbessern kann« (16. Juni 1884). Und er antwortet am 17. Juni sehr generös: »Was die gewünschten 100 Mark angeht, so mache ich mir ein Vergnügen daraus, Dir die ganzen 250 zu Füßen zu legen. Mache damit was Du willst, nur kaufe nichts *für mich*, sonst hört ja der Witz auf und nur Rubrik und Name haben gewechselt.«

Alles in allem: Wissenschaft und Fontane-Leser können Emilie nicht dankbar genug sein für ihre zuverlässigen Abschriften, denn sie hat seine Bemühungen um überzeugende Formulierungen, sprachliche Brillanz und stilistische Eleganz erst druckbar gemacht. Und bei allem Respekt vor dieser »Fleißesleistung« sollten wir Nachgeborenen auch die damit verbundene physische und psychische Belastung bedenken und den körperlichen Einsatz zu würdigen versuchen, den *Hand und Arm* über die Jahre bei den vielen zehntausend Seiten auszuhalten hatten. Sie schreibt selten darüber, bemerkt aber immerhin in einem Brief an Sohn Theodor am 13. Mai 1894: »Papa und ich sind mit der großen Arbeit [»Effi Briest«] fertig, die mich mehr angegriffen hat abzuschreiben, wie den Autor zu vollenden. Gott sei Dank. Er ist sehr zufrieden damit u. ganz unbekümmert um den Beifall des großen Publikum's.« Bereits 1888 klagt sie einmal darüber, dass »die Schwäche beim Schreiben in der rechten Hand« zunimmt, aber erst 1897 werden Überlegungen angestellt, für Künftiges einen professionellen Abschreiber heranzuziehen.

Vorleserin

Der Hinweis auf physische Aspekte bei der Herstellung der Satzmanuskripte trifft in erheblichem Maße auch auf den zweiten von Fontane in der Autobiographie eigens hervorgehobenen Anteil Emilies als Schriftstellerfrau zu: »sie hat mir alle Bücher und Zeitungen vorgelesen«. Emilie ist von Jugend an eine Leseratte, ist zu Haus in der zeitgenössischen Bücherwelt und verfolgt aufmerksam Zeitungen und Journale. In den fünfziger Jahren, als Fontane als Korrespondent in London lebt und darüber berichtet, kontrolliert sie sorgfältig, was in den Blättern erscheint. Die konservative »Kreuzzeitung«, deren Redakteur ihr Mann zehn Jahre lang ist, hat sie weniger im Auge, aber die liberale »Vossische Zeitung«, für die Fontane ab 1870 die Theaterkritik besorgt und viel Essayistisches schreibt und in der er zwei seiner Romane vorabdrucken lässt, wird ihr Leib- und Magenblatt. Emilie liest sie vor, auch die meist endlosen Reden, die Bismarck im Reichstag hält (so dass sie in Politik und Kultur immer auf dem Quivive ist). Die Kulturzeitschriften, die die Fontanes regelmäßig verfolgen (»Magazin für die Literatur des In- und Auslandes«, »Deutsche Rundschau«, »Nord und Süd« und »Die Gegenwart«), gehören ebenso zum Vorleseprogramm wie die literarischen Novitäten von Keller, Raabe, Storm, Spielhagen und Heyse. Natürlich liest Fontane einiges auch selber – etwa Scott und Zola. In ihren ganz alten Tagen gibt es mitunter Differenzen bei der Auswahl: Historisches ist für Emilie, Novellistisches für Fontane langweilig. Aber Storms letzte Novelle, den »Schimmelreiter«, lesen sie mit beiderseitigem Vergnügen.

Offenbar hört Fontane seiner Frau gern zu, weil sie über eine angenehme, kräftige Stimme verfügt und inhaltliche Zusammenhänge klar und deutlich vermitteln kann. Auch beim Vorlesen sind große Textmassen zu bewältigen, und dabei klagt Emilie schon in den fünfziger und sechziger Jahren über Augenprobleme. Der Hausarzt verschreibt Tropfen, eine Brille benutzt sie offenbar frühzeitig, doch die Klagen über »schlechte Augen« verstummen nie. Am 1. Februar 1870 etwa schreibt sie an Mathilde von Rohr, ihre Augen seien »so entzündet«, dass sie »absolut nichts thun« könne. Möglicherweise leidet sie an einem Glaukom (grüner Star), das zu ihrer Zeit nicht zu behandeln ist. Um die Zahl der »berufsbedingten« Gebrechen der Lektorin zu komplettieren, sei schließlich auf ihre zeitweilige Taubheit des linken Ohrs hingewiesen, die meist mit einem Tinnitus verbunden war.

Brief- und Papel-Partnerin

Aber bei den Fontanes *muss* ja trotz alledem ständig geschrieben, abgeschrieben und gelesen werden. Denn das Informationsbedürfnis und der Kommunikationsdruck sind bei Theodor und Emilie ungebrochen, auch in vorgerückten Jahren. Kontinuierlicher Gedankenaustausch bleibt in ihrer auf tiefer Zuneigung beruhenden menschlichen Bindung Lebensbedürfnis und Lebenselixier. Und ihre Talente und Charaktere stimmen vorzüglich zusammen: Der Causeur trifft auf die Plaudertasche, der Schwadroneur auf die Quasselstrippe, und den Berliner »Sprechanismus« beherrschen beide (*sie* von Haus aus, *er* mit spöttisch-literarischem Genuss). So sind sie wahrhaftig – Fontane gebraucht den Begriff in »Grete Minde« – ein »plaudrig Ehepaar«, das sich in Zeiten des Getrenntseins in lebhafter Korrespondenz verständigt und in Tagen häuslicher Gemeinschaft beim abendlichen »Papeln« zusammenfindet im intensiven Gespräch bei Tee oder Schlummerpunsch. Gepapelt wird sicher in rückhaltloser Offenheit und insistierender Gründlichkeit, und Emilie dürfte mit ihrer sprunghaften Intelligenz recht anregend gewesen sein. Wir wissen nichts von dem, was jeweils verhandelt worden ist, doch aus der schlagenden Argumentationsweise des Briefwechsels lässt sich mit einiger Sicherheit auf das geistige Niveau dieser »Papeleien« und auf deren humoristische Implikationen schließen.

Sicher darf ein innerer Zusammenhang zwischen diesen essenziellen ehelichen Aussprachen und der auffälligen Dominanz von handlungsfördernden, aufschlussgebenden Gesprächen als

Standardelement in Fontanes Erzählwerk vermutet werden: das Papeln als Test und Training für die Gesprächsführungen im Roman und ein gelungener Disput als ästhetisches Vorbild für ein Papel-Duell mit Emilie.

Und gewiss sind bei den Gesprächen in der Potsdamer Straße auch die kleinen Reibereien aus dem Ehealltag »aufgearbeitet« worden, etwa seine zahlreichen spöttischen Unterstellungen und freundlichen Zurechtweisungen. Am 21. Juli 1884 etwa behauptet Fontane, Emilie habe ein »riesiges Talent die Dinge nicht so zu sehn wie sie sind, sondern wie Du sie sehn willst. Du hast Dir aus dem Th. F. von Gottes Gnaden einen Th. F. von Emiliens Gnaden zurecht gemacht«; sie orientiere sich an dieser »Phantasie-Puppe«, und er sei dabei vielfach nicht gut, aber »vielfach auch sehr gut« gefahren. »Nur der Sinn für *exakte* Beobachtung des Thatsächlichen fehlt Dir.« Bereits am 5. Januar 1880 beschreibt er seinem alten Apothekerkollegen Friedrich Witte Emilies Einstellung gegenüber seinen unbefriedigenden literarischen Erfolgen mit folgender drastischen Darstellung: »[...] auf der einen Seite sieht sie in mir einen vollkommenen Proletarier, der in seinem langen bismarckbraunen Überzieher und neuen Zylinderhut wie in einer Art *Verkleidung* umhergeht, und dann erwartet sie wieder eine Haltung von mir, als wär ich aus einer unnatürlichen Kreuzung von Cato mit Goethe hervorgegangen.«

Andererseits differenziert Fontane das Urteil über seine Frau auch verständnis- und liebevoll und schreibt charmant am 23. Juli 1883 an sie: »Madame ›la plus gracieuse physiquement et moralement.‹ Ich will mit der Liebeserklärung beginnen, daß die Desteuque beinah Recht hat. Du bist, nicht nur Deiner thatsächlichen Abstammung, sondern auch Deinem ganzen Menschen nach, halb aus Beeskow und halb aus Toulouse. Hast Du Deinen Toulouser Tag, so hat die Desteuque vollkommen recht, hast Du Deinen Beeskower so hapert es. Ich bin Dir aber das Zeugniß schuldig, daß, wenn nicht kleine Verhältnisse Dich niederdrücken, der Toulouser Tag vorherrscht. Am toulousesten bist Du, wenn gut Wetter im Kalender steht, in Deinem eignen Hause. Unter Fremden, wenn sie fein, klug und vornehm, bist Du mehr oder weniger befangen und wenn sie trivial sind, gehst Du sofort auf ihre Trivialitäten ein und wirst kleinstädtisch und spießbürgerlich. Uebrigens hat sich das Letztre in neuster Zeit erheblich gebessert.«

Zu den Meriten, mit denen Emilie den »kleinen Romanschriftsteller-Laden« in der Potsdamer Straße bereichert, gehört natürlich auch die nicht überschaubare Fülle ihrer Briefe. Fontane schätzt ihr talent épistolaire außerordentlich; am 4. August 1883 schreibt er an die Tochter: »Von Mama hatte ich gestern einen langen Brief, *acht* Seiten, was, glaub ich, in unsrer langen Ehe keine 4mal vorgekommen ist. Sie hat eine reizende Art zu schreiben, eine Mischung von Natürlichkeit, Unwissenschaftlichkeit und leiser Ironie, teils über sich, teils über die ›Wissenschaftlichkeit‹. Man kann an Mama studieren, daß das Gefälligste, vielleicht auch das Beste, was der Mensch haben kann, die Natürlichkeit ist.«

Diese »Natürlichkeit« drückt sich in ihren Briefen häufig in einem sprunghaften Durcheinander aus – sie schreibt nieder, was und wie es ihr gerade einfällt (oder präziser gesagt: wie es die familiären Verhältnisse bei der Niederschrift ihrer Texte zulassen, die Kinder, die Besucher, die Aufträge ihres Mannes usw.). Fontane, der solche Umstände nicht bedenkt oder nicht gelten lässt, verbittet sich dann – machohaft – solche »hingefludderten« Schreiben. Emilie schreibt, wenn die Situation es zulässt, natürlich auch gut gebaute und logisch ablaufende Briefe (etwa an Frau Stockhausen), die durchaus an die Brillanz seiner Texte heranreichen. Doch die »natürlichen Briefe« dominieren und haben in der Chaotik ihrer Mitteilungen, Antworten und Meinungen ihren Zauber: Es sprudelt aus ihr heraus. Möglicherweise kann man aus dieser epistolographischen Spezifik auch auf ihren Anteil beim Papeln schließen. In einem Brief an

Clara Stockhausen vom 8. August 1875 hat sie diese Eigenart sehr hübsch und ironisch selbst eingestanden: »Gottlob geht das Papier zu Ende, sonst fontänte die gute Frau immer so weiter.«

Außer den 180 erhaltenen Briefen an ihren Mann sind über 300 weitere, meist unveröffentlichte Briefe von Emilie an die Kinder und den Freundeskreis überliefert. Die tatsächliche Zahl ihrer Briefe betrug gewiss viele Tausende; Fontane schätzte allein die Zahl seiner Briefe an die Gefährtin auf zehntausend.

Fontane erzählt aus gutem Grund die Geschichte vom Hasen und vom Igel in seiner Autobiographie noch einmal, aber mit kleinen Modifikationen. Das klare Wort von 1872, daß der Mann »ohne de Fru« verloren sei, wird durch das Lob des »Helfens, mit guter Rollenverteilung« ersetzt. Emilie ist am besten in beiden Versionen zu sehen und zu verstehen.

Familienmanagerin: Mutter, Schwiegermutter, Grossmutter

Natürlich spielen in der Korrespondenz des Ehepaares stets die Kinder eine wichtige Rolle, auch nachdem sie erwachsen geworden sind. Martha bleibt der Liebling und zugleich das Sorgenkind. Sie schließt ihre Ausbildung als Lehrerin ab und findet 1880 bei Familie von Mandel in Klein-Dammer eine Anstellung als Erzieherin. Bei ihrer fragilen Befindlichkeit hält sie nicht lange durch, kann aber 1884 eine reiche Amerikanerin auf einer Italienreise begleiten und nach der Rückkehr wird sogar erwogen, ob sie dauerhaft mit in die USA gehen soll. Emilie ist deswegen in heller Aufregung, aber Fontane beruhigt sie am 6. August 1884 von Krummhübel aus mit teilweise abenteuerlichen Argumenten: »[…] man kann seine Kinder nicht lebenslang an der Schürze haben, was flügge ist, will fliegen, und schließlich, und nicht zum kleinsten Trost, es giebt keine Entfernungen mehr. Bis New-York ist nicht schlimmer als 3 mal nach London und bis S. Francisco doublirt die Sache noch mal. C'est tout. Die Welt ist aus dem Engen heraus, und man hat keine andre Heimath mehr als die Erde […]«

Während sich Mete in den kommenden Jahren teils bei den Eltern, teils bei ihren Freundinnen aufhält und der Vater vorerst vergeblich hofft, daß sich ein Partner finden lässt, etablieren die älteren Söhne bürgerliche Existenzen. Nachdem Theodor 1878 seine juristischen Studien mit dem Referendar-Examen und der Promotion abgeschlossen hat, ist er seit 1882 bei der Heeresintendantur in Berlin angestellt und wechselt 1890 ins Kriegsministerium. 1886 heiratet er in Münster Clara Soldmann, Tochter eines Oberpostrats, und 1887 kommt der Enkel Otto zur Welt, den der Großvater wegen total verfehlter Erziehung zeitweise für ein Monstrum hält, »das im Panoptikum gezeigt werden kann« (wie er am 4. April 1891 an Mete schreibt). Theodor wird seine Beamtenkarriere in der Heeresverwaltung 1907 im Range eines »Wirklichen Geheimen Kriegsrats« beenden. Sein wohl immer etwas steifes Wesen hatte ein ziemlich kühles Verhältnis zwischen Vater und Sohn zur Folge. Fontane liefert in seinem Brief an Mete vom 4. April 1891 eine gnadenlose Charakteristik: »Theo ist ganz der ›alte‹; brav, gut, bieder, tüchtig, kindlich, berechnend, Schlauberger und Philister; ein Stolz und eine Prachtnummer, aber so sehr eine Moral- und eine Rechts-Säule, und sich namentlich auch dafür haltend, daß ich als Kollege nicht mit ihm leben könnte. Als Vater geht es; da kommt dergleichen kaum zur Verhandlung, und wenn aus Versehen einmal, so breche ich rasch ab.«

Mit George gibt es, seit die Eltern wegen seiner »ungeregelten Finanzwirtschaft« in jungen Jahren manche Sorgen ausgestanden hatten, keine Probleme: Im Hauptmanns-Rang hat er eine feste Position als Lehrer an der Kadettenanstalt in Berlin-Lichterfelde und ist seit 1886 mit Martha Robert verheiratet. Aber ausgerechnet dieser geliebte Älteste stirbt am 24. September 1887 im Alter von 36 Jahren an einer Blinddarmentzündung, und die Eltern haben diesen Tod nie wirklich verwunden. Fontane hat seine Empfindungen in den beiden Gedichten »Meine Gräber« und »Am Jahrestag« wundervoll ausgedrückt.

Auch der jüngste Fontane, Friedrich, meist Friedel oder Fuz genannt, mausert sich aus dem nicht wirklich ernst genommenen »Kleinen« im Lauf der achtziger Jahre zu einem respektablen Familienmitglied. Er will Verlagsbuchhändler werden, absolviert bei Langenscheidt in Berlin, Frommann in Jena, Schwarz in Oldenburg und Dominik in Berlin eine gediegene Ausbildung, gründet mittellos, aber selbstbewusst (und gegen die Skepsis des Vaters) am 1. Oktober 1888 einen eigenen Verlag und erwirbt schließlich sogar das Vertrauen seines alten Herrn.

Inmitten des arbeitsreichen und hochproduktiven Jahres 1889 bringen sechs Sommerwochen in Kissingen einen emotionalen und ehegeschichtlichen Höhepunkt. Fontane ist zunächst allein dort und langweilt sich »kolossal«, weil Emilie erst später nachkommen kann. Freimütig erzählt er ihr am 2. Juli 1889, wie er die Langeweile durch Beobachtungen auf der Promenade genussvoll auszugleichen versteht: »Die Toiletten, ihre Schönheit und Sonderbarkeit, interessieren mich gleichermaßen und am meisten die Frauengesichter, aus denen man lange schreckliche Romane herauslesen kann, schrecklich durch Schuld und schrecklich durch Sühne. Mitunter sieht auch ein Gesicht nach Buße aus, nach Reue *nie*. Nichts ist seltener als Reue; jeder ist schließlich mit seinem Thun zufrieden und würd' es, wenn es ginge, wieder so machen.« Ende Juli unternimmt er von Kissingen aus einen Ausflug nach Bayreuth, um sich Wagner-Aufführungen anzusehen. Aber der Versuch der Annäherung scheitert kläglich: Er übersteht mit Mühe und Not die Ouvertüre zu »Parzifal«, gibt die anderen Karten zurück und wechselt lieber noch einen Brief mit der »lieben Frau« in Kissingen, die ihn am

Vortag ihrerseits mit der Versicherung aufgemuntert hatte, daß *er* mehr nach Bayreuth gehöre als die reichen Engländer und Amerikaner, über die er sich mokiert hatte. Und sie teilt ihm – um »sein Selbstgefühl zu stärken« – noch mit, dass er gerade »in der Vossin in einem Artikel über Kissingen, mit Menzel gesperrt gedruckt« gestanden habe. Dieser schöne Brief ist übrigens der letzte erhaltene von Emilie an ihren Mann und belegt das herzliche Einvernehmen der beiden.

Die »sehr angenehme und erquickliche Zeit« (Tagebuch) in Kissingen wird im Herbst von zwei Todesnachrichten überschattet: Im September stirbt die treue Freundin Mathilde von Rohr, im November folgt die ebenso ein Leben lang zuverlässige Freundin Henriette von Merckel. Was Fontane am Ende dieses ereignisreichen Jahres freilich am meisten beschäftigt, ja »ängstigt und bedrückt« (wie er dem Tagebuch anvertraut), ist sein bevorstehender 70. Geburtstag. Er, der so oft beteuert, dass ihm der Sinn für Feierlichkeit fehle, ahnt, dass man ihn in den Medien gehörig ehren wird, ja er kennt sogar das Datum für die große öffentliche Festivität: 4. Januar 1890 im renommierten »Englischen Haus«. Zugleich erörtert er aber auch mit Emilie, welche Vorzüge das erreichte Alter bringen wird: Er gibt den geliebten, aber doch anstrengenden Posten des Theaterkritikers auf, und die »Vossische Zeitung« wird ihren in 20 Jahren bewährten Referenten »regelrecht und auskömmlich« (an Heinrich Jacobi, 23. Januar 1890) pensionieren. Damit können auch die familiären Auseinandersetzungen aufhören, die sich immer häufiger ergeben, weil er meint, dass die Schauspieler neuerdings, vom Publikum abgewandt, in die Kulissen sprächen und er sie nicht mehr verstehen könne, während Emilie und Martha deutlich sein abnehmendes Hörvermögen registrieren.

Der Geburtstag am 30. Dezember 1889 verläuft »glatt und glücklich und jedenfalls besser, als ich zu hoffen gewagt hatte« (Tagebuch, 1889); mit der Beantwortung der 400 Briefe und Telegramme hat er allerdings bis in den Februar hinein zu tun.

Das Festessen am 4. Januar wird von viel Prominenz begleitet: Professor August von Heyden, der alte Freund, hat die Tischkarten gestaltet; Friedrich Spielhagen, der Autor des Erfolgsromans »Problematische Naturen«, präsidiert; Kritiker-Kollege Karl Frenzel von der »National-Zeitung« trägt ein Huldigungsgedicht vor und Kultusminister Gustav von Goßler hält eine für preußische Verhältnisse fulminante Rede. Als dann freilich Fontanes populäres »Archibald Douglas«-Gedicht vorgetragen wird und ein Teil der Anwesenden Beifall klatscht, bevor es zu Ende ist, empfindet der Jubilar diesen Fauxpas doch als den »Hühnerdreck, der mir auf meinen Freudenteller fiel« (am Heyden, 5. Januar 1890). Es war die peinliche Demonstration dessen, was Fontane in einem Brief an Pastor Heinrich Jacobi in der Bemerkung zusammenfasst: Das moderne Berlin habe einen Götzen aus ihm gemacht, aber das »alte Preußen« habe sich kaum gerührt »und alles (wie in so vielen Stücken) den Juden überlassen« (an Heinrich Jacobi, 23. Januar 1890) – die allerdings seinen »Archibald Douglas« auch nicht kannten.

Im Nachklang zu den Geburtstagsehrungen freuen sich die Fontanes, dass er, gemeinsam mit Klaus Groth, den mit 3000 Mark dotierten Schillerpreis erhält (wobei er bekennt, dass ihm das Geld wichtiger ist als die Ehre). Im Sommer 1890 verbringen sie »7 wundervolle Wochen« in der Brotbaude im Riesengebirge – »so schön und ärgerlos, wie man's kaum glauben sollte« (Tagebuch), und Fontane schließt unter so günstigen Umständen das Manuskript des Romans »Unwiederbringlich« ab. Allerdings endet das Jahr unglücklich, weil er am 23. Dezember bei Glatteis auf dem nicht gestreuten Gehweg vor dem Blücher'schen Palais stürzt, sich am Kopf verletzt und Weihnachten »in Binden und Bandagen« (Tagebuch, 1890) verbringen muss.

An Clara Stockhausen

Berlin. d. 1. Dez. 78.

Meine geliebteste Frau Klara.

Gern hätte ich Ihnen eher geschrieben, noch bevor Ihr so lieber zweiter Brief eintraf, aber meine Zeit ist durch Mete's Krankheit so sehr in Anspruch genommen, auch jetzt noch, daß ich zu mußevollem Sitzen den ganzen Tag nicht kommen kann. Dazu hatte ich von Mitte Nov. einige *20* Briefe zu beantworten, mußte für jeden theilnehmenden Besuch da sein, daß ich wohl sagen kann, es ging oft über meine Kräfte; mein lieber Alter fünf Wochen Gesichtsreißen, da blieb manches was ich gern gethan hätte, liegen u. mancher Brief an Sie, Theure, wurde nur in Gedanken geschrieben. Mete steht stundenweis am Tage auf, ist aber von der Krankheit so mitgenommen, daß sie froh ist, u. es für den schönsten Moment des Tages erklärt, wenn sie nach 2–3 St. sich wieder niederlegen kann; erst Ende dieser Woche, so lange rechnet der Arzt die Dauer der Krankheit, können wir auf Besserung oder Kräftigung hoffen. Es war eine böse Zeit u. doch der Ausgleichung wegen, so reich, wie wir sie nach einer Richtung hin, noch nicht erlebt, ich meine die Anerkennung die meines Mannes Roman findet, sie geht weit über das hinaus, was er in seinen kühnsten Hoffnungen erwartet. Ich schreibe Ihnen das gleich zuerst, weil ich weiß daß niemand sich mehr mit uns freuen kann, als Sie. Die Presse hat es schon theilweise in einigen großen Zeitungen besprochen u. stellt es als Bestes hin, was dieser Weihnachten bringt; verschiedenes in der Rundschau, Gegenwart etc. steht noch in Aussicht u. anerkennende, reizende Briefe von Lübke, Paul Heyse, Roquette etc. haben meinem Manne unendlich wohl gethan. Es ist sehr wichtig u. wird vom Verleger sehr betont, daß in dem Roman ein gewisser reactionärer Zug vorwaltet, sowohl politisch wie kirchlich, ja wohl auch moralisch, der, *weil ungewollt*, nur als Ausdruck einer idealen Natur, die Leser so wohlthuend berührt. In jeder Kritik, wird die Vornehmheit der Gesinnung und die Feimüthig[keit] des Gesagten, hervorgehoben u. darin stimmen auch *Sie* mit ein. *Hier*, von den Freunden, wird mein Mann todtgeschwiegen, noch kein freundliches Wort ist an sein Ohr gedrungen, ja Zöllner sagte ihm neulich einmal: was Ordentliches, Hervorragendes wird garnicht mehr geleistet u. nachdem eine überaus lobende Kritik von Pietsch erschienen war, erzählte er meinem Manne er sei P. begegnet u. der habe ihm auch unter vier Augen gesagt, er halte das Buch »für etwas Bedeutendes« woraus deutlich hervorging, daß er, unser alter Freund gefragt: na hören Sie mal, da sind Sie doch wohl sehr über das Ziel geschossen? – Glauben Sie nun nicht, daß unser Verhältniß dadurch sich anders gestaltet hat, wie bei Ihrem Hiersein, *ganz* so kann es nie wieder werden, wie es früher war, aus vielen Gründen, die in den Verhältnissen noch mehr wie in uns liegen. Wir sind jetzt durch die 6wöchentliche Krankheit Metens an's Haus gefesselt gewesen; in Gesellschaft zu gehen, um den Leuten die einem nicht sympathisch sind, einigen Zeitvertreib zu gewähren, dazu sind die Leute nicht angethan, das Haus Stockhausen fehlt meinem Manne eben so sehr wie mir; so werden wir nach u. nach immer weniger unter Menschen gehen, u. uns auf unsere Jugend beschränken. Dazu bringt die jetzige Zeit täglich fast freudige Aufregungen, so daß mein Alter froh ist, wenn er Abends in Stille u. Einfachheit seinen tea trinken kann. In voriger Woche trat die Verlockung so an uns heran, daß wir beinah reingefallen wären, ich nenne das so, da ein Buchhändler aus Leipzig kam u. meinem Alten einen Vorschlag u. Antrag machte, daß man mal auch hätte mit dem Gelde »mantschen« können, aber – wir waren beide vernünftig u. schrieben nach 3 aufgeregten Tagen ab. Nur nicht mehr verkaufen, nun soll er für den Rest seiner Tage frei bleiben. Ach, wie fehlt es mir zu Ihnen gehen zu können u. Ihnen Leid u. Freud mitzutheilen u. von Ihnen verstanden zu werden.

Was Sie, um darauf zum Schluß zu kommen, über den Roman sagen, hat mich gerührt u. wenn ich Sie recht verstanden habe, dann werden Sie theure Freundin, auch wissen, *warum* ich Ihnen erst so ausführlich von den Triumphen des Buches erzählt habe. Sie werden sich *nun erst* daran unbefangen erfreuen können.

Was Sie mir von sich schreiben, genügt mir garnicht; ich möchte sehen können, wie Sie wohnen, was unser lieber Sänger urtheilt u. wie die Kinder sich eingelebt haben. Gestern war Fr. Zöllner hier u. theilte uns mit, Ihr Gemahl sei in voriger Woche in einem Hochschulen-Concert hier gesehen worden, was ich stark bezweifelte; auch daß Trendlenburg einen Ruf als Professor an die Universität in Dorpat angenommen habe. – Fräulein Seidel hat mich schon dreimal besucht, obgleich ich sie nur im Hinterzimmer u. mit Zeichen der Ungeduld empfangen habe; natürlich war ich nicht bei ihr, da ich jetzt nicht dazu komme, auch nur einen flüchtigen Besuch zu machen. Sie ist mir, wenn ich mich so herb wie Gretchen ausdrücken darf: »in tiefster Seele verhaßt.« Aber im Ernst gesprochen, ich empfinde glaube ich, dieser Dame gegenüber ganz wie Sie, u. es ist nicht zuviel gesagt, wenn ich bekenne, sie war der Schattenpunkt in dem lichtvollen Forsteck! *wie schwer* muß es aber sein, eine passende Persönlichkeit zu finden, wenn es wahr ist, daß man in Hamburg ihr Wiederkommen aufs lebhafteste wünscht. – Unser Heyden hat eine Staar-Operation glücklich überstanden u. ist (nicht in Folge davon) zweier Märchen genesen, die er »aus der Teufe«, (ein Bergmannsausdruck) betitelt hat; ich werde ihm sagen: seine Bilder gefielen mir besser. Wie schade, daß ich Sie nicht mit Lektüre versorgen kann, wir wissen mit allem Neuen u. Neusten kaum wohin. Von Rodenberg ein sehr anmuthiger Roman: die Grandidiers, hier in Berlin spielend, ist erschienen. – Zum Weihnachtsfest freuen wir uns, weil es hoffentlich zugleich das Genesungsfest unserer Mete sein wird u. wollen uns dazu unseren Aeltesten aus Oranienstein als Familien-Weihnachtsgeschenk kommen lassen, wenn er Urlaub erhält. Unser Theo harrt täglich auf die Vorladung zum Examen u. wäre es ein besonderes Pech wenn der arme Junge nicht noch vor dem Fest daran käme. Sehr vortheilhaft fängt unser Friedel an sich zu entwickeln.

Mein Mann hatte vor, Ihnen seinen Gruß selbst zu schreiben, aber er mußte einige nöthige Besuche machen u. so habe ich seine Abwesenheit, in der Mete Besuch einer Freundin hatte, benutzt Ihnen Geliebteste mal in alter Weise mein Herz auszuschütten. Nun aber leben Sie wohl, so wohl wie es Ihnen von Herzen Ihre alte Freundin gönnt; Mete grüßt Sie zärtlichst, u. ich Sie, den Gatten u. die süßen Kinder.

Ihre getreue

Emilie Fontane.

An Clara Stockhausen

Berlin. d 18. April. 79.

Meine geliebte Frau Clara.

[...] Mein Alter hat nun *wirklich* zwei große Arbeiten vollendet u. abgeliefert; im Mai kommt die Novelle in »Nord u. Süd« u. im Juli ein Aufsatz über *Katte* in Westermann; gegenwärtig hat er gottlob eine leichte Arbeit, die ihm seines Namens wegen, übertragen, angenommen u. ich athme auf. Zufällig habe ich vor einigen Tagen den vollen Aufschluß bekommen, *wie* man ihn vom Ministerium aus, behandelt hat u. ich muß Ihnen bekennen, ich stand beschämt vor meinem geliebten Alten. *Wie* hat er all das Mißgeschick, all die Ungerechtigkeit ertragen! Einen fleißigen, armen Mann, reißt man aus seiner Thätigkeit, schildert ihm die Stellung ganz anders als sie in Wahrheit ist; er sagt in seiner Noblesse zu, *zwei* Monate ohne Gehalt dem Staat zu dienen, muß trotzdem sogleich seine sichre Theater-Stellung aufgeben u. nachdem er, gezwungen ist, durch die unerhörte Behandlungsweise des Hr. Hitzig die Stellung aufzugeben, muß er, von dem Vierteljahrs-Gehalt welches ihm bereits ausgezahlt war, – 2 Monate *zurück*zahlen; – aber Hr. Schöne reist jetzt auf Staatskosten nach Rom, um dem Architekten-Verein dort, eine Adresse zu übergeben!! Ich finde man hat ihn behandelt wie einen Schuster. Und dabei schrieb er sein Buch, krank, gebrochen, mit einer Schuldenlast, die er, so lange wir verheirathet, *nie* gekannt. Nun, jedenfalls interessante Details für seine einstige Biographie. – Er sagte nur: u. *keinen* Menschen haben, der gekommen wäre u. gesagt hätte: alter Junge, man hat Dir arg mitgespielt.

Sie sehen, daß es mich nach wie vor treibt, Ihnen mein Herz auszuschütten; ich verspreche Ihnen aber noch zum Schluß: immer nett zu meinem wirklich braven Kerl zu sein. – Ergeh es Ihnen so gut wie ich wünsche; in einigen Tagen beginne ich hier eine Brunnenkur u. gehe im Sommer wieder mit meinem Mann nach Wernigerode; es war hübsch u. billig dort. *Vielleicht* kommt zu Weihnachten eine 2te Auflage; dann komme ich im nächsten Frühling, zu Ihnen, Theuerste!

Die schönsten Grüße von Haus zu Haus.

Ihre

Emilie Fontane.

An Clara Stockhausen

Berlin d. 1. Juni. 80.

Geliebteste Frau.

Daß ich so schmählich darum kommen mußte Sie zu sehen! haben Sie Dank für Ihre liebenswürdige Absicht, mich in Nassau besuchen zu wollen haben (komische Construktion) u. für Ihren lieben Brief. Ich konnte nicht länger in Nassau aushalten, die Kur, die mir erst so wohl that, regte meine Nerven zu sehr auf u. so reiste ich heim, während Fr. Krigar noch 4 Wochen länger blieb. Seit meiner Rückkehr habe ich nun allerhand gehört u. gesehen; einmal tauchte durch Fr. Meierheim die Hoffnung auf: »Sie könnten wieder die Unsrigen werden« aber ich unterdrückte alle egoistischen Regungen, nachdem ich Ihre lieben Verwandten, Meier's u. Schwester Anna darüber gehört. Es ist Ihnen theuerste Freundin ja so zu wünschen, daß Ihr Nomadenleben ein Ende erreicht u. Sie Beide sind Persönlichkeiten die überall Freunde und Verehrer finden; hoffentlich hören wir nur Gutes über die Neugestaltung von Ihres lieben Mannes Thätigkeit. Mein Alter ist seit gestern im Bilde in Nord u. Süd, außerdem mit der Hälfte seiner Novelle, die den pikanten Titel hat: L'Adultera; ich hoffe daß nicht darin allein das sensationelle der Arbeit liegt. Ich wollte Sie Ihnen schicken, aber ich weiß Sie hassen Halbheiten u. so warte ich bis Anfang Juli u. sende Ihnen dann das Ganze. Mein Mann hat in letzter Zeit viel Freude u. Ehre an seinen Arbeiten erlebt; die »Wanderungen« sind seit dem Herbst in zwei Auflagen erschienen, außerdem ist von den besten Blättern Nachfrage in dringlichster Weise nach Beiträgen. Gottlob ist er trotz beständig angestrengter Arbeit, frischer denn seit Jahren u. da ihm Nichts außerdem mehr Freude oder Vergnügen gewährt, so habe auch ich mich in unseren nun fast gänzlich erfolgten Rückzug von jeder Geselligkeit gefunden, was mir um so leichter wird, als Mete ein Engagement als Erzieherin bei einer Frau v. Mandel angenommen hat, in deren Hause sie ein elf- u. dreizehnjähriges Mädchen zu unterrichten hat. Meine Söhne suchen sie mir so viel wie möglich zu ersetzen u. George, der sich jetzt glänzend in Lichterfelde steht, besucht mit mir Concerte u. Theater u. wird auch unser Begleiter nach Wernigerode sein, wohin wir Ende des Monats zu reisen hoffen. Das ist nun Alles recht gut u. ich weiß ich kann u. muß ganz zufrieden sein, aber schmerzlich entbehre ich eine Aussprache wie ich sie bei Ihnen theuerste Frau, zu jeder Zeit fand. Ich hatte gedacht bei Fr. Krigar Ersatz zu finden, die klug u. durch schwere Lebensverhältnisse geschult, ganz die geeignete Persönlichkeit gewesen wäre, aber die arme Frau ist so krank, daß sie vorläufig keinen anderen Gedanken u. keine andre Empfindung haben kann, wie ihr Leiden. Von unseren alten Freunden Z. hat mein Mann in letzterer Zeit sich leider noch mehr abgewandt als ich; er hat sich durch ihn in empfindlichster Weise verletzt gefühlt (es war während ich verreist war) u. dadurch ist die Entfremdung noch größer geworden. So muß es nun auch so gehen u. da mein Alter stets in bester Stimmung, so freue ich mich während des Tages auf den Abend, wo wir zusammen lesen u. mit den Söhnen plaudern. Ein Roman aus dem Spanischen »Gloria« hat uns sehr interessirt, sonst wüßte ich unter dem Neusten vaterländischen nichts hervorragendes zu nennen. Eine interessante, mehr kulturhistorische Erzählung, haben Sie wohl in der »Rundschau« gefunden.

Begierig bin ich zu hören, wie Sie den Sommer zuzubringen gedenken; ist nur einige Aussicht, daß Sie hier durchreisen, dann bleibe ich bis dahin um Sie zu sehen u. mich Ihrer zu freuen. Hoffentlich gehts dem lieben Johannes, von dem ich immer noch kein Bild besitze u. Ihrem anderen Kleeblatt gut. Grüßen Sie sie Alle, voran den theuren Gemal, auch von meinem Ihnen treu ergebenen Alten u. beglücken Sie bald einmal wieder durch einen Brief

Ihre alte getreue

Emilie Fontane.

An Theodor Fontane

Berlin. d. 24. Juni. 81.

Geliebter Theo.

Endlich heut ist beifolgender Brief von George eingetroffen, es scheint demnach eine Karte verloren gegangen zu sein. Ueber den schweizer monnaie point schreibst Du ihm wohl; es ist schwer, denn macht G. Geschenke als Revanche, dann macht S. erst recht welche.

Gestern habe ich, nachdem ich Meten geschrieben, angefangen unsere Briefe zu lesen, resp. zu vernichten. Es ist ein schweres, ernstes Stück Arbeit u. mir war nach einigen Stunden Lektüre als könnte ich mich garnicht wieder in der Gegenwart zurecht finden u. als ich zu Jenny kam, war's mir immer als müßte ich sagen: denke mal, was mir Theodor geschrieben hat. Ich fuhr nämlich gegen Abend zu ihr u. fand sie recht gallenleidend, aber auch dabei amüsant; sie ging sehr nett darauf ein als ich ihr sagte, daß ich eigentlich aus »Letschin« käme u. wir ergingen uns in Erinnerungen. [...]

Möchte es Dir doch recht gut gehen! ach, Theo, wir sind noch wie vor 35 Jahren, u. wenn wir uns, Du u. ich wenig geändert haben, so laß nun auch die Liebe, wie sie damals war, so fortdauern, für die armselig kurze Zeit, die uns noch bleibt. *Darin* fühle ich mich unverändert.

Wie immer

Deine Alte.

An Theodor Fontane

Berlin. d. 10. Juni. 83.

Liebster Mann.

Ehe ich an meine Abschrift gehe, will ich Dir für Deinen gestrigen u. heutigen lieben Brief danken; sie trafen übrigens beide zur richtigen Zeit hier ein. Möchte doch das Reiseglück ferner mit Dir sein; Du hast Dir ein paar wohlige Wochen ehrlich verdient u. es ist Schade, daß Dein Leben hier so eingerichtet ist, daß Du es draußen suchen mußt. Mir thut die Regelmäßigkeit des Lebens auch ganz wohl u. vorläufig werden mir die Tage noch nicht lang. Es geschieht nichts von Außen u. ich lebe in angenehmer Einsamkeit. [...]

Was Du über Zola sagst, ist gewiß richtig, aber auch richtig was Du über Schmöker u. höchsten Schmöker sagst. Ich fürchte gerade unsre muße- und ruhelose Zeit würdigt nur solche Lektüre, keiner hat Lust u. Sammlung über das Gelesene nachzudenken, ja überhaupt beim Lesen gesammelt zu sein, sonst könnte doch Zola u. mit ihm seines Gleichen nicht die enormen Erfolge haben; *deutsch* könnte ich kein Buch von ihm auslesen, für mich hat die Sprache u. das, was ich nicht verstehe, einen besondren Reiz. Ich habe garnichts zu lesen, aber es fehlt mir auch nicht; mit einer wahren Wollust stürze ich mich auf jegliche Arbeit u. glaube darum verlohnt es sich hauptsächlichst zu leben.

Heut ist nun Max Herz Hochzeit in Bonn. Sobald die Familie zurück, werde ich meinen Dank-Besuch machen. Hoffentlich ist Theo mit seiner »Festzeitung« auf seines alten Ruhmes Höhe verblieben. – Ich komme eben von Zöllners, er ist leider »gastrisch.« Wir haben eben »gespeist«, es ist schwül; Tilla geht aus u. der gute Fuz will bei mir bleiben; wir würden uns eventuell »den Freischütz« anhören. – Ergeh es Dir ferner gut, Du glaubst nicht wie wohlthuend es auf mich wirkt, das zu wissen. – Grüße von Fritz u. Tilla. Wie seit lange

Deine Alte.

An Theodor Fontane

[Berlin] d. 14. Juni. [1883]

Liebster Mann.

Instehend mein »Gequatsch« wie es mir, nach dem Abschreiben in die Feder kam; ich wollte es Dir erst nicht schicken, aber warum nicht? kleine Pferde machen auch … u. Du siehst doch mein warmes u. ängstliches Interesse an Deiner großen Arbeit.

Das gestrige Diner war sehr, sehr hübsch u. ich empfand wieder einmal, daß mir Gesellschaft u. Menschen recht fehlen u. unsre Lebensweise eine mir nothwendig aufgedrungene, keine nach Wunsch u. Geschmack gewählte ist. Aber ich habe kein Bedauern mehr darüber, nur eine Kritik. Ich saß zwischen

Lazarus u. Heyden, außerdem waren Türkheims, Zöllners u. Wolfs da; es herrschte ein harmloser, angenehmer Ton u. ich hatte den angenehmsten Eindruck, auch der Zugehörigkeit. Beifolgenden Brief von Meten fand ich noch als Extra-Dessert beim Nachhausekommen vor. Ich freue mich, daß die beiden armen Weibsen mal wieder unter Menschen kommen. (Bei »mal« von Dir adoptiert, fällt mir eine Schreibweise, die mir in dieser Arbeit neu erscheint und sich oft wiederholt ein, Du schreibst so oft: von … *her*, von … *hin*, kurz, nach meiner Dummheit, braucht es oft *garnicht* da stehn.)

Heut werde ich mit der Abschrift fertig. Wir sind schon wieder in Wien. Ich bitte nochmals nichts für ungut zu nehmen, aber *ganz* Schweigen, wie ich erst wollte, hätte Dich doch stutzig gemacht u. da ich zum *großen* Publikum gehöre, so werde ich auch hoffentlich mit meinen Ausstellungen Unrecht haben. Ergeh es Dir gut. Von Morgen an, mache ich Besuche, vor allem bei Frau Lessing u. Herz.

In alter Verehrung Deine … lise

E. F.

[Auf den Seiten 2 und 3 das angekündigte »Gequatsch«:]
Ich muß mich natürlich jedes Urtheils enthalten, bis auf die Detail-Schilderung die schön, gewiß noch schöner ist, wenn man sie liest, u. nicht mühsam Wort für Wort schreibt. Die Handlung, Exposition fehlt mir; F. u. E. können doch nicht gleich in Liebe verfallen? er wirkt außerdem schemenhaft, man würde nicht begreifen, daß er kam, sah u. siegte. Sein Selbstgespräch: Weiter oder Rückzug? wirkt *zu* leidenschaftslos und zu sehr *wie* von einem, der zu rechnen gewöhnt ist. Der Schluß des Kapitel's, wo er seine Stellung zu ihr in Erwägung zieht [ist] doch fast zu zurecht gemacht u. grußlich. Aber wie gesagt, ich komme durch das Abschreiben immer am schlechtesten fort.

Wenn F. sogleich dem ersten, besten, den sie sieht, zum Opfer fällt, dann muß der alte Graf ein schlechter Menschenkenner gewesen sein, daß er einen solchen Feuerbrand auf seine alten Tage nehmen konnte; die Liebe der beiden, *wenn* eben nichts in den ersten Kapiteln vorausgeht, erscheint so abrupt, daß man nicht recht daran glaubt. Dazu ist F. zu, ich weiß nicht wie geschildert, zu sehr Welt, Menschen etc. kennend, u. resignirt, nicht wie ein frischer Springquell. Doch ich schwatze u. weiß nichts. – Schrecklich für mich ist die immer wiederkehrende Abkürzung von: wurde in wurd'; es sieht auch schon so schlecht aus. Liebesschilderungen, merkt man Dir doch zu sehr an, sind nicht Deine Sache; ein *Tröpfchen* von Storms ›Bibber‹ könnte meinem Geschmacke nach nicht schaden.

An Theodor Fontane

Berlin. d. 11. Juni. 84.

Mein lieber Theodor.

[...] Nach dem ich mit Fuz zur Nacht gespeist, ging ich noch mit ihm zu Müller-G. die uns zum Sonnabend um 2 Uhr zu einer Landparthie nach Saatwinkel eingeladen haben; ich werde mit Theo die Partie mitmachen, auch Lischen wenn sie noch hier ist u. Friedel wird nach kommen. Sie erzählten uns das Lipperheide'sche Gartenfest neulich hätte zwischen 3 bis 4000 Mark gekostet! Ja, die verschiedenen Zahlen. Dagegen kommen sich nun wieder M.-G. arm vor u. wie reich mögen *wir* wieder so Manchem erscheinen.

Deine Briefe erfreuen mich, vor allem, daß Du endlich gewillt bist, Dir ein wenig Muße zu gönnen; thue es aber auch, Du bringst es dann mit ausgeruhten Nerven reichlich ein u. Du hast es zu nöthig. Wenn Du nur recht nette Menschen findest, mit denen Du Dich ausreden kannst u. die die Freude haben u. zeigen Dir zuzuhören, ein Mangel, den ich bei mir Dir gegenüber oft recht empfinde. Gestern waren wir auch vor Menzel's Bilde; es wirkt erst wie ein Sammelsurium u. macht auf mich als Ganzes gar keinen Eindruck. Verzeih, auch darin Deiner Produktion etwas ähnlich. Aber die Details, die kostbaren, interessanten Details, ich konnte mich garnicht losreißen u. wünschte ich könnte tagelang eine Stunde es studieren u. mich an jeder neuen Entdeckung eines Zuges, einer Person erfreuen; es erfüllt mich wie Ehrfurcht, vor *diesem* Fleiß.

[...] Und nun leb wohl bester der Menschen! Faulenze so viel Du kannst u. nimm jede gute Stunde mit. Sobald Nachricht von Mete da, erfährst Du es von Deiner

alten Frau.

An Theodor Fontane

Berlin d. 16. Juni. 84.

Mein lieber Theo.

Vielen Dank für Deinen Brief. Wie erfreulich, daß Du auch Parthien machst, nur daß Du unter der jetzigen kühlen Witterung so leidest, thut mir sehr leid, kannst Du denn nicht heizen lassen? es kann doch nicht so bleiben. Mein heutiger schwer wiegender Brief mit der Einlage von Stuttgart wird Dir ganz angenehem sein; ich denke da Du höchstens auf 100 Mk. gerechnet, schenkst Du mir für meine Abschriften 100, damit ich meine Garderobe etwas aufbessern kann.

Ueber die beiden oder drei letzten Tage ist wenig zu sagen. Lischen T. war leidend, Johanna zu ihrem Aerger immer mit ihrer Schwägerin behaftet, so daß wir ein vertrauliches Plauderstündchen nicht haben konnten; dazu ich so abgehetzt, daß ich gestern schon u. heut ganz marode bin. Vor der Partie nach Saatwinkel hatte ich Briefe zu schreiben, zu kochen, zwei Stunden Besuch von Johanna u. Frau Amthor, gegessen, Besuch von der kleinen Conrad, endlich gegen 2 Uhr bei schwebender Hitze per Pferdebahn zu Müller-Grotes. Wir waren zwei Kremser; von reiferem Alter nur ich u. Frau M. G. alte Herren nur:

Theo u. Baumeister Reimarus. Das schönste war das ideale Wetter. Sonst Alles trotz großer Mühe u. gutem Willen doch unsagbar trivial, geistig alles unbeschreiblich niedrig stehend. Ich hatte gestern ein langes Gespräch mit unserem Theo; wenn ich auch aufrichtig meinen Mangel an Herzensgüte beklage, so kann ich völlig kritiklose, wie Frau M. G. besitzt, nicht anerkennen. Sie genießt Alles! einer der J. Wolffschen Söhne hatte sich dichterisch schwer versündigt, das wurde nun gesungen, zum Glück war die Jugend rücksichtslos im Tadel. Er, M. G. der per Wagen nachgekommen war, schien es übrigens auch zu empfinden, namentlich eine unverschämte Einleitung. Mir war es höchst interessant! Die Dichtungen waren vom 2ten Sohn, der jetzt sein Abiturienten-Ex. gemacht hat. Ein »Zwangloser« der bei der Partie war, sagte zu Theo: »Das ist ja fast noch schlechter wie vom Alten.« Reizend war wieder Theo's Toast; überhaupt hat er sich wieder glänzend benommen; denke, daß die Gesellschaft u. das ganze Vergnügen: Tanz im Walde mit Leierkasten, für ihn doch nur sehr mäßig war, er an dem Tage um 5 Uhr zum Diner hatte zu Herzen's kommen sollen mit Götze u. Frl. Benth! Und er war liebenswürdig, ganz bei der Sache, obgleich es ein recht mäßiges Vergnügen war. Selbst Friedel spielte sich mit einem humoristischen Vortrag vortheilhaft aus. Um 1 Uhr waren wir zu Haus, todtmüde, denn über 4 Stunden Lagerung im Walde hatte mich wenigstens kreuzlahm gemacht. Um 7 Uhr mußte ich schon auf, um Lischen nach dem Stettiner Bh. zu begleiten. Es war mir aber die Anstrengung werth, denn dort fand ich noch Gelegenheit ein Stündchen mit Johanna zu plaudern; sie sind nun hoffentlich heut in Saßnitz. Die Mittheilungen über ihren Schwiegersohn waren *so*, daß ich beantragen möchte, man untersuchte ein Brautpaar vor der Hochzeit.

Ich war nun so marode gestern gegen Abend, daß ich es schon aufgegeben hatte, mit Theo zu Tante Merckel zu gehn; er redete mir aber zu u. es war mir dann auch sehr lieb, da schon drei Gäste ausblieben. Ich hatte vor Tisch eine sehr nette Unterhaltung mit Augustchen über Menzel's Bild u. die Richter-Ausstellung, d. h. wir waren d'accord; über Tisch erzählte der Minister von seiner Reise nach Kopenhagen etwas langstitzig, nach Tisch sprach er lange mit mir, erkundigte sich nach Dir u. Deinen Arbeiten u. wird mit – er lese die Vossin aus politisch. Gründen nur in ihrem pol. Theil – Deinen Scherenberg-Aufsatz eine Ausnahme machen. Sie, die Frau Minister, ist das Bild der Frauenmilde u. Güte u. trotzdem sie nicht hübsch, so anziehend dadurch für mich, daß ich sie immer gern betrachte. Und dabei Tochter einer Tänzerin, einer Mutter, die noch jetzt kokett wirkt. Ich werde vielleicht ein Mädchen, die sie aus Ostpreußen mit hier her gebracht hat u. die sie warm empfiehlt, miethen. Im ganzen war der Abend angenehm, *kluge* Menschen ist nun schon mal mein Genre, wenn ich mich auch klein daneben fühle; übrigens war das Exellenz-paar sehr nett, reichten mir beim Kommen u. Gehen die Hand etc. Zum Glück hatte ich mit Theo abgemacht hier zu schlafen, denn Donna Bertha war noch nicht zu Haus u. kam erst *sehr früh*; da halte ich es für besser, er beschützt mich während der Zeit Deiner Abwesenheit. – Mete's Karte ergiebt immer noch keinen Anhalt für ihr Kommen, u. hier muß ich sein, wenn sie endlich heimkehrt. Bei der ganzen Geschichte thut mir nur George leid u. ich fände es recht liebenswürdig, *Du* schriebest ihm einmal darüber. *Wir* können ja jederzeit reisen, der Wohnungsfrage sogar je später, je besser u. am Ende ist's ihm recht, den halben Urlaub hier u. die andre Hälfte in Krummhübel zu verleben; Meten u. Dooly's würde er doch auch gern wieder sehen wollen. Freilich, Mrs. D. ist unberechenbar. Am besten wäre es vielleicht man schriebe an Meten darüber. Jedenfalls schreibe ich heut noch eine Karte an sie, da sie einen längren Brief von mir in Venedig vorfindet.

Ich will nun zu Herrlich's gehen u. mich bedanken, sie hatten mich mit nach Sonnenburg nehmen wollen. Dann muß ich anfangen, Besuche zu machen, vor allem mich nach meinem alten Witte umsehen. Möchte es Dir nun bald gut gehen, der

Harz muß doch seine Kraft wieder an Dir bethätigen. Noch keine Antwort von Kröner? mein Gott, *wie verwöhnt* ist man doch in geistiger Beziehung! ich muß noch einmal darauf zurückkommen. Das schöne M. G. Haus! aber wie leer wirkt es doch auf die Dauer, bei genauer Besichtigung; selbst Größen wie J. Wolff u. Gussow können es nicht retten. Und das Schlimmste ist der Mangel an geistiger Freiheit! Jedes Kunsturtheil muß erst verbrieft u. versiegelt sein, oft durch Größen, die auch nichts wissen. Aber genug, darüber müssen wir papeln. Mir geht's heut wieder gut u. die Kühle ist entzückend, selbst Regen u. Wind haben mir heut wenig an. Was sagst Du zu Anna Ivens? Mit tausend Grüßen

Deine Alte.

Morgen geh ich in die spanische Ausstellung.

An Emilie Zöllner

Krummhübel, d. 19. Aug. 84.

Meine liebe Emilie.

Die herzlichsten Glückwünsche zu dem morgenden Tage! Am liebsten hätte ich Dich u. die Deinen zur Feier desselben hier, in dieser himmlischen Luft und diesem schönen Stückchen Erde. Vielleicht geniesse ich das viele Gute hier doppelt u. dreifach, weil ich so krank war, aber wir haben es so getroffen, in all u. jeder Beziehung dass wir dankbar sein müssen, auch ohne das angenehme Gefühl der Genesung, was mich doppelt anerkennend macht. Aber ich muss doch recht krank gewesen sein; die Reise hatte mich ganz erschöpft u. erst seit gestern kann ich ohne Anstrengung gehen. Mein Mann hat sich sehr erholt u. fand ich ihn in den angenehmsten geselligen Beziehungen. Unsere Wohnung ist tadellos, die freundlichsten Wirthe sorgen für uns u. last not least wir leben billiger wie in Berlin. Ich freue mich dass sich mein Alter ganz der Vorzüge der Schlesier bewusst wird, sie sind doch die bescheidensten, zu denen man sich freundlich stellen kann, ohne dass die bewusste Linie überschritten wird. Die Schönheit des Ortes ist Dir wohl bekannt u. der grosse Reiz der in den unzähligen Spaziergängen in nächster Nähe u. weiterer Ferne zu unternehmen sind. Ich begreife nicht, dass wir nicht früher hierher gegangen sind. Freilich gehören so nette Menschen dazu, wie wir sie getroffen, um das Leben so angenehm zu machen, in Wernigerode lebten wir ja in absoluter Einsamkeit. Hier *muss* mein Alter sich herausreissen lassen, es wird ihm einfach über den Kopf genommen. Da sind wir zu Tisch ausgebeten, oder essen mit Graevenitzen's zusammen u. eine Nachmittags-Partie wird verabredet; heut kommt der Amtsrichter Friedländer aus Schmiedeberg mit seiner netten Frau, der uns dann wieder zu sich nach Sch. einladet, im Hause wohnen wir mit einer Frau v. Wintersheim u. deren sehr anmuthigen Töchtern zusammen, kurzum, es ist *so*, wie ich's gern habe, nicht vereinsamt, nur auf Mann, Zeitung u. Buch angewiesen. Und nun das wundervolle Wetter! es ist hier, sagen die Leute, im Sommer wie seit Jahren nicht. Alles schmeckt ausgezeichnet u. der gepaschte Ungarwein à Fl. 1 Mk. hebt meine gesunkenen Kräfte mehr, als wenn ich ihn in Berlin à 3 Mk. tränke, kurz, ich kann, wen ich lieb habe nur rathen, sein Ränzel zu schnüren u. her zu kommen. Könnt Ihr Euch nicht auf 14 Tage frei machen? Herr Ruthard (Amsler u. Ruthardt), alter Junggeselle, hat mir vorgerechnet, daß er für 3 Mk. täglich, vortrefflich lebt.

Mein Mann hofft bis zum 1. Sept. hier bleiben zu können; ich gehe dann noch auf kurze Zeit zu meiner Freundin Treutler, um vom 7. an, noch mit Martha zusammen sein zu können. Sie schreibt sehr befriedigt aus Harzburg, auch Theo, der nun seit gestern wieder in Berlin, ist sehr zufrieden mit seinem Sommer-Ausflug; George schreibt etwas marose aus Wahlstadt u. der ›Kleine‹ giebt gar kein Lebenszeichen von sich; hoffentlich hat er sich nicht an seinen Vorräthen ›übernommen‹.

Nun wünsche ich Dir liebstes Herz noch einen so angenehmen 20 ten, wie vor 17 Jahren in Kösen! was liegt dazwischen! aber wie viel Schönes u. Gutes auch u. möge es wenigstens so bleiben wie es ist. Dies wünsche ich Dir u. uns. Mit den schönsten Grüssen für die Deinigen

Deine alte Freundin Emilie Fontane

Beste Grüsse an Fr. Mathilde.

An Clara Stockhausen

Berlin d 2. März. 85.

Geliebte Frau Clara.

Daß ich erst heut für Ihren so lieben u. mich so erfreuenden Brief danke, hat verschiedene Gründe, der eine ist erledigt, indem Paul Heyse's »Alkibiades« aufgeführt ist, schon bei der Première, trotz dem das Haus mit Freunden u. Verehrern überfüllt war, nicht den Beifall gefunden hat, den sich der Dichter wohl erwartet hatte. Die Kritik hat sich ungemein schonend geäußert, den Mißerfolg auf die armen Schauspieler geschoben, (die meines Erachtens ihr Möglichstes gethan haben) die schöne Sprache etc. gelobt. Sie kennen mein u. meines Mannes Heyse-Verehrung u. einige seiner Sachen im Buch der Freundschaft, halten diese auch aufrecht, aber dieser hohle Held, dieser sich nur mit Erfolgen bei dieser u. jener brüstende Liebhaber, ist keine Figur für die ich mich erwärmen kann u. nun gar die Weiber! Diese Mandane mit ihrem lächerlichen Haß! Leider, denn ich hätt ihm dauernden Erfolg gegönnt, ist das allgemeine Urtheil ebenso u. der große Grieche mit der zweiten u. dritten sehr dürftig besuchten Aufführung zu Grabe getragen. Mein Mann hatte, kann ich wohl sagen, das Glück bei der Première, die er hätte besprechen müssen, krank zu sein u. wir lasen dann in den Tagen von Paul's Anwesenheit seine schönen Reisebriefe u. andre Gedichte von ihm, u. erquickten uns daran, was wir an seiner Person nicht konnten, wie er uns denn bei jedem Besuche fremder wird: er ist immer in Pose u. wir alten Leute, die im Leben so viel für ihn übrig gehabt haben, werden immer befangen u. möchten sagen: wirf doch bei uns Dein Staatskleid ab. Und wir sind es nicht allein, frühere bewährte Freunde äußern sich ebenso, für niemand hat er mehr Zeit u. wendet sich den neuen Göttern zu. *Seinetwegen* thut es uns leid, wir können es ertragen. Denken Sie nur, wie viel, viel kürzere Zeit wir befreundet sind u. doch ob kürzere oder längere Pausen, sehen wir uns, so sind wir die Alten, so kommen die Fragen aus dem Herzen. Aber nun genug davon, nur noch das, daß auch seine drei Einakter auf dem Deutschen Theater kein Glück gemacht haben, trotzdem die Presse des Lobes voll ist, liest man genau, so sieht man, die Herren drücken sich alle drumrum, um nicht in den Ruf zu kommen, dem berühmten Autor nicht gerecht zu werden u. dann ist er ja nur »Gast« persönlich sowohl, wie mit seinen Stücken, wäre er einer der Unsrigen, er würde schon zerflückt werden. Aber wie erfreut hat uns Ihre lebhafte Theilnahme an allem was Kunst u. Literatur betrifft, trotzdem recht wenig Erfreuliches die Neuzeit hervorbringt u. man zum Älteren u. Alten zurückgreifen muß; was Sie über Brandes sagen, ist gewiß allzu wahr, er ist auch Streber u. – jüdisch.

Was Sie über Ihr Leben schreiben, ist sehr interessant; wenn ich Ihnen nun auch recht gute Freunde wünschte u. gönnte, so glaube ich Ihnen doch aus unserer Erfahrung sagen zu können, sie werden je älter man wird, je knapper u. man muß Gott danken, wenn man Kinder hat, mit denen man von der Leber weg sprechen kann, ohne immer zu fürchten, mißverstanden zu werden. Was uns am meisten interessiert, sprechen wir im Hause durch; unsre Bismarck-Schwärmerei theilen nicht nur wenige, sondern Zöllner z. B. findet sie thörigt u. so ist es in literarischen Dingen noch viel eclatanter. So lesen wir denn mit unsern nun alten Kindern u. debattieren auch oft auf's heftigste, aber mein guter Alter kann doch von der Leber runter sprechen, ohne in den Verdacht des sich Ueberhebens zu kommen. Ich wünschte wohl, Sie, theure Frau Clara u. Ihr verehrter Gatte, könnten mal wieder in unsrer kleinen, gemüthlichen Klause, einen Abend mit uns verleben; die »Stellungslosigkeit« unter der wir früher, dann u. wann litten, ist uns zum Segen geworden. Wir können ganz nach unserem Gefallen leben, niemand verlangt etwas von uns u. was wir nehmen u. geben, ist freie Wahl, ist Geschenk. Und da kommt im Lauf der Wochen, Monate u. Jahre, immer genug zusammen, um dankbar auf's Leben zu blicken, so z. B. der liebenswürdige Brief von Ihnen, theure Frau. Auch darüber sind wir ruhig geworden, daß mein alter, guter Mann, arbeiten muß, fürs tägliche Brod, so lange er Kraft zum Schaffen behält. Erstlich könnte er ohne Arbeit, seines Lebens Lust, garnicht existieren, dann aber ist die Frage um die Existenz doch weniger brennend geworden, seitdem er die Kinder so weit gebracht, daß alle vier, uns im Nothfall, entbehren könnten. George, ist schon seit Jahren außer Frage, ist zu unsrer großen Freude zum 1 Mai nach Lichterfelde versetzt, als Auszeichnung u. pecuniär, gleich erwünscht, Theo steht vor seinem Assessor, was er jeden Tag werden kann, Martha hat eine ihr zusagende Stellung an einer Schule u. unser Jüngster Friedrich, jetzt in Jena, hofft in Leipzig zu Ostern eine Stellung zu finden, wo er keines Zuschusses mehr bedarf. Alle machen sie uns Freude u. je mehr der Aelteste u. die Tochter uns zeitweise bekümmert u. geradezu beängstigt haben, um so mehr sind wir jetzt zufrieden mit ihnen, da sie sich endlich mit ihrem Charakter herum gekämpft haben. Das geistige Zusammenleben mit ihnen, ist wohl für meinen Mann der schönste Lohn für das, was er für sie gethan u. die Anerkennung, ohne Ueberschätzung, die er in seiner Familie findet, ein Trost für sein fast freundloses Alleinstehn mit der Außenwelt.

Wir sind diesen Winter, Mete's wegen, wieder etwas gesellig

gewesen, obgleich sie nun, mit ihren 24 Jahren, ihren eignen u. sehr reizenden Umgang pflegt; am öftesten sind wir noch mit Menzel zusammen, dessen Neffe u. Nichte jetzt, auf sein Ersuchen, den Namen: Krigar-Menzel, führen. Zöllners sehen wir selten, neulich verlebten wir mit Grimms u. Novilles einen angenehmen Abend bei ihnen. Anna hat sich sehr vortheilhaft entwickelt; bei Heydens ist am 19. d. Justinens Hochzeit mit dem jungen Springer, auch mit ihnen sehen wir uns nur selten.

Was Sie über Ihr Haus u. Familie schreiben, hat uns ungemein interessiert; auf Emmanuel freuen wir uns sehr, wie schön er geworden, sah ich aus seinem Bilde bei Ihrer Schwester Anna. Hoffentlich verschmäht er nicht die Einkehr bei uns. Möge er Ihnen viel Freude machen u. sein Beruf ihm Befriedigung gewähren: er ist schwer, aber auch schön. Und von Ihrer Tochter habe ich von verschiedenen Seiten so viel Liebenswürdiges gehört u. Ihr Sonnenschein, Johannes! Gott erhalte sie Ihnen Alle. Mit schönsten Grüßen von Haus zu Haus.

Ihre alte, unveränderte Freundin

Emilie Fontane.

An Martha Fontane, geb. Soldmann

Berlin. d. 18. März. 86.

Meine liebe Martha.

Dein lieber Brief, der heut früh ankam, ist uns eine große Freude gewesen u. denke ich Du wirst es, liebe Martha selbstverständlich finden, daß ich Dich als nun auch *unser* liebes Kind mit Du anrede, u. Dich bitte dies auch zu thun. Aus Deinen Zeilen ersehe ich, daß ich Dir unsren Theo nicht weiter an's Herz zu legen brauche; auch nicht »ihn zu rühmen« steht mir an, dies werden seine Freunde, für mich thun, aber das mußt Du mir gestatten Dir zu sagen: er ist grundgut von Kindheit an gewesen u. hat uns nur Freude u. Ehre bereitet u. ist Deine Aufgabe, die Du Dir stellst, ihn glücklich zu machen, eine sehr dankbare. Wie sehr er seinerseits Alles thun wird, Dich auf Händen zu tragen, das, liebstes, neustes Marthachen, wird er Dir wohl schon bewiesen haben. Und so kann ich nur Gott danken u. ihn bitten Euch in seinen Schutz zu nehmen.

Empfiehl mich Deinen verehrten Eltern, u. sei mit Deinem Theo herzlichst geküßt von Deiner neuen alten Mutter

Emilie Fontane.

An Theodor Fontane junior

Berlin. d. 3 April. 86.

Mein lieber, alter Theo.

Ich habe mich noch für Uebersendung der uns sehr erfreuenden Bilder von Euch zu bedanken. Lügen müßte ich aber, wenn ich sie sehr vortheilhaft fände, jedenfalls ist eins der erst gesandten von Deiner Martha mir so sympathisch: das im hellen Anzug, daß Du mir schon erlauben mußt, es zu behalten. Halten wir Eure Bilder mit George u. Marta's zusammen, so sieht man doch, in der »Großstadt« sind sie etwas weiter. Aber die Freude Euch lieben Kinder zu sehn, wird dadurch nicht geschmälert u. Dich, mein alter, lieber Junge in vertraulicher Stellung mit einem andren Mädchen als Deiner Schwester, dieser Anblick ist für mein Mutterherz eine innige Genugthuung für alles Warten. Genießt nur recht die schöne Maienzeit, da es Euch vergönnt ist, sie sorgenlos u. mit sichrem Blick in die Zukunft zu durchleben. Uns Alten, war das nicht beschieden u. fast fing mit dem beglückenden gegenseitigen »Ja«, die Schwere des Lebens an; aber gereut hat es uns *nie* u. tapfer sind wir durch's Leben geschritten u. gestritten, um einen Lebensabend zu haben, an dem jeder Tag, uns zu haben eine dankbare Freude ist. Möge geliebter Theo Dein gesegneter Anfang eben so gesegnet enden.

[…] Wenn es erst heißt: Morgen kommen die Münsterianer! Denn zu Pfingsten ist doch kein Zweifel, daß wir auch Deine Martha an unser Herz schließen können? Grüße sie auf's zärtlichste, was Dir ja leicht werden wird, empfiehl mich Deinen verehrten Schwiegereltern u. sei überzeugt, daß Dein Glück mitbeglückt

Deine alte Dich innigst liebende

Mama.

Papa u. George finden die Kritik über Eure Bilder unpassend u. auch noch unrichtig, aber Du kennst Deine Alte u. Du bist doch nicht der Photograph, aber: bitte entschuldige, denn den Brief nochmal *darum* schreiben, *kann* ich nicht.

An Mathilde von Rohr

Berlin d. 10. März 87.

Mein theures, gnädigstes Fräulein.

Ihren so lieben u. ausführlichen Brief hätte ich gern längst beantwortet, aber wir haben so vielerlei, u. so Schweres erlebt, dass ich, noch dazu da ich krank war, mich wie gelähmt fühlte u. auch heute noch, ist die Sorge um meines theuren Mannes Gesundheit, nicht beseitigt. Ich glaube, ich schrieb Ihnen, dass er an einem Darmkatarrh erkrankt war u. während die Krankheit an sich schnell gehoben war, zeigen sich bis jetzt die Folgen derselben u. Mattigkeit u. Nervosität verlassen ihn nicht mehr. Dazu hat er eine Sehnsucht nach Ruhe u. Ausspannung, die mir zeigt, wie er, der bisher ohne Arbeit nicht leben konnte, sich angegriffen fühlt; am liebsten ginge er einige Wochen fort, aber das lässt sich nicht machen.

Aus den Zeitungen werden Sie vielleicht zufällig ersehen haben, welch herber Verlust unsre langjährigen Freunde Zöllners betroffen hat. Sie verloren am 11. Febr. ihre einzige Tochter

Anna, in ihrem 25ten Jahre an der Diphtheritis u. kann [man] mit Recht sagen, mit ihr die Freude ihres Lebens. Wir haben diese schwere Zeit mit den alten Freunden so mitempfunden u. können noch oft es nicht fassen, dass dies heitre, liebenswerthe Geschöpf jetzt in der Erde ruht. Die armen, vereinsamten Eltern! was kann ihnen die grosse Theilnahme gewähren? eine augenblickliche, wohlthuende Empfindung, aber die Leere u. Lücke bleibt.

Aber lassen Sie mich nun abbrechen u. zu Ihrem lieben Briefe zurückkehren, u. auf einige Punkte desselben eingehen. Was *Sie* uns über die Erbschaft unseres Freundes Lepel u. dem Benehmen seiner Frau mittheilten, war uns vollständig neu; sie hat meinem Mann bei ihrer Geburtstagsvisite erzählt, die beiden Söhne lebten jetzt in Folge von Erbschafts-Angelegenheit wie feindliche Brüder usw. Uebrigens wird sie wohl nun gemerkt haben, dass der Kreis ihres guten Mannes nichts von ihr wissen will. Denn keiner aus demselben hat sie zu einer Gesellschaft aufgefordert u. es wird ihr schwer fallen von einem derselben zu erzählen: ›wie sie geliebt u. gefeiert würde‹ was sie so gern thut. Wir erwiedern den Besuch zu meines Mannes Geburtstag *nicht*; ich hoffe, sie muss für uns ebenso wenig Sympathie haben wie wir für sie u. warum denn eine solche Lügenkomödie aufführen? führt mich aber der Zufall noch einmal mit ihr zusammen, dann sage ich ihr offen, dass mein Mann seinen Freund u. poetischen Mitarbeiter von dem Augenblick an verloren hätte, wo sie zu ihm in ein Verhältniss getreten wäre. Sie, theure Freundin, wissen, *wie* mein Mann darunter gelitten hat, unter der *geistigen* Entfremdung, nachdem die beiden Freunde, jahrzehntelang, wie auch politisch oder weltlich ihre Anschauungen auseinander gingen, auf gleichem poetischen Boden gestanden u. gewachsen waren; dies Verhältniss zerstört zu haben, ist ein Vergehen dieser Frau.

Eine Novelle meines Mannes ›Cécile‹ hat in einem in Dresden erscheinenden Journal: ›Universum‹ gestanden u. mein

Mann hofft[e] es Ihnen bereits zu Weihnachten überreichen zu können. Aber eine neue Kränkung wartete seiner: Hertz, aus unerklärlichen Gründen, *lehnte die Arbeit ab*, die von Kennern als eine der feinsten meines Mannes angesehen wird u. – so liegt sie nun ruhig im Kasten. Natürlich ermuthigen solche Erlebnisse meinen armen Mann nicht zu neuem Schaffen u. was er nie ausgesprochen, thut er jetzt: brauchte ich es nicht zu meinem Lebensunterhalt, ich schriebe keine Zeile mehr. – Mit dem Heyseschen Roman soll Hertz ein glänzendes Geschäft gemacht haben; er schrieb auch meinem Mann neulich, ›Grete Minde‹ würde zu Ostern eine neue Auflage erleben.

Sie erkundigen sich theilnehmend nach meiner Schwägerin Elise. Ihr Mann, Herr Weber, hat hier bei der Feuerversicherung eine recht gute Anstellung, ist fleissig, sparsam u. ein sogenannter ›respektabler Mann‹. Zu seiner Frau, seiner Tochter erster Ehe, einem jetzt erwachsenen Mädchen, ist er grob, roh, brutal; den einzigen Sohn Elisens, einen nun 11jährigen berliner Strassenbengel, verzieht er aufs Sträflichste. Wir sehen uns äusserst selten; mein Mann hat gar keine Stellung mehr zu seiner Schwester u. mich betrübt es, ihr in keiner Weise helfen zu können. Die Wahl dieses Mannes war ein Unrecht, aber wieviele begehen dasselbe; aber die Art, wie sie dies Unrecht sühnt, ist nicht die richtige. Meiner andern Schwägerin Sommerfeldt geht es gut; sie hat nur noch eine unverheirathete Tochter im Hause, die andern drei sind gut versorgt u. sie selbst ist mit ihrem Mann in sehr brillanter Lage; aber ihre drei Söhne machen ihr wenig Freude.

Tante Merckel sehe ich zu meinem Bedauern garnicht mehr u. höre nur dann u. wann durch Frl. v. Mühler von ihr; eine Nichte, die sie im Hause hat, hat es zu Wege gebracht, uns auseinander zu bringen, die Details behalte ich mir einer mündlichen Aussprache mit Ihnen vor.

Unsere Martha ist vor wenigen Tagen von einem kurzen Aufenthalt bei Frau Dr. Witte zurückgekehrt. Diese hatte den

Wunsch geäussert, während der für sie so schweren Wahlzeit Martha bei sich zu sehn, worauf wir um so lieber eingingen, da wir ihr unsere Dankbarkeit bezeugen u. Martha endlich mal gesund zuschicken konnten. Mein Mann erlegt ihr für diesen Sommer noch Schonung auf u. im Herbst hofft sie ihren Lehrberuf wieder aufnehmen zu können.

[…] Mein Mann denkt mit Martha nach Warnemünde zu gehen, schon ziemlich früh u. mit dem Mädchen; wird etwas daraus, will ich meine Freundin Treutler in ihrer Villa in Loschwitz b. Dresden besuchen, wo sich die ganze Familie sehr glücklich fühlt.

Möchte es Ihnen, theure Freundin, recht gut ergehn. Mit besten Grüssen der Meinigen u. Empfehlungen an Frl. v. Bülow

Ihre treu ergebene Emilie Fontane.

An Theodor Fontane junior

Berlin d. 29. Aug. 87.

Mein lieber, alter Theo.

In meinen kleinen Reisevorbereitungen für Krummhübel, traf Dein lieber Brief ein, in dem Du u. Dein Martchen mir so freundlich Pathenstelle bei Eurem lieben, kleinen Otto anbietet. Wenn es sich nun auch leider aus vielen Gründen verbietet, dies persönlich thun zu können, so nehme ich an Ihr werdet schon eine Vertretung für mich finden, eine sogenannte »Vice«pathin u. laßt meinen Namen in's Kirchenbuch eintragen. Wie gern ich mein erstes Enkelkind in meinen Armen halten möchte, werdet Ihr begreifen, aber ich bin nun so dringend der Erholung bedürftig, habe bereits mein Rundreisebillet, mit dem ich Papa u. Mete in Krummhübel, dann Treutlers in Blasewitz u. zuletzt Witte's in Rostock besuchen will, Besuche, die seit dem Frühjahr geplant u. versprochen sind.

Es ist wieder eine solche elementare Hitze, daß ich ganz elend davon bin u. mich auch entschlossen habe, morgen Abend zu reisen. Die Gebirgsleute schreiben diesmal sehr befriedigt u. hoffe ich auf eine nette Zeit mit ihnen. [...]

Unser Fuz wird Haus halten, hoffen wir, zu unserer Zufriedenheit; ich fürchte es steckt ein dolles Kneipgenie in ihm, aber sonst ist er wohl zu leiden u. alle Menschen nimmt er durch sein artiges, gefälliges Wesen ein. Mit seiner Stellung ist er zufrieden, möge sie nur von Dauer sein. – Nun küsse mir Dein liebes Weib u. Kind u. melde mir auch definitiv den Tag der Taufe, damit ich im Geist bei Euch u. meinem lieben Patchen sein kann u. Euch – eine Baumtorte dazu schicken. Auch beste Grüße an Soldmanns.

Eure Euch innig liebende

alte Großmutter.

An Clara Stockhausen

Berlin. d. 14. Okt. 87.

Theure Frau Clara.

Ich will Ihnen Beiden nur danken für Ihre treue Freundestheilnahme. Sonst wissen Sie ja, daß ich noch für nichts Gedanken habe, nur den einen: ich habe meinen lieben George begraben müssen! schicken Sie uns Ihre Tochter recht bald einmal zu, Nachmittags, daß sie ein Stündchen bleiben kann. Das liebe Kind soll Ihnen dann von uns schreiben, bis es selbst wieder vermag

Ihre arme Freundin

Emilie Fontane.

An Theodor Fontane junior

[Berlin] d. 1. November 87.

Mein lieber Theo.

Auf Deinen u. Deiner Marta liebe Briefe will ich schon heut anfangen zu antworten, da es leicht möglich ist, daß ich morgen mich nicht so bei Kräften fühle. Zuerst meine innigsten Wünsche für Dich, mein lieber Sohn zum 3.; möge Gott Dir Dein Glück ungetrübt erhalten u. Du dessen jeden Tag u. jede Stunde bewußt sein. Welche Freude würden wir empfinden u. wie würden wir den Schmerz um unseren theuren George milder empfinden, wenn wir Euch hier hätten! so werden wir unzählige Male am Tage an ihn erinnert u. wenn seine Frau zu uns eintritt, so vermissen wir jedesmal auf's Neue sein Kommen. Aber ich will Dir nichts vorklagen; der Brief an Dein Frauchen muß schon über das Maß klagend ausgefallen sein. Unser Leben ist kaum verändert, da ja unsre Geselligkeit schon minim war; die Kinder brachten hin u. wieder etwas Leben in die Bude u. am nettesten war es, wenn Mete aus einer Gesellschaft kam u. Bericht erstattete. Das fehlt nun diesen Winter; sie liest pflichttreu dem lieben Alten den unsagbar langweiligen Ranke vor u. hat leider ihre bei Euch in Münster u. später im Gebirge erworbenen Kräfte wieder zugesetzt, so daß sie gestern den Arzt consultiert hat, der Herz-Ungehörigkeiten entdeckt hat. Sie mediciniert nun wieder u. sieht bleich u. nervös aus. Unser lieber Alter hält sich tapfer u. arbeitet mit dem alten Fleiße weiter. Friedel ist noch zufrieden in seiner Stellung, hat aber sehr viel zu thun u. wünschte dafür etwas bessre Bezahlung.

Das wäre so der Gang unsres Lebens hier. Die Besuche haben nachgelassen, übrigens ein wahres Glück u. nur Martchen verplaudert ungefähr jeden dritten Abend bei uns. Sie ist sehr rührend in ihrer Trauer u. spricht am liebsten von ihrem George. Daß sie sich eine Wohnung gemiethet, habe ich Euch wohl schon geschrieben; hoffentlich findet sie eine ihr zusagende Dame, da sie ein Zimmer vermiethen möchte [...]. Ich soll Dir auch von Tante Jenny, die gestern hier war, mich überhaupt auf's treulichste besucht u. tröstet, die herzlichsten Glückwünsche bestellen. Sie wird schon wieder mehrfache Großmutter: Max u. Frida haben dafür gesorgt. Ich bin vorläufig mit Ottingchen zufrieden u. wäre nur froh, wenn ich den kleinen lieben Kerl sehen könnte, aber wann wird das geschehen? trotz der liebevollen Beschreibung Deiner Marta kann ich mir keine Vorstellung von meinem Enkelchen machen; seine langen Gliedmaßen hat er wohl von Dir, denn Du warst, in Folge Deiner 3 schlechten Ammen auch nur ein mageres, dürftiges Kerlchen, aber ganz brünett u. mit dunklen Augen, so daß die Leute in London, Deine »nurse« anredeten: is it a indian boy? Das ist nun lange her u. will ich Euch wünschen, daß Ihr einmal nach so langen Jahren dieselbe Freude an Eurem Otto haben könnt, wie wir an seinem Vater: körperlich u. geistig.

[...] Mete liegt heut zu Bett u. so wird sich ihr beabsichtigter Brief an Dich wohl auf einen Glückwunsch beschränken. Verlebt den morgenden Tag möglichst heiter u. froh, küsse Deine liebe Frau u. Ottochen, empfiehl mich Deinen Schwiegereltern u. – quäle Dich nicht mit antworten, sondern freue Dich vorläufig Deiner Gratulanten u. laß sie warten, bis Dir schreibelustig zu Muthe ist. In herzinniger Liebe

Deine alte Mama.

An Theodor Fontane junior

Berlin. d. 25. Januar. 88.

Mein lieber, alter Theo.

Es überkommt mich jetzt so oft eine Sehnsucht nach Dir, Deiner lieben Frau u. Eurem, unsrem Ottingchen, daß ich diesem Gefühl Ausdruck geben muß. Wäret Ihr doch hier! es ist so still, so freudlos in unsrem kleinen Heim u. meine arme Mete kann ich kaum ohne Thränen anblicken u. dem kleinen Fuz nicht verdenken, wenn er nach des Tages Last u. Hitze, Abends mit guten Freunden ein Glas Bier trinkt u. sich seines Lebens freut, als bei seiner traurigen, grämlichen, halbtauben Mama zu sitzen. Denn seit 8 Tagen bin ich wieder einmal auf dem linken Ohr taub, habe aber dafür entsetzliches Ohrensausen. Nun, Papa meint: das Alter fordert seinen Tribut. Am wohlthuendsten wirkt unser lieber Alter. Er ist von einer Arbeitskraft, wie kaum dagewesen u. seit unsres George Heimgang ist dieselbe mit einer Leichtigkeit verbunden, die mich staunen macht; so lag am Weihnachtsabend eine Novelle fertig auf meinem Tisch, natürlich mit Concept, die er während der Trauerzeit erst begonnen hat, dazu folgende Zeilen:

Zum 24. December 1887.

Der neue Roman, ich hab' ihn fertig,
Wenn auch nicht in allen Stucken,
Er ist noch Deiner Abschrift gewärtig, –
Dann kann ihn Kroener drucken.

»Unwiederbringlich« sein Titel ist,
Unwiederbringlich ist vieles,
Doch lassen wir das zum heiligen Christ
Und gedenken wir – unsres Zieles.

»Irrungen, Wirrungen« werden nun in der nächsten Zeit erscheinen u. Du das kleine Buch wohl zu Deinem Verlobungstage bekommen können. Es wird sehr gelobt u. sehr getadelt werden; die »Zwanglosen« stehen dafür wie ein Mann, namentlich auch Schiff. Außerdem werden in Kurzem in »Zur guten Stunde« Gedichte von Papa kommen, die Dich sehr interessieren u. auch rühren werden; aber ich [!] nicht à Paul Heyse, dazu ist Papa mit seinen Gefühlen zu decent. P. Heyse besuchte uns am Sontag u. war ganz der alte, theilnehmende Freund; wir kennen uns nun 40 Jahre! er wird 59, u. sieht brillant aus, nur ein wenig zu dick, das macht das bairische Bier.

Unsre Schwiegertochter hat sich nun in ihrer sehr netten Wohnung eingewohnt, »gelebt« kann ich nicht sagen, denn es ist u. wird wohl mehr Schlafstelle sein, was auch kaum anders sein kann. Sie müßte für irgend eine Kunst, oder Sprache, oder dergl. Interesse haben, die sie seßhaft machte u. beschäftigte. Mete nimmt es rührend ernst mit ihrer Schwägerin, aber sie – verlangt zuviel u. ich weiß nicht, wie es auf die Dauer zwischen Beiden werden wird. Mitte Februar schicken wir sie auf 4 Wochen zu Witte's, denn sie braucht dringend andre Eindrücke u. ich werde nicht allein sein, da Lischen Treutler versprochen hat, meine Einsamkeit zu theilen.

Eben kommt eine Karte, daß Onkel Witte um 4 Uhr hier essen will, da muß ich mich eilen u. in der Wirthschaft helfen, dann noch zu Fr. Sternheim gratulieren, was Mete erst heut Abend bei Fr. Meyer thun wird. Mit innigsten Grüßen für Dich u. Frau u. Kind

Deine Dich innig liebende alte Mama.

An Theodor Fontane junior

Berlin. d. 14. März. 88.

Mein geliebter Theo.

Ich kann mir denken, wie Deine Gedanken in Deiner Vaterstadt weilen u. möchte Dir so gern etwas mittheilen, was Du nicht in den Zeitungen findest, aber wir erleben nichts von den großen Ereignissen persönlich mit, da es unmöglich ist, etwas zu sehen zu bekommen. Allerdings bin ich bevorzugt gewesen, das Eine, wovon Du auch in Deinem lieben Briefe, als nationales Ereigniß sprichst, zu erleben: unsres großen Bismarckrede [!] zu dem Reichstag u. danken wir Beide: Mete die Rede am 6. Fbr. u. ich am 9. März, unserem lieben, alten Witte, der noch in letzter Minute kam, mich in den Reichstag zu holen. Den gewaltigen Mann so erschüttert zu sehn, mit thränenerstickter Stimme sprechen zu hören u. die Kirchenstille des überfüllten Reichstags – nie werde ich es vergessen. Und nun? was sagst Du zu den Menschen? nach des neuen Kaisers Proklamation fällt die ganze Presse über ihn her – travailler pour le roi de prusse.

Papa ist darüber in unsagbarer Aufregung u. es ist gut, daß unsre Wände keine Ohren haben; ihn packt, bei seiner idealen u. vornehmen Natur, der Menschheit ganzer Jammer u. ich glaube, er könnte die schlimmsten Dinge sagen, so daß es gut ist, er lebt in Einsamkeit.

Nach dem Dom zu kommen, soll lebensgefährlich sein. Ich war mit Lischen Treutler bis zur Schloßbrücke, da war gesperrt u. ein solches Menschenmeer, daß wir froh waren seitab gehen zu können. Die Linden werden ganz schwarz drapiert, in der Mitte Trauerbögen, Tribünen etc. gebaut, Alles erst im ersten Anfang, denn zuerst muß der massenhafte Schnee fortgefahren werden, um überhaupt mit dem Bau zu beginnen u. Kies auffahren zu können, heißt es doch daß alle hohen Herrschaften bis zur Siegesallee zu Fuß folgen sollen; dazu haben wir heut, trotz Sonnenschein, bei kaltem Nord, jetzt um Mittag noch 4 Grad. Poetisch sieht das massenhafte Weiß der Schneeflächen u. Dächer u. die schwarze Menschenmenge, so wie die schwarz behangenen Häuser aus, unter den Linden sind diese unsre Landesfarben vertreten, wie wohl noch nie in solcher Großartigkeit.

Dem Kaiser *soll* es leidlich gehen, er kann aber nicht sprechen, kein Wort. Sollte er wirklich in so schwieriger Lage sich des größten Schutzes entäußern? man spricht, Bismarck sei von allem Schweren der letzten Tage erkrankt. Und Kronprinz Wilhelm, der ihn verehrt u. liebt, wie es sein Großvater gethan. Das »Tageblatt« sprach gestern jubelnd von dem »Diener« Bismarck. Aber Du wirst dies Alles auch lesen u. erfahren u. wissen, daß eine übermächtige Partei gegen den Schöpfer unsres Reichs steht u. daß wohl noch viele von ihm abfallen werden, wenn der Wind anders bläst. Wir, Deine Eltern, stehen unentwegt zu ihm.

Fuz wollte mit dem Sohne Dominik's versuchen in den Dom zu kommen u. bin ich erst außer Sorge, wenn er wieder zu Hause ist. Am Freitag wird er unter den Linden, bei der Mutter seines Freundes Diettrich den Zug sehen; wir wollen, bei erträglichem Wetter uns nach Charlottenburger Chaussée begeben, d. h. Papa u. Frl. Lischen, ich werde wohl das Haus hüten. Unsre Schwiegertochter ist recht elend, sieht erbärmlich aus u. ist von einer Ruhelosigkeit, die etwas Beängstigendes hat; unsre liebe Mete wird da noch einen schweren Stand haben u. ich fürchte zuletzt ist Alles verlorne Liebesmüh. Mir wird es immer klarer, daß es ihr besser gewesen wäre, unsren George nicht kennen gelernt zu haben; sie hat zu kurze Zeit seinen Einfluß u. vielleicht den unsres Hauses genossen u. hat nichts dabei errungen, als daß sie die Schwächen ihres Elternhauses klarer sieht, dieselben kritisiert u. doch, ohne Vorwurf, da sie von Kindheit darin erzogen, auch drin steckt. Sie scheint eine große Liebe für Mete zu haben u. würde, wenn sie mit ihr lebte, ganz auf sie eingehen; da das aber nicht möglich, wir ihr auch nichts *Positives* bieten können, so ist es unsre Pflicht, sie zu den Ihrigen hinzuweisen – die uns über die Maßen unsympathisch sind. Ach, mein geliebter Theo, wie oft *muß* ich denken, bei aller Liebe die ich zu Martchen habe, Gott hat es wohl gut gethan unsren lieben Jungen abzuberufen. –

Mete kommt am 20.[t.] zurück. Mir ist die Trennung sehr schwer geworden, denn sie ist unsres Alters Trost u. Freude u. bin ich egoistisch genug, froh zu sein, daß kein Tischler u. kein Dachdecker sie uns entrissen. – Pa grüßt Dich, Martchen u. Klein-Otting, der jetzt mit jedem Tage Euch mehr Freude machen wird; wann werden wir wohl unser geliebtes Enkelkind sehen? Da sein Herr Papa so in Ehren in Münster steht, wird wohl an kein Herkommen zu denken sein. Nun, man hofft ja immer auf »Unverhofftes« u. mit dem Wunsche auf ein nicht zu lang hinaus geschobenes Wiedersehn

bin ich Eure Euch zärtlich liebende

alte Mama.

Fuz grüßt, er hat auch nichts gesehen. Die Hôtels haben 5fache Preise; der Reporter der daily news zahlt 800 Mk. für seinen Fensterplatz.

An Theodor Fontane junior

Berlin. d 5. Juli. 88.

Mein lieber Theo.

Ich bin nur noch Abschreibe-Maschine, da Papa nicht eher fort reisen kann, bis das Manuskript zu dem neuen Buche: »Fünf Schlösser« fertig ist. Er hat nun heut den letzten Federstrich gethan u. ist so eben nach Lichterfelde gefahren, um den Grabstein zu besichtigen, den wir unsern George haben setzen lassen; es ist ein einfacher schwarzer Syenit, mit goldnen Buchstaben, Name, Stand, Geburts- und Todesjahr! u. lehnt am Fußende des Hügels.

Mete ist gestern früh nach Krummhübel abgereist u. wird wohl ihre Mühe u. Noth haben, Wohnung für so verschiedene Häupter zu finden. Papa spricht auch von Abreisen, aber doch wohl erst Ende nächster Woche. Ich wollte Dich bitten, mir *recht bald* für die 12. Mk. 50 Pf. »Tuch«-Auslage einen Schinken von Hasselmann schicken zu lassen. Papa ist zwar zufrieden mit Joseph Metten, aber »in der Abwechslung liegt der Reiz«.

Mir geht es nur mäßig, ich fühle mein Alter etwas zu früh u. werde immer leistungsunfähiger u. doch lastet viel auf mir, namentlich wenn Mete fort ist. Die Schwäche beim Schreiben in der rechten Hand nimmt auch zu, kurzum, ich hätte nichts dagegen in's Altentheil gesetzt zu werden. Reiselust habe ich nun vollends seit vorigem Sommer garnicht mehr u. ich kann Dir nicht sagen, wie schwer es mir wird fortzugehn. Vorläufig ist es auch noch nicht nöthig, aber was mich hält, ist auch nicht sehr erbaulich: Maler, Töpfer, Tapezier, müssen, wenn Papa fort, etwas Ordnung in unsren Räumen schaffen u. da muß ich als Wächter dabei sein, da ich keine Tilla mehr habe.

Heut früh war ich bei Hr. Sternheim, der jetzt unser »Bankier« ist; er ist so liebenswürdig uns auch Geld zu leihen, wenn wir gerade klamm sind oder Ausstände haben u. wir empfinden recht die Erleichtrung gegen frühre Zeiten.

Wir sprechen viel von Euch Lieben u. namentlich auch von Deiner Gewitterangst, die Du doch mit vielen Menschen theilst; freilich ist sie für Dich darum nicht weniger unangenehm. Ich kann Dir nur rathen, in solchen Stunden Wein zu trinken, denn gleich Dir, kommt auch meine Sturmangst, von dem großen Magennerv u. jedes andre Mittel verdirbt mir den Magen. Du mußt Dir die Sorte ausprobieren; mal Roth- mal Moselwein, mal auch starken Port- oder Cherry.

Onkel Scherz Tod ist uns sehr nahe gegangen. Dein kleiner Otto hat nun auch schon eine Einbuße dadurch; als S. Weihnachten bei uns war u. einen sehr gemüthlichen Theeabend mit uns verplauderte, schrieb er sich Ottchens Geburtstag in sein Taschenbuch u. wollte sich als Pathe, ich glaube mit einem Sparkassenbuch legitimieren.

Aber nun muß ich wieder nach: »Stolpe« um fertig zu sein, wenn Papa wiederkommt. Grüße Dein Martchen u. Klein-Otto u. erfreue uns bald durch gute Nachrichten über Euch, vor allem auch über Dein Befinden, denn Dein letzter Brief an Papa hat mich unruhig gemacht u. ich bitte Dich inständig auf Dich zu achten u. bei Zeiten etwas zu thun. In innigster Liebe

Eure alte Ma u. Großmama.

An Clara Stockhausen

Berlin d. 10 Fbr. 89.

Theure Frau Clara.

Meine herzlichsten Glückwünsche möchte ich Ihnen zu dem morgenden Tage aussprechen, die in dem einen gipfeln: möchte Ihnen Gott Alles erhalten, was Sie lieben und woran Ihr Herz hängt. Könnte ich Sie doch einmal wiedersehen, kämen Sie doch einmal plötzlich in das Ihnen so wohl bekannte Poetenstübchen meines Alten, wo alles unverändert ist, selbst er, kaum älter, kaum grauer geworden, nur ernster, freudeloser: *er* war unser beider Liebling. – Gearbeitet wird u. muß nach wie vor werden u. die Arbeit ist auch das einzige, was hilft, wenn man zum Tode betrübt ist. Wir leben ganz einsam, sehen nur zuweilen Zöllners, noch seltener Heydens u. leiden unter dieser Vereinsamung nicht allzusehr. Meinem Manne gönnte ich öfter eine Aussprache, mit Gleichgesinnten, aber derer existieren so wenig für ihn und in der Einsamkeit wird er nur immer kritischer. – Unsre Kinder erfreuen uns, Mete ist unser Bindeglied mit der Außenwelt, obgleich ihre schwankende Gesundheit sie auch viel an's Haus fesselt. Theo war zum Fest mit Frau u. Kind, einem 1½ Jahr alten Söhnchen bei uns. Sie waren lieb und gut, aber statt der Weihnachtsfreude fühlte ich nur, was mir fehlte. Unser sogenannter »Kleiner« Friedel, hat sich selbstständig gemacht u. führt mit Hülfe eines die Mittel spendenden Socius eine kleine Buchhandlung, die zu unserm Erstaunen ganz leidlich zu gehen scheint, freilich kann man nach einem guten Anfange noch nicht viel sagen.

Mein u. Metens liebste Zerstreuung ist die Oper, zu der wir, durch einen Jugendfreund von mir, der täglich eine Loge hat, sehr oft Billets bekommen. Dort zu sitzen ist mir lieber u. weniger angreifend wie in einer Gesellschaft, genußreicher jedenfalls. Sehr interessiert hat mich natürlich Elmblad zu hören, aber, so wenig musikalisch ich bin, er genügte mir (wenig) garnicht u. in den Lustigen Weibern, wo ich ihn zuletzt hörte, war Spiel und

Gesang wenig erfreulich. Es scheint auch an entscheidender Stelle kein günstiges Urtheil über ihn zu herrschen, denn gestern las ich, daß er wieder aus der Oper ausscheidet. Schade um diesen Menschen. Ich seh ihn immer noch nach seiner Krankheit in Ihrer liebevollen Pflege u. dann verschwand so bald der Kinderausdruck in seinem offenen Gesicht u. jetzt kann ich ihn nicht ohne Wehmuth ansehen, so tiefe Züge haben die Nachtseiten des Lebens eingegraben. Ob es Kummer über seine Maggy ist?

Ich möchte wissen, ob Sie eine Geschichte von meinem Alten »Irrungen, Wirrungen« gelesen haben, wo nicht, so schicke ich sie Ihnen. Auch wüßte ich gern, was Sie u. Ihr Sänger von Ibsen halten? uns wirft er hin u. her, aber wir freuen uns seiner Kraft. Heyse hat mit zwei Stücken in 8 Tagen, kein Glück hier gehabt u. meinem Manne war es höchst peinlich, das eine, sich herumdrückend, zu besprechen. Aber sehen Sie, theure Frau, wenn ich mit Ihnen in's plaudern komme, vergesse ich, daß Geburtstag ist u. Sie Beßres zu thun haben, als mein Geschreibsel zu lesen. Nun noch tausend Grüße von Mann u. Kind für Sie und die lieben Ihren, auch von Ihrer alten, getreuen

Emilie Fontane.

An Theodor Fontane

Kissingen. d. 28. Juli. 89.

Mein lieber Theo.

Mir ist als wärest Du schon 8 Tage fort u. ich bete immer: Gott erhalte ihn mir! Eben kommt Dein Brief u. ein höchst liebenswürdiger von Lazarus, den ich beifüge u. nach dem wir doch wohl einen Abstecher nach Schönfeld machen müssen. – Was Du über Bayreuth scheibst, ist mir sehr interesssant, ich meine aber Du gehörst mehr hin wie Engländer u. Amerikaner, denn es kommt doch auf das Verständniß an, u. das, selbst das Musikalische, stelle ich bei Dir höher. Uebrigens um Dein

Selbstgefühl zu stärken, Du stehst gestern in der Vossin in einem Artikel über Kissingen, mit Menzel gesperrt gedruckt. Ich habe den Ausschnitt Meten zur Auffrischung geschickt. Die Chanzen für München steigen; Frl. Hannchen hat eine sehr gute Adresse eines hôtel garni bei einem Apotheker in der Ludwigstr., für uns ausfindig gemacht u. es wird vielleicht gut sein, wir schreiben vorher, aber das besprechen wir noch.

Ich lebe ganz solo, was mir, da Du lieber Alter mir die Freude machest, schon am Dinstag wieder zu kommen, sehr angenehm ist. So lebe ich ganz nach meinem Gefallen u. bin ich weder noch ist mir jemand lästig. Dazu kommt das Regenwetter u. gestern ein heftiges Gewitter. Ich schrieb nach Deiner Abreise diverse Briefe u. ging dann auf den Bahnhof um die Abreise der Kaiserin zu sehen. Ein günstiger Zufall führte mich in den Wartesaal I, von dessen Fenster aus ich vorzüglich die hohe Frau sowohl wie die 4 Prinzen u. den Train der Begleitung sehen konnte. Sie hat eine so herzgewinnende Freundlichkeit, daß mir (und vielen) bei ihren Abschiedsgrüßen aus dem Coupé, den kleinsten Prinzen hochhaltend, die Thränen in die Augen traten; überall rührt doch das einfach menschliche am meisten. – Dann ging ich in unsre Wohnung zurück, aß die Reste u. trank die Neige u. legte mich vergnügt, Herr meiner Zeit zu sein, zu einem langen nap auf's Sopha. Dann zog ich mich an, u. ging nach dem Gewitter auf die Promenade, sah aber niemand bekanntes, nur eine völlig veränderte, nun ganz jüdisch gewordene Gesellschaft. Der Regen trieb mich nach Hause, ich schrieb wieder, bestellte mir Thee, Bier, ein Ei, las noch etwas in Franz Coppée u. schlief um 9 ein, bis 7½ heut [mo]rgen! ging auf die Promenade, trank mein Glas, kaufte Frühstück, holte Marken u. Karten von der Post, u. trank, Zeitung lesend, mit vielem Behagen meinen Kaffee. Möge es Dir eben so gut ergehn, wie mir. Und heut Nachmittag werde ich im Geist von 4 Uhr an, neben Dir sitzen.

In Liebe Deine alte Frau.

[Bleistiftzusatz Fontanes am Briefkopf:]
Ich schließe auch diesen Brief Metens noch bei, wegen der Stelle über die Kaiserin.

An Theodor Fontane junior und Martha Fontane, geb. Soldmann

Berlin. d 30 Dec. 89.
Abends 6 Uhr bei Frederich.

Mein geliebter Theo, mein liebes Martchen.

Ich muß an Euch schreiben, obgleich ich meine Brille zu Hause gelassen habe, aber ich hoffe Ihr werdet diese Zeilen doch entziffern können u. es ist mir zu sehr Herzensbedürfniß Euch meine Freude auszusprechen. Von den 100ten von Briefen etc. war der erste der Deinige mit der Freudenbotschaft, den uns Mete gab, als wir heut in unser festlich geschmücktes Heim einrückten; 10 Minuten vorher, hatte Papa in seiner ruhigen Art zu mir gesagt: »ich glaube Martchen hat gestern ihr Kind bekommen!« Und so war es u. so spreche ich Euch meinen innigsten, wärmsten Glückwunsch zu dem kleinen, lieben Töchterchen aus u. möge nun Gott Mutter u. Kind weiter in seinen Schutz nehmen. Du lieber, lieber Vater! u. vergiß nicht Ottingchen von Großmama zu grüßen. – Mehr kann ich heut nicht, es waren schöne aber doch auch mühevolle Stunden u. erst in Ruhe werden wir noch genießen.

[Danach Briefteil von Theodor Fontane:]
Unter all dem Schönen, das dieser Tag uns brachte, steht Eure Gabe doch weit voran

eine Enkelin.

Dafür haben wir zu danken und Dich und Marthachen und – uns zu beglückwünschen.

Als der Tag heut auf der Höhe war, kam Dein Telegramm, comme-il-faut wie immer. Du hast für solche Sachen eine besondre und ganz hervorragende Begabung. Unter den Gratulanten war auch Strubberg, der treu bei uns aushält. George schuldete ihm viel; nun ist es vorbei damit. Einen schönen [ein Wort nicht entziffert] den ich von einem Buchhändler erhielt, wollen wir, weil alles andre sich nicht hält, morgen oder übermorgen auf Georges Grab legen. Aber spreche ich heute lieber von einem [fehlt Text] Hyazinthenfracht und pracht, eine Blumenkunstleistung, die wir von Deiner liebenswürdigen Herz-Familie erhielten. Der Schwan ist so groß wie ein [ein Wort nicht entziffert] und auch »Gertrud« würde unter Hyazinthen darin liegen können, aber schließlich liegt sie doch in der jungen Mutter Armen am besten. Marthachen und den Kindern einen Kuß, Dir 1000 Grüße

Von Deinem alten Papa.

Bitte, danke Soldmanns für ihr liebenswürdiges Telegramm.

An Martha Fontane, geb. Soldmann

Berlin. d. 18. Okt. 90.

Meine liebe, liebe Martha.

Meine herzlichsten Glückwünsche zum 20. d.! möge Dir der liebe Gott Alles erhalten, was er Dir bis jetzt gegeben. Es freut mich innig, wie Du das Gute, das Dir geworden, anerkennst u. sind Deine Briefe über Mann u. Kinder mir immer eine Herzensfreude. Unser vorgestriger 40ster Hochzeitstag, ließ uns in der Erinnrung des Erlebten, das viele Gute u. Schöne preisen, namentlich nach den schweren Anfängen unsrer Ehe. Auch das

Leid, das uns beschieden u. der Verlust unsres George, den wir bis an unser Ende schmerzlich empfinden werden, ist wohl zu unsrem Besten gewesen u. so haben wir dankbar auf unsren Lebensweg zurückgeblickt. Den Abend haben wir mit unsren drei Zöllners u. Friedel heiter verlebt. Traurig bleibt es ja für uns Alten, daß Mete immer leidend ist u. selbst die Versichrung unsres Arztes, daß sie ganz gesund sei, nicht den kleinsten organischen Fehler habe, kann uns nicht viel nützen, wenn man sie täglich unter ihrer nervösen Beängstigung leiden sieht. Am wohlsten fühlt sie sich, wenn sie *garnicht* ausgeht, sich durch nichts aufregt u. nur für unsres Leibes Nahrung bedacht zu sein braucht. Während wir beiden Alten noch im vollen Leben stehen, (gestern Abend war ich mit Papa im Lessing-Theater) sitzt das arme Kind zu Hause, so daß es mir oft wie verkehrte Welt vorkommt. Dies, mein liebes Martchen, bedrückt uns jetzt am meisten u. ist auch eine Sorge für Papa, der sonst das Leben so optimistisch aufzufassen versteht. Friedel scheint langsam u. stetig vorwärts zu kommen. Sein Socius hat seine Mutter verloren (hat Theo ihm vielleicht condoliert?) u. die Firma ist nun im Besitz größerer Mittel, wir hoffen aber daß sie vorsichtig weiter operieren werden.

[...] Theo's Paket bitte laß bis zum 3. Nov. uneröffnet, ich werde ihm dann einen Commentar dazu schreiben.

Mittwoch oder Donnerstag, schrieb er, würde er in sein Heim zurückkehren. Wie froh mögt Ihr nun wieder nach so vieler Trennung sein; ich, aus meiner langen Erfahrung, bin sehr für zeitweilige Trennungen, alles Lichte markiert sich mehr u. aller Schatten vermindert sich. – Küsse Mann u. Kinder, verlebt am Montag einen frohen Tag, dem sich ein heitres Jahr anschließen möge u. gedenkt

Eurer Euch zärtlich liebenden

alten Mama.

Berlin. d. 27. Dec. 90.

Meine lieben Kinder.

Dank fliegt jetzt hin u. her u. erfüllt nicht nur die Herzen, sondern förmlich die Luft u. es ist eine auch alte Menschen erquickende Zeit, dieses gegenseitige sich Freude machen, zu erleben. Indem ich nun unsren Dank für Martchens wohl verpackte Kiste zusammenfasse, jedem Einzelnen von uns noch seinen speciellen Dank überlassend, muß ich Euch doch mittheilen, daß Alles gütige Gaben, selbst das Theo'n so ähnliche Bild Eurer süßen Gertrud überwogen wird, von innigem Dank gegen Gott, der uns unsren theuren Papa so gnädig beschützt hat. Er ist am 23t. Mittag's, bei Glatteis am Brandenburger Thor gefallen u. kam in einer Droschke blutüberströmt nach Hause. Unsre liebe Mete, die schon die Feuerprobe ihrer Leistungsfähigkeit nach dieser Seite hin, bei unserem George erprobt hat, leistete ihm die erste Hilfe, denn ich war vor Schreck wie gelähmt. Als unser guter Dr. Delhaes, mit Verbandzeug etc. erschien, constatierte er eine tiefe Kopfwunde; die arge Blutung rührte von einer getroffenen Ader her. Aber gottlob war u. blieb der geliebte Papa ohne Fieber, eigentlich auch ohne Schmerzen; gestern beim 2ten Verband war der Arzt sehr zufrieden u. wir können schon über seinen weißen »Wattekopf« scherzen. Gestern Abend waren unsre alten Zöllners zur Feier der Genesung zum Thee bei uns. – Der Schreck zittert mir aber noch in den Nerven nach, dazu bin ich entsetzlich erkältet, aber das alles überragende Gefühl des Dankes, welches auch unsern guten Alten beherrscht, läßt uns nicht aus einer gehobenen Stimmung kommen. *Wie* anders hätte es sein können.

Mete, die immer nach solchen Extra's weniger zusammenklappt, wie sonst, war gestern mit Litty's ein paar Stündchen bei Sternheim's zusammen. Seine große Anhänglichkeit sichert ihm doch, trotz seiner sonstigen Schwächen, die Anerkennung seiner alten Freunde. Ganz erstaunt war ich von Meten zu hören, wie vortheilhaft Frau Litty jetzt wirken soll. Und nicht nur in ihrem Wesen, sondern hauptsächlich soll sie so sehr gut u. vornehm aussehen. Schöne Farben, die großen, klugen Augen, kurz, sie konnte nicht satt werden, uns die Reize Eurer Collegin zu schildern. Erfreulich ist, daß sie wieder gesund ist u. ihr die vier Treppen ihrer schönen Wohnung nicht schwer fallen. Ja, die »Jungen« überflügeln uns Alten Alle u. keiner wohnt so schustrig wie wir. Darin haben wir uns nun gefunden u. wissen die Zeiten sind anders geworden, wie vor 40 Jahren u. nur darin unverändert, daß ein wohlerworbenes Rühmchen noch kein Geld u. Sicherheit giebt, aber daß wir diesen Winter mehr denn je in den 18 Jahren in unsrer Wohnung frieren müssen, uns außerdem noch unsicher fühlen, denn unser Nebenhaus links, gerade an Papa's Wohn- u. unsrer Schlafstube, ist abgerissen, ist uns doch außer Spaß u. seit Okt. werden wir von früh 4 Uhr im Schlaf gestört u. fürchten oft, mit einzustürzen. Dies sind Freuden u. Leiden der Großstadt.

Nun will ich Euch Lieben noch ein gesegnetes, neues Jahr wünschen, welches Euch Alles erfüllen möge, was Ihr zu Eurem Glück bedürft. Küßt die süßem Kinder u. seid umarmt von Eurer alten Euch liebenden

Mama.

KAPITEL 9

»Die Krankheit hat ihn rapid zum alten Mann gemacht«

Nach einem schlimmen Sommer im Riesengebirge schreibt sich der knapp 74-jährige Ehemann wieder aus seiner Depression heraus (1892)

Auf den ersten Blick scheint es im »kleinen Romanschriftsteller-Laden« auch nach Fontanes 70. Geburtstag ganz passabel zu laufen: Die Produktivität hält an, die öffentliche Anerkennung nimmt stetig zu. Schaut man indes genauer hin, geht es der Familie gar nicht so gut, und zahlreiche Ereignisse, Malaisen und Unannehmlichkeiten wirken wie eine fatale Vorausdeutung auf die unheilvollen Vorgänge des folgenden Jahres. Todesnachrichten häufen sich: Beide Wangenheims, geschätzte Freunde seit den fünfziger Jahren, sterben, Hofprediger Windel und seine Frau folgen, der alte Treutler aus Neuhof erleidet einen Herzschlag. »Dies sind schwere Verluste für uns, die unser gesellschaftliches Leben verändern«, hält Fontanes Tagebuch fest. Und wer von den alten Lebensbegleitern noch da ist, ist siech und hinfällig: Zöllner überlebt einen Schlaganfall, und das Wort »elend« dominiert in den Mitteilungen – auch aus dem Haus Fontane. Tochter Martha dürfe »überhaupt nichts thun, soll nach Verordnung ihres Spezialarztes nur vegetiren«, teilt Emilie am 23. März 1891 mit. Fontane selber kann seinen Arbeitsplan nicht einhalten, »weil beständiger Blutandrang nach dem Kopf mich daran hindert«, vertraut er dem Tagebuch an. Und Emilie ist am Ende ihrer Kräfte, nachdem sie im August die »Reparatur unseres durch einen angrenzenden Neubau stark geschädigten Hauses« (Tagebuch) und der Wohnung überstanden hat.

Im Frühjahr 1892 entwickelt sich eine »heftige Erkältung« Fontanes zu einer veritablen Grippe, und er fühlt sich im Mai in einer »ganz elenden Verfassung, ich quiene hier nur so hin und setze mein Vertrauen auf andre, bessere Luft« (an Georg Friedlaender, 13. Mai 1892). Die Friedlaenders in Schmiedeberg (Kowary) in Schlesien bemühen sich um eine geeignete Wohnung, Anfang Juni sind die Fontanes in der Villa Gottschalk in Zillerthal (Mysłakowice) untergekommen, und Emilie informiert am 3. Juni die Söhne Theodor junior und Friedrich über die dramatisch gewordene Situation. Die »Angst-Anfälle« Fontanes wiederholen sich, ein örtlicher Arzt diagnostiziert einen Herzfehler, verordnet Ruhe und untersagt »jegliche geistige Aufregung«.

In dieser Lage beschließen die Fontanes, als »Resultat schwerer Kämpfe« (Emilie an Theodor Fontane junior, 3. Juni 1892), auf Dauer nach Schlesien umzuziehen, in der Hoffnung, dass sein »geliebtes Gebirge« ihn gesundheitlich wieder stabilisiert, und in der Überlegung, dass er nicht mehr wird arbeiten können und sie in der Provinz kostengünstiger leben können. Emilie will Ende Juni wieder nach Berlin fahren, um den Umzug vorzubereiten, doch Fontanes Zustand verschlechtert sich so rapide, dass sie die Reise aufgibt; der Arzt geht jetzt von einer »hochgradigen Neurasthenie« (28. Juni) aus. Im Juni schaltet Emilie immer intensiver ihren Sohn Friedrich ein, von dem sie am 3. Juni, und wohl mit Recht, geschrieben hatte, dass er sich »so oft in internen Angelegenheiten als Zurückgesetzter« betrachte. Dieser ist ja auch geschäftlich engstens mit dem erkrankten Autor verbunden: Derzeit wird in seinem Verlag gerade der Roman »Frau Jenny Treibel« produziert. Emilie teilt dem besorgten Sohn und Verleger mit: »Seine [Fontanes] Gleichgültigkeit gegen Alles, was er geschaffen, ist mehr wie betrübend u. die vier Novellen (die größte, hält er für seine beste [»Effi Briest«]) die er noch liegen hat, beschäftigen ihn höchstens nach der Geldseite hin. Streben u. Ruhm sind von ihm abgefallen!«

Friedrich erfährt am 5. Juli auch von der neuesten Entwicklung in der Erkrankung seines Vaters: Fontane, der inzwischen wohl von der endgültigen Übersiedlung nach Schlesien nicht mehr überzeugt ist, denke bereits wieder an Berlin und die Schrecknisse am alten Ort: das Geräusch der Rolljalousien im Nebenhaus und den Lärm beim drohenden Abriss eines Gebäudes in der Nähe. Emilies Bulletin vom 7. Juli dürfte den Sohn ziemlich beunruhigt haben: Bei unerträglicher Schwüle sitzt der abgemagerte Vater mit geschlossenen Augen, lässt sich etwas vorlesen, ist aber darauf angewiesen, dass ihm Emilie den Inhalt des Artikels »mitteilt«. Immer wieder fragt er seine Frau: »Wo wirst Du mich denn hin betten, damit ich die Jalousien nicht höre u. das Einreißen der Wände?« (7. Juli.) Während Emilie überlegt, ob sie ihn in eine Nervenheilanstalt einweisen lassen muss, bemerkt der behandelnde Arzt gegenüber Friedlaender: »um zu sterben, muß sich Hr. F. erst eine andre Krankheit anschaffen« (7. Juli). Und er ist offenbar ein erfahrener Mediziner; denn am 18. Juli klagt Emilie zwar über Fontanes schlechten Schlaf und verdüstertes Gemüt, aber registriert auch verbesserten Appetit. Freilich ist sie wegen der durchwachten Nächte am Ende ihrer Kräfte und wagt nicht recht an eine Besserung zu glauben – zumal Fontane neuerdings (wie sie am 21. Juli mitteilt) wegen der schlechten Luft und der anhaltenden Hitze doch nicht nach Berlin zurückkehren möchte; »es ist nicht zu beschreiben, wie schwer es ist mit dem armen Kranken zu leben, die Tage sowohl wie die Nächte«.

Die Wochen im Juli und August verlaufen wohl in der gleichen bedrückenden Atmosphäre, immerhin aber wissen wir durch zwei aufschlussreiche Briefe, die Fontane im August selber an Karl Zöllner schreibt, von einer weiteren ärztlichen Diagnose. Am 8. August bemerkt er: »Was mich angeht, so geht es mir recht schlecht, rapide schlechter. Ich soll zwar einen auf 85 Jahre berechneten Corpus haben, mir persönlich ist nicht danach zu Muthe. Zudem hat mir eine Breslauer Autorität, Prof. Hirt, mit Hülfe des Augenspiegels ruhig versichert: Gehirn-Anämie. Der Sehnerv ganz weiß, also hochgradig, er könne es aber elektrisch heilen. Na, na. Die Reise nach Breslau war eine kolossale Strapaze, Martha begleitete mich. Ende des Monats soll die Kur selbst folgen. Der Zustand ist elend und die Kraft von Frau und Tochter hin, auch ihre Geduld. Ich bin ein Quängel-Peter u. Egoist.« Am 13. August bekommt Fontane auch folgenden Brief an Zöllner aufs Papier: »Könnte ich noch eine Freude in meinem Herzen aufbringen, so wäre mir geholfen; aber leider alles grau in grau, der Trübsinn hat die Oberhand. Montag über 8 Tage will ich noch mal nach Breslau – die ganz aufgezehrte arme Frau mit mir – um bei Prof. Hirt einen letzten Kurversuch zu machen. Etwa 10 Tage. Dann zurück nach Berlin. Ach, Berlin! Es liegt schon in Gedanken schwer auf mir. Der Lärm, all das wüste Treiben, die Jagd nach dem Glück und die Brücke, die bricht.« Am 28. August hofft Emilie dagegen noch immer, dass sein Entschluß, »länger hier zu bleiben«, wirklich feststeht: »Ich beschäftige mich überhaupt mit unsrer dunklen Zukunft wenig, die Gegenwart fordert mein bischen Kraft u. ein ruhiger, sorgenloser Lebensabend scheint uns beiden Alten nicht beschieden zu sein.« Dass Fontane ihr jetzt seinen Dank für ihre aufopferungsvolle Betreuung ausspricht, rührt sie, aber sie sieht es als Beweis seiner Schwäche.

Aber noch einmal wendet sich das Blatt, denn den nächsten erhaltenen Brief schreibt Emilie am 15. September von Berlin aus, und sie kann dem »sehr verehrten, sehr lieben Freund« Friedlaender einen weitgehend veränderten Mann präsentieren: Er kommt an den Frühstückstisch, isst mit gutem Appetit, verlangt nach seiner »grünen Lampe« und geht stundenlang spazieren. Der Arzt hofft, »die Nerven meines Mannes berappeln sich durch Schlaf, viel Essen, Wein u. Bier trinken u. spazieren gehen. Er sprach sogar von baldiger, geistiger Arbeit u. er gehört eigentlich nicht zu den Optimisten.«

Ganz ähnlich notiert Fontane im Tagebuch: »Mein Zustand war zunächst noch recht schlecht, weil ich, infolge von Blutleere im Gehirn, in einem Schwindelzustand blieb, auch der Schlaf wollte sich nicht recht finden, aber allmählich begann ich mich zu erholen und war Anfang November so weit wiederhergestellt, daß ich mit dem Niederschreiben einer ›Biographie‹ von mir, oder doch eines Bruchstückes, beginnen konnte. Ich wählte ›meine Kinderjahre‹ (bis 1832) und darf sagen, mich an diesem Buch wieder gesund geschrieben zu haben. Ob es den Leuten gefallen wird, muß ich abwarten, mir selbst habe ich damit einen großen Dienst getan.«

Die größte Anerkennung für die eigentliche Leistung in diesem Jahre 1892 gebührt indes Emilie und Tochter Martha. Obwohl sie (nach dem Brief an Theodor junior vom 3. Juni) »auch mehr oder weniger Invaliden« sind, haben sie die vielfachen Wendungen im Krankheitsverlauf, den ständigen Wechsel von vorsichtiger Hoffnung und böser Enttäuschung, die zunehmende Unduldsamkeit des Patienten und die schlaflosen Nächte ertragen und ihn liebevoll umsorgt. Dass Emilie trotz dieser enormen physischen und psychischen Belastung ständig und ausführlich Familie und Freunde über den Zustand ihres Mannes informiert, muss zusätzlich gewürdigt werden, zumal sie wesentlich mehr Briefe geschrieben hat als die im Folgenden abgedruckten. Am 28. August bemerkt sie gegenüber Theodor junior: »Noch nie in meinem Leben habe ich so viel zu schreiben gehabt, die Theilnahme der Freunde u. Fernerstehender ist so groß, daß ich immer zu danken u. zu antworten habe.« Und es sind schöne Briefe, präzise Gesundheitsbulletins und berührende Zeugnisse einer innigen Beziehung.

[Zillerthal / Schlesien] d. 3. Juni. 92.

Mein lieber, alter Theo.

Gleichzeitig mit diesen Zeilen an Dich, wird ein Brief gleichen Inhalt's an Friedel abgehn, denn da er sich so oft in internen Angelegenheiten als Zurückgesetzter betrachtet, habe ich meine anfängliche Absicht, Du möchtest ihn mit unsren Beschlüssen bekannt machen, aufgegeben. Ich will nun mein lieber Theo so nüchtern u. kurz wie möglich Dir mittheilen, was das Resultat schwerer Kämpfe ist. Papa kam leidlich hier an; konnte auch in den ersten Tagen, vor Eintritt der Hitze Briefe schreiben, lesen etc. Dann erneuten sich die Angst-Anfälle; wir mußten einen Arzt aus Hirschberg zu Rathe ziehn, der nach einer eingehenden Untersuchung einen Herzfehler (Papa weiß es nicht) constatierte, äußerste Ruhe, vor allem jegliche geistige Aufregung untersagte. Damit war unsre Zukunft entschieden u. vorgeschrieben. Ohne Extra-Einnahmen können wir in Berlin nicht existieren u. so haben wir den Entschluß gefaßt, nach genauen Berechnungen mit dem Amtsgerichtsrath Friedländer, nach Schmiedeberg zu übersiedeln, wobei uns nur unsre arme Mete leid thut. Wir Alten, haben schon oft von einem Rückzug ins »Altentheil« gesprochen u. vielleicht ist es am Besten so, daß wir ohne Wahl sind, da wird uns die Qual erspart. Um dankbar zu sein, müssen wir anerkennen, daß wir eine Wohnung, unsren bescheidnen Ansprüchen entsprechend, in Aussicht haben; die alte Dame, die sie inne hatte, wurde am Tage unsrer Ankunft zur Ruhe bestattet. Sollte sich, was wir nicht fürchten, diese Aussicht zerschlagen, so müssen wir abwarten, bis sich etwas findet. Unsre Uebersiedlung hierher würde dann Anfang Sept. stattfinden u. Papa, aus dieser Miniatur-Villa in seine miniatur Stadtwohnung übersiedeln. Einen Abschied von Euch, den Freunden u. Berlin hat er für die Zeit vor, wo er hier »ansäßig« geworden ist.

Daß innre Kämpfe u. die schmerzlichsten Gefühle mit diesem Entschluß Hand in Hand gegangen sind, brauch' ich wohl nicht erst zu betonen; ich kann nur wiederholen, daß alles Schwere uns dadurch erleichtert ist, daß wir eben keine Wahl haben. – Ob unser geliebter Papa sich hier erholen wird, ist abzuwarten. Wenn Du mich auf's Gewissen fragst, so muß ich antworten: ich glaube es nicht. Die Krankheit hat ihn rapid zum alten Mann gemacht u. die Jugendlichkeit, Elasticität, die bisher sein größter Reiz waren, sind geschwunden u. er sitzt als gebrochener Mann uns gegenüber, daß uns das Herz weh thut. –

Schlimm ist, daß wir beiden Frauenzimmer auch mehr oder weniger Invaliden sind; Mete durch ihr örtliches Leiden, ich durch Alter u. damit verbundener Schwäche. Von Erholung hier, ist unter diesen Verhältnissen, bei keinem von uns, die Rede u. wir müssen doch dankbar sein, daß wir fern von Berlin, diese schweren Tage erlebt haben.

Möchten wir nun endlich Gutes von Euch hören! Wir sehnen uns nach erfrischenden Mittheilungen. Alles bisher zu uns Gelangende, waren Todes-Anzeigen etc. Heut endlich eine beruhigende Nachricht über Stephany. Möge sie der Anfang von vielen Guten sein. – Mir ist der Brief doch so schwer geworden, daß ich schließen muß. Die besten Grüße für Deine liebe Frau u. Deine lieben Kinder.

In herzlichster Liebe Deine

alte Mama.

An Georg Friedlaender

[Villa Gottschalk] d. 10. Juni 92.

Lieber, verehrter Freund.

Mein Mann ist heute nach einer schlechten Nacht so schwach u. angegriffen, daß er matt u. apathisch dasitzt u. Sie bittet, den ihm vielleicht gütigst für heut zugedachten Besuch, auf günstigere Tage aufzusparen. – Natürlich sind wir sehr deprimirt. Empfehlen Sie uns Ihren verehrten Damen u. denken Sie theilnehmend

Ihrer recht verängstigten

E. Fontane.

An Paula Conrad

Zillerthal. Schl. Villa Gottschalk.
[22. Juni 1892]

Liebes, liebes Fräulein.

Gestern eine freudige Zusage, heute eine traurige Absage. Es geht meinem geliebten Alten seit gestern auf's Neue so wenig gut, daß ich meine so schön geplante Reise nach Berlin ganz aufgegeben habe u. muß nun auf die Freude verzichten, Sie, geliebtes Herz, als Braut zu sehn. Wir Drei werden am 29t. Ihrer viel gedenken u. Ihnen alles erdenkliche Gute wünschen!

Bleiben Sie die Unsrige, wie es auch kommen mag. Mit besten Grüßen

Ihre treu eiligste

Emilie Fontane.

An Friedrich Fontane

Zillerthal. (Nicht Schmiedeberg.) Schlesien.
Villa Gottschalk. d. 28t. Juni. 92.

Lieber Friedel.

Du hast nun durch Fr. St. gehört, *wie* traurig es hier steht. Wir leiden alle Drei, der arme Papa, dessen Krankheit der Arzt als hochgradige Neurasthenie erklärt, eine Krankheit, die öfter nach geistiger Ueberanstrengung in einer Richtung, eintreten soll, Mete, an Magen u. Beklemmungen u. Deine alte Mutter an Kraftlosigkeit u. beständiger Angst u. Sorge um den geliebten Mann. – Für Deinen gestern Abend eingetroffenen Brief herzlichsten Dank. Sobald ich etwas wünsche, werde ich mich an Dich, mein alter Junge, wenden. Sehr richtig finden wir Alle, was Du über Hertz schreibst; es ist, als wenn [er] ein[en] Preis auf Geschmacklosigkeit ausgesetzt hätte; das Bild ist wie das eines steckbrieflich Verfolgten, aber nicht wie das eines schönen Mannes.

Papa ist sehr damit einverstanden, daß Hr. Fleischel die Correktur von »Frau Jenny Treibel« macht; er möchte auch sehen, ob er einen Fehler im Englischen gemacht habe. Seine Gleichgültigkeit gegen Alles, was er geschaffen, ist mehr wie betrübend u. die vier Novellen (die größte, hält für seine beste) die er noch liegen hat, beschäftigen ihn höchstens nach der Geldseite hin. Streben u. Ruhm sind von ihm abgefallen! – Wir würden Dir sehr dankbar sein, wenn Du uns, *ein ungebundenes* Exemplar von »Cécile« schicktest; Friedländer, dem wir für tägliche Aufmerksamkeiten, durch nichts erkenntlich sein können u. den wir nur immer wieder von Papa'n fern halten müssen, besitzt das Buch noch nicht. Er hat alle Bücher Papa's wundervoll stylvoll sich einbinden lassen.

Mete grüßt Dich herzlichst, möchte es Dir doch recht gut ergehn, wir lieben Dich sehr. Auch unser lieber, armer Alter sendet Dir seine besten Grüße. Gleichzeitig habe ich an Theo geschrieben, er soll Dir den Brief schicken, denn ich bin nach gerade unfähig immer wieder unser trauriges Leben zu detaillieren.

Deine betrübte, alte Mama.

An Friedrich Fontane

Zillerthal. Schlesien. d. 7. Juli. 92.

(Diktat.) Mein lieber Friedel.

Habe Dank für Deinen letzten Brief mit der Anfrage wegen Jenny Treibel. Es ist mir sehr recht, wenn der Druck jetzt schon beginnt, Fleischel, dem ich mich empfehle, macht wohl die Correktur; schon des Englischen wegen, das in dem einen Kapitel vorkommt. Das Honorar, welches ich Dir überlasse, entweder ganz oder getheilt zu zahlen, bitte ich bei Herrn Sternheim einzuzahlen. Möchte die Firma Freude an dem Buche haben. Mir geht es nicht gut, die Kräfte wollen nicht wiederkommen, im Gegentheil. Mehr kann ich nicht schreiben. Wie immer Dein

alter Papa.

Lieber Fuz. Es sieht nach wie vor traurig hier aus u. von Besserung keine Spur! jetzt waltet die Sehnsucht nach Berlin vor u. wenn nicht das Schreckniß der Rolljalousien wäre, käme er heut lieber wie morgen zurück. Er findet *jetzt* die Luft hier zu scharf, klagt überhaupt Tag u. Nacht. Sein Schlaf ist schlecht u. der Appetit mangelhaft. Es ist sehr, sehr traurig u. oft geht mir die Kraft aus u. ich denke immer ernstlicher an eine Nervenheilanstalt, wo er auch besser die Anordnungen und Vorschriften einhalten muß. Aber natürlich so lange es nur zu ermöglichen ist, bleiben wir hier u. thun, was in unsern Kräften. Er magert sehr ab u. sitzt meist mit geschlossenen Augen da. Vorlesen strengt ihn so an, daß ich ihm jetzt den Inhalt der Artikel mittheilen muß. Zu all dem ist er wetterkrank; die Sonne kann er nicht sehen, die Schwüle ist unerträglich u. der Nebel bedrückt ihn, kurz, es ist ein Jammer. Seine Gedanken beschäftigen sich meist mit der berliner Wohnung u. immer wieder fragt er mich: wo wirst Du mich denn hin betten, damit ich die Jalousien nicht höre u. das Einreißen der Wände? Dann sagt er auch wohl: ich fühle, ich bin Euch zur Qual, – aber es wird nicht lange mehr dauern.

Der Arzt, so betheuert er uns wenigstens, sieht keine Gefahr. Drastisch hat er zu Fr. die Aeußerung gemacht: um zu Sterben muß sich Hr. F. erst eine andre Krankheit anschaffen. – Aber was nutzt das dem armen, theuren Kranken, der so ersichtlich schwer leidet! – Theo hat lange nichts von sich hören lassen, um so erfreulicher war es uns von Dir zu hören, daß sich der Bestand dort gebessert hat. – Ergeh es Dir gut. Sobald Nennenswerthes sich ereignet, schreibe ich wieder. Auf die »berliner Presse« Pension zum 1. d. habe ich umsonst gehofft. Mit besten Grüßen von uns Drei

Deine alte Mama.

An Friedrich Fontane

Zillerthal. Schlesien. d. 21. Juli. 92.

Mein lieber Friedel.

Vorläufig ist die Gefahr, nach unsrer heißen kleinen Wohnung zu kommen, noch abgewendet. Wie lange? meine Sachen waren gepackt, Alles geordnet, da fiel dem armen Papa der Gedanke an die Hitze u. schlechte Luft in Berlin wie Centnerlast auf die Seele u. er beschwor mich nun wieder hier zu bleiben. Ach, Friedel, es geht aber über meine u. Mete's Kräfte u. über kurz oder lang müssen wir zu andern Mitteln greifen. Es ist nicht zu beschreiben, wie schwer es ist mit dem armen Kranken zu leben, die Tage sowohl wie die Nächte.

Wir erwarten den Arzt, der immer dringender von einer Nervenheilanstalt spricht. Papa, der erst damit einverstanden schien, zeigt jetzt ein wahres Grauen, so daß ich nur in äußerster Noth meine Einwilligung dazu geben würde. Jede Stunde will er etwas anderes u. gestern Abend in wahrer Verzweiflung, weil er immer wieder u. wieder von Berlin sprach, sagte ich: gut, wir wollen es thun, da Du es wünscht. Heut packe ich nun, ordne Alles, engagiere eine Schwester zu Mete's Hülfe, da sagt er: wie soll es nur werden? Du hast es gewollt! Nein, antwortete ich, die Verantwortung übernehme ich nicht; täglich, stündlich haben wir dir in den schwärzesten Farben den jetzigen Aufenthalt in Berlin u. den wundervollen hier geschildert etc. etc. Da umarmt er mich, bittet mich Nachsicht zu haben – u. wir packen wieder aus.

Diesen klaren, verständigen Mann *so* zu sehen, ist herzzerreißend u. Deine arme Mutter ist sehr zu bedauern. Grüße unsern Theo. *So* müssen wir unsres Enkels Geburtstag feiern! gottlob ahnt seine kleine Seele nichts von dem Leid seiner alten Großeltern. Mete ist ein Engel u. bitte ich Dich nach meinem Tode ihr diese Zeit zu vergelten.

Immer in innigster Liebe Deine

tief betrübte Mama.

An Georg Friedlaender

Berlin. d. 15. Sept. 92.

Sehr verehrter, sehr lieber Freund.

»Seit einem halben Jahr habe ich nicht einen so ausgeschlafenen Eindruck gehabt, wie nach dieser Nacht« so trat mein geliebter Alter heut morgen an den Frühstückstisch, wo ihm außer Kaffe u. den doch auch von ihm jetzt anerkannten knusprigen Brötchen, Ihre lieben, gleich zu erkennenden Schriftzüge entgegen lachten. Und nun der Brief selbst! wie verstehen Sie es, des alten Freundes Herz zu rühren, den rechten Ton zu treffen; er war, als ich fertig gelesen, nicht nur bewegt, sondern auch wie gestärkt durch Ihr Verständniß u. trotz aller Krankheit, Würdigung seines Wesens. Aber ich will chronologisch verfahren. Meine eigne Reise war garnicht anstrengend, da ich bis hierher allein im Wagen war u. sogar die Kaffestation verschlafen hatte, Friedel erwartete mich u. wir fuhren in offner Droschke bei erquickender Morgenluft durch das sauber u. noch einsam wirkende Berlin. Die Wohnung war gut gelüftet, wenig zu ordnen für mich, so daß meine Gedanken bei meinem armen Reisenden waren, die Sorge um ihn so gemildert u. abgeschwächt durch Ihre so gütige Begleitung. Er kam denn auch für seine Verhältnisse leidlich hier an, aß mit Appetit u. verlangte nach seiner »grünen Lampe« ich athmete auf, also wieder Licht. Dinstag kam unser Arzt, sichtlich erschrocken über die Abmagerung, aber beruhigt, als er hörte, mein Mann litte nicht an Schwächezuständen u. wäre stundenlang am Tage fähig spazieren zu gehn. Er verordnete kein Schlafmittel, aber eine täglich viermal zu nehmende Medizin. Erklärte das krankhafte Abwehren des Schlafes am Tage für thöricht u. fand den Appetit brillant. Mir sprach er Muth ein u. – Hoffnung. Jetzt erwarte ich ihn, um zu hören wann die Kur bei Dr. Rosenbaum, den er uns vorgeschlagen u. der Assistent von Dr. Mendel ist, beginnen soll; gewiß wird er sich freuen, welch Wunder seine Medizin bewirkt hat.

Der gestrige Tag war ein ächt berlinischer, angreifend u. erfreulich zugleich. Mittag's ließ sich unser alter Freund Zöllner zu uns herauf bringen! Sie erlassen mir, Ihnen zu schildern, wie mir u. Fr. Z. zu Muthe war, als sich die beiden alten, kranken Freunde gegenüber saßen! Ja, es gelang dem immer noch Humor besitzenden Z. meinen armen Mann so aufzufrischen, daß er ihm schließlich das Versprechen gab, morgen um drei mit mir dort zu essen. Ist die nächste Nacht wieder gut, glaube ich beinah, er thut's.

Während mein guter Alter pflichttreu, auch seinen zweiten,

den Abendspaziergang machte, kamen Heyden's, die durch meinen Sohn von unserm Hiersein gehört u. später auch Sternheims. Alle sprachen mir Muth ein u. thaten mir in ihrer Freundschaft unendlich wohl. Die Nachrichten von unsrer Martha lauten ganz befriedigend; sie genießt in vollen Zügen die schöne Herbstluft in Warnemünde, möchte aber zurück; ich wünsche aber daß sie bis zum Schluß des Monat's dort bleibt. Mein Mann seufzt nach Ihrer schönen Gebirgsluft, aber bereut nicht einen Moment, seinen Aufenthalt abgekürzt zu haben u. ich hoffe, da ihm die Unsicherheit genommen, die er krankhaft in der Villa empfand, auch zur Beruhigung seiner Nerven dienen wird.

Ich schicke Ihnen »Jenny Treibel« das erste Exemplar vor der Buch-Ausgabe. Die »Firma« wie mein Sohn sich ausdrückt, hält für vortheilhafter, damit bis Ende Okt. zu warten. Er erlaubt sich für Ihren Hans ein Büchelchen beizulegen.

Wie wird es sein, wenn es wirklich wahr wird u. wir Sie in diesem Herbst noch hier wiedersehen? Kann es möglich sein, daß die letzten Monate wie ein schwerer Traum hinter uns liegen? es wäre über mein Erwarten u. ich würde jeden guten Tag wie ein Geschenk betrachten. Aber, komme was da kommen mag, ich werde es tragen u. auch für die schwere Zeit eine dankbare Erinnrung bewahren, die Erinnrung an Ihre u. Ihrer teuren Frau Freundschaft!

Eben war der Arzt hier. Er wünscht, da seine Medizin solchen Einfluß geübt hat, die galvanische Kur noch aufzuschieben, im günstigen Falle ganz zu unterlassen. Er hofft, die Nerven meines Mannes berappeln sich durch Schlaf, viel Essen, Wein u. Bier trinken u. spazieren gehn. Er sprach sogar von baldiger, geistiger Arbeit u. er gehört eigentlich nicht zu den Optimisten. Also hoffen wir! u. das rufe ich auch Ihnen zu: hoffen Sie, Sie haben soviel mehr Grund u. Recht dazu. Bekämpfen Sie die Kleinig- u. Kleinlichkeiten, sie sind nicht werth uns das Leben zu erschweren u. etwas hilft's doch, wenn man sich frägt: ist's des Aergers werth. Freilich weiß auch ich aus meinem langen Leben, daß sich das Schwere, direkt von Gott Geschickte, leichter ertragen läßt. Und nun verzeihen Sie mir meine Geschwätzigkeit, grüßen Sie Ihre Frau u. Kinder, empfehlen Sie mich Ihren Fr. u. Frl. Schwägerinnen u. bleiben Sie der treue Freund

Ihrer Sie mütterlich liebenden Freundin

Emilie Fontane.

KAPITEL 10

»Was sagt Ihr zu diesem endlosen Sommer?«

Zwischen Potsdamer Straße 134c und Grandhotel Pupp in Karlsbad (1893–1898)

Was in den schlimmen Tagen des Sommers 1892 niemand für möglich gehalten hätte, beginnt schon im Herbst Wirklichkeit zu werden: Fontane berappelt sich zusehends und schreibt in wenigen Monaten die Erinnerungen an seine Kindheit in Swinemünde nieder, so dass der »autobiographische Roman« »Meine Kinderjahre« bereits 1893 erscheinen kann. Die wiederbelebte Kreativität löst auch die Blockade, die bisher den Abschluss des »Effi Briest«-Manuskripts verhindert hat, und der Roman kommt, nach dem Vorabdruck in Rodenbergs »Deutscher Rundschau« (Oktober 1894 bis März 1895), 1895 als Buch heraus. Der folgende Roman, »Die Poggenpuhls«, 1891 begonnen, wird 1896 veröffentlicht. Und nun ist sozusagen der Weg frei für Fontanes nächste Großprojekte: die Fortsetzung der Autobiographie mit »Von Zwanzig bis Dreißig« (entsteht 1895 bis 1897, erscheint 1898) und den »Stechlin«-Roman (postum 1898).

Obwohl diese höchst intensive Arbeitsphase – auch für die Abschreiberin Emilie – ständig begleitet ist von langwierigen Erkrankungen, fallen Fontane zahlreiche seiner melancholisch-resignativen Altersverse ein, und er frönt intensiver denn je seiner Briefschreibepassion: Etwa die Hälfte seiner bekenntnisreichen Briefe an Georg Friedlaender zum Beispiel stammt aus diesen neunziger Jahren. Und noch in seinen letzten Lebenstagen, als »Der Stechlin« abgeschlossen ist, beschäftigt er sich mit früheren Vorhaben zur Geschichte Brandenburgs und holt seine Vorarbeiten zu dem Klaus-Störtebeker-Roman »Die Likedeeler« wieder hervor. Dass er bei diesem Spektrum seiner Interessen und begonnenen Arbeiten ein umfangreiches Erzählfragment offenbar nicht im Blick hatte, ist verständlich, wenn auch bedauerlich: »Mathilde Möhring«. Aber auf den Umschlägen des wohlgeordneten Manuskripts hatte er immerhin fast alles notiert, was noch zu machen gewesen wäre.

Im Sommer 1893 freilich nötigt auch Emilies fragile Befindlichkeit dazu, ernsthaft etwas für die Gesundheit zu tun. Der Hausarzt empfiehlt Karlsbad (Karlovy Vary) in Böhmen, das damals zu Österreich-Ungarn gehört. Am 16. August reisen sie, und Emilie berichtet kurz darauf im Geburtstagsbrief für die alte Freundin Emilie Zöllner, dass sie es in der »Silbernen Kanne« gut getroffen haben: »Alles ist sauber u. freundlich, die Gegend sehr gut u. bequem, die Bedienung aufmerksam u. das Essen, drei Häuser von uns im Oestreichischen Hof läßt nichts zu wünschen übrig.« Auch Dr. Becher sagt ihr sehr zu, aber seine Diagnose im Galle- und Leberbereich findet sie schockierend, und die bevorstehenden Behandlungen mit Trinkkur und Moorbad sowie die entstehenden Kosten ängstigen sie. Der Kurarzt stammt aus der traditionsreichen sudetendeutschen Familie Becher, für deren Stammvater »in der Sprudel-Halle ein Denkmal (große Porträtbüste) errichtet ist und der als der Schöpfer des *Welt*ruhms von Karlsbad gilt« (Theodor Fontane an Emilie Zöllner, 19. August 1893), und einer aus der Familie hat auch jenen »Kräuter-Bitter« kreiert, der sich als »Becherovka« noch heute beträchtlicher Beliebtheit erfreut.

Emilie findet Karlsbad so »großartig«, »daß mir Kissingen nuttig dagegen vorkommt« (an Emilie Zöllner, 19. August

1893), was immer sie, die sich in Kissingen auskennt, darunter versteht. Ihr Mann ergänzt ihre spärlichen Eindrücke in zahlreichen Berichten an Tochter Martha und an die Familie Zöllner. Er spricht von »dieser merkwürdigen Welt-Gasthaus-Stadt« (an Martha, 17. August), rechnet sie zu den »Schröpfanstalten« (an Martha, 20. August), nennt den Ort »wirklich eine Sehenswürdigkeit« und schildert anschaulich das bis heute berühmte Grandhotel Pupp: »Pupp ist übrigens nicht ein vornehmer Kaffegarten, sondern ein Ding wie der Tuilerien-Garten, draus ein in gotischer Renaissance gehaltenes Riesenschloß als ›Grand Hôtel Pupp‹ aufragt; drum herum Terrassen, Veranden, Gärten – alles mit Tischen, an denen getafelt und getrunken wird, überdeckt« (an Martha, 17. August).

Emilie merkt in ihrem Brief an Frau Zöllner ausdrücklich an, dass ihr Karlsbad »auch so weitläufig« vorkomme, »so mit Menschen überfüllt, daß man sich mehr denn je wie ein Sandkorn vorkommt. Berliner gar nicht, nur fremde Nationen u. von diesen 11 Bruchtheile Juden. Juden u. nur Juden.« Und sie fügt hinzu: »Wie dankbar können wir sein, daß morgen Friedländers kommen, denn wir würden keine einzige Bekanntschaft machen.« Das ist reichlich schizophren, denn die Friedlaenders sind auch Juden, aber es ist die typische Position beider Fontanes in der sogenannten »Judenfrage«: Sie unterscheiden strikt zwischen den in großer Zahl anwesenden wohlhabenden, wohl zum Teil großspurig auftretenden Kurgästen jüdischer Herkunft und ihren engen Freunden, bei denen sie die Zugehörigkeit zum Judentum überhaupt nicht wahrnehmen. So erklärt sich vielleicht, dass Fontane gerade in Briefen an den Juden Friedlaender seine schroffsten antisemitischen Äußerungen formuliert. Diese Haltung, historisch-psychologisch begründet, bestimmt die briefverborgenen antijüdischen Ressentiments, erklärt aber auch, in wie engen geistigen und geschäftlichen Beziehungen Fontane mit Juden wie Liebermann, Hertz, Rodenberg usw. stand. Mit Blick auf Karlsbad liefert Fontane in dieser Frage ganz konkrete soziologische Impressionen. Am 19. August schreibt er an Emilie Zöllner: »Pupp, der, trotz des Glanzes seiner Erscheinung, keineswegs so vornehm und so theuer, wie man annehmen sollte. Bauern, Jüdinnen, sächsische Spießbürger, sitzen in größerer Zahl um uns her, als Lords, ungrische Magnaten und industrielle Millionäre aus Volhynien und der Bukowina. Das Preußische, wie immer das Preußische, verkrümelt sich völlig und es wäre unsichtbar, wenn nicht ein paar Jüdinnen aus Berlin und Breslau für preußische Vertretung sorgten. Aber von solcher Vertretung wollen wir mit Recht nichts wissen.«

Das »jüdische Thema« wird die Fontanes auch bei den nächsten Kuren in Karlsbad beschäftigen, das sie bis 1898 regelmäßig besuchen, und auch die »Sommerfrischen« bringen aufschlussreiche Beobachtungen und Bekenntnisse über Land und Leute, »Juden« und »Preußen«. 1896 sind sie in Waren an der Müritz in Mecklenburg-Schwerin, im Juni 1897 fahren sie mit Tochter Mete ins Augusta-Bad am Tollense-See bei Neubrandenburg, »um Preußen zu vergessen«, schreibt Fontane an Verleger Wilhelm Hertz: »Ich bin gern in Mecklenburg, wie in allen Ländern und Städten, die man in dem öden und dämlichen Berlinerthum unsrer Jugend für Plätze zweiten Ranges hielt, während sie unsrem elenden Nest – *damals* gewiß ›elendes Nest‹ – immer überlegen waren.« »Daß Juden auch an dieser abgelegenen Stelle das Hauptkontingent stellen, versteht sich von selbst, und ich muß noch zufrieden sein, daß sie sind, wie sie sind«, schreibt er am 12. Juli an Schwager Sommerfeld.

Den letzten Erholungsurlaub verleben die Fontanes 1898 bei empfindlichem Kälteeinbruch auf dem »Weißen Hirsch« in Dresden. Noch einmal begegnet ihnen das geschätzte und doch stets bespöttelte Sächsische. In einem Brief an Professor Erich Schmidt vom 15. Juni gesteht Fontane: »Hier im ›Weißen Hirsch‹ ist es reizend, besonders seitdem wir uns ›selber kochen‹. Ich bin mit allem Sächsischen einverstanden, schon um der Manierlichkeit der Leute willen. Aber mit der sächsischen Küche, die namentlich in Saucen an dem alten Prinzip der Mehlpampe festhält, kann ich mich nicht einverstanden erklären. Die Luft ist herrlich, und ich habe mich über Erwarten erholt.«

An seinen Sohn Friedrich schickt er am 16. Juni folgendes politische Bekenntnis: »Den ganzen Tag über habe ich Dich neben der ›Wahlurne‹ sitzen sehn – ein Anblick für Götter. Dieser ganze Wahlkrempel kann unmöglich der Weisheit letzter Schluß sein. In England oder Amerika vielleicht oder auch gewiß, aber bei uns, wo hinter jedem Wähler erst ein Schutzmann, dann ein Bataillon und dann eine Batterie steht, wirkt alles auf mich wie Zeitvergeudung. Hinter einer Volks*wahl* muß eine Volks*macht* stehn. Fehlt *die*, so ist alles Wurscht.« So wie in diesem Zuruf an den »Wahlhelfer« Friedel artikuliert Fontane seine politischen Ansichten besonders gern in seinen Briefen. Dem schlesischen Amtsgerichtsrat Georg Friedlaender breitet er seine vernichtenden Urteile über Preußen-Deutschland, Kaiser Wilhelm II., die ostelbischen Junker und über das Berliner Bildungssystem mit dem verheerenden Glauben an das allein seligmachende Examen aus; ihm, dem Juden, trägt er seine antisemitischen Ressentiments vor, ihm vertraut er viel Nachdenklich-Autobiographisches an.

Daneben äußert er seine An- und Einsichten aber auch recht prononciert gegenüber dem Londoner Arzt James Morris, den er seit 1852 kennt und mit dem er in den letzten Lebensjahren einen lebhaften Briefwechsel beginnt. Ihm teilt er mit, was er von der britischen Kolonialpolitik und vom Kolonialismus überhaupt hält; dass »alles Interesse beim vierten Stand« (an James Morris, 22. Februar 1896) ruhe und dass der »Militarismus« dringend abgeschafft werden müsse. Und in den Briefen an den Berliner Philosophieprofessor Friedrich Paulsen erörtert er den »niedrigen Kulturgrad« und die »Unausreichendheit« des Götzenbildes »Preußentum« (an Friedrich Paulsen, 14. März 1897).

In diese essentiellen Debatten reihen sich auch die Briefe an den Kollegen Friedrich Spielhagen ein, der in seinem Roman »Zum Zeitvertreib« die Ardenne-Affäre behandelt hatte, die auch für »Effi Briest« die Stoffgrundlage bildete. Fontane formuliert am 25. August 1896 in ungewöhnlicher Deutlichkeit seine Vorbehalte: »Diese Bedenken gipfeln in der persönlichen oder sag ich lieber richterlichen Stellung, die Sie zu der von Ihnen geschilderten Gesellschaft einnehmen. Ich finde das Maß von Verurteilung, soweit von einer solchen überhaupt gesprochen werden kann, nicht scharf genug.«

Wir können davon ausgehen, dass die politischen und literaturpolitischen Themen seiner Korrespondenzen in ganz ähnlicher Weise beim abendlichen »Papeln« mit Emilie und Martha, bei den zahlreichen Geselligkeiten jener Jahre mit Otto Brahm und Gerhart Hauptmann, mit Paula Conrad und ihrem künftigen Mann Paul Schlenther sowie bei den diversen Familienfesten und -ereignissen erörtert werden, und gerade davon gibt es reichlich im Jahre 1894.

Es beginnt dramatisch im Januar, als Emilie sich nach dem Besuch der Lindenoper »in einen über das Trottoir gelegten Teppichstreifen« verwickelt und dadurch niederstürzt. »Sie hatte den Trost«, referiert Fontane am 26. Januar maliziös in einem Brief an die Tochter, »von einem gut aussehenden Offizier von 40 wieder aufgerichtet zu werden, der sie auch bis zu dem nächsten Droschkenstand begleiten wollte. Selbst in solchem Zustand ist sie nicht unempfindlich gegen dergleichen. Uebrigens war ihr Verhalten wieder musterhaft, sie ängstigte sich (und mit Recht) bewahrte aber Contenance und bestand nur darauf eine Minute lang weinen zu können. Das sind immer ihre Hoffmannstropfen.«

Am 25. September sitzen Emilie und Theodor Fontane im Deutschen Theater und erleben die Uraufführung von Gerhart Hauptmanns Drama »Die Weber«. Der emeritierte Kritiker

Fontane schreibt die Rezension darüber und ist bis in den Anfang des Jahres 1895 hinein in die von Stück und Aufführung ausgelöste Kampagne gegen die »Umsturzvorlage« involviert, die als Maßnahme gegen die Sozialdemokratie und die Gewerkschaften im Dezember im Reichstag eingebracht, im Mai 1895 aber abgelehnt wurde.

Am 8. November, also kurz vor Emilies 70. Geburtstag, wird Fontane mit der Ehrendoktorwürde der Berliner Universität geehrt, und der »Ulk« druckt, wie Fontane am 9. Dezember an Friedlaender schreibt, »halb Huldigung, halb Spott (von letztrem wohl eine Spur mehr)« folgende Verse:

Fontane ist nun schön heraus,
Doktor wurde das alte Haus,
Und will er nicht bürgerlich mehr bleiben,
So kann er sich auch von Tane schreiben.

Schließlich ist zum Abschlus des ereignisreichen Jahres auch noch Fontanes 75. Geburtstag zu feiern, zu dem er als frischgebackener Doktor antreten kann und zu dem ihm das preußische Kultusministerium eine lebenslange Ehrenpension gewährt. Seine Rezeption beim zeitgenössischen Publikum überdenkend, schreibt er das Gedicht »Als ich fünfundsiebzig wurde« nieder und trägt es einige Tage nach dem Jubiläum bei einem Diner vor, an dem Justizrat Paul Meyer (sein späterer Testamentsvollstrecker), der Kritiker und Journalist Paul Schlenther und der Germanistikprofessor Erich Schmidt teilnehmen. Er schlägt eins seiner zentralen Lebensthemen an: Der Adel schweigt, und die Juden, gegen die er so viele Vorbehalte hat, feiern ihn. Deshalb bittet er »Cohn« freundlich zu Tisch.

Am 16. Oktober 1895 begehen die Fontanes ihren 45. Hochzeitstag, und zu ihrer großen Freude überreicht ihnen der aufmerksame Verlegersohn Friedrich das erste Exemplar von »Effi Briest«; er hat die Auslieferung des Buches bis zu diesem Tag zurückgehalten. »Effi Briest« »bringt es in weniger als Jahresfrist zu 5 Auflagen – der erste wirkliche Erfolg, den ich mit einem Romane habe«, notiert der Autor im Tagebuch. Friedrich Fontane leitet inzwischen ein florierendes renommiertes Unternehmen, was seine Mutter am 28. Juni 1895 »nur darum beklagt, weil er sich noch weniger bewegen wird; er ist doch für sein Alter etwas zu stark, was den onkelhaften Eindruck, den er schon seit geraumer Zeit macht, noch verstärkt«. Emilie berichtet aber auch, dass er ein passionierter Schlittschuhläufer sei und mit seinem prächtigen Hund gern spazieren gehe. Zwei Jahre später schockiert er seine Eltern allerdings heftig, als er Frida Lehmann heiratet. Emilie erzählt von den »traurigen und verletzenden Ereignissen die Friedels Heirath über uns gebracht«; er sei von dem Wesen »wie behext«, und sie könne erst wieder glücklich sein, wenn sie von der Auflösung dieser Ehe höre (an Emilie Zöllner, 5. Juli 1897). Der arme Friedel wird regelrecht »einbestellt«, und Fontane fasst in seinem Brief an Martha am 25. Januar 1897 zusammen: »Was ich ihm gesagt habe, lief darauf hinaus: ›wir haben gar nichts gegen sie, ja, sie gefällt uns fast, weil wir sie für freiweg und ehrlich halten, – *sie paßt nur nicht zu uns*. Sie vertritt eine Welt- und eine Gesellschafts-Anschauung, die der unsrigen diametral entgegengesetzt ist. Bei Martha Robert [der Frau von George] war alles Justizrathsthum mit Liaisons und Pfannkuchen, bei Martha Soldmann [der Frau von Theodor junior] alles Beamten-Borussismus, bei Frida Lehmann alles Berliner Bourgeoisthum mit Sauerkraut und Standesamt. An Charakter ist die letztre die beste, aber die Confusion und der Blödsinn ist bei ihr am größten. – Von dieser dritten Charakterisierung habe ich aber Friedel gegenüber nur das Wort ›Berliner Bourgeoisthum‹ gebraucht.« Fontane bittet seine Tochter, beruhigend und vermittelnd an den Bruder zu schreiben. Martha ist, wie so oft in jenen Jahren, wieder einmal unterwegs »auf ihren Dörfern«, wie Emilie die auf dem Lande lebenden oder mit

Landwirten verheirateten Freundinnen ihrer Tochter ironisch charakterisiert.

Manche dieser späten Jahre behelligen die alten Fontanes mit weniger aufregenden, dafür aber wehmütig stimmenden Nachrichten. 1897 beklagen sie den Tod von August von Heyden und Karl Zöllner, der jahrelang sehr hinfällig war, und sie, die den Tod ihres Ältesten, George, nie wirklich überwunden haben, sind schockiert vom Suizid von Hans Hertz, dem Sohn und Geschäftspartner des Verlegers Wilhelm Hertz.

Dafür beginnt 1898 mit einer anderen Merkwürdigkeit: Im Januar wird in aller Heimlichkeit die Verlobung der 38-jährigen Tochter Martha mit dem 60-jährigen Architekten und zweimaligen Witwer Karl Emil Otto Fritsch begangen, wohl deshalb, weil der Tod von dessen zweiter Frau erst wenige Wochen zurückliegt. Warum die offizielle Verlobungsfeier am 16. September ohne Emilie stattfindet, bleibt rätselhaft.

Die beiden Fontanes sind im August/September noch einmal in Karlsbad und trennen sich auf der Rückreise in Dresden: Emilie fährt nach Blasewitz zu ihrer Freundin Johanna Treutler, die ihren Mann 1891 verloren hat, und Fontane kehrt allein nach Berlin zurück, wo er am 20. September 1898, vier Tage nach der Verlobungsfeier des Lieblingskindes, seinen letzten Brief – natürlich an Emilie! – schreibt und am Abend, bald nach dem Essen, unerwartet und friedlich die »sublunarische Welt« für immer verlässt. Der alte Trostspruch der Schauspieler mit Lampenfieber: »Um neun ist alles aus«, vom Theaterkritiker oft bemüht, ist buchstäblich eingetroffen. Am 24. September wird er auf dem Friedhof der französisch-reformierten Gemeinde an der Liesenstraße in Berlin beigesetzt.

An Emilie Zöllner

Karlsbad. d. 19. Aug. 93.

Meine liebe, alte Freundin.

Das zweite Prädikat bezieht sich auf unsre lange, lange Freundschaft u. nicht auf Dein Alter, welches Du mehr wie irgend einer verleugnen kannst. Vielleicht concouriert unser Nöhl mit Dir, der hier so jugendlich frisch einherstapelt, daß der Arzt, als er ihm sagte: »mit 73 kann man nicht mehr verlangen« ganz erstaunt aufblickte u. die dem lieben Alten glatt heruntergehende Aeußerung that: 73? das ist überraschlich. Ehe ich nun zu den Details bei Dr. Becher übergehe, will ich Dir meinen herzlichsten Glückwunsch aussprechen; möchte es so bleiben mit Euch Lieben, denn viel Besserung ist in unsren Jahren nicht mehr zu erhoffen, man muß schon dankbar sein, wenn's nicht schlimmer wird. – Mete wird Euch unsren ersten Schreibebrief wohl mittheilen, so daß ich nur bestätigen will, wir haben es mit der Wohnung brillant getroffen, Alles ist sauber u. freundlich, die Gegend sehr gut u. bequem, die Bedienung aufmerksam u. das Essen, drei Häuser von uns im Oestreichischen Hof läßt nichts zu wünschen übrig. Die Schattenseiten, die ich empfinde, liegen nach ganz andern Richtungen, einmal quält mich die Sorge um Mete, die ich natürlich nicht überwinden kann u. dann hat mich der Ernst, mit dem der Arzt, der uns sehr zusagt, meinen Zustand ansieht, doch stutzig gemacht. *So* leidend glaubte ich mich denn doch nicht. Beängstigend sind mir auch die Kosten meiner Kur u. finde ich es fast tragisch, daß ich meinem lieben Alten in meinen hohen Semestern noch so theuer werde. Vorläufig habe ich mit einem Becher Markt- u. einen Schloßbrunnen beginnen müssen. Morgen muß ich wieder zu einer Consultation; auch hat er mir bereits angekündigt, daß ich Moorbäder (huh) brauchen soll. 2 Gulden! Wäre Nöhl nicht so liebenswürdig in »Geldsachen« so würde für mich die Gemüthlichkeit aufhören. Aber er hat Recht zu sagen, daß ich dankbar sein muß hier zu sein, da auch der Arzt erklärt: hier wäre ich am rechten Ort. Und er muß ein Glas kalten Sprudel trinken. Mir sehr lieb, sonst würde es mich zu sehr bedrücken, daß er meinetwegen den Tag um beinah 3 Stunden verlängern muß.

Karlsbad ist großartig, daß mir Kissingen nuttig dagegen vorkommt, aber freilich auch so weitläufig, so mit Menschen überfüllt, daß man sich mehr denn je wie ein Sandkorn vorkommt. Berliner gar nicht, nur fremde Nationen u. von diesen 11 Bruchtheile Juden. Juden u. nur Juden. Wie dankbar können wir sein, daß morgen Friedländers kommen, denn wir würden keine einzige Bekanntschaft machen.

Mir geht's sehr spack; meine Leber, Galle u. noch ein unerkanntes Dritte, geben mir doch zu denken u. sehe ich erst jetzt in welch naiven Glauben ich mich hierher begeben habe: ich bildete mir ein, keinen ernsten Makel zu besitzen; nun sind es deren drei!

Grüße Deinen lieben Mann u. den Baumeister, auch meine Mete, die hoffentlich persönlich bei Dir auftaucht. Was sagt Ihr zu diesem endlosen Sommer? gestern spazierten wir bei 27 Grd. C. um uns die diversen Trinkräumlichkeiten anzusehen, erquickten uns dann bei Mattoni an einem Glase Gießhübler.

Ergeh es Euch gut u. gedenkt der in die große Welt verschlagenen

alten, getreuen Freundin

Emilie Fontane.

AN THEODOR FONTANE JUNIOR

Berlin. d. 13. Mai. 94.

Lieber Theo.

Ich will die Stille des Pfingstfestes benutzen, um Dir von unsrem Ergehen Mittheilung zu machen. Nach recht angenehmen aber fast für uns zu unruhigen Wochen ist wieder das alte

Leben von uns aufgenommen, was uns Alten auch sehr behaglich ist. Papa u. ich sind mit der großen Arbeit fertig, die mich mehr angegriffen hat, abzuschreiben, wie den Autor zu vollenden, Gott sei Dank. Er ist sehr zufrieden damit u. ganz unbekümmert um den Beifall des großen Publikum's. Auch an seinen Erinnerungen hat er schon wieder geschrieben. Was nun die Unruhen in unsrem Leben betifft, so fingen sie mit Tante Jenny's Geburtstagfeier an, die so reizend verlief, daß wir mit Freude u. Rührung daran zurückdenken; Kinder u. Kindeskinder, Verwandte u. Freunde bezeugten der alten Mutter, die ein oft recht schweres Leben hinter sich hat, ihre Liebe u. ihren Respekt. Die Versöhnung mit Onkel Albert, (er war mit seiner Frau zugegen,) ein Brief u. Bild von Paul, sorgten dafür daß kein Mißklang das Fest trübte. Den Vogel schoß allerdings unser alter Papa ab, über dessen bestrickende Liebenswürdigkeit, nur eine Stimme war. Alle freuten sich auch endlich einmal wieder unsre Mete, wohl u. vergnügt begrüßen zu können.

[…] Anna ruft zu Tisch. So kann ich nur noch Papa's u. meine herzlichsten Grüße für Deine liebe Familie hinzufügen.

In Liebe Deine alte Mama.

An Emilie Zöllner

Karlsbad d. 19. Aug. 94.

Meine liebe, alte Freundin.

Wieder aus der »Silbernen Kanne« kommen meine herzlichsten Glückwünsche für Dich. Gern verlebte ich den 20ten, wie schon so oft, mit Dir in Deinem gastlichen Hause, aber bei Eurer liebenswürdigen Bereitwilligkeit, uns bei Euch aufzunehmen, wollen wir auf eine fröhliche Nachfeier hoffen. Bis dahin möge es Dir u. dem theuren Chevalier so gut ergehn, wie uns Alten hier. Meine Wenigkeit kam zwar recht angegriffen von der langen Reise hier an, aber am andern Tage, nach der Consultation beim Doktor war mir schon erheblich besser, denn er fand mich viel weniger leidend wie im vorigen Jahr, erließ mir die Moorbäder, was mir in jeder Beziehung angenehm ist u. fand meinen Begleiter p.p. Fontane, wieder erfreulich conserviert für seine 74. Es ist doch eigen, was solch ärztlicher Ausspruch für einen Einfluß hat u. ich begreife die Macht der Suggestion, nur muß man nicht am abschrammen sein. Der arme Brugsch Pascha, von dem ich einmal erzählte, ist aber doch auf Wochen dadurch über seinen Zustand hinweggetäuscht worden.

Das Wetter (die vorige Feder war wie eine Nadel u. diese ist wie ein Schwefelholz) ist uns sehr günstig; wir gehen sehr viel spazieren, denn was sollen wir anders machen? Um 7 bin ich am Brunnen u. erst gegen 9½ zu Haus; Nachmittag wieder Dauerlauf, wer mir vor acht Tagen in Berlin gesagt hätte, das würde ich können, den hätte ich ausgelacht. Es muß doch die schöne Luft so stärkenden Einfluß haben. Noch sind wir ohne intimere Bekanntschaft, es wird wohl auch so bleiben. Einige Berliner, ein paar nette Damen, Theo jun. früherer Bekanntschaft, ein »Zwangloser« haben uns einige Stunden angenehm verkürzt, andre, wie z. B. den Geheimrath Becher, hat mein Alter nur im Gewühl gestreift. Es ist nämlich noch unbeschreiblich voll hier und ein sich Finden wohl nur ein glücklicher Zufall. Eigentlich hat man den Eindruck, als wären nur Juden hier u. der Antisemitismus regt sich wieder bedenklich bei uns. Die Frauen, die Jüdinnen, wirken alle wie doppelt, durch ihre Dicke u. ihre Unverschämtheit; solche Gestalten giebt es bei uns garnicht, sie kommen alle aus dunklen Gegenden.

Wir essen wieder im östreichischen Hof u. finden es bis jetzt ausreichend; am besten mundet mir Frühstück u. Abendbrot, nach den langen Promenaden. – Friedel schrieb heut von dem argen Gewitter, das am Tage unsrer Abreise war, und Mete, die sich gewiß auch zu morgen bei Dir einstellen wird, schrieb entzückt von der böigen See, die sie mit dem Warnemünder Aufenthalt ausgesöhnt zu haben scheint, aber am 21. rückt sie schon mit der jungen Gnädigen in den Vorposten-Dienst nach Rostock, hoffentlich erfolgt eine glückliche, baldige Attacke. Ich bin mir nicht ganz sicher, ob mein militärischer Vergleich stimmt [*Darüber von Fontanes Hand:* (nein)]; paßt er nicht, so weißt Du ja, was ich meine. Und so will ich meinen schon viel zu langen Geburtstagsbrief schließen, mit dem Wunsche, daß Du ihn froh u. heiter verlebst. Die herzlichsten Grüße für Euch Lieben Drei von

Deiner alten Freundin

Emilie Fontane.

An Otto Brahm

[Berlin] d. 2. Nov. 94.

Verehrter Herr und Freund.

Es treibt mich, Ihnen meinen herzlichsten Dank für den hohen Genuß auszusprechen, den mir die gestrige Aufführung des Hamlet bereitet hat. Kainz war stellenweis ganz ersten Ranges und nur das öftere zu rasche oder zu leise Sprechen, schmälerte, wenigstens bei mir, ab und zu den Eindruck seiner Rede. Vieles hat mich erschüttert; die Scene: Schwört etc., mit Ophelia, mit seiner Mutter; nur schien mir der Vater, vielleicht weil ich zu nah saß, zu sichtbar. Einen so ausgezeichneten König wie ihn Hr. Reiher giebt, entsinne ich mich nicht, in meinem langen Leben je gesehn zu haben. Und die engelhafte Erscheinung der Ophelia!

Leider konnte ich das Ende nicht abwarten, da mein Mann, der mich einer kleinen Erkältung halber, nicht hatte begleiten können, sich über mein spätes Kommen aufgeregt hätte.

Wann werden Sie den versprochenen freien Abend – wie früher – für uns haben? Martha, die leidlich wohl zurück ist, konnte leider gestern wegen »Fremdenbesuchs« mich nicht begleiten, dafür soll ich Ihnen von meinem Sohn seinen verbindlichsten Dank aussprechen.

Möge es Ihnen so gut gehn, wie es wünscht

Ihre

Emilie Fontane.

An Paula Schlenther, geb. Conrad

Berlin. d. 4. Jan. 95.

Meine liebe, junge Freundin.

»Anfangen« will ich wenigstens heut meinen Brief an Sie, wenn gleich ich weiß, daß er nicht beendigt werden wird, denn die Wogen des Weihnachts- u. Geburtstagstrubel haben sich immer noch nicht gelegt; etwas zuviel für unsre alten u. schwachen Kräfte. Dazu kam als Vor-Unruhe ein kleines Mittagessen, zu Ehren unsres Theo, der jetzt in Hannover, herübergekommen war, u. dem wir bei uns seine näheren Freunde vorsetzten, u. wo wir die große u. seltne Freude hatten, endlich auch einmal wieder Ihren Paul bei uns zu sehn. Er ist, glaub' ich, gleich meinen Alten, ein Lebenskünstler, der sich möglichst Alles zum Guten auslegt, um nicht aus dem Gleichgewicht, die hervorragendste Eigenschaft solch bevorzugter Geister zu kommen; dennoch, Martha u. ich hatten uns den Vorzug nicht entgehen lassen, neben Ihrem Mann zu sitzen, war er, ich möchte sagen: in gedämpfter Stimmung. Natürlich fehlen Sie ihm; es blieb unausgesprochen, aber man hörte es doch aus jedem Wort. Er hat sich Alles zurecht gemacht u. findet es gut wie es ist; aber sein ganzes Wesen hellte sich auf, wenn er davon sprach, wie er zu Ihnen reisen u. sich gemeinsam mit Ihnen die schöne Welt betrachten würde. Und liebes Herz, so viel haben Sie auch wohl schon von Ihrem lieben Philosophen gelernt, daß Sie die jetzige Zeit nützen, vor allem zu Ihrer Wiederherstellung u. zur Sammlung auch Ihrer geistigen Kräfte. Ich glaube bestimmt, daß Ihnen ein körperliches u. geistiges Ausruhn unendlich wohl thun wird u. ich kann Ihnen auch noch das aus einer beinah 45 jährigen Ehe sagen, solche Trennungen sind ein großer Gewinn für wirklich strebende Menschen. Als mein Mann, mich als ganz junge Frau, verlassen mußte, um nach England zu gehn, da wurde mir das halbjährige Alleinsein blutsauer; dennoch lernte ich viel für unser späteres Beisammensein u. so hat alles sein Gutes.

d. 5. Gestern war ich mit Martha – nach jahrelanger Pause ihrerseits – im Deutsch. Theater, wo zum 150ten Male der »Talisman« aufgeführt wurde. Für uns beide zum *ersten* Male. Sehr befriedigt hat uns die poetische Moral des Stückes, theilweise nur das Spiel. Ein Frl. Worm die Brahm sehr zu protegieren scheint, wirkte mir doch zu südlich, um nicht zu sagen: zu semitisch. Mein größter Genuß ist u. bleibt das Schauspiel u. es ist eine große Freundlichkeit unsres kleinen Freundes, daß er mir denselben so freigebig gewährt. Martha dankte ihm gestern u. sagte, er wäre an die Stelle Bleichröder für mich gerückt, u. wünschte sie, er gliche ihm bald auch mit andren Erfolgen. Mein Alter wird aber dem Theater immer mehr abhold, weil er so schwer versteht; er meint, es läge an den Schauspielern, wir meinen, an seinem Gehör. Aber den neuen Ibsen will er sich ansehen u. prüfen, ob er in seiner keimenden Abneigung gegen denselben bestärkt wird.

Ihr lieber Geburtstagsbrief war für uns Alle eine große Freude. Er kam auch zu voller Würdigung, da wir ihn am Vorabend erhielten u. mit Muße lesen konnten. Die unzähligen, die am 30t. selbst eintrafen, mußten ungelesen bleiben, da der Gratulanten Zahl sehr groß war. In seltner Treue gedachte auch Frau N – Seebach, mit herrlichen Blumen meines Mannes u. will ich versuchen ihr in diesen Tagen persönlich zu danken. Morgen muß nun noch das Pietsch-Fest absolviert werden; mein Alter wünschte, daß unsre ganze Familie, hier vier Mann hoch, daran theil nimmt; auf unsre Kosten werden wir nur kommen, wenn wir in Nähe Ihres lieben Mannes sitzen, worauf wir hoffen. – Dieser Brief soll Ihnen Dank u. Theilnahme des Empfängers ausdrücken, der trotz seiner 75 tief in Arbeit u. Beantwortung officieller Briefe steckt. Sie glauben gar nicht, mit welchem Interesse er Ihren Beobachtungen des lieben, deutschen (poplichen) Adel's folgte u. beistimmte. Auch *er* kann ein Lied von seinem Hochmuth, seiner Engherzigkeit u. Unbedeutendheit singen; ja, er hat ein humoristisches [Gedicht] *nach* seinem Gbt. wirklich niedergeschrieben u. hoffen wir, daß er es, bei einem kl. Diner, welches wir planen, unsren lieben Gästen, als Dessert geben wird. Wir hoffen auf Fr. Erich Sch., der ich meine Bitte mündlich vortragen will, selbstverständlich auf Ihren Mann, Brahm u. Hauptmann; es ist nur so schwer, die berühmten Leutchen an *einem* Tage zusammen zu bringen.

Sonst – wenn es Ihnen nach dem Aufgezählten, nicht lächerlich von einer alten Frau klingt – leben wir still u. haben es recht winterlich; der Schnee liegt hoch u. heut nach wochenlangen trüben Tagen scheint einmal die Sonne. Sie werden keinen Mangel daran haben. Möge die heilsame Luft Sie ferner kräftigen u. Ihre vollkommne Genesung recht bald herbei führen. Dies der Wunsch Ihrer zahllosen Verehrer u. innen, vor allem auch Ihrer Freunde, die den Vorzug haben, Sie als Künstlerin u. Freundin die ihre zu nennen. Die schönsten Grüße von Mann, Sohn u. Tochter. Sie schreibt ein andermal.

In herzlicher Liebe Ihre alte Mama

E. Fontane.

Sorgen Sie sich um den Thee nicht. Es war ein Juhlklapp, u. freue ich mich, wenn er dem Gatten mundet.

An Theodor Fontane junior

Berlin. d. 17. Okt. 95.

Mein lieber Theo.

Dein gestriger lieber Brief, der morgens eintraf, war der Anfang eines freundlichen Tages, an dem uns durch unsre Kinder Ueberraschungen u. kleine Freuden bereitet wurden; nicht zum wenigsten erfreute uns das Erscheinen von »Effi Briest« welches sich Friedel zu diesem Tage aufgespart hatte. Freilich hätten wir den Inhalt Deines Briefes, der Deine Gesundheit betrifft, anders gewünscht, denn schon Deine letzten andern Briefe, mit Ausnahme der erfreulich lautenden Reisekarten, beunruhigen uns über Deinen Gesundheitszustand. Papa war ganz erschrocken, daß Du bei Deiner letzten, wie es scheint besonders schweren Attacke, keinen Arzt hinzugezogen hast, da er es für sehr gewagt hält, die von Dir angeführten Kraftmittel ohne ärztliche Anweisung zu gebrauchen. Ob Dir Dein Doktor Karlsbad rathen wird? Ich bin sehr begierig, seinen Ausspruch zu hören. So glänzend es mir vor 2 Jahren u. auch im vorigen, bekommen, so schlecht in diesem Sommer, obgleich ich nach der Untersuchung des dortigen Arztes, weniger gallig u. lebergeschwollen wie früher, hinkam. Jedenfalls hat es mir diesmal mehr geschadet als genutzt u. ich fange erst jetzt an, mich von den Nachwehen des gepriesenen Kurorts zu erholen.

Ich schreibe in einer noch nicht überwundenen pessimistischen Stimmung. Am Schluß des gestrigen so angenehmen Tages, erschreckte uns die Nachricht von dem Tode Hans Hertz! Er hat sich das Leben genommen. Wir sind Alle tief erschüttert, selbst Papa, der nicht leicht sein Gleichgewicht verliert. Was den allgemein geliebten u. verehrten Menschen so in die Verzweiflung getrieben hat, wissen wir nicht, wer weiß, ob man's erfährt.

Papa, dem Karlsbad, als *mein* Begleiter, glänzend bekommen war, ist etwas angegriffen. Die Menschen vergessen, daß er 76 wird u. so hat er verschiedene Feste mitgemacht (Conrad Fr. Meyer) die ihm, da in *öffentlichen* Lokalen, nie gut bekommen.

Er muß die Geselligkeit auf ein bescheidenes Maaß herabschrauben. Mete, der es so gut geht, wie seit Jahren nicht, empfängt die Gegenbesuche ihrer Landfreunde; in voriger Woche war die liebenswürdige Gräfin Wachtmeister hier u. in nächster Zeit kommen Lise Mengel, Tante Witte u. beide v. Veits. Zum Glück kann sie jetzt Concerte u. dgl. mit ihren Freunden mitgenießen.

Gestern kam auch unsre gute Tante Zöllner, um zu danken u. so viel sie wußte, von Karlchen's Hochzeit zu berichten. Alle Freunde sind natürlich begierig die kleine Frau kennen zu lernen, die ein so schweres Leben hinter sich hat, u. sie so liebevoll u. entgegenkommend, wie möglich hier aufzunehmen; Karl soll seinen alten Humor behalten haben u. in der doch recht dificilen Lage sich taktvoll u. herzlich benehmen; denn für unsre alten Z. ist diese Heirath auch eine finanzielle Frage, in dem die Wohnungs- u. Verpflegungszulage, die Karl gegeben, nun fort fällt. Man beurtheilt den Beutel Andrer doch oft zu groß u. so sind wir erschrocken u. bestürzt, daß unsre lieben, alten Freunde von einem viel mäßigeren Capital, als man dachte, zusetzen, seit seiner Pensionierung u. Krankheit u. seitdem wir erfahren haben, daß »Onkelchen« sich auch nur einer Leibrente erfreut. Ich habe aber Karl gesagt, er finge immer noch glänzend im Vergleich mit den alten Fontanes an u. seine Braut war noch unverwöhnter wie ich. Uebrigens hat die Liebe u. Verehrung für seine Eltern u. die Billigung seiner Wahl, ihm reiche Ernte eingetragen u. die kleine Wohnung soll ein Schmuckkästchen der geschmackvollsten Gaben sein. – In meinem nächsten Briefe hat »Emma« schon Revue passiert u. ich werde Dir darüber berichten. Hoffentlich geht es Dir wieder gut u. gehst Du mit Deinen Lieben einem angenehmen Winter entgegen.

Mit herzlichen Grüßen

Deine alte Mama.

An Otto Brahm

[Berlin] d. 28 Jan. 97.

Verehrter Herr und Freund.

Sollten Sie die löbliche Absicht haben, uns zur morgenden Première einzuladen, so danken wir Ihnen herzlichst, können aber zu unsrem größten Bedauern nicht davon Gebrauch machen und bitten Ihre Gunst uns bei einer späteren Aufführung zu erzeigen. Das Alter verlangt vorsichtige Behandlung der spärlichen Kräfte, die bei uns beiden Alten durch andauernde Erkältung schon mitgenommen sind. Die Tochter ist verreist. –

Ihnen Alles Gute wünschend

die alten Fontane's.

An Emilie Zöllner

Augustabad. N. Brandenburg
d. 5 Juli. 97.

Meine liebe, liebe Freundin.

Es war uns doch sehr tröstlich, unsere Mete zu der Trauerfeier unseres ältesten, theuren Freundes geschickt zu haben und mündlich von ihr Alles über den Heimgang des so schwer Geprüften erfahren zu haben. Dennoch habe ich schmerzlich unser Fernsein empfunden! Ihm, war die endliche Erlösung von seinen langen Leiden nur zu wünschen, vor allem, das dürfen wir uns nicht verhehlen, ein Ausspannen Deiner Kräfte, an deren Ende Du mir [!] in den letzten Leidenswochen angelangt warst. Aber trotzdem, mit menschlicher Schwachheit angesehn, all dies ist richtig, so kann ich mir doch vorstellen, daß Du die jetzige Leere auf's schmerzlichste empfindest. Wir sprechen oft und viel von Dir, theure Freundin und wünschen natürlich daß sich Dein Leben so gestalten möge, daß Du in Ruhe und Erholung, Dich wieder kräftigst und in stiller Wehmuth der letzten, schweren Jahre gedenken kannst, in denen Deine treue

Pflichterfüllung, ein Musterbild für Alle war, die sie beobachtet. Ich werde erst über Dich beruhigt sein, wenn ich höre, daß Du nun auch an *Dich* denkst und etwas zu Deiner Erholung, Erfrischung, thun wirst. An mir selbst habe ich in den letzten Wochen erfahren, daß der Frieden und die Stille der Natur, die besten Heilmittel für die Wunden des Gemüth's sind, denn die traurigen u. verletzenden Ereignisse die Friedels Heirath über uns gebracht, erscheinen mir, wenn auch nicht verzeihlich, so doch überwindlich. Freilich sind wir noch nicht am Ende dieser unglückseligen Affaire, denn ehe ich nicht erfahre, »die Ehe ist gelöst« ehe glaube ich nicht daran; er ist von dem Wesen wie behext u. ich bin fest überzeugt, daß er, fügte sie sich seinen Wünschen, Eltern, Geschwister u. selbst Vaterland aufgeben würde. Gott verhüte, daß es dazu komme.

Uns ist es hier sehr gut ergangen. Mein Alter, der recht angegriffen u. ergriffen von dem Verlust seiner liebsten Freunde her kam, hat sich in der Stille u. Einsamkeit recht erholt u. seine Arbeit, mit der er in Berlin nicht mehr von der Stelle kam, sehr gefördert. Er spricht davon, Mitte des Monats abzureisen; einige Tage vorher will Mete fort, um Wohnung etc. wieder in Stand zu setzen. Ich werde Dich liebes Herz also bald wiedersehn, hoffentlich muthig u. ergeben, wie immer, aber auch ausgeruht u. mit Hoffnung auf freundliche Tage mit Deinen Kindern u. Deinen Freunden. – In alter

Freundschaft Deine

E. Fontane.

An Paula Schlenther

[Berlin] d. 20. Januar 98.

Liebe Freundin.

Mein seit Ende 97 dauerndes Kranksein hat mich schon um vieles Gute gebracht, nicht zum wenigsten um Ihren lieben Besuch am Sonntag! Natürlich sind Schlenther's unser Tagesgespräch u. wir wüßten so gern ob wir uns rückhaltlos mit Ihnen *freuen* sollen. Sie beide noch in unsren alten Tagen zu verlieren, ist nur dann erträglich, wenn Ihnen dieser Verlust ein großer Gewinn bedeutet, u. so wird es gewiß sein. – Ob wir Sie noch sehen, d. h. nicht auf einen Stibs, wo man im Zählen der Minuten nichts vom Augenblick hat, oder ob uns noch ein ordentliches Beisammensein wird vergönnt werden – müssen wir abwarten. Aber daß die drei Fontane's mit all ihren besten Wünschen Sie Beide begleiten, das war Bedürfniß Ihnen auszusprechen

Ihrer mütterlichen Freundin

E. Fontane.

An Paula Schlenther

[Karlsbad] d. 21. Aug. [1898]

[Ansichtspostkarte]

Liebste.

Wir senden Ihnen Beiden die herzlichsten Grüße u. mein Alter seinen Dank für den l. Brief Ihres Gatten. Ob wir uns vor Ihrer Uebersiedlung noch wiedersehen werden? Ich hoffe immer, daß Sie so schnell den Umzug nicht werden bewerkstelligen können. Am 9. Sept. denken wir zurück zu sein u. Martha wünscht Ihren beiderseitigen Glückwunsch zu ihrer Verlobung mündlich zu empfangen. Darüber sind Sie wohl eben so erstaunt, wie über Alice? Möchte sich doch Alles nach Ihren Wünschen abwickeln, damit Sie eine schöne Erinnerung an Berlin haben. Unsre Freundschaft folgt Ihnen nach. Ihre

alte Fontane.

KAPITEL 11

»... so lange ich mich noch hier auf der Reise befinde, will ich die Augen offen halten, für Alles Gute was mir geblieben«

Post mortem auctoris – die Jahre als Witwe (1898–1902)

Auch beim Tod ihres Mannes nach fast fünfzigjähriger Ehe erweist sich Emilie als eine selbstbewusste, starke Frau. Ihre Äußerungen zeigen, wie heftig sie betroffen ist, aber auch, wie tapfer sie mit dieser unumkehrbaren Tatsache umgeht. Sie weiß, dass das Leben endlich ist, und sie ist zutiefst dankbar, dass Fontane so sanft und schmerzlos davongegangen ist: Es sei »kein Sterben, sondern ein Erlöschen noch in voller Kraft«, ein »wunderbar schöner Tod« gewesen (an Gustav Keyßner, 11. Oktober 1898). Dieser tröstliche Gedanke dominiert all ihre Briefe, mit denen sie in großer Souveränität die Kondolenzen von Freunden und Prominenten beantwortet. Es sind wahrhaft Briefe einer Schriftstellerwitwe, die sich »auf Augenhöhe« an die Adressaten wendet. Sie schreibt an Gustav Keyßner, den jungen Chefredakteur der »Münchner Neuesten Nachrichten«; an Julius Rodenberg, den Herausgeber der »Deutschen Rundschau«, in der nicht nur »Effi Briest« vorabgedruckt worden ist; an Otto Brahm, den streitbaren Publizisten und erfolgreichen Intendanten des Deutschen Theaters in Berlin; an den ans Wiener Burgtheater berufenen Journalisten und Kritiker Paul Schlenther; an Harry Maync, damals noch Germanistikstudent in Berlin, der 1920 eine der ersten Fontane-Biographien publizieren wird; und an den Inhaber der Besserschen Verlagsbuchhandlung, den Verleger Wilhelm Hertz, der die »Wanderungen durch die Mark Brandenburg«, die »Gedichte« und manches andere von Fontane verlegt hat. Es sind Briefe an Mitglieder der geistigen Elite ihrer Zeit, die sie eindrucksvoll ergänzt durch persönliche Bekenntnisse in ihren Briefen an die Freundinnen Clara Stockhausen und Paula Conrad, die seit 1892 mit Paul Schlenther verheiratet ist und seit 1898 in Wien lebt. Ihnen vertraut Emilie zunehmend auch den Kummer in ihrem Leben ohne den vertrauten Gefährten an, am eindrücklichsten am 29. November 1898 gegenüber Clara Stockhausen.

Gerade auch bei den reichen Erinnerungen, die beim Auszug aus der alten Wohnung in der Potsdamer Straße 134 c lebendig werden, stellen sich schmerzliche Gedanken ein: Sie zieht Ende März 1899 zu ihrem »glücklich geschiedenen« Sohn Friedrich in die Elßholzstraße in Schöneberg und fügt sich – soweit Alter und Krankheit es zulassen – schon bald wieder in den Berliner Alltag ein. Am 4. Januar 1899 nimmt sie an Marthas Hochzeitsfeier mit Karl Emil Otto Fritsch teil, den sie in ihrem Brief an Clara Stockhausen vom 29. November 1898 durchaus wohlwollend charakterisiert – wenn auch in Bezug auf das Verhältnis zu Martha mit einem skeptischen Unterton. Im Sommer reist sie, erstmals allein, zur Kur nach Karlsbad, und am 14. November feiert sie, geplagt von »Schwindel und Hexenschuß« (an Paula Schlenther, 29. November 1899), ihren 75. Geburtstag. Und sie geht auch wieder ins Theater: »ich bin meiner alten Leidenschaft […] wieder verfallen u. ist u. bleibt es mein höchstes Vergnügen«, gesteht sie am 18. Januar 1900 ihrer Freundin Paula. Die ist oft zu Gastspielen in Berlin und spendiert Karten, und Emilie ist stets entzückt von Paulas Darstellungskunst. Auch mancher der alten Bekannten denkt an Frau Fontane und holt sie zu Veranstaltungen. Otto Brahm lädt sie im Januar 1900 zu einem »ganz solennen Diner mit Austern etc.« ein, das er zu Ehren des jungen Dramatikers Max Dreyer gibt, der, wie Emilie referiert, »etwas nüchtern, aber einen wohltuend menschlichen Eindruck auf mich gemacht hat, ebenso vortheilhaft wie sein: Probekandidat« (an Paula Schlenther, 18. Januar 1900). Bei so viel angenehmen Erlebnissen wird sie auch mit den Austern fertig geworden sein, die sie nicht mochte. Bereits am 23. Oktober 1898 hatte die »Freie Literarische Gesellschaft« im Künstlerhaus in Berlin eine Gedächtnisfeier für Fontane veranstaltet, bei der Joseph Kainz ein längeres Gedicht rezitierte, das Julius Rodenberg über »Theodor Fontanes Begräbnis« geschrieben hatte. Emilie nimmt wegen Unpässlichkeit nicht an dieser sonntäglichen Feier teil, bedankt sich aber – all die Ärgernisse beiseiteschiebend, die ihren Mann und Rodenberg einst brouilliert hatten – am 29. Oktober für die »wundervollen Worte«.

Emilie lebt offenbar in bestem Einvernehmen mit ihrem Jüngsten zusammen, der freilich durch sein florierendes Verlagsgeschäft stark beansprucht ist. Fontane hatte schon am 6. Mai 1898 an Sohn Theodor anerkennend geschrieben: »Friedel verlegt tapfer weiter [...] Auf dem Gebiet der Belletristik ist er, nach meiner Kenntnis, Nummer 1. Verleger geworden.« Mit Theodor junior steht sie im Briefkontakt; er ist 1898 »Corps-Intendant« in Kassel geworden. Nachdem er 1901 in Berlin war, schreibt Emilie am 5. August aufschlussreich an Paul Schlenther: »Theo war mit Familie auch einige Tage hier. Er verbeamtet immer mehr, wird geistig immer fauler u. mein Alter wußte was er that, als er ihn von der ›Literatur‹ ausschloß, – aber er ist ein guter Mensch u. hat meine Einigung mit Waren, so weit es ging, hergestellt, was doch für alle Theile zu wünschen war.« Emilie spielt darauf an, dass sich ihr Verhältnis zu Martha, die seit 1902 mit ihrem Mann in Waren an der Müritz lebt, wegen ständiger Querelen um Fontanes Nachlass deutlich abgekühlt hatte; sie spricht ausdrücklich von der »etwas krankhaften Opposition meiner Tochter« in dieser Angelegenheit. Umso konstruktiver gestaltet sich ihre von der häuslichen Nähe begünstigte Zusammenarbeit mit Friedrich, der bei der Sichtung der nachgelassenen Manuskripte (zum Beispiel »Mathilde Möhring«) und Materialien (etwa die Sammlung der Theaterkritiken) und der Planung einer Gesamtausgabe ein kompetenter Partner ist.

In ihrem geradezu rührenden Brief an den vielbeschäftigten Burgtheater-Intendanten Paul Schlenther vom 10. März 1901 (er gehört zu der von beiden Fontanes testamentarisch bestimmten »Nachlaß-Kommission«, die sich um die literarische Hinterlassenschaft des Dichters kümmern soll) erklärt sie, welche Freude es für sie wäre, »das Zustandekommen der Gesammt-Ausgabe« noch zu erleben.

Dieser Wunsch hat sich nicht erfüllt. Am 18. Februar 1902 ist Emilie Fontane nach kurzem Krankenlager gestorben; sie hatte sich, eine Droschke sparend, auf dem offenen Perron einer Straßenbahn eine Lungenentzündung geholt. Am 21. Februar wurde sie an der Seite ihres Mannes auf dem Friedhof an der Liesenstraße beigesetzt. »Der in der Kapelle aufgebahrte Sarg verschwand unter der Fülle der Kränze«, berichtete das »Berliner Morgenblatt«, und der Reporter hatte in der Trauergemeinde unter anderem Hofschauspieler Richard Kahle, den Professor für Germanistik Erich Schmidt und Otto Pniower, den Direktor des Märkischen Museums, gesehen.

Der Tod einer Schriftstellerwitwe ist selten eine Agenturmeldung wert, aber die Nachricht von Emilie Fontanes Tod ist in allen großen Zeitungen von Breslau bis Stuttgart, von Berlin bis München abgedruckt, und alle heben ihr Engagement für eine Fontane-Gesamtausgabe und die Übergabe von Schreibtisch und Manuskripten an das Märkische Museum hervor. Und es ist nicht nur die Dankbarkeit für diese Verfügung, die Otto Pniower in seinem einfühlsamen Nachruf vom 20. Februar die Lebensleistung der »Frau Fontane« gebührend würdigen lässt;

er hatte sie in den letzten Wochen oft besucht und mit ihr geplaudert und charakterisiert sie nicht nur als »Gattin des trefflichen, unvergeßlichen Dichters«, sondern auch als »einen Menschen von besonderem Schlag«.

An Clara Stockhausen

Berlin. d. 1. Okt. 98.

Theure Frau Clara.

Ihnen Beiden muß ich selbst meinen Dank sagen für all die Freundschaft die Sie meinem über alles geliebten Manne in seinem Leben und in seinem Tode bezeugt haben! ich klage nicht, ich danke nur, gesegnet gewesen zu sein, an seiner Seite durch's Leben zu gehn, aber – er fehlt mir!

Ihre alte Freundin

Emilie Fontane.

An Sigrid Lessing

Berlin d 1. Okt. 98

Hochverehrte, liebe Frau.

Ihnen persönlich zu danken, drängt es mich nicht nur allein, sondern auch im Gedächtniß und wie im Auftrage meines lieben Mannes. Darf ich Ihnen aussprechen, daß er Sie ganz besonders lieb hatte, daß Sie seinem künstlerischen und ästhetischen Sinne so besonders wohl thaten. Nach den Begegnungen mit Ihnen war er auf's wohlthuendste berührt und Sie und Ihren Gemahl in Ihrem schönen Heim aufzusuchen seine nächste Absicht, als er erfrischt aus Karlsbad heimkehrte! Es sollte nicht sein. Sein und der Seinen Wunsch bleibt unerfüllt.

In dankbarem Gedenken

Ihre

Emilie Fontane.

An Gustav Keyssner

Berlin d. 11. Okt. 98.

Sehr geehrter Herr Doktor.

Unter den vielen, meinen teuren Mann so ehrenden und anerkennenden Worten haben mir die Ihrigen vom 8. Okt. so ganz besonders wohlgetan und es ist mir ein Bedürfnis Ihnen das auszusprechen und Ihnen dafür herzlichst zu danken. Die späte Anerkennung die er nach einem mühevollen und fleißigen Leben errungen, hat die letzten Jahre seines Lebens verschönt und sein wunderbar schöner Tod, der kein Sterben war, sondern ein Erlöschen noch in voller Kraft, hat mir jeden Ton der Klage genommen und wie ich mich glücklich preise, an der Seite dieses seltenen Menschen gelebt zu haben, so auch daß sein Ende ein so harmonisches war. Dass Sie, verehrter Herr, ihn bei Ihrer kurzen Bekanntschaft so erkannt haben, wie es mir aus jeder Ihrer Zeilen hervortritt, hat mir so wohl getan und mich zu diesen Zeilen des Dankes veranlasst.

Ihr schöner Erika-Kranz umgiebt sein Bild und erinnert mich täglich an den gütigen Geber.

In dankbarer Ergebenheit

Frau Theodor Fontane.

An Julius Rodenberg

Berlin, 29. Oktober 1898

Hochverehrter Herr.

Am vergangenen Sonntag durch mein Befinden verhindert, der Feier im Künstlerhause beizuwohnen, kam Ihr Prolog erst gestern verspätet in meine Hände.

Nehmen Sie meinen innigsten Dank für Ihr liebevolles Gedenken meines teuren Mannes, für das Sie einen so warmen und erhebenden Ausdruck gefunden haben. Soweit denkbar, haben

Sie mir die letzte Ruhestätte durch Ihre wundervollen Worte noch lieber gemacht.

In dankbarer Ergebenheit

Ihre Fr. Fontane

An Clara Stockhausen

Berlin d. 29. Nov. 98.

Liebste Frau Klara.

Es war Unrecht, daß ich Ihren so lieben und theilnehmenden Brief nicht früher beantwortete und Ihnen dankte. Aber was soll ich Ihnen schreiben? Die »Zeit« sagen die, die mich trösten, wird auch Ihre Wunde heilen. Es ist aber Alles anders! ich habe keine Wunde, ich bin nur voll Dank für den wundervollen Abschluß eines so schönen, bevorzugten Lebens, ich weiß, daß es das Naturgesetz ist, daß man mit beinah 80 stirbt etc. – aber ich vermisse den geliebten Mann täglich, stündlich u. frage mich immer wieder: was sollst Du noch? als ich vor 11 Jahren meinen George verlor, glaubte ich, Schwereres könne nun nicht mehr kommen; nun weiß ich, was das Schwerste ist. – Lassen Sie, theure Frau, nun nüchtern berichten, was aus mir und meinen Kindern werden soll. In diesen Tagen geht unser Theodor als Corps-Intendant nach Kassel, in den ersten Tagen des Januar heirathet Martha einen Mann, den ihr ihr Vater noch ausgewählt; einen tüchtigen Menschen, Architekt, Chef-Redakteur der Bauzeitung, Wittwer, beinah 60. In sehr guten Verhältnissen, den wir seit 16 Jahren kennen, der Martha'n liebt u. den sie hochstellt u. hoffentlich auch liebt. Mein lieber Alter sagte wiederholentlich zu mir: wenn ich einen Mann für Martha zu wählen hätte, so würde es Fritsch sein. – Möge er richtig geurtheilt haben; auch ich habe volles Vertrauen zu ihm. Aber die Ehe ist ein Loos u. nicht jedes gewinnt.

Im April verlasse ich unsre über 26 Jahr inne gehabte Wohnung u. ziehe mit meinem, endlich glücklich geschiedenen Jüngsten, Friedel, zusammen. Vielleicht kann ich noch für ihn etwas sein, sonst fühle ich mich recht unnütz, vor allem: uralt, nicht mehr Menschen u. Verhältnisse begreifend. – Vielleicht sehe ich Sie noch einmal wieder; der Abend mit Ihnen bei Ihrem Emanuel war so herzerquickend; es ist so wohlthuend, wirkliche Freunde auch nach Jahren unverändert wieder zu finden.

Leben Sie mit Ihrem Julius u. Ihren Kindern so glücklich wie es Ihnen von Herzen wünscht

Ihre alte Freundin

Emilie Fontane.

An Otto Brahm

Berlin d. 6. Jan. 99.

Liebster Freund.

Angegriffen und elend, – verlassen von Mann und Kind, – las ich so eben Ihren Aufsatz in der Neuen Deutschen Rundschau. Und es ist mir ergangen, wie dem theuren Dahingeschiedenen. Wie oft, wenn er geistig u. körperlich deprimiert war, konnte er sich im Umsehn frisch u. frei fühlen, wenn Etwas an ihn herantrat, was seinen Geist erfrischte u. seine Bewundrung weckte. – So auch mir. Nach schweren, schweren Stunden, danke ich Ihnen für diese Erfrischung, empfinde ich, daß ich, trotzdem er geschieden, ich mich noch seiner, wenn auch mit Thränen, freuen kann. Haben Sie Dank für jedes Wort, Sie haben ihn gekannt u. so wollte er beurtheilt u. verstanden sein.

In alter Freundschaft

Ihre

alte Fontane.

An die Bessersche Buchhandlung (Wilhelm Hertz)

Berlin d. 1. Februar 99.

Auf Ihren gef. Brief vom gestrigen, erwidere ich, daß ich selbstverständlich mit einem Neudruck »des 3t. B. der Wanderungen« unter den angegebenen Bedingungen einverstanden bin. Ich möchte bei dieser Gelegenheit noch einen Wunsch meines verstorbenen Mannes erwähnen, der öfter ausgesprochen hat, falls »Fünf Schlösser« (ein Buch welches er für besonders gelungen erachtete) eine neue Aufl. erzielte, er den Vorschlag machen möchte, das Buch quasi als Supplement der Wandeerungen, also vielleicht mit dem Untertitel *5 Band W.* zu bezeichnen. – Eine Revision des in Frage stehenden 3. B. halte ich nicht für nöthig, da ich weiß daß mein Mann, die letzte Aufl. sorgfältig revidiert hat und selbst auf eine nochmale Durchsicht verzichten würde.

Ergebenst

Fr. Dr. Fontane.

An Paula Schlenther

[Berlin] Montag d. 20. Fbr. 99.

Liebste.

Hier haben Sie die Erklärung des Schweigens aus einem der verbindlichsten Häuser. Ich sende Ihnen die Zeilen meines partiellen Nährvaters aber aus noch einem andren Grunde. *Paul Heyse's* Wort bei Schicksalsschlägen war immer: »es ist gesorgt, daß die Bäume nicht in den Himmel wachsen.« Ueberall, habe ich in meinem langen Leben beobachtet, trifft das zu. Dieser »schwer« reiche Mann, was hat er Alles ertragen, entbehren müssen? wer schafft ihm jetzt für seine Millionen eine Häuslichkeit, wie er sich wünscht, wie er sie an der Seite der Frau gehabt?

Ach, meine liebe, theure Freundin, u. jetzt citiere ich abermals, u. zwar meinen geliebten Alten: »man muß sich bescheiden, alles kann man nicht haben.«

Und nun werden Sie denken, mit *der* Alten ist es ganz aus, die wird sentimental, nein im Gegentheil, so lange ich mich noch hier auf der Reise befinde, will ich die Augen offen halten, für Alles Gute was mir geblieben, wozu ich auch Ihre Zuneigung zähle. Körperlich geht es mir noch mau. Auf baldiges Wiedersehn.

Ihre alte Fontane.

An Paula Schlenther

[Berlin] d. 31. März. 99.
Elßholzstr. 17. p.

Liebste.

Inanspruchnahme nach jeder Richtung, weit über meine körperlichen wie seelischen Kräfte gehend, haben mich bis heute abgehalten, Ihnen für Ihre so sinnige, praktische u. wohlschmeckende Gabe zu danken. Mit Mühe suche ich davon zu conservieren, weil ich immer hoffe, Sie finden auch in dieser Ferne den Weg zu mir u. erlaben sich an Ihrem eigenen Geschenk. Wenn die Idee nicht Ihrem holden Köpfchen entsprungen ist, dann muß ich glauben, sie ist wienerisch, kaum wohl von »hier«.

Was ein *Umzug* besagen will, wissen Sie aus eigener Erfahrung u. habe ich noch im Gedächtniß wie angegriffen Sie danach aus Wien zurückkamen. Aber nach 26 Jahren, trotzdem äußerlich Alles gutging, war es doch sehr hart für mich u. ich kann mich noch garnicht in das Neue hineinfinden u. komme mir trotz meines Alters selbst neu u. fremd vor. – Heyse nahm nach dem Begräbniß Kuglers seine Schwiegermutter sofort mit nach München u. das Experiment glückte, sie fand Tochter u.

Enkel. Ich fühle mich vereinsamter denn je u. sehne mich nur nach *ihm*.

Nun habe ich Ihnen statt hübsch zufrieden u. dankbar zu schreiben, vorgeklagt. Ich bin nun mal so u.

Ihre
Sie sehr liebende alte Fontane.

AN PAULA SCHLENTHER

Berlin d. 29. Nov. [1899?]

Liebste.

Es erscheint mir einsam hier, nun Sie fort sind. Sie kamen doch, wenn Sie hörten es ginge mir nicht gut. Jetzt, mit Schwindel u. Hexenschuß bin ich recht vereinsamt u. Ihr liebes Bild vor mir blicke ich mit Thränen an. Ach, die 75, ohne ihn, haben mich ganz alt gemacht u. alle Liebe u. Freundschaft, die mir erzeigt wurde, empfing ich in – seinem Gedächtniß. Ihm habe ich immer u. noch Alles verdankt! Sie glauben nicht, wie schwer mir mein geistiges Alleinsein fällt! er war mein Lexikon in jeder Beziehung u. nun bin ich verdummt u. weiß im Kleinsten nicht aus noch ein. – Das aber wollte ich Ihnen nicht wiederholen, Sie wissen es ja, danken wollte ich Ihnen, daß Sie in allem Abreise u. Abschiedstrubel noch meiner gedacht haben! ich erquicke mich an Ihrer Goldquelle! hoffentlich geht es Ihnen gut u. sind Sie mit dem hiesigen Abschluß zufrieden; ich freue mich, daß Sie dadurch in gewissem Sinne Ihrer Kunst erhalten bleiben.

Eben verläßt mich Prof. Dr. Salomon u. daran möchte ich eine praktische Frage knüpfen. Giebt man ihm als quasi Hausarzt 3–5 Mk. für jeden Besuch u. rundet am Jahresschluß die Summe ab? –

Martha geht es körperlich so novemberlich wie mir; Migraine, dicke Backe, nervöse Pleite wechseln bei ihr ab u. der ältere Mann ist der frische u. nicht zu beneidende. Kein Glück vollkommen oder gar dauernd.

Mit ungezählten Grüßen für Sie Beide
Ihre mütterliche Freundin

Fr. Th. Fontane.
Elßholzstr. 17. p. r.

AN PAULA SCHLENTHER

Berlin d. 18. Jan. 1900.

Liebste.

Seit dem 30[t.] Dec. will ich Ihnen schreiben, will Ihnen u. Ihrem lieben Mann so recht von Herzen für Ihr treues Gedenken danken u. erst heut komme ich dazu. Es hat verschiedene Gründe. Das alte Jahr hat mich noch in jeder Beziehung mitgenommen, namentlich durch Krankheit, so daß unser guter Salomon eine ganz stattliche Summe, mit Abrundung nach oben, empfing; aber auch Aergernisse aller Art begleiteten mich in das neue Jahrhundert. Jetzt scheint Ebbe eingetreten zu sein u. seit beinah 8 Tagen lebe ich wieder u. will auch, soviel es noch geht, mich des Lebens freuen. Dazu trug die gestrige Notiz in der Zeitung bei: »daß Paula Conrad im März uns einen Vortragsabend schenken will.« Daran krystallisierte sich nun gleich vieles in meinen Wünschen, aber ich werde sie Ihnen nur vortragen, die Erfüllung liegt wohl aus mannigfachen Gründen außer Ihrem Können. Elßholzstr. 17. parterre, mit einem kleinen Logirstübchen, darf ich Ihnen wohl nicht anbieten? wenn es ausführbar wäre, sollten Sie hochwillkommen sein u. würde ich Alles aufbieten, es Ihnen bequem zu machen u. stünden Ihnen noch 2 Zimmer ganz ungestört zur Verfügung. – Daß Sie Beide einen verkürzten Aufenthalt hier hatten, hat mir Brahm erzählt. Er gab am Sonnabend ein ganz solennes Diner, mit Austern etc. wahrscheinlich zu Ehren Max Dreier's, der, etwas nüchtern, aber einen wohlthuend menschlichen Eindruck auf mich gemacht hat, eben so vortheilhaft wie sein: Probekandidat. – Außerdem lernte ich Frl. Marschalk kennen, die anfangs wie eine Südländerin oder »Sie sind wohl nicht von hier« auf mich wirkte, später in der Unterhaltung einen sehr vortheilhaften Eindruck auf mich machte. Sehr angenehm wirkte ihr u. Hauptmann's natürliches u. feines Benehmen.

Sie sehen, mein Liebling, ich bin meiner Leidenschaft, dem Theater, wieder verfallen u. ist u. bleibt es mein höchstes Vergnügen. Leider kann Martha mich selten begleiten, denn sie ist den ganzen Winter über influenciert. Natürlich sind wir viel beisammen, u. müssen wir die Nähe ausnutzen, da Fritsch's (seit 1900 Professor) schon im April nach ihrem ländlichen Besitz (am Müritzsee in Meklenburg) übersiedeln wollen. So verlockend sie mir den dortigen Aufenthalt schildern, kann ich mich noch nicht zum Mitgehen entschließen; mein lieber Alter rieth mir immer zur Unabhängigkeit u. dem möchte ich nachleben. –

Geschäftlich verlangt der Dreibund sehr nach Ihrem lieben Mann. Die häßliche Gesammtauflage der F. Werke von dem 70t. Gbt. ist beinah vergriffen u. wohl an der Zeit an eine neue, vollständige Ausgabe zu denken, was sich doch wohl 2 Jahre hinziehen würde. Und wer soll, kann, will die Biographie dazu schreiben? Obgleich ich erklärt habe, nichts dazu sagen zu wollen, Alles dem Dreibund zu überlassen, so habe ich doch natürlich das größte Interesse daran, daß etwas geschieht. Und dazu gehört das Votum Ihres Mannes, aber – der hat ja keine Zeit. Doch *muß* er den Ausschlag geben, Martha wird seinen Vorschlägen zustimmen u. Paul Meyer wohl erst recht. Hätten wir ihn nur mal eine ruhige Stunde hier. Friedel könnte so gut Vorarbeiten machen, wenn erst ein Plan entworfen wäre.

Aber nun genug Geschäftliches u. Persönliches. Mit vielen Grüßen für Sie Beide,

Ihre mütterliche Freundin

Fr. Th. Fontane.

An Harry Maync

Berlin d. 23. September 00.

Sehr verehrter Herr.

Meinen herzlichsten Dank für Ihren Brief u. Ihrer so liebenswürdigen Besprechung der Gedichte meines Mannes, auf die er selbst größeren Werth legte, als auf seine Prosa-Schöpfungen. Es macht mir Freude, Ihnen, auf Ihren Wunsch, ein Original derselben, übersenden zu können. – Alles andre, was Urtheil u. Nachlaß des theuren Dahingeschiedenen betrifft, habe ich aus meinen schwachen Händen, den von ihm selbst bestimmten Persönlichkeiten übergeben, die bald mit der Herausgabe seiner sämmtlichen Werke hervortreten werden.

Ihre sehr ergebene

Frau Dr. Th. Fontane.

An Paul Schlenther

Berlin d. 10. März. 01.

Verehrter u. sehr lieber Freund.

Meine Bitte heut geht dahin, daß Sie bei Ihrer nächsten Anwesenheit hier, Ihrem alten Fontane ein paar Stunden widmen. Sie haben ihm zu *leben* verholfen, nun helfen Sie aber ihm auch zum *weiter leben*. Es ist Alles vorbereitet u. ich hoffe, Sie werden die Arbeit geringer finden, als Sie fürchten u. manche Freude u. manchen Genuß als Feinschmecker haben. Eine Schwierigkeit scheint mir geschwunden, die in der etwas krankhaften Opposition meiner Tochter lag u. die die ganze Neudruck-Angelegenheit so unnöthig verzögert hat. – Sie werden verstehen, daß es eine Freude für mich wäre, wenn ich noch das Zustandekommen der Gesammt-Ausgabe erlebte; und ich befinde mich am *späten* Lebensabend.

Ihre liebe Frau, die bei ihrem jeweiligen Hiersein, mir leider nur wie ein Meteor erscheint, grüße ich mit der alten, mütterlichen Herzlichkeit u. wünsche Ihnen Beiden alles erdenkliche Gute.

Stets Ihre alte Fontane.

AN PAUL SCHLENTHER

Waren i/Mkl. d. 5/8 01.

Lieber, sehr verehrter Freund.

Ihren, mich sehr erfreuenden Brief aus Marienb. hat mir Friedel hier mitgetheilt u. ich danke Ihnen auch sehr dafür. Ihre Thätigkeit wird hoffentlich für P. M. ein Anstoß sein, die Gesammtausgabe nicht länger zu verzögern. – Sobald ich wieder zu Hause bin, werde ich noch einmal gründlich nach den fehlenden Kritiken suchen, da ich nicht glaube, daß mein lieber Alter mit der Sammlung derselben aufgehört hat – sonst bekommen wir sie durch die Vossin. Hoffentlich ist Ihnen Marienbad gut bekommen u. fühlen Sie sich gekräftigt für Ihr so ehrenvolles, aber schwieriges Amt. Grüßen Sie mir auf's zärtlichste Ihre Frau, die mir durch eine etwas gefährliche, aber glücklich beendete Fahrt, noch näher getreten ist; es war wirklich nicht so ganz »ohne«. – Theo war mit Familie auch einige Tage hier. Er verbeamtet immer mehr, wird geistig immer fauler u. mein Alter wußte was er that, als er ihn von der »Literatur« ausschloß, – aber er ist ein guter Mensch u. hat meine Einigung mit Waren, so weit es ging, hergestellt, was doch für alle Theile zu wünschen war.

In herzl. Freundschaft Ihre

Fr. Theodor Fontane.

An Paula Schlenther

[Berlin] d. 27. Sept. [1901]

Liebste.

Danken muß ich Ihnen für den reizenden Abend den Sie mir und meinem Sohne gegönnt haben. Und wie vorzüglich kleideten Sie die Toiletten! Sie u. Vollmer waren eine Pracht, das Uebrige – Schweigen. Mit meinen besten Wünschen bin ich am Sonnabend mit Ihnen! begreife auch, daß Sie ganz bei der Sache sind – möchte Sie aber doch mal von Angesicht zu Angesicht sehen.

Immer Ihre

alte Fontane.

An Paula Schlenther

[Berlin] d. 21. Jan. [1902]

Liebste!

Wenn ich Sie nicht zu Hause treffe, frage ich durch diese Zeilen an, ob der Zufall uns wohl will u. Sie u. der verehrte Gatte am Sonntag 4 Uhr, klein bürgerlich bei uns essen wollen? Sie würden dann, voraussichtlich, Ihre Nachbarn u. Brahm bei uns treffen.

Mit besten Grüßen auf erfreuliche Antwort hoffend

Ihre alte Fontane.

ANHANG

Nachwort

Emilie Fontane hat in einer der seltenen ruhigen Phasen ihres bewegten Daseins 1858 in London begonnen, ihre »romanhafte« Lebensgeschichte aufzuschreiben. Doch über die frühen Jahre des »heimlich, zu keines Menschen Freude« in Dresden geborenen Mädchens ist sie nicht hinausgekommen; ihre »Jugendnovelle« endet mit der Adoption der Dreijährigen durch den »Tausendkünstler« Karl Wilhelm Kummer in Berlin.

Aber gerade dieser Vorgang bringt ja erst Kontur in ihr künftiges Schicksal, und erfreulicherweise hat sie – von jung an eine leidenschaftliche Briefschreiberin – alle Stationen, Ereignisse und Begegnungen ihres Lebens in regelmäßiger Korrespondenz festgehalten, und diese Dokumente fügen sich zu einer facetten- und spannungsreichen Autobiographie zusammen, die der vorliegende Band erstmals zu konstituieren versucht.

In einer Auswahl aus den 500 erhaltenen Briefen aus ihrer Feder – und dies ist nur ein Bruchteil dessen, was sie einst zu Papier gebracht hat! – wird die authentische Lebensgeschichte einer faszinierenden Frau des 19. Jahrhunderts sichtbar, die durch die Nähe zu dem noch immer populären Romancier Theodor Fontane einen publikumswirksamen Akzent erhält: Denn er war – über alle Krisen und Kräche, Zwiste und Zwänge, Brüche und Umbrüche hinweg – die große Liebe ihres Lebens.

Sie hat diese auf tiefer Zuneigung beruhende Beziehung bewusst ausgelebt, schwankend zwischen Anpassung und Selbstbehauptung, sie wurde in wachsender Intensität die Partnerin des Autors und empfand sich schließlich mit beträchtlichem Stolz als »Dichterfrau«.

Ihre Briefe aus mehr als sechs Jahrzehnten belegen eindrucksvoll, wie nachhaltig sie ihre Rolle als Lektorin, Vorleserin und Kopistin ausgefüllt hat (bis hin zu den bisher nicht beachteten körperlichen Konsequenzen) – von ihrer Aufgabe als »Netzwerkerin« in einem großen Freundes- und Bekanntenkreis ganz abgesehen, die die menschliche und intellektuelle Nähe zur kulturellen, politischen und wirtschaftlichen Prominenz ihrer Zeit einschloss, vom »Hofmaler« Adolph Menzel und den Industriellen und Reichstagsabgeordneten Adolf Meyer (Hamburg) und Friedrich Witte (Rostock) bis zu den Literaturnobelpreisträgern Paul Heyse und Gerhart Hauptmann.

Und ihre Briefe dokumentieren wunderbar, wie vorzüglich der Causeur Fontane und die Quasselstrippe Emilie, der amüsable Plauderer und die beredte Neuigkeiten-Verwerterin zusammenpassten: bei ihrer Briefschreibe-Passion in Zeiten räumlicher Trennung wie beim abendlichen »Papeln« in der Potsdamer Straße. Das permanente, fast manische Informationsbedürfnis und der Drang, sich darüber auszutauschen, zeichnen beide aus; sie waren tatsächlich ein »plaudrig Ehepaar«.

Entgegen allen pejorativen Darstellungen in der älteren Fontane-Literatur (verheerend beginnend in Conrad Wandreys Monographie von 1919) hat sich Emilie auch als Hausfrau und mater familias in der wirtschaftlichen Situation einer Schriftstellerehe zurechtzufinden gewusst: Die Fontanes lebten bis ins höhere Alter buchstäblich nur von dem, was er am Schreibtisch »erschrieb«. Dass dies mehrfach zu heftigen Auseinandersetzungen führte, und zwar immer dann, wenn Fontane vermeintlich sichere berufliche Positionen aufgab, ist nach der abenteuerlichen Herkunfts- und Jugendgeschichte Emilies nur zu verständlich; sie sehnte sich nach Geborgenheit und festen Einkünften. Aber auch solche Standortbestimmungen werden in großer menschlicher Würde vollzogen und sind – zum Vergnügen der neugierigen Nachwelt – im Fontane'schen »Ehebriefwechsel« nachzulesen (die Kündigung bei der »Kreuzzeitung« 1870, die Aufgabe des Akademie-Amtes 1876).

All die angedeuteten Aspekte werden in Emilies Briefen spontan erörtert, und es ist außerordentlich spannend, auch und gerade die weniger bekannten Details in ungedruckten oder verstreut oder an versteckter Stelle veröffentlichten Texten erhellt zu finden. Insofern wartet dieser Band mit vielen Novitäten auf: Die Briefe an Stiefmutter Bertha Kummer bringen nahezu lückenlos Licht in die Verlobungszeit; der Wandel von der hilfreichen Gattin eines Publizisten zu einer »Künstlerfrau«, der engagierten, kenntnisreichen Mitarbeiterin eines Romanciers, lässt sich in den Briefen an die Musikerfrau Clara Stockhausen minutiös verfolgen; ihre Theater- und Opernpassion spiegelt sich in den Briefen an die Schauspielerin Paula Conrad-Schlenther, an den Intendanten des Deutschen Theaters in Berlin, Otto Brahm, und den Chef des Wiener Burgtheaters, Paul Schlenther, und alle diese Beziehungen werden durch Hinweise auf den »Jugendfreund« Gerson Bleichröder ergänzt (den reichsten Berliner Bankier zur Fontane-Zeit), der ihr zeitweise seine Loge in der Lindenoper zur Verfügung stellt; schließlich kommen zahlreiche Familien-Interna der alten Fontanes in Emilies monatlichen Berichten an ihren Sohn Theodor zur Sprache.

Ein hilfreicher Zufall hat es ermöglicht, dass für das Cover des vorliegenden Buches das Motiv eines höchst prominenten Künstler-Zeitgenossen zur Verfügung steht, mit dem Emilie Fontane Jahrzehnte hindurch vielfachen Umgang gehabt hat und mit dessen Schwester sie freundschaftlich verbunden war: eine Aquarell-Gouache von Adolph Menzel. 1872 hatte man im Fontane'schen Freundeskreis eine Wette abgeschlossen (der

Gegenstand ist nicht bekannt), die der Maler verlor. Er beglich seine Wettschuld bei Emilie am 3. März, indem er ihr das entzückende Genre-Bildchen andeutungsreich als »Vielliebchen« schenkte und auf der Rückseite um Nachsicht bat. Diese farbige Darstellung einer »Lesenden Dame« (11,2 × 7,3 cm), von Emilie geschätzt und gehütet, tauchte nach einem abenteuerlichen Weg durch den Kunsthandel im Jahr 2014 im Auktionshaus Grisebach in Berlin wieder auf und konnte Ende 2023 (mit Unterstützung der Kulturstiftung der Länder und der Ernst von Siemens Kunststiftung durch das Theodor-Fontane-Archiv erworben werden. Es ist eine glückliche Fügung, dass dieses Kleinod nun eine Briefautobiographie der einstigen Adressatin ziert – mitunter schließen sich Lebens- und Kunstkreise ganz wunderbar.

Kommentiertes Verzeichnis der Briefempfängerinnen und Briefempfänger

Bessersche Buchhandlung siehe *Hertz*, Wilhelm

Brahm, Otto (1856–1912), Publizist, Kritiker und Theaterleiter; setzte sich für die naturalistische Bewegung ein; Mitbegründer und Leiter des Vereins »Freie Bühne« (1889) und des gleichnamigen Theaters; seit 1890 Herausgeber der Zeitschrift »Freie Bühne für modernes Leben«; übernahm 1894 die Direktion des Deutschen Theaters in Berlin; gehörte zum engsten Freundeskreis der Fontanes und hielt Emilie auch nach dem Tod des Dichters die Treue; Fontane meinte, bei der Lektüre von Brahms' Texten werde es ihm so klar wie beim Einschalten der elektrischen Beleuchtung am Leipziger Platz.

Conrad, Paula (1862–1938), Schauspielerin; seit 1880 Mitglied im Ensemble des Königlichen Schauspielhauses am Gendarmenmarkt in Berlin; seit 1892 mit Paul Schlenther verheiratet (siehe diesen); gehörte, von beiden Fontanes und Tochter Martha als Mensch und Künstlerin hoch geschätzt, zum engsten Familienkreis; musste sich im Winter 1894/95 einer Kur in San Remo unterziehen; lebte seit 1898 mit ihrem Mann in Wien, war aber regelmäßig zu Gastspielen in

Berlin; Emilie verpasste nach Möglichkeit keinen ihrer Auftritte.

Decker, Rudolf Luwig von (1804–1877), Verlagsbuchhändler und Druckereibesitzer in Berlin; in seinem »Verlag der Königlichen Geheimen Ober-Hofbuchdruckerei (R. Decker)« erschienen die drei Kriegsbücher Fontanes, der Erlebnisbericht »Kriegsgefangen« sowie »Aus den Tagen der Okkupation«.

Fontane, Emilie, geb. Labry (1798–1869), Fontanes Mutter; seit 1819 mit Louis Henri Fontane verheiratet; als Emilie Kummer ihre künftigen Schwiegereltern kennenlernte, betrieben sie die Apotheke in Letschin/Oderbruch; Fontanes Eltern trennten sich 1850 ohne Scheidung, sie lebte zunächst in Berlin, dann (gemeinsam mit Tochter Elise) in Neuruppin, er ließ ich in Schiffmühle bei Freienwalde nieder; Emilie Fontane geb. Labry muss eine schwierige, eigensinnige Frau gewesen sein; in ihren letzten Lebenstagen wurde sie von der Schwiegertochter aufopferungsvoll betreut.

Fontane, Friedrich (1864–1941), jüngster Sohn Fontanes, meist »Friedel« oder »Fuz« genannt; als »der Kleine« von den Eltern lange nicht ernsthaft wahrgenommen, gründete er nach solider Ausbildung in deutschen Verlagsbuchhandlungen 1888 in Berlin einen eigenen Verlag, in dem er auch die Bücher seines Vaters (gegen dessen anfänglichen Widerstand) erfolgreich herausgab und der um 1900 ein profiliertes Verlagsunternehmen war; seine erotischen Verbindungen vergrößerten das Unbehagen seiner Eltern an den Schwiegertöchtern.

Fontane, Martha (1860–1917), meist »Mete« genannt, Fontanes einzige Tochter; 1870 Reise mit ihrer Mutter nach England, wo sie ein Jahr lang blieb; Ausbildung als Lehrerin; 1880/81 Erzieherin bei Familie von Mandel in Klein-Dammer; begleitete 1884 eine Amerikanerin auf einer Italienreise; reich begabt und vielseitig interessiert, war sie bei labiler körperlicher und psychischer Befindlichkeit lebenslang »Liebling und Sorgenkind«; wichtige Korrespondenzpartnerin Fontanes; seit 1899 mit dem Berliner Architekten und Herausgeber der »Bauzeitung« Karl Emil Otto Fritsch verheiratet, mit dem sie in Waren an der Müritz lebte.

Fontane, Theodor junior (1856–1933), fünfter Sohn Fontanes (nach George, Rudolph, Peter Paul und Ulrich), nach dem Ort seiner Zeugung oft »der kleine Engländer« genannt; Jurastudium und als Verwaltungsjurist Karriere in der preußischen Armee; Vater der Fontane'schen Enkelkinder (siehe Fontane-Soldmann); Fontanes Verhältnis zu diesem Sohn, der sich immer stärker »beamtenhaft« entwickelte, war kritisch; in den neunziger Jahren ständiger Korrespondenzpartner Emilies, die aber auch Vorbehalte äußerte; über ihn lebt die Fontane-Familie in direkter Linie weiter.

Fontane, Martha, geb. Soldmann (1865–1934), Tochter eines Postrats in Münster (»Oberpostraths-Stietze«, spöttelt Fontane); seit 1886 mit Theodor Fontane junior verheiratet; Mutter von Fontanes Enkelkindern Otto (1887–1955), Gertrud (1889–1968) und Martha (1896–1966).

Friedlaender, Georg (1843–1914), Jurist; Amtsgerichtsrat in Schmiedeberg (Kowary) in Schlesien; seit 1884 mit Fontane bekannt und zunehmend in einer bekenntnisreichen Korrespondenz mit ihm verbunden; verheiratet mit Elisabeth Tillgner (1854–1919); zahlreiche Begegnungen mit den Fontanes bei deren Sommeraufenthalten im Riesengebirge; dass Friedlaender Jude war, hat Fontane nicht abgehalten, gerade ihm seine massiven antijüdischen Vorbehalte anzuvertrauen; die Veröffentlichung von 250 Fontane-Briefen an Friedlaender (1950 durch Kurt Schreinert) gilt als Beginn der sogenannten Fontane-Renaissance.

Hertz, Wilhelm (1822–1901), Verleger in Berlin; Inhaber der »Besserschen Buchhandlung«; verlegte Fontanes »Gedichte« (alle vier Auflagen) und die »Wanderungen durch die Mark

Brandenburg«; übernahm nach »Vor dem Sturm«, »Grete Minde« und »Ellernklipp« später nur noch »Quitt« und »Unwiederbringlich« sowie »Fünf Schlösser« und veranlasste Fontane dadurch, in den achtziger Jahren für seine Romane auf Verlagssuche zu gehen; verheiratet mit Fanny Johanna, geb. Hertz (1826–1913); zahlreiche gesellige Kontakte zwischen ihm und den Fontanes; der Suizid des Sohnes Hans 1887 hat die Fontanes, ohnehin vom Tod ihres Ältesten geschockt, sehr betroffen.

Keyßner, Gustav (1867–1928), Kunsthistoriker, Journalist; 1898 Chefredakteur der »Münchner Neuesten Nachrichten«; Fontane dankte ihm am 14. Mai 1898 für »Brief, Kritik, Essay« und betonte, »wie gleich wir in allen von Ihnen berührten Fragen empfinden, ganz besonders in den künstlerischen«.

Kinne, Bertha siehe *Kummer*, Bertha

Kletke, Hermann (1813–1886), Journalist und Lyriker; 1867 bis 1880 Chefredakteur der »Vossischen Zeitung«, danach Redakteur der Sonntagsbeilage; Emilie Fontane wusste sicher, dass er der Verfasser des Liedes »Am Weihnachtsbaum die Lichter brennen« war (1841).

Kummer, Bertha, geb. Kinne (1807–1870), aus einer Herrnhuter Familie stammend, wurde als 32-Jährige 1839 die dritte Ehefrau des Berliner Technikers, Designers, Theaterhabitués und Reliefgloben-Herstellers Karl Wilhelm Kummer (1785 bis 1855) und damit die erste dauerhafte Adoptivmutter von Emilie; 1842 wurde ihr Sohn Adelbert geboren, mit dem sich Emilie schwesterlich verbunden fühlte; der älteste erhaltene Brief Emilies ist an die Braut Kinne gerichtet, der zweite an Frau Rat Kummer, und in mehreren Dutzend Briefen bis Ende der sechziger Jahre des 19. Jahrhunderts ist die intensive und herzliche Beziehung der beiden Frauen dokumentiert – besonders dicht in der Verlobungszeit, von deren Dramatik nicht viel bekannt ist, da Emilie nach Fontanes Tod den offenbar sehr umfangreichen Briefwechsel verbrannt hat. Bertha Kummer war offensichtlich eine kluge, herzensgütige Frau, die von der Adoptivtochter als Mutter respektiert und als verständnisvolle Freundin geschätzt wurde; als Kummer 1855 starb, gab Bertha die Firma auf, in der 1844 der sensationelle 330-flammige Gas-Kronleuchter für die von Langhans wiederaufgebaute Lindenoper geschaffen wurde, die zum Schluss aber wohl ausschließlich von der »Billet-Fabrikation« (Herstellung und Vertrieb) existierte; Bertha kehrte zu ihrer Familie in Herrnhut zurück (wo sie anfangs ihre alte Mutter pflegte), und in Emilies Briefen klingt ständig die Sorge an, dass das »rauhere« Lausitzer Klima der verehrten Stiefmutter schaden könne; 1866 war Bertha ganz persönlich in die Wirren des preußisch-österreichischen Krieges verwickelt. Briefe von ihr sind nicht erhalten.

Lazarus, Moritz (1824–1903), Publizist und Philosoph; seit 1860 Professor der Psychologie und Völkerpsychologie in Bern; 1867 Lehrer an der Kriegsakademie in Berlin und seit 1873 Honorarprofessor an der Berliner Universität; Mitglied der literarischen Vereinigungen »Tunnel über der Spree« und »Rütli« (Tunnel-Name »Leibniz«); in seinen Schriften setzte er sich für die Emanzipation und den sozialen Aufstieg deutscher Juden ein.

Lazarus, Sarah, geb. Lebenheim (1819–1894), erste Frau von Moritz Lazarus; auf der Fahrt nach Italien 1874 besuchten die Fontanes die Familie Lazarus auf deren Anwesen im Dorf Schönefeld bei Leipzig.

Lessing, Sigrid, geb. Gude, älteste Tochter des norwegischen Landschaftsmalers Hans Fredrik Gude; seit 1875 mit dem Bildhauer und Bauplastiker Otto Lessing verheiratet; Bekanntschaft mit den Fontanes wohl bei einem Treffen mit der reich verzweigten Lessing-Familie bei einem »wundervollen [...] Familien-Diner« am 4. Mai 1883; berührender Dank Emilies für ihr Kondolenzschreiben.

Maync, Harry (1874–1947), deutscher Literaturhistoriker; Professor in Bern und Marburg; Germanistikstudium in Berlin, promovierte 1899 bei Erich Schmidt, der seinen Studenten 1898 vermutlich zu einer Rezension über Fontanes »Gedichte« anregte; veröffentlichte 1920 eine der ersten Fontane-Biographien.

Merckel, Henriette von, geb. von Mühler (1811–1889), Frau des Juristen und Schriftstellers Wilhelm von Merckel (1803 bis 1861), Kammergerichtsrat in Berlin und 1850 vorübergehend Leiter des Literarischen Cabinets, dessen Mitarbeiter Fontane wurde; »Tunnel«- und »Rütli«-Mitglied (Tunnel-Name »Immermann«); das Ehepaar Merckel unterstützte in den fünfziger Jahren uneigennützig mit Rat und Tat die junge Familie Fontane, und Henriette, aus der preußischen Elite stammend, bewährte sich vielfach als einfalls- und hilfreiche Freundin Emilies, der sie sogar das Du antrug; Patentante von Theodor junior, Klavierlehrerin Georges; biographisch wertvoll sind ihre »Erinnerungen an die Familie Fontane (1865–1888)«; Fontane, der nach Merckels Tod dessen Schriften herausgab, hat in seiner Autobiographie »Von Zwanzig bis Dreißig« das Merckel-Kapitel mit den Uhland-Versen »Ich hatt' einen Kameraden, einen bessern find'st du nit« eingeleitet; aus der einst sehr dichten Korrespondenz zwischen Emilie und Henriette sind nur vier Briefe überliefert.

Quehl, Ryno (1821–1864), Journalist in Berlin; 1850 bis 1853 Leiter der Centralstelle für Preßangelegenheiten im preußischen Ministerium; Chefredakteur der »Preußischen (Adler-) Zeitung«; später als Diplomat in Kopenhagen.

Rodenberg, Julius (1831–1914), Publizist, Roman- und Reiseschriftsteller; gründete 1874 in Berlin die angesehene und erfolgreiche »Deutsche Rundschau«, die er bis zu seinem Tod herausgab und in der zahlreiche Texte Fontanes zuerst veröffentlicht wurden (auch »Effi Briest«); er zahlte gute Honorare, bestand aber mehrfach – zu Fontanes Ärger – auf Kürzungen, so dass Fontane die Zusammenarbeit aufgab; zu Fontanes Beerdigung schrieb Rodenberg ein berührendes Gedicht, das Emilie sehr beeindruckt hat.

Rohr, Mathilde von (1810–1889), unverheiratetes adliges Fräulein in Berlin; lebte seit 1869 als Stiftsdame im Kloster Dobbertin in Mecklenburg; mit den Fontanes in herzlicher Freundschaft verbunden; regelmäßige Naturalienspenden für Emilies Küche; Fontane korrespondierte inhaltsreich mit ihr und schätzte ihre Mitteilungen aus märkischen Familiengeschichten für die »Wanderungen«; auch den Stoff zu »Schach von Wuthenow« hat sie ihm vermittelt; Fontane schrieb nach ihrem Tod einen aufschlussreichen Essay über sie; im Krisenjahr 1876 suchten beide Fontanes Trost und Zuspruch bei ihr; Aufenthalte beider Fontanes im stimmungsvollen Ambiente von Dobbertin; über den Verbleib der Briefe von Mathilde von Rohr konnte bisher nichts ermittelt werden.

Schlenther, Paul (1854–1916), Publizist, Kritiker, Theaterleiter; setzte sich für die naturalistische Bewegung ein, war Mitbegründer des Vereins »Freie Bühne«; nach Fontanes Ausscheiden als Rezensent der Inszenierungen im Königlichen Schauspielhaus dessen Nachfolger bei der »Vossischen Zeitung«; seit 1892 mit der Schauspielerin Paula Conrad (siehe diese) verheiratet; übernahm 1898 die Direktion des Wiener Burgtheaters; gehörte zum engsten Freundeskreis der alten Fontanes und wurde in die Nachlasskommission für die Vorbereitung einer Werkausgabe im Verlag von Friedrich Fontane berufen; nahm an der Verlobungsfeier für Martha mit Fritsch im September 1898 teil und war dabei »für einen Ostpreußen kolossal herzlich und gemütlich« (Fontane an Emilie, 17. September 1898); edierte gemeinsam mit Otto Pniower die zweite Sammlung Fontane'scher Briefe (1910).

Schlenther, Paula siehe *Conrad*, Paula

Stockhausen, Clara, geb. Toberentz (1842–1908), seit 1864 verheiratet mit dem Konzertsänger, Dirigenten und Musikpädagogen Julius Stockhausen (1826–1908), der von 1874 bis 1878 den renommierten Stern'schen Gesangverein in Berlin leitete; in dieser Zeit Bekanntschaft mit den Fontanes; Tochter Martha war 1876/78 Hausmädchen bei den Stockhausens und verliebte sich in den attraktiven Musiker, was zu allerlei peinlichen Vewirrungen führte; 1878 folgte Stockhausen einem Ruf nach Frankfurt/Main, wo er Lehrer am Hoch'schen Konservatorium wurde; 1877 Geburt des Sohns Johannes, Name in Verehrung für Johannes Brahms, mit dem Stockhausen eng befreundet war; durch Clara Stockhausen kam der Kontakt der Fontanes zu dem Hamburger Industriellen, Meereskundler und Politiker Adolf Meyer zustande (Schwager von Clara Stockhausen), auf dessen damals berühmtem Landsitz Forsteck bei Kiel sie 1878 einige schöne Tage verbrachten; Frau Stockhausen muss eine gebildete, kluge und sympathische Frau gewesen sein, an die sich die ältere Emilie offenherzig attachierte und bei der sie verstehen lernte, mit den Eigenheiten kreativer Ehemänner umzugehen; sie verständigen sich als »Künstlerfrauen«, besprechen aber auch die Sorgen und Nöte des Alltags; durch den Umzug der Stockhausens nach Frankfurt verlagerte sich der Gedankenaustausch in die zahlreichen Briefe; leider sind keine Briefe von Clara Stockhausen bekannt.

Wolfsohn, Wilhelm (1820–1865), Schriftsteller, Dramatiker und Übersetzer aus Odessa; trat in zahlreichen Vorträgen für enge Beziehungen zwischen deutschen und russischen Autoren ein; seit der Leipziger Zeit (1842) mit Fontane befreundet, der bei Wolfsohn Russisch zu lernen versuchte; von Emilie als guter und vertrauenswürdiger Freund geschätzt.

Zöllner, Emilie, geb. Timm (1828–1924), verheiratet mit dem Berliner Juristen Karl Zöllner, der 1876 Nachfolger Fontanes als Erster Sekretär an der Akademie der Künste wurde; Mitglied des »Tunnel«, des »Rütli« und der »Ellora«

(Tunnel-Name »Chevalier«); jahrzehntelang mit den Fontanes befreundet. Emilie achtete peinlich genau darauf, zu Emilie Zöllners Geburtstag im August einen Gratulationsbrief zu schreiben; nach einem Schlaganfall war Zöllner in den letzten Lebensjahren stark behindert, und die Fontanes nahmen herzlichen Anteil an seinem Schicksal.

Briefverzeichnis

Ryno Quehl, Sommer 1852
Theodor Fontane, 16. September 1852
Theodor Fontane, 9, November 1855
Theodor Fontane, 25. Dezember 1855
Theodor Fontane, 29. Dezember 1855
Theodor Fontane, 7. Januar 1856
Bertha Kummer, 21. April 1856
Theodor Fontane, 19. Juni 1856
Theodor Fontane, 29. Juni 1856
Theodor Fontane, 3. Juli 1856
Theodor Fontane, 25. Juli 1856
Bertha Kummer, 27. Juli 1856
Theodor Fontane, 7. Oktober 1856
Bertha Kummer, 14. Oktober 1856
Theodor Fontane, 19. Oktober 1856
Theodor Fontane, 10. November 1856
Theodor Fontane, 29. November 1856
Theodor Fontane, 2. Dezember 1856
Bertha Kummer, 7. Januar 1857
Theodor Fontane, 17. Januar 1857
Theodor Fontane, 24. Februar 1857
Theodor Fontane, 20. Mai 1857
Theodor Fontane, 22. Juni 1857
Theodor Fontane, 23. Juli 1857
Bertha Kummer, 28. Juli 1857
Bertha Kummer, 25. August 1857
Henriette von Merckel, 18. Februar 1858

Kapitel 4

Theodor Fontane, 2. Februar 1859
Theodor Fontane, 12. März 1859
Bertha Kummer, 28. Oktober 1859
Bertha Kummer, 19. April 1860
Bertha Kummer, 22. November 1860

Theodor Fontane, 21. Mai 1862
Theodor Fontane, 4. Juni 1862
Theodor Fontane, 7. Juli 1862
Bertha Kummer, 22. Dezember 1863
Bertha Kummer, 16. Februar 1864
Bertha Kummer, 21. November 1865
Bertha Kummer, 10. Juni 1866
Bertha Kummer, 6. August 1866
Theodor Fontane, 28. Juni 1867
Theodor Fontane, 1. August 1867
Mathilde von Rohr, 14. Oktober 1867
Theodor Fontane, 4. September 1868
Emilie Fontane, geb. Labry, 14. Oktober 1868
Theodor Fontane junior, 2. November 1868
Mathilde von Rohr, November 1869

Kapitel 5
Mathilde von Rohr, 1. Februar 1870
Theodor Fontane, 22. April 1870
Theodor Fontane, 24. April 1870
Theodor Fontane, 9. Mai 1870
Theodor Fontane, 14. Mai 1870
Theodor Fontane, 26. Mai 1870
Theodor Fontane, 2. August 1870
Hermann Kletke, 22. Oktober 1870
Theodor Fontane, 24. Oktober 1870
Theodor Fontane, 11. November 1870
Rudolf von Decker, 18. November 1870
Rudolf von Decker, 2. Dezember 1870

Kapitel 6
Emilies Reisetagebuch
Emilie Zöllner, 22. Oktober 1874

Kapitel 7
Moritz Lazarus, 7. Juni 1876
Mathilde von Rohr, 10. November 1876
Clara Stockhausen, 24. August 1877
Theodor Fontane, 4. Juni 1878
Theodor Fontane, 11. Juni 1878
Clara Stockhausen, 12. Juni 1878
Theodor Fontane, 18. Juni 1878
Theodor Fontane, 21. Juni 1878
Clara Stockhausen, 1. Oktober 1878
Wilhelm Hertz, 13. November 1878

Kapitel 8
Clara Stockhausen, 1. Dezember 1878
Clara Stockhausen, 18. April 1879
Clara Stockhausen, 1. Juni 1880
Theodor Fontane, 14. Juni 1881
Theodor Fontane, 10. Juni 1883
Theodor Fontane, 14. Juni 1883
Theodor Fontane, 11. Juni 1884
Theodor Fontane, 16. Juni 1884
Emilie Zöllner, 19. August 1884
Clara Stockhausen, 2. März 1885
Martha Fontane, geb. Soldmann, 18. März 1886
Theodor Fontane junior, 3. April 1886
Mathilde von Rohr, 10. März 1887
Theodor Fontane junior, 29. August 1887
Clara Stockhausen, 14. Oktober 1887
Theodor Fontane junior, 1. November 1887
Theodor Fontane junior, 25. Januar 1888
Theodor Fontane junior, 11. März 1888
Theodor Fontane junior, 5. Juli 1888
Clara Stockhausen, 10. Februar 1889
Theodor Fontane, 28. Juli 1889

Theodor Fontane junior und Martha Fontane, geb. Soldmann, 30. Dezember 1889
Martha Fontane, geb. Soldmann, 18. Oktober 1890
Martha und Theodor Fontane junior, 27. Dezember 1890

Kapitel 9

Theodor Fontane junior, 3. Juni 1892
Georg Friedlaender, 10. Juni 1892
Paula Conrad, 22. Juni 1892
Friedrich Fontane, 28. Juni 1892
Friedrich Fontane, 7. Juli 1892
Friedrich Fontane, 21. Juli 1892
Georg Friedlaender, 15. September 1892

Kapitel 10

Emilie Zöllner, 19. August 1893
Theodor Fontane junior, 13. Mai 1894
Emilie Zöllner, 19. August 1894
Otto Brahm, 2. November 1894
Paula Schlenther, geb. Conrad, 4. Januar 1895
Theodor Fontane junior, 17. Oktober 1895
Otto Brahm, 28. Januar 1897
Emilie Zöllner, 5. Juli 1897
Paula Schlenther, 20. Januar 1898
Paula Schlenther, 21. August 1898

Kapitel 11

Clara Stockhausen, 1. Oktober 1898
Sigrid Lessing, 1. Oktober 1898
Gustav Keyssner, 11. Oktober 1898
Julius Rodenberg, 29. Oktober 1898
Clara Stockhausen, 29. November 1898
Otto Brahm, 6. Juni 1899
Bessersche Buchhandlung, 1. Februar 1899

Paula Schlenther, 20. Februar 1899
Paula Schlenther, 31. März 1899
Paula Schlenther, 29. November 1899
Paula Schlenther, September 1900
Paul Schlenther, 10. März 1901
Paul Schlenther, 5. August 1901
Paula Schlenther, 27. September 1901
Paula Schlenther, 21. Januar 1902

Literaturverzeichnis

Die Fontanes und die Merckels. Ein Familienbriefwechsel. 1850–1870. Hrsg. von Gotthard Erler. 2 Bände. Berlin, Weimar: Aufbau 1987

Emilie und Theodor Fontane: Der Ehebriefwechsel. Hrsg. von Gotthard Erler unter Mitarbeit von Therese Erler. 3 Bände. Berlin: Aufbau 1998

Emilie und Theodor Fontane: Die Zuneigung ist etwas Rätselvolles. Eine Ehe in Briefen. Hrsg. von Gotthard Erler. Berlin: Aufbau 2018

Gotthard Erler: Das Herz bleibt immer jung. Emilie Fontane. Biographie. Berlin: Aufbau 2002 [darin S. 373–384: Emilie Fontanes »Jugendnovelle«]

Theodor Fontane und Friedrich Eggers: Der Briefwechsel. Mit Fontanes Briefen an Karl Eggers und der Korrespondenz von Friedrich Eggers mit Emilie Fontane. Hrsg. von Roland Berbig. Berlin, New York: De Gruyter 1997

Theodor Fontane: Briefe an den Verleger Rudolf von Decker. Mit sämtlichen Briefen an den Illustrator Ludwig Burger und zahlreichen weiteren Dokumenten. Hrsg. von Walter Hettche. Heidelberg: Decker 1988

Theodor Fontane: Briefe. Hrsg. von Walter Keitel und Helmuth Nürnberger. 5 Bände. München, Wien: Hanser 1976–1994

Theodor Fontane: Die Reisetagebücher. Hrsg. von Gotthard Erler und Christine Hehle. Berlin: Aufbau 2012 (GBA) [darin S. 337–368: Emilie Fontanes Tagebuch der Italienreise 1874]

Theodor Fontane: Von Zwanzig bis Dreißig. Autobiographisches. Hrsg. von der Theodor Fontane-Arbeitsstelle, Universität Göttingen. Bearb. von Wolfgang Rasch. Berlin: Aufbau 2014

Abbildungsverzeichnis

11	Archive Pics / Alamy Stock Photo
12	Universitätsbibliothek Johann Christian Senckenberg, Frankfurt / Main
13	Universitätsbibliothek Johann Christian Senckenberg, Frankfurt / Main
14	Theodor Fontane: Briefe an die Freunde. Letzte Auslese, 2 Bände. Herausgegeben von Friedrich Fontane und Hermann Fricke. Berlin 1943
15	Theodor-Fontane-Archiv an der Universität Potsdam (Reproduktion)
16	ullstein bild – ullstein bild

Editorische Notiz

Das Briefwerk Emilies ist in 11 Kapiteln angeordnet, die ihren markanten Lebensabschnitten entsprechen. Die jeweiligen Einführungen stellen die wichtigsten Informationen über Ereignisse, Personen und Daten, die in den Briefen berührt oder abgehandelt werden, bereit. Sie stützen sich unter anderem auf die Kommentare in der dreibändigen Ausgabe des Fontane'schen »Ehebriefwechsels« (1998 von Gotthard und Therese Erler in der Großen Brandenburger Ausgabe ediert) und auf die Emilie-Biographie von Gotthard Erler (»Das Herz bleibt immer jung«, Aufbau, 2002).

Die Auswahl der Briefe ist auf Kontinuität orientiert und sucht das Biographische *und* das Zeitbildliche darzustellen. Da Emilies Briefe, jeweils aus einer bestimmten Situation heraus geschrieben, naturgemäß auch viele Mitteilungen und Betrachtungen über banale Alltäglichkeiten und Personen enthalten, von denen man heute nichts mehr weiß und die für die Fontanes keine nachhaltige Bedeutung hatten, waren Kürzungen sinnvoll. Sie sind durch [...] gekennzeichnet. Der Briefablauf ist aber stets sichtbar geblieben: Anrede- und Schlussformeln (oft recht aufschlussreich) sind beibehalten.

Um das Schreibkolorit des 19. Jahrhunderts zu vermitteln, werden Emilies Briefe buchstaben- und zeichengetreu wiedergegeben (Unterstreichungen durch Kursivdruck kenntlich gemacht), so dass auch ihre zahlreichen Eigenheiten und Gewohnheiten in Orthographie und Satzbau erhalten bleiben (eimal, Sontag, garnicht, bisjetzt, Beide, Alles, Nichts, hälst, erquiken usw.). Wiedergegeben sind selbstverständlich die regionaltypischen Probleme der Berlinerin mit Dativ und Akkusativ, und die Leser sollten sich auch nicht von ihrer abenteuerlichen Interpunktion irritieren lassen (vom »sparsamen« Gebrauch des Kommas bis zur üppigen Nutzung des Semikolons). Den meisten Texten liegen die Handschriften zugrunde; mitunter sind aber nur Abschriften verschiedener Kopisten überliefert, so dass sich uneinheitliche Schreibungen ergeben.

Emilie nutzt natürlich in ihren Briefen die (bis Mitte des 20. Jahrhunderts übliche) deutsche Schreibschrift, die Kurrent, aber seit sie Frau Fontane ist, schreibt sie ihren Namen am Schluss des Briefes stets mit lateinischen Buchstaben.

Die von Emilie Fontane verwendeten Zeichen 𝒯 und ℔ stehen für Reichstaler und Pfund.

Das kommentierte Verzeichnis der Briefempfängerinnen und Briefempfänger bietet bei den wichtigsten Adressaten spezielle biographische Daten, um die oft komplizierten Familienverhältnisse aufzuklären. Emilie hat es zum Beispiel mit ihrer Adoptivmutter, ihrer leiblichen Mutter und der Mutter ihres Mannes zu tun.

Der Titel »Dichterfrauen sind immer so« ist ein Zitat aus Fontanes Brief an Emilie vom 2. Februar 1857; der Satz geht weiter mit: »und es ist ein Malheur wenn sie anders sind«.

Dank

Ich habe zuerst Christine Hehle für ihre unentbehrliche Mitwirkung an diesem Buch zu danken. Ich hatte – in bereits fortgeschrittenen Lebensjahren – das Manuskript hergestellt, die Briefe im PC erfasst und Kapiteleinführungen und Nachwort geschrieben. Diese Arbeit hatte mich erneut von der kostbaren biographischen und kulturgeschichtlichen Substanz von Emilies Texten überzeugt, ja ich habe mich – ich gestehe es – regelrecht in sie verliebt. Dabei habe ich die Verlagsvorgaben weitgehend außer Acht gelassen, und es lag schließlich ein viel zu umfangreiches Manuskript vor. Bei meinem fast obsessiven Verhältnis zu der erstmals aus Briefen konstituierten Autobiographie fühlte ich mich zum Kürzen außerstande, und Christine Hehle, die exzellente Fontane-Kennerin, erfahrene Editorin und feinsinnige Lektorin, übernahm die Verschlankung des Manuskripts. Mit wissenschaftlicher Akkuratesse und großem ästhetischem Verständnis hat sie die auch für sie schmerzhaften Streichungen vorgenommen und eine Version entwickelt, die meinen Intentionen genau entspricht.

Ein zweites Dankeschön gebührt dem Theodor-Fontane-Archiv in Potsdam, das den Abdruck der Emilie-Briefe und die Nutzung des Menzel-Bildes großzügig gestattet, die Vorlagen für die Abbildungen bereitgestellt hat und Fotos der Originalbriefe auf seiner Website zur Verfügung stellen wird. Die Zusammenarbeit war reibungslos und stets produktiv. Besonders danke ich Klaus-Peter Möller, der nicht nur die Scans der Handschriften bereitgestellt, sondern mehrfach auf unbekanntes Material aufmerksam gemacht hat (Kummer). Mit einer Trouvaille der besonders kostbaren Art hat er den vorliegenden Band bereichert, als er Emilies Brief vom 1. Oktober 1898 an Sigrid Lessing (Frau des Bildhauers Otto Lessing) zur Verfügung stellte, der auf dem Vorsatzblatt eines Exemplars der zweiten Auflage des »Stechlin«-Romans eingeklebt ist, das aus dem Besitz der Familie Lessing stammt.

Verlag und Herausgeber danken auch den bestandhaltenden Instituten, deren Emilie-Fontane-Dokumente wir in den Kopien im Theodor-Fontane-Archiv nutzen konnten:

Deutsches Literaturarchiv Marbach (Clara Stockhausen, Harry Maync)

Deutsches Literaturarchiv Marbach, Cotta-Archiv (Bessersche Buchhandlung / Hertz)

Geheimes Staatsarchiv Preußischer Kulturbesitz (Ryno Quehl)

Goethe- und Schiller-Archiv Weimar (Julius Rodenberg)

Humboldt-Universität zu Berlin (Moritz Lazarus, Hermann Kletke, Otto Brahm)

Landesarchiv Berlin (Emilie Fontane, geb. Labry)

Staatsbibliothek zu Berlin (Henriette von Merckel, Mathilde von Rohr, Emilie Zöllner).

Sehr dankbar bin ich auch Magdalena Frank, meiner langjährig bewährten Lektorin, die mich während der Konzeptionsphase in zahlreichen Telefonaten beratend unterstützt und einen wichtigen Beitrag zur Textkonstitution geleistet hat. Auch Peter Friederici vom alten Aufbau-Team hat eine wichtige Information beigesteuert.

Dank gebührt ferner Gabriele Radecke und Robert Rauh, die bei der Arbeit an ihrem Buch »Fontanes Kriegsgefangenschaft. Wie der Dichter in Frankreich dem Tode entging«

(bebra, 2022) auf zwei Briefe von Emilie gestoßen sind (24. Oktober und 11. November 1870), die in der »populär-historischen Ausgabe« des Bandes »Kriegsgefangen. Erlebtes 1870« (F. Fontane & Co, Berlin 1914) abgedruckt wurden, im »Ehebriefwechsel« fehlen, hier aber aufgenommen worden sind.

Und schließlich: Ohne Katharinas und Haralds fürsorgliche Betreuung hätte ich dieses Buch nicht zustande gebracht. Danke.

Berlin, April 2024
Gotthard Erler

Theodor Fontane, Emilie Fontane
Die Zuneigung ist etwas Rätselvolles
Eine Ehe in Briefen
320 Seiten. Ganzleinen mit Banderole
ISBN 978-3-351-03717-8
Auch als E-Book lieferbar

Eine außergewöhnliche Künstlerehe

Die Briefe, die Theodor Fontane und seine Frau Emilie wechselten, gewähren intime Einblicke in die Höhen und Tiefen einer Dichterexistenz und zeichnen das lebendige Bild einer starken Frau, die aus dem Schatten ihres Mannes tritt. Der Fontane-Experte Gotthard Erler hat die überraschendsten, schmerzlichsten wie schönsten Briefe des Ehepaars zusammengestellt und konnte dabei sogar auf bislang unveröffentlichte Originale zurückgreifen: In zehn Kapiteln umspannt diese Korrespondenz ein halbes Jahrhundert, von den Botschaften der Frischvermählten bis zu Fontanes letztem Brief, geschrieben an seinem Todestag. Wie das Gespräch in Zeiten der Nähe, so gehört der ununterbrochene, zuweilen überbordende briefliche Austausch zum Wesen dieser Künstlerehe. Ein wunderbarer Lesestoff und eine anschauliche Kultur- und Sozialgeschichte des 19. Jahrhunderts.

Regelmäßige Informationen erhalten Sie über unseren Newsletter.
Jetzt anmelden unter: www.aufbau-verlage.de/newsletter

aufbau